Zeitstetige Bewertungsmodelle für Tilgungsanleihen

Physica-Schriften zur Betriebswirtschaft

Hartmut Rothacker

Zeitstetige Bewertungsmodelle für Tilgungsanleihen

Eine empirische Studie des deutschen Kapitalmarktes

Mit 88 Abbildungen

Physica-Verlag Heidelberg

Dr. Hartmut Rothacker, Am Weissen Berg 3,
D-6242 Kronberg/Taunus, FRG

ISBN 978-3-7908-0343-3 ISBN 978-3-642-51470-8 (eBook)
DOI 10.1007/978-3-642-51470-8

CIP-Kurztitelaufnahme der Deutschen Bibliothek
Rothacker, Hartmut:
Zeitstetige Bewertungsmodelle für Tilgungsanleihen :
e. empir. Studie d. dt. Kapitalmarktes / Hartmut
Rothacker. - Heidelberg : Physica-Verlag, 1986. -
(Physica-Schriften zur Betriebswirtschaft ; 17)

NE: GT

7120/7130 - 543210

GELEITWORT

Im Mittelpunkt der theoretischen und empirischen Studien des Kapitalmarktes stand während der beiden vergangenen Jahrzehnte der Aktienmarkt. Die portefeuilletheoretische Fundierung der Preisbildung und die darauf aufbauende Charakterisierung des Zusammenhangs von Risiko und Ertrag im Markträumungsgleichgewicht stellt trotz aller Vorbehalte gegenüber den Modellprämissen und den empirischen Überprüfungsmöglichkeiten der Modellergebnisse einen erheblichen Fortschritt für das Verständnis des Aktienmarktes dar. Im Vergleich hierzu ist die Analyse des Marktes der festverzinslichen Titel noch wenig fortgeschritten. Erst in neuerer Zeit wurden portefeuilletheoretische Ansätze zur gleichgewichtstheoretischen Bewertung festverzinslicher Wertpapiere entwickelt.

Auf den ersten Blick überrascht die zögerliche Behandlung des Marktes festverzinslicher Titel mit Hilfe der Portefeuilletheorie, da die Zahlungskonsequenzen eines Portefeuilles aus Anleihen besser bekannt sind und somit eher einer theoretischen Behandlung zugänglich sein müßten als diejenigen eines Aktienportefeuilles. Tatsächlich zeigt es sich jedoch, daß aus einer Reihe von Gründen Anleihen schwieriger zu analysieren sind als Aktien. Der wichtigste ist die beschränkte Laufzeit festverzinslicher Titel. Diese führt zu der Konsequenz, daß die Kursvariabilität von Anleihen mit festem Verzinsungs- und Rückzahlungsanspruch im Zeitablauf abnimmt. Daraus folgt, daß die Varianzen und Kovarianzen der Anleihenerträge sich im Zeitablauf zwingend ändern und die für Aktienportefeuilles möglicherweise noch akzeptable Annahme einer stationären Risikostruktur für Anleihenportefeuilles ungeeignet ist. Anleihenportefeuilles können angemessen nur unter Berücksichtigung der zeitlichen Instabilität ihres Risikos beurteilt werden.

Es ist daher nicht erstaunlich, daß die Einführung stochastischer Differentialgleichungen zur Modellierung dynamischer Probleme des Kapitalmarktes durch Merton und die Methodologie von Black und Scholes zur Erzeugung bedingt risikoloser Portefeuilles neue Impulse für die Bewertung festverzinslicher Wertpapiere auslösten.

Die vorliegende Schrift von Herrn Dr. Rothacker basiert ebenfalls auf diesem methodischen Instrumentarium und setzt es konsequent für die Bewertung von insolvenzfreien, teilfälligen Anleihen mit planmäßiger Auslosungstilgung (Tilgungsanleihen) ein. Tilgungsanleihen unterliegen aus Sicht des Inhabers einer Obligation neben dem Zinsänderungsrisiko zusätzlich dem Auslosungsrisiko. Dieses Risiko kann zu den Auslosungszeitpunkten zu Kurssprüngen führen.

Der Autor untersucht erstmals die Anwendbarkeit zeitstetiger Bewertungsansätze auf Tilgungsanleihen und führt eine umfangreiche empirische Studie für den deutschen Rentenmarkt durch. Das Ziel seiner Arbeit ist es, Einsichten in die Qualität dieser Bewertungsansätze zu gewinnen. Hierzu testet er eine Vielzahl verschiedener Modelle für unterschiedliche Zeiträume und vergleicht diese Modelle mit der Bewertung von Tilgungsanleihen auf der Basis von Kapitalwerten. Wenngleich die Ergebnisse es nicht erlauben, die vorgestellten zeitstetigen Ansätze unmittelbar für den praktischen Einsatz zu empfehlen, so bieten sie doch eine Vielzahl von Hinweisen auf Vereinfachungs- und Verbesserungsmöglichkeiten derartiger Modelle. Ich bin der Überzeugung, daß in absehbarer Zeit Modelle dieses Typs für die Bewertung der zahlreichen Innovationen im Bereich der festverzinslichen Wertpapiere verwendet werden können.

Prof. Dr. Wolfgang Bühler
Universität Dortmund, Januar 1986

INHALTSVERZEICHNIS

Seite

ABBILDUNGSVERZEICHNIS

Seite

ABBILDUNGSVERZEICHNIS DES ANHANGS

TABELLENVERZEICHNIS

TABELLENVERZEICHNIS DES ANHANGS

EINLEITUNG

In der vorliegenden Arbeit wird ein auf Arbitragegleichgewichtsüberlegungen basierendes, zeitstetiges Bewertungsmodell unter Ungewißheit für insolvenzrisikofreie Tilgungsanleihen mit planmäßiger Auslosungstilgung aus der Sicht des Gläubigers entwickelt. Mit diesem Ansatz werden alle zwischen September 1978 und Dezember 1981 ausstehenden Tilgungsanleihen der Bundesrepublik Deutschland, der Deutschen Bundesbahn sowie der Deutschen Bundespost bewertet.

Seit der grundlegenden Arbeit von Black und Scholes zur zeitstetigen Bewertung von Optionen[1)] wurden mittels zeitstetigen Arbitrageansätzen auch verschiedene Arten festverzinslicher Wertpapiere bewertet. Zu den bereits mit einem zeitstetigen Arbitrageansatz bewerteten festverzinslichen Wertpapieren gehören Fremdwährungsanleihen genauso wie indexierte oder insolvenzrisikobehaftete Anleihen. Die Berücksichtigung von Kuponzahlungen, Schuldner- oder Gläubigerkündigungsrecht bei der Bewertung ist möglich. Allen bisher mit zeitstetigen Arbitrageansätzen untersuchten festverzinslichen Wertpapieren ist jedoch gemeinsam, daß sie gesamtfällig sind. Dies trifft für die hier untersuchten Tilgungsanleihen nicht zu. Sie sind teilfällig.

Tilgungsanleihen mit planmäßiger Auslosungstilgung sind dadurch charakterisiert, daß der gesamte Nominalbetrag der Anleihe in einzelne, meist gleich große Serien aufgeteilt ist, die zu verschiedenen, vorher bekannten Zeitpunkten zurückgezahlt werden. Der Umfang des zu den einzelnen Rückzahlungszeitpunkten zu tilgenden Anteils des Nominalbetrages der gesamten Anleihe ist bekannt. Der Zeitpunkt, zu dem eine bestimmte Serie zurückgezahlt wird, ist jedoch unbekannt. In der Regel finden zirka drei Monate vor den einzelnen Rück-

---

1) Vgl. dazu Black/Scholes, 1973.

zahlungsterminen Auslosungen statt, bei denen die zum nächsten Rückzahlungstermin zu tilgende(n) Serie(n) ermittelt wird (werden). Dem Inhaber einer einzelnen Teilschuldverschreibung einer Tilgungsanleihe ist also der genaue Rückzahlungszeitpunkt seiner Teilschuldverschreibung unbekannt. Er kennt nur die Wahrscheinlichkeit der möglichen Tilgung seiner Teilschuldverschreibung zu den einzelnen Rückzahlungszeitpunkten. Die Wahrscheinlichkeitsverteilung ändert sich jedoch im Zeitablauf.

Nach den einzelnen Auslosungen werden nur noch die bisher nicht ausgelosten Teilschuldverschreibungen einer Tilgungsanleihe an der Börse gehandelt. Dies erklärt die über den Auslosungstermin hinweg beobachtbaren Kurssprünge. Die beobachtbaren Kurssprünge sind umso größer, je weiter entfernt vom Rückzahlungskurs die Tilgungsanleihe unmittelbar vor der Auslosung notiert und je weniger Auslosungen noch erfolgen. Nach der Auslosung sinkt (steigt) der Kurs ab (an), wenn unmittelbar vor der Auslosung der Kurs unter (über) dem Rückzahlungskurs liegt. Denn nach der Auslosung ist die Chance (das Risiko) eines schnellen Kursgewinns (Kursverlustes) aufgrund der kurz darauf stattfindenden Rückzahlung für die noch notierten Teilschuldverschreibungen nicht mehr möglich. Daher muß bei der Bewertung von Tilgungsanleihen neben dem Zinsänderungsrisiko auch das <u>Auslosungsrisiko</u> berücksichtigt werden.

Die vorliegende Arbeit ist in vier Teile gegliedert. Im <u>ersten Teil</u> wird eine Abgrenzung der Tilgungsanleihe mit planmäßiger Auslosungstilgung gegenüber der Menge aller festverzinslichen Wertpapiere anhand der Rückzahlungskonditionen vorgenommen. Die Bedeutung des zu untersuchenden Anleihetyps am Kapitalmarkt wird vorgestellt. Anhand empirisch beobachtbarer Kursverläufe erfolgt die Vorstellung des Auslosungsrisikos. Die möglichen Zahlungsreihen von Teilschuldverschreibungen einer Tilgungsanleihe werden ermittelt, die Wahrscheinlichkeitsverteilungen der Rückzahlungszeitpunkte bestimmt.

Der zweite Teil befaßt sich mit der Ermittlung des zeitstetigen Arbitrageansatzes unter Ungewißheit zur Bewertung von Tilgungsanleihen. Er ist in drei Abschnitte untergliedert.
Im ersten Abschnitt werden die verschiedenen zeitstetigen Ansätze zur Wertpapierbewertung unter Ungewißheit klassifiziert; die allen zeitstetigen Bewertungsansätzen gemeinsamen Annahmen sowie die erforderlichen mathematischen Grundlagen werden dargelegt. Der in dieser Arbeit entwickelte zeitstetige Arbitrageansatz wird eingeordnet.
Im Mittelpunkt des zweiten Abschnittes stehen die zeitstetigen Arbitrageansätze zur Wertpapierbewertung unter Ungewißheit. Ihre spezifischen Voraussetzungen werden erläutert. Daran schließt sich die Darstellung der grundsätzlichen Vorgehensweise zur Ableitung der differentiellen Bewertungsgleichung und der zugehörigen Nebenbedingungen an. Ein kurzer Überblick über die verschiedenen Anwendungen zeitstetiger Arbitrageansätze unter Ungewißheit steht am Ende des zweiten Abschnittes.
Die eigentliche Ermittlung des Wertes der Teilschuldverschreibung einer Tilgungsanleihe erfolgt im dritten Abschnitt. Zunächst wird eine differentielle Bewertungsgleichung für die Teilschuldverschreibungen der einzelnen Serien der Tilgungsanleihe abgeleitet. In einem zweiten Schritt wird dann aus den Werten der Teilschuldverschreibungen der einzelnen Serien der Wert einer Teilschuldverschreibung der zu untersuchenden Tilgungsanleihen bestimmt.

Der dritte Teil der vorliegenden Arbeit beinhaltet die Lösung des im zweiten Teil in allgemeiner Form abgeleiteten Bewertungsansatzes für Tilgungsanleihen.
In den ersten beiden Abschnitten des dritten Teils werden weitere Annahmen bezüglich der speziellen Gleichungsform der Einflußvariablen des Wertes der Tilgungsanleihe getroffen, da ohne diese nähere Charakterisierung eine Lösung des entwickelten Bewertungsansatzes nicht möglich ist. Der erste

dieser beiden Abschnitte beschreibt die Auswahl der funktionalen Form des stochastischen Prozesses der dem Bewertungsansatz zugrundeliegenden Einflußfaktoren und die Ermittlung seiner für die Bewertung der Tilgungsanleihe relevanten Prozeßparameter. Die Ermittlung eines weiteren, für die Lösung des Bewertungsansatzes notwendigen, modellexogenen und nicht durch einen stochastischen Prozeß beschreibbaren Parameters bildet den Schwerpunkt des zweiten Abschnittes.
Da aufgrund der Komplexität des im zweiten Teil abgeleiteten allgemeinen Bewertungsansatzes und trotz der in den ersten beiden Abschnitten des dritten Teils getroffenen Modellvereinfachungen eine geschlossene analytische Lösung für den Wert der Teilschuldverschreibung einer Tilgungsanleihe nicht angegeben werden kann, muß eine numerische Lösung erfolgen. Die Wahl des getroffenen Verfahrens und die genaue Vorgehensweise bei der numerischen Lösung sind Gegenstand des letzten Abschnittes des dritten Teils.

Die durchgeführte empirische Untersuchung ist Gegenstand des vierten Teils.
An die Erklärung des Aufbaus der empirischen Untersuchung schließt sich die Beschreibung des der empirischen Untersuchung zugrundeliegenden Datenmaterials an. Nach der Schätzung verschiedener, für die Bewertungsgleichung der Tilgungsanleihen relevanter Parameter erfolgt die eigentliche Kursermittlung. Die Kurse der Tilgungsanleihen werden für unterschiedliche Modellvarianten berechnet und den tatsächlichen Kursen gegenübergestellt. Die beste Variante wird ausgewählt und diskutiert. Zur Beurteilung der Güte der gefundenen "besten" Modellvariante reicht ein Vergleich der berechneten Kurse mit den tatsächlichen Kursen nicht aus. Deswegen werden die für die "beste" Modellvariante ermittelten Abweichungen zwischen tatsächlichen und berechneten Kursen auch mit den sich ergebenden Abweichungen bei

Anwendung anderer Bewertungsmodelle verglichen. Dazu wird einmal ein zeitstetiges Arbitragemodell mit weniger Einflußfaktoren herangezogen und zum anderen eine Bewertung auf Basis der Kapitalwertformel mit unterschiedlichen Diskontierungszinssätzen durchgeführt.

ERSTER TEIL

CHARAKTERISIERUNG TEILFÄLLIGER ANLEIHEN MIT PLANMÄSSIGER AUSLOSUNGSTILGUNG

I. Klassifikation von Anleihen

1. Begriffliche Grundlagen

Übliche Kriterien, nach denen Anleihen klassifiziert werden können, sind der Emittent, die Übertragungsform der Teilschuldverschreibungen oder die Ausstattungsmerkmale. Zu den Unterteilungen anhand von Ausstattungsmerkmalen gehört neben anderen die Klassifikation nach den Rückzahlungsmodalitäten der Anleihe. Je nachdem ob die Anleihebedingungen eine Rückzahlung der Obligation vorsehen oder nicht, spricht man von Tilgungsanleihe (im weiteren Sinn) oder von Rentenanleihe (vgl. Abbildung 1). Letztere wird manchmal auch als ewige Anleihe bezeichnet[1]. Während der Begriff der Rentenanleihe in der Literatur weitgehend einheitlich im obigen Sinne gebraucht wird, trifft dies für den Begriff der Tilgungsanleihe keineswegs zu. Die Verwendung des Begriffs Tilgungsanleihe im obigen Sinn, wobei unter Tilgung die Rückzahlung an sich verstanden wird, findet man unter anderem bei Süchting[2] und Mühlhaupt[3].

Tilgungsanleihen (im weiteren Sinn) können unterteilt werden in gesamt- und teilfällige Anleihen. Gesamtfällige Anleihen sind solche Anleihen, die in einem Betrag zu einem bestimmten Zeitpunkt zurückgezahlt werden. Bei ihnen stimmt die Laufzeit aller Teilschuldverschreibungen mit der Laufzeit der gesamten Anleihe überein. Der Begriff Tilgungsanleihe (im engeren Sinn) wird manchmal auch für teilfällige Anleihen verwendet. Hier wird Tilgung im Gegensatz zu oben

---

1) Vgl. dazu Süchting, 1977, S. 122.

2) Vgl. dazu Süchting, 1977, S. 122.

3) Vgl. dazu Mühlhaupt, in: Grochla/Wittmann, 1975, Sp. 2789.

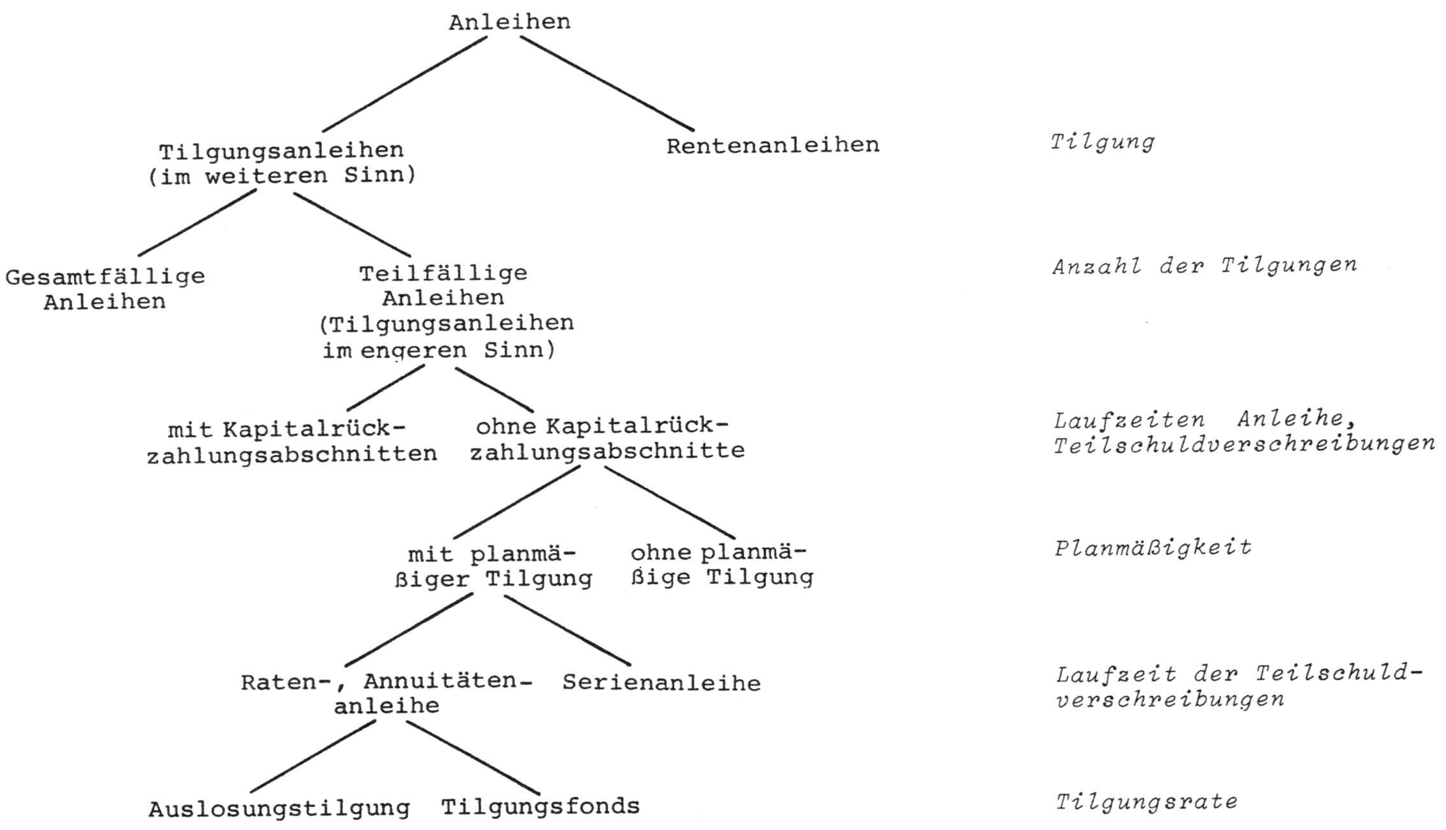

Abbildung 1: Die Differenzierung von Anleihen aufgrund von Rückzahlungsmodalitäten

nur als Rückzahlung in Form von Teilbeträgen verstanden. Diese Verwendung des Begriffs Tilgungsanleihe findet sich unter anderem bei Büschgen[1] und Pfeiffer[2].

Bei teilfälligen Anleihen kann die Laufzeit der einzelnen Teilschuldverschreibungen mit der Gesamtlaufzeit der Anleihe übereinstimmen oder auch nicht. Stimmen die Laufzeiten immer überein, so erfolgt zu den einzelnen Tilgungsterminen die Tilgung eines bestimmten Bruchteils einer jeden Teilschuldverschreibung der Anleihe. Alle Anleihegläubiger nehmen somit gleichmäßig an den einzelnen Tilgungen teil. Ein Begriff für eine mit solchen Rückzahlungskonditionen ausgestattete Anleihe existiert nicht. Es wird von Tilgung mittels Kapitalrückzahlungsabschnitten oder Kapitalfälligkeitsabschnitten gesprochen[3]. Bei den teilfälligen Anleihen ohne Kapitalrückzahlungsabschnitte weichen die Laufzeiten der Teilschuldverschreibungen zum Teil von der Laufzeit der Gesamtanleihe ab.

Teilfällige Anleihen ohne Kapitalrückzahlungsabschnitte können in Abhängigkeit einer plan- bzw. unplanmäßigen Tilgung weiter untergliedert werden. Anleihen ohne festen Tilgungsplan sind dadurch charakterisiert, daß in den Anleihebedingungen nur ein spätester Rückzahlungstermin genannt wird, bis zu dem die Gesamtanleihe getilgt sein muß. Der Emittent ist nicht an laufende Tilgungen gebunden. Er kann zu beliebigen Zinsterminen oder auch zu anderen Terminen Tilgungen in beliebiger Höhe vornehmen.

Ist in den Anleihebedingungen eine planmäßige Tilgung vorgesehen, so kann weiterhin danach unterschieden werden, ob dem Inhaber der Obligation die Laufzeiten der einzelnen Teilschuldverschreibungen von vornherein bekannt sind oder

---

1) Vgl. dazu Büschgen, 1966, S. 362.

2) Vgl. dazu Pfeiffer, in: Janberg, 1970, S. 303.

3) Vgl. dazu Scholze, 1973, S. 329. Die 5 %-Anleihe des Landes Hessen von 1953 war mit drei Kapitalrückzahlungsabschnitten ausgestattet. Die Rückzahlung der Teilschuldverschreibungen erfolgte zum Nennwert zu je einem Drittel am 31. März 1956, am 31. März 1957 und am 31. März 1958.

nicht. Kennt ein Gläubiger die Laufzeiten der einzelnen Teilschuldverschreibungen, so besteht aus seiner Sicht die Anleihe aus einer bestimmten Anzahl gesamtfälliger Teilanleihen. Dieser Anleihetyp wird in Anlehnung an den amerikanischen Begriff "serial bond" als Serienanleihe bezeichnet. Manche Autoren verwenden den Begriff Serienanleihe allerdings auch als Synonym für Tilgungsanleihe[1].

Liegt eine Raten- oder eine Annuitätenanleihe vor, so kennt der Inhaber einer Obligation die Laufzeiten der einzelnen Teilschuldverschreibungen nicht. Ratenanleihen sind durch die in ihrer Höhe (nahezu) konstant bleibenden Tilgungsraten gekennzeichnet. Die Zeitabstände zwischen den einzelnen Tilgungen sind meistens gleich groß. Annuitätenanleihen sind durch die im Zeitablauf steigenden Tilgungszahlungen charakterisiert. Die Annuitäten, bestehend aus Tilgungs- und Zinsanteil, sind konstant, so daß mit fortschreitender Tilgung der Zinsanteil sich laufend verringert, der Tilgungsanteil wächst. Bei der Ermittlung, welche Teilschuldverschreibungen mit welcher Tilgungsrate der Anleihe zurückgezahlt werden, bedient sich der Emittent einer Auslosung oder eines Tilgungsfonds. Es wird von Auslosungstilgung oder von Rückzahlung mittels Tilgungsfonds gesprochen.

2. Rückzahlungsmodalitäten

Bei teilfälligen Anleihen mit Kapitalrückzahlungsabschnitten werden den Mänteln der einzelnen Teilschuldverschreibungen Kapitalfälligkeitsabschnitte beigefügt. Zu den einzelnen in den Anleihebedingungen genannten Rückzahlungsterminen müssen die entsprechenden Kapitalfälligkeitsabschnitte eingereicht werden. Es erfolgt dann eine Rückzahlung in Höhe des auf dem Kapitalfälligkeitsabschnitt angegebenen Teilbetrages. Der Nennwert der Teilschuldverschreibung vermindert sich jeweils um den getilgten Teilbetrag[2].

---

1) Vgl. dazu z.B. Altrogge, 1982, S. 458.

2) Vgl. dazu Scholze, 1973, S. 329.

Bei unregelmäßig zu tilgenden teilfälligen Anleihen kennt der Gläubiger die Laufzeit seiner Teilschuldverschreibungen nicht. Er weiß nicht, wann die Anleihe in welchem Umfang getilgt und mit welcher Tilgungsrate seine Teilschuldverschreibungen erfaßt werden. Solche Anleihen werden meist in dem Umfang getilgt, wie Deckungsdarlehen zurückfließen[1]. Hat der Schuldner sich entschlossen, zu einem bestimmten Zeitpunkt einen bestimmten Teilbetrag zu tilgen, so ermittelt er aufgrund einer Auslosung[2] diejenigen Teilschuldverschreibungen, die er zu tilgen beabsichtigt. Auch besteht für den Schuldner die Möglichkeit des freihändigen Rückkaufs. Der Emittent kauft dabei seine eigenen Teilschuldverschreibungen über die Börse zurück.

Bei Raten- oder Annuitätenanleihen wird in den Anleihebedingungen nur ausgeführt, wann welcher Teilbetrag der gesamten Anleihe getilgt wird. Welche Teilschuldverschreibung wann getilgt wird, ermittelt der Schuldner mittels Auslosung[3]. Dabei können verschiedene Arten der Auslosung unterschieden werden (vgl. Abbildung 2).

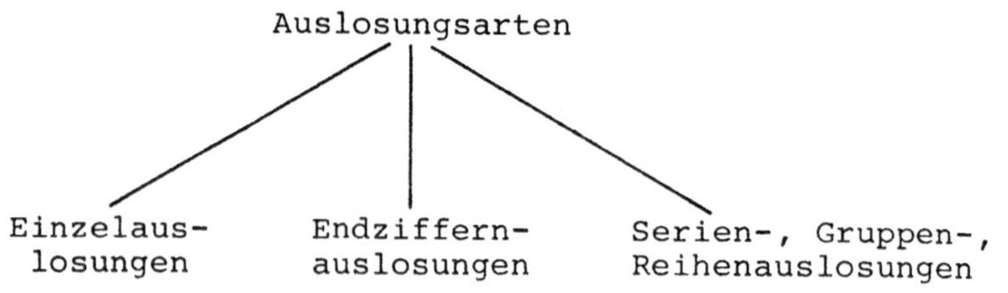

Abbildung 2: Verschiedene Auslosungsarten

Bei der Einzelauslosung werden solange die einzelnen zu amortisierenden Teilschuldverschreibungen ermittelt, bis der Nennbetrag der ausgelosten Teilschuldverschreibungen

1) Z.B. bei Pfandbriefen.

2) Zur genauen Vorgehensweise bei einer Auslosung siehe weiter unten.

3) Im angloamerikanischen Sprachgebrauch werden Raten- und Annuitätenanleihen mit Auslosung als "series bonds" und "annuity bonds" bezeichnet. Zusammenfassend wird von "lottery bonds" gesprochen.

dem Tilgungsbetrag entspricht. Bei der Annuitätenanleihe findet aufgrund der unterschiedlichen Tilgungsbeträge zu den einzelnen Tilgungszeitpunkten dieses Verfahren Verwendung. Soll eine Anleihe in zehn gleichen Raten getilgt werden, so kann eine Endziffernauslosung vorgenommen werden. Es wird eine Ziffer zwischen Null und Neun gezogen, und alle Teilschuldverschreibungen, deren Wertpapiernummern diese Endziffer besitzen, gelten als ausgelost[1]. Meistens jedoch werden die Teilschuldverschreibungen der Anleihe in Serien, Gruppen oder Reihen so zusammengefaßt, daß die Auslosung einer Serie, Gruppe oder Reihe genau einer Tilgungsrate entspricht.

Insbesondere bei Industrieanleihen findet man neben der planmäßigen Auslosungstilgung oftmals noch die zusätzliche Möglichkeit des freihändigen Rückkaufs an der Börse und seine Anrechnung auf spätere Tilgungsraten (vgl. Abbildung 3). Im Fall der planmäßigen Auslosung und eines eventuell zusätzlich freihändigen Rückkaufs mit späterer Anrechnung kennt der Gläubiger zwar nicht den genauen Rückzahlungszeitpunkt seiner Teilschuldverschreibung, aber die Wahrscheinlichkeitsverteilung der möglichen Rückzahlungszeitpunkte.

Manche Anleihebedingungen sehen auch die Möglichkeit einer Verstärkung der planmäßigen Tilgungsraten durch Auslosung und Tilgung mehrerer Raten und ihre Anrechnung bei späteren Tilgungsterminen vor. Da der Gläubiger nicht weiß, in welchem Umfang der Schuldner von dieser Möglichkeit Gebrauch macht, kennt der Gläubiger auch keine Wahrscheinlichkeitsverteilung für die Laufzeit seiner Teilschuldverschreibung.

Daneben gibt es bei Raten- und Annuitätenanleihen auch die Rückzahlung mittels eines Tilgungsfonds[2]. Der Emittent er-

---

1) Es muß sichergestellt sein, daß die Nennbeträge aller Teilschuldverschreibungen mit den jeweiligen Endziffern gleich groß sind.

2) Die amerikanische Bezeichnung dafür ist "sinking fund". Er weicht aber in seiner Konstruktion vom "deutschen" Tilgungsfonds ab.

richtet einen Tilgungsfonds in bestimmter Höhe und kauft mit den Mitteln des Tilgungsfonds seine eigenen Teilschuldverschreibungen an der Börse für den Tilgungsfonds. Gebräuchlich ist dabei, daß immer dann für den Tilgungsfonds Teilschuldverschreibungen gekauft werden müssen, wenn der Börsenkurs einen bestimmten Kurswert unterschreitet. Teilschuldverschreibungen dürfen dem Tilgungsfonds nur zu Tilgungszwecken entnommen werden. Reichen die Stücke, die sich im Tilgungsfonds befinden, nicht aus, um die nächste Tilgungsrate zu leisten, muß zusätzlich eine Auslosung stattfinden. Dem Gläubiger wird weder eine genaue Laufzeit noch eine Wahrscheinlichkeitsverteilung der Laufzeit seiner Teilschuldverschreibung versprochen. Der Gläubiger weiß nicht, ob und wann welcher Teilbetrag der Anleihe ausgelost wird. Er kennt nur den Kurswert, den seine Teilschuldverschreibung in keinem Fall unterschreitet[1].

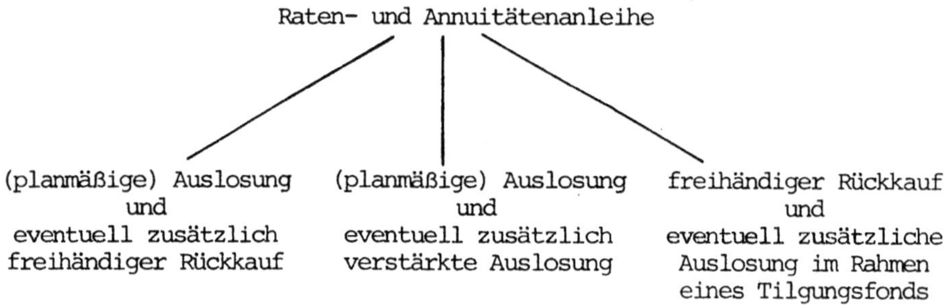

Abbildung 3: Tilgungsmodalitäten bei Raten- und Annuitätenanleihen

Die Anleihebedingungen aller oben genannten Obligationen können als zusätzliche Rückzahlungsmöglichkeit auch die Kündigung durch den Schuldner vorsehen. Dabei werden zum Kündigungstermin alle noch ausstehenden Teilschuldverschreibungen zurückgezahlt.

---

1) Es gibt allerdings auch Tilgungsfondskonstruktionen, in denen der Emittent nur bis zu einer bestimmten Höhe den Tilgungsfonds auffüllen muß.

II. Die Bedeutung von Tilgungsanleihen am Kapitalmarkt

Rentenanleihen[1] existieren weder auf dem deutschen Kapitalmarkt, den nordamerikanischen Kapitalmärkten noch auf dem Euro-Kapitalmarkt[2]. Alle auf diesen Kapitalmärkten existierenden Anleihen sind also Tilgungsanleihen (im weiteren Sinn). Deren Bedeutung am Kapitalmarkt wird im folgenden anhand der in Abbildung 1 vorgestellten Gliederung verdeutlicht.

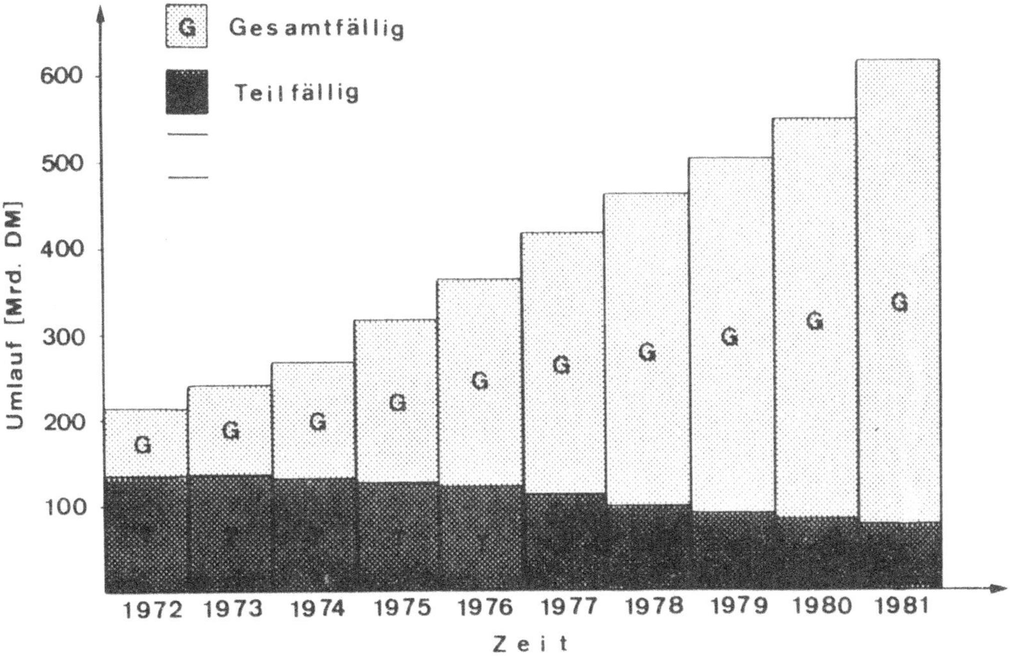

Abbildung 4a: Umlauf gesamt- und teilfälliger Anleihen inländischer Emittenten in Deutschland (Stand jeweils Ende Dezember des entsprechenden Jahres, Nominalwerte)

---

1) Im angloamerikanischen Sprachgebrauch wird dafür der Begriff "consol bond" verwendet.

2) Auf dem englischen Kapitalmarkt existieren vom Staat emittierte Rentenanleihen, sogenannte "government securities". Sie können allerdings jederzeit vom Staat gekündigt werden (vgl. dazu Vontobel, in: Obst/Hintner, 1982, S. 872).

Auf dem deutschen Kapitalmarkt hat sich in den letzten Jahren der Anteil teilfälliger Anleihen zugunsten des Anteils gesamtfälliger Anleihen stetig verringert. Dies trifft insbesondere für Anleihen inländischer Emittenten zu (vgl. Abbildungen 4a - 4d[1]). Von Ende 1972 bis Ende 1981 stiegen die im Umlauf befindlichen festverzinslichen Wertpapiere inländischer Emittenten kontinuierlich von 214 Mrd. DM auf 616 Mrd. DM[2] an. Dabei nahm der Anteil der teilfälligen Anleihen von 63,0 % auf 12,5 % ab.

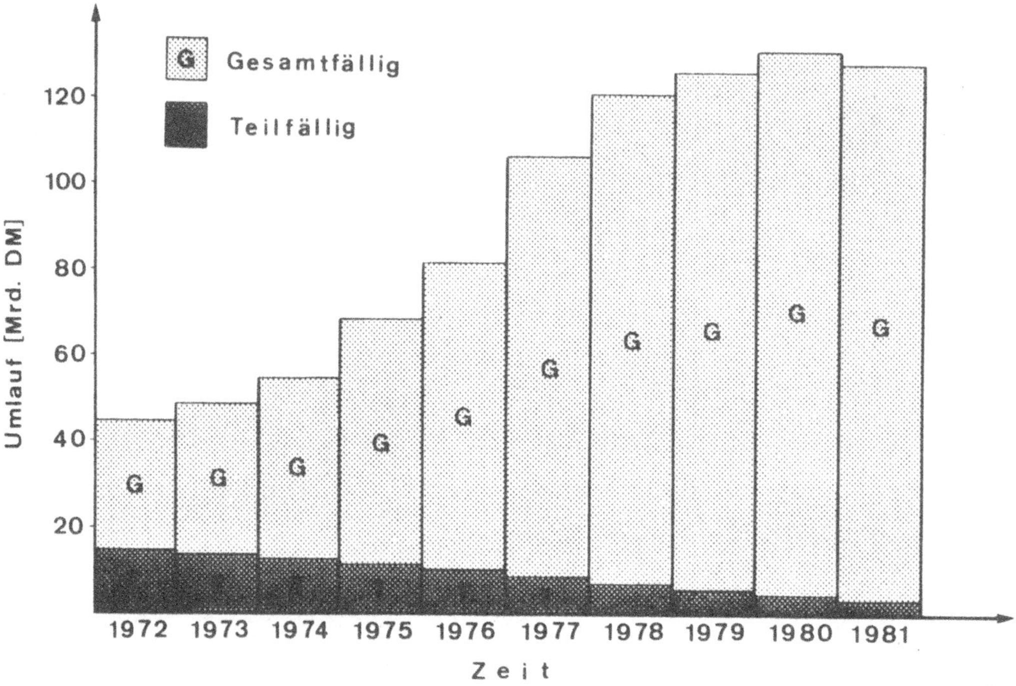

Abbildung 4b: Umlauf gesamt- und teilfälliger öffentlicher Anleihen inländischer Emittenten in Deutschland (Stand jeweils Ende Dezember des entsprechenden Jahres, Nominalwerte)

1) Zusammengestellt nach Angaben aus Deutsche Bundesbank, Statistische Beihefte, Reihe 2, Tabelle 5c.

2) Gemessen in Nominalwerten.

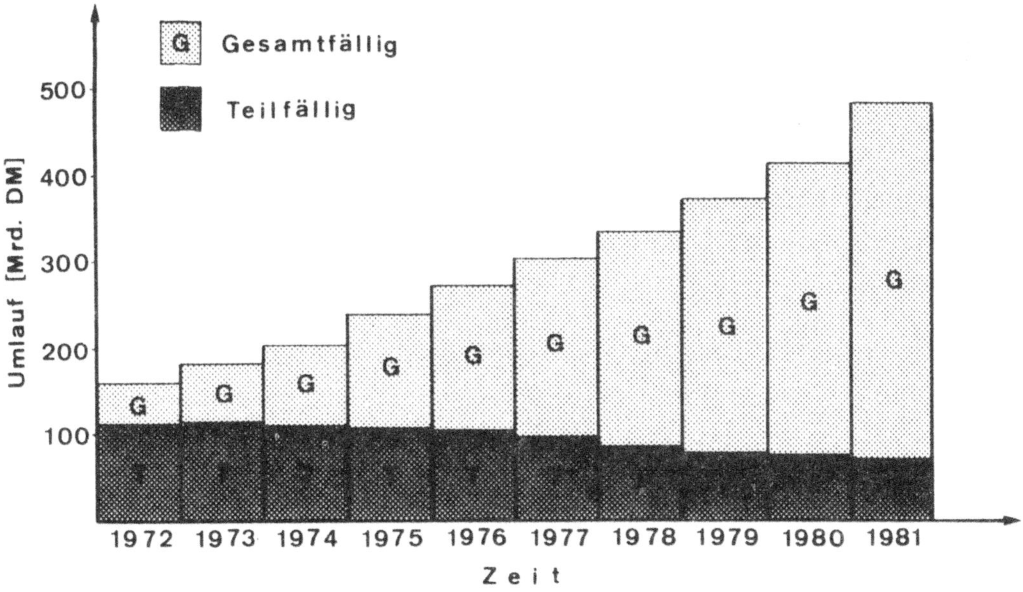

Abbildung 4c: Umlauf gesamt- und teilfälliger Bankschuldverschreibungen inländischer Emittenten in Deutschland (Stand jeweils Ende Dezember des entsprechenden Jahres, Nominalwerte)

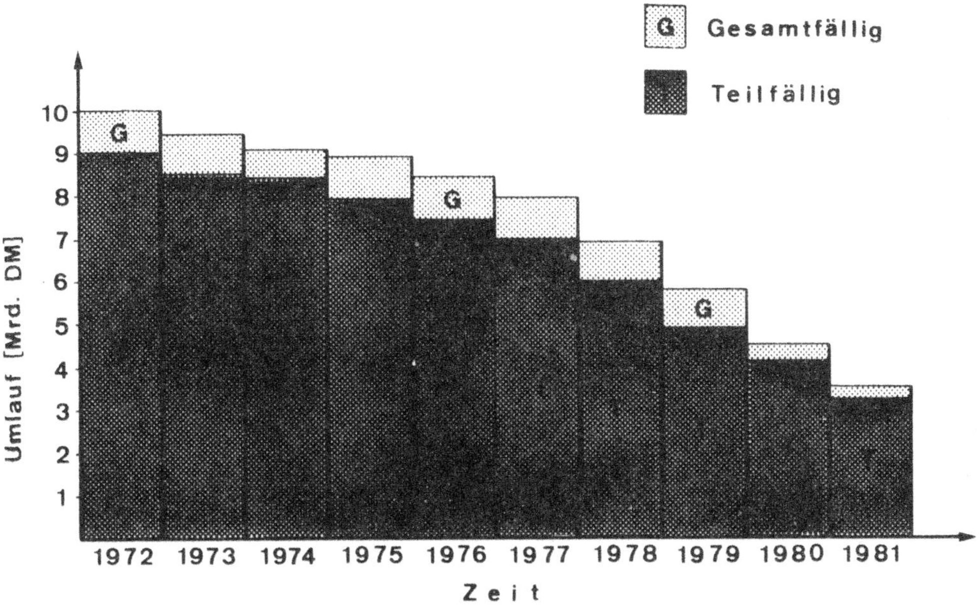

Abbildung 4d: Umlauf gesamt- und teilfälliger Industrieobligationen inländischer Emittenten in Deutschland (Stand jeweils Ende Dezember des entsprechenden Jahres, Nominalwerte)

Öffentliche Anleihen hatten Ende 1972 einen Anteil von 20,7 % am Gesamtumlauf aller Anleihen inländischer Emittenten. Dieser Anteil stieg bis Ende 1981 in dem Maße, wie der Anteil der Industrieobligationen abnahm. Bezogen auf den Umlauf öffentlicher Anleihen fiel der Anteil teilfälliger öffentlicher Anleihen jedoch im selben Zeitraum von 33,0 % auf 2,5 %.

Bankschuldverschreibungen, die während des gesamten Zeitraumes (von 1972 bis 1981) ungefähr Dreiviertel des Gesamtumlaufs aller Anleihen inländischer Emittenten umfaßten, wurden ebenfalls in immer stärkerem Maße als gesamtfällige Anleihen emittiert. Der Anteil der teilfälligen Anleihen verringerte sich bei ihnen von 30,9 % auf 14,5 %.

Bei den Industrieobligationen, deren Anteil am Gesamtumlauf festverzinslicher Wertpapiere inländischer Emittenten sich von Ende 1972 bis Ende 1981 von 4,7 % auf 0,6 % verringerte, blieb der Anteil der teilfälligen Anleihen mit ca. 91 % relativ konstant und hoch.

Die Anleihen ausländischer Emittenten auf dem deutschen Kapitalmarkt, die von Ende 1972 bis Ende 1981 von 27 Mrd. DM[1] auf 80 Mrd. DM[2] zunahmen, sind zumeist noch teilfällig[3]. Die Anzahl der gesamtfälligen Emissionen ist jedoch im Steigen begriffen. Von den 1972 in Deutschland emittierten DM-Auslandsanleihen (ohne Privatplazierungen) waren 1 gesamtfällig, 36 wurden mittels Auslosung getilgt und 12 besaßen einen Tilgungsfonds (vgl. Abbildung 5). Von den 34 im Jahr 1981 emittierten Auslandsanleihen sind 29 gesamtfällig, 2 werden mittels Auslosung getilgt.

---

1) Vgl. dazu Deutsche Bundesbank, Statistische Beihefte, Reihe 2, Tabelle 12a.

2) Diese Zahlen beinhalten nur auf DM lautende Anleihen. In der Bundesrepublik Deutschland gehandelte Fremdwährungsanleihen ausländischer Emittenten spielen nur eine sehr untergeordnete Rolle.

3) Vgl. dazu Oppermann/Degner, 1983, S. 104.

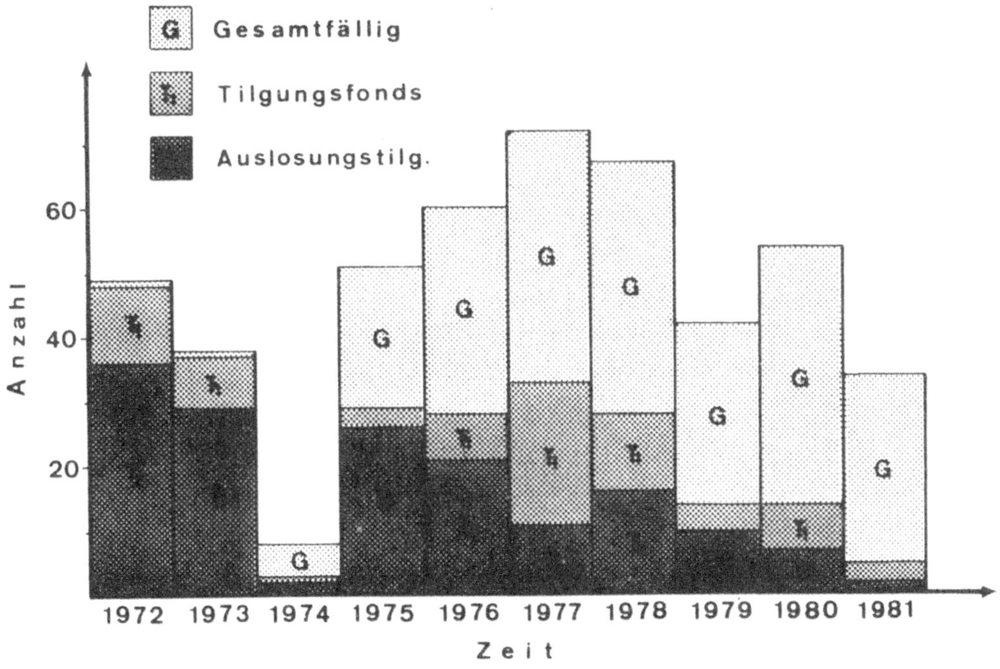

Abbildung 5: Tilgungsarten der in Deutschland emittierten DM-Auslandsanleihen von 1972-1981 ohne Privatplazierungen[1]

Die Verringerung des Anteils teilfälliger Anleihen auf dem deutschen Kapitalmarkt liegt wohl insbesondere darin begründet, daß im letzten Jahrzehnt eine starke Verkürzung der Laufzeiten von Anleihen zu beobachten war[2]. Denn gerade die Langläufer unter den Anleihen sind meistens als

---

1) Zusammengestellt nach Angaben des Börsen- und Wirtschaftshandbuchs, 1973 - 1982.

2) Vgl. dazu Völling, in: Christians, 1980, S. 270.

teilfällige Anleihen konzipiert. Einen kleinen Einfluß dürfte auch die Tatsache besitzen, daß Industrieobligationen, die fast ausschließlich teilfällig sind, nicht mehr in nennenswertem Umfang begeben wurden.

Auf dem US-amerikanischen Kapitalmarkt spielen teilfällige Anleihen eine bedeutendere Rolle. Die Tilgung über einen Tilgungsfonds ist in Amerika insbesondere bei Industrieanleihen gebräuchlich[1]. Auch auf dem Euro-Kapitalmarkt existieren teilfällige Anleihen[2].

Teilfällige Anleihen mit Kapitalrückzahlungsabschnitten sind für den deutschen, den amerikanischen und den Euro-Kapitalmarkt ohne Bedeutung[3].

Teilfällige Anleihen ohne planmäßige Tilgung sind in Deutschland nur bei Pfandbriefen und Kommunalschuldverschreibungen üblich. Auf dem US-amerikanischen Markt gibt es sie ebenfalls. Dort erfolgen ihre Rückzahlungen mittels eines Tilgungsfonds, bei dem die Höhe des Tilgungsfonds zu den einzelnen Zeitpunkten variabel ist. Bei Industrieobligationen kann die Höhe des Tilgungsfonds z.B. von den Gewinnen des Schuldners abhängen[4]. Amerikanische Tilgungsfonds werden meistens in der Weise gehandhabt, daß Teilschuldverschreibungen aufgrund einer "call feature" zu einem vorher in den Anleihebedingungen genannten Kurs[5] für den Tilgungsfonds gekauft

---

1) Francis schätzt, daß ungefähr die Hälfte aller Industrieanleihen und ca. ein Drittel der "öffentlichen Versorgungsanleihen" ("public utilities") mittels eines Tilgungsfonds getilgt werden (vgl. dazu Francis, 1976, S. 12).

2) Vgl. dazu Denzel, 1980, S. 325.

3) Die 5%-Anleihe des Landes Hessen von 1953 ist die einzige dem Autor bekannte Anleihe dieses Typs.

4) Vgl. dazu Van Horne, 1977, S. 488.

5) Zum "call price".

werden können. Liegt der am Markt beobachtbare Kurs unter dem Kündigungskurs, so wird der Schuldner in Höhe des Tilgungsfonds Teilschuldverschreibungen am Markt kaufen. Ist dies nicht der Fall, so wird er die geeignete Anzahl von Wertpapieren auslosen und zum Kündigungskurs zurückzahlen[1]. Diese Tilgungsfondskonstruktion findet sich auch bei Anleihen des Euro-Kapitalmarktes[2].

Teilfällige Anleihen mit planmäßiger Tilgung, bei denen die Laufzeiten der einzelnen Teilschuldverschreibungen dem Gläubiger bekannt sind, sogenannte Serienanleihen, sind in Deutschland nicht üblich. Auf dem US-amerikanischen Markt werden Kommunalanleihen[3] fast ausschließlich in Form von Serienanleihen aufgelegt[4].

Raten- und Annuitätenanleihen sind die bei uns üblichen Ausprägungen teilfälliger Anleihen. Teilfällige Anleihen von Bund, Bundespost, Bundesbahn, die meisten Industrieobligationen sowie eine Vielzahl der Bankschuldverschreibungen[5] besitzen diese Form. Dabei ist die Rückzahlung mittels eines Tilgungsfonds (in vorher festgelegter Höhe) bei uns im Gegensatz zu den USA nicht gebräuchlich. Sie kommt nur vereinzelt bei Industrieobligationen vor[6]. In Deutschland überwiegt die Tilgung über eine planmäßige Auslosung, manchmal zusammen mit der Möglichkeit zusätzlicher verstärkter Auslosung und Tilgung. Aufgrund des erforderlichen Aufwandes bei der Auslosung von Annuitätenanleihen[7] werden Annuitätenanleihen heute kaum mehr begeben[8].

---

1) Vgl. dazu Fischer/Jordan, 1979, S. 10.

2) Vgl. dazu Denzel, 1980, S. 325.

3) "municipal bonds".

4) Vgl. dazu Sharpe, 1978, S. 204.

5) Eine Ausnahme stellen die bereits oben erwähnten Pfandbriefe und Kommunalschuldverschreibungen dar, bei denen eine unplanmäßige Tilgung überwiegt.

6) Die 7%-Anleihe der Siemens AG vom Januar 1967 war z.B. mit einem solchen Tilgungsfonds ausgestattet.

7) Einzelauslosung erforderlich, vgl. dazu Erster Teil/I/2, S. 10f.

8) Vgl. dazu Scholze, 1973, S. 335f.

In Dänemark, Norwegen, Italien[1] und Frankreich[2] gibt es ebenfalls Raten- und Annuitätenanleihen. Auf dem nordamerikanischen Kapitalmarkt sind dagegen teilfällige Anleihen mit planmäßiger Auslosungstilgung nicht gebräuchlich. Anleihen des Euro-Kapitalmarktes sehen zum Teil Rückzahlung durch Auslosung festgelegter Tilgungsraten vor[3].

III. Einflußfaktoren des Wertpapierkurses

An den deutschen Börsen sind Anleihen sowohl Gegenstand des amtlichen Handels wie auch des Freiverkehrs[4]. Über Angebot und Nachfrage spielen sich dort die im Zeitablauf im Regelfall schwankenden Kurse der Teilschuldverschreibungen ein. Angebot und Nachfrage nach einzelnen Anleihen hängen von deren Ausstattungsmerkmalen ab. Zu den Ausstattungsmerkmalen zählen insbesondere die Nominalverzinsung, der Emissions- und der Rückzahlungskurs sowie die Rückzahlungsmodalitäten und die Laufzeit[5]. Diese Faktoren werden manchmal auch als Ausstattungsmerkmale im engeren Sinn bezeichnet. Zu den Ausstattungsmerkmalen einer Anleihe im weiteren Sinn zählen zum Beispiel die Besicherung der Anleihe, die etwaige Mündelsicherheit, die Deckungsstockfähigkeit, die Lombardfähigkeit, etc.[6].

Dem Inhaber einer einzelnen Teilschuldverschreibung stehen aufgrund der Anleihebedingungen zukünftige Zins- und Tilgungszahlungen zu. In Abhängigkeit von den Rückzahlungsmodalitäten kann aus der Sicht des Inhabers einer Teilschuldverschreibung die mit der einzelnen Teilschuldverschreibung verbundene Zahlungsreihe eindeutig festgelegt sein. Ist aus

---

1) Vgl. dazu Schildbred, 1974, S. 30, S. 44 und S. 59.

2) Vgl. dazu Bley, 1977, S. 189.

3) Vgl. dazu Denzel, 1980, S. 325.

4) Ende 1972 wurden an der Frankfurter Wertpapierbörse 3325 gesamt- und teilfällige Anleihen amtlich gehandelt, 276 im geregelten Freiverkehr. Ende 1981 waren es 5203 Anleihen im amtlichen Handel, 839 im geregelten Freiverkehr (vgl. dazu Frankfurter Wertpapierbörse, 1982, S. 63 und S. 85).

5) Vgl. dazu Erster Teil/I/2, S. 9-12.

6) Vgl. dazu Scholze, 1973, S. 313f.

der Sicht des Inhabers einer Teilschuldverschreibung deren Zahlungsreihe nicht eindeutig festgelegt, so können zwei Fälle unterschieden werden: Die Wahrscheinlichkeitsverteilung der möglichen Zahlungsreihen einer Teilschuldverschreibung ist deren Inhaber bekannt oder unbekannt (vgl. Tabelle 1). Allerdings ist dabei zu berücksichtigen, daß im Zeitablauf sich die möglichen Zahlungsreihen aus Sicht des Inhabers einer Teilschuldverschreibung ändern und somit auch die eventuell bekannte zugehörige Wahrscheinlichkeitsverteilung.

<table>
<tr><th rowspan="2">Eine Zahlungsreihe</th><th colspan="2">Mehrere mögliche Zahlungsreihen
Wahrscheinlichkeitsverteilung</th></tr>
<tr><th>bekannt</th><th>unbekannt</th></tr>
<tr><td rowspan="3">- Rentenanleihe
- Gesamtfällige Anleihe
- Teilfällige Anleihe mit Kapitalrückzahlungsabschnitten
- Serienanleihe</td><td>- Raten- und Annuitätenanleihen mit planmäßiger Auslosungstilgung</td><td>- Teilfällige Anleihe ohne planmäßige Tilgung
- Raten- und Annuitätenanleihen mit verstärkter Auslosung
- Anleihe mit Schuldnerkündigungsrecht</td></tr>
<tr><td colspan="2">- Raten- und Annuitätenanleihen mit Tilgungsfonds</td></tr>
<tr><td colspan="2">- Raten- und Annuitätenanleihen mit zusätzlich freiem Rückkauf</td></tr>
</table>

Tabelle 1: Zahlungsreihenklassifikation einer Teilschuldverschreibung der verschiedenen Anleihetypen aus Sicht des Inhabers einer Teilschuldverschreibung

Die Teilschuldverschreibung einer Rentenanleihe, einer gesamtfälligen Anleihe, einer teilfälligen Anleihe mit Kapitalrückzahlungsabschnitten oder einer Serienanleihe ist aus Sicht des Inhabers der jeweiligen Teilschuldverschreibung mit genau einer Zahlungsreihe verbunden.

Teilschuldverschreibungen von Raten- und Annuitätenanleihen mit planmäßiger Auslosungstilgung - die im Mittelpunkt dieser Arbeit stehen - sind, von ihrem Inhaber aus gesehen, mit einer von mehreren möglichen Zahlungsreihen mit bekannter Wahrscheinlichkeitsverteilung verknüpft. Da bekannt ist, wann welcher Teilbetrag der Anleihe ausgelost und zurückgezahlt wird, kennt der Gläubiger die Wahrscheinlichkeiten des Auftretens der möglichen Zahlungsreihen.

Der Inhaber der Teilschuldverschreibung einer teilfälligen Anleihe ohne planmäßige Tilgung kennt zwar die möglichen Zahlungsreihen seiner Teilschuldverschreibung, die zugehörigen Wahrscheinlichkeiten ihres Auftretens kennt er jedoch nicht. Er weiß nämlich nicht, wann und wie der Anleihebetrag getilgt wird. Auch der Gläubiger einer Raten- oder Annuitätenanleihe, deren Anleihekonditionen eine verstärkte Auslosungsmöglichkeit zulassen, kennt keine Wahrscheinlichkeitsverteilung. Ihm ist nicht bekannt, wann der Anleiheschuldner von dieser Möglichkeit Gebrauch macht oder ob er darauf verzichtet. Beinhalten Anleihekonditionen die Kündigungsmöglichkeit für den Schuldner, sind dem Inhaber einer Teilschuldverschreibung dieser Anleihe ebenfalls keine Wahrscheinlichkeiten des Auftretens möglicher Zahlungsreihen bekannt.

Bei Teilschuldverschreibungen von Raten- und Annuitätenanleihen mit Tilgungsfonds oder zusätzlich freiem Rückkauf hängt es von der genauen Ausstattung der Rückzahlungsmodalitäten ab, ob der Inhaber einer solchen Teilschuldverschreibung die Wahrscheinlichkeiten der möglichen Zahlungsreihen kennt oder nicht. Findet eine Reihen-, Serien- oder Gruppen-

Auslosung statt und werden freihändig rückgekaufte oder sich im Tilgungsfonds befindliche Teilschuldverschreibungen nur auf spätere Tilgungsraten angerechnet, dann kennt der Inhaber einer Teilschuldverschreibung die Wahrscheinlichkeitsverteilung. Ansonsten ist sie ihm unbekannt.

Zu den Einflußfaktoren, die auf den Kurs von Teilschuldverschreibungen einwirken, deren Inhaber nicht nur deren mögliche Zahlungsreihen kennt, sondern auch die Wahrscheinlichkeiten ihres Auftretens, zählen auch diejenigen, die nur bei Teilschuldverschreibungen mit eindeutig festgelegter Zahlungsreihe wirken. Dazu gehören aus Sicht des Inhabers einer Teilschuldverschreibung die Restlaufzeit, das Zinsstrukturrisiko, das Insolvenzrisiko, das Marktgängigkeitsrisiko und das Währungsrisiko.

Der Kurs einer Teilschuldverschreibung ändert sich im Regelfall mit sich verändernder Restlaufzeit der Teilschuldverschreibung[1]. Die Veränderungen der im Zeitablauf nicht stationären Zinsstrukturkurven beeinflussen den Kurs einer Teilschuldverschreibung. Das damit verbundene Risiko wird als Zinsstrukturrisiko bezeichnet[2]. Diese beiden Einflußfaktoren werden in dieser Arbeit erfaßt. Besteht die Möglichkeit, daß der Inhaber einer Teilschuldverschreibung seine ihm versprochenen Zins- und Tilgungszahlungen nicht oder nicht rechtzeitig erhält, so wird von Insolvenzrisiko gesprochen[3]. Bei Wertpapieren der öffentlichen Hand wird im allgemeinen ein Insolvenzrisiko verneint. Es wird in dieser Arbeit deshalb nicht erfaßt. Das unterschiedliche Marktgängigkeitsrisiko[4] wird von der Deutschen Bundesbank als ursächlich für die beobachtbaren Renditeunterschiede zwischen den Teilschuldverschreibungen verschiedener in-

---

1) Vgl. dazu Bühler, 1983a, S. 83f.

2) Das Zinsstrukturrisiko wird ausführlich diskutiert in Van Horne, 1970, S. 75ff. Bei ausschließlich nomineller Betrachtungsweise ist das Geldentwertungsrisiko Bestandteil des Zinsänderungsrisikos. Deshalb wird hier nicht speziell darauf eingegangen.

3) Vgl. dazu Bühler, 1983a, S. 93-95.

4) Die Marktgängigkeit einer Anleihe wird determiniert durch die Fähigkeit, ihre Teilschuldverschreibungen am Markt in Zahlungsmittel umwandeln zu können (vgl. dazu Fisher, 1959).

ländischer Emittenten angesehen[1]. In Deutschland begebene DM-Auslandsanleihen und Fremdwährungsanleihen sind mit einem Währungsrisiko behaftet[2]. Dessen Betrachtung entfällt in dieser Arbeit.

Zu diesen Risiken kommt bei Teilschuldverschreibungen mit mehreren möglichen Zahlungsreihen und deren bekannten Wahrscheinlichkeiten noch das Auslosungsrisiko hinzu. Im folgenden wird dieses Risiko näher untersucht.

1. Zahlungsreihen und Wahrscheinlichkeiten bei planmäßiger Auslosungstilgung

Die Termine, zu denen Teile der Anleihe mit planmäßiger Auslosungstilgung zurückgezahlt werden, können den Anleihebedingungen entnommen werden, ebenso die Höhe der einzelnen Tilgungszahlungen. Die Auslosung der zu tilgenden Teilschuldverschreibungen erfolgt im Regelfall drei Monate vor dem eigentlichen Tilgungstermin[3] (vgl. Abbildung 6). Mit dieser Kenntnis ist es für einen beliebigen Bewertungszeitpunkt während der Laufzeit der Anleihe möglich, die im Bewertungszeitpunkt denkbaren verschiedenen Zahlungsreihen einer Teilschuldverschreibung einer Anleihe zu bestimmen. Die Ermittlung der zugehörigen Wahrscheinlichkeiten der einzelnen Zahlungsreihen bereitet ebenfalls keine Schwierigkeit.

Die für die Bewertung vor dem ersten Auslosungstermin relevanten Zahlungsreihen und die zugehörigen Wahrscheinlichkeiten des Auftretens der Zahlungsreihen sind in Abbildung 7 dargestellt.

---

1) Vgl. dazu Deutsche Bundesbank, Monatsberichte, April 1978, S. 16.

2) Vgl. dazu Sharpe, 1978, S. 591f.

3) Die Notierung des Kurses der Anleihe wird an den beiden dem Auslosungstag vorangehenden Börsentagen ausgesetzt. An dem Auslosungstag erfolgt die Kursnotierung ex Ziehung. Die Kursnotiz bezieht sich dann nur auf die nicht ausgelosten Teilschuldverschreibungen (vgl. dazu Oppermann/ Degner, 1983, S. 35).

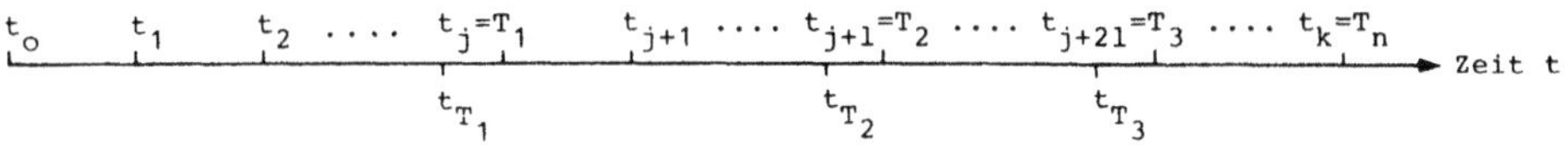

t_o : Emissionszeitpunkt

t_s, $s\epsilon\{1,\ldots,k\}$: Zinszahlungstermine

T_i, $i\epsilon\{1,\ldots,n\}$: Tilgungstermine[1)]

t_{T_i}, $T_i\epsilon\{T_1,\ldots,T_{n-1}\}$: Auslosungstermine für die Tilgungszeitpunkte T_i[2)]

Abbildung 6: Relevante Zeitpunkte einer auszulosenden teilfälligen Anleihe

Für die Betrachtung der möglichen Zahlungsreihen und ihrer Wahrscheinlichkeiten sind die Auslosungstermine von Bedeutung, nicht die eigentlichen Tilgungstermine. Am Auslosungstermin wird bekannt, welche Teilschuldverschreibungen am nächsten Tilgungstermin zurückgezahlt werden. Diese Teilschuldverschreibungen entsprechen in diesem Zeitraum den Teilschuldverschreibungen einer gesamtfälligen Anleihe[3)]. Für die nicht ausgelosten Teilschuldverschreibungen ist erst der nächste Auslosungstermin und damit frühestens der übernächste Tilgungstermin relevant. Die möglichen Zahlungsreihen und die zugehörigen Wahrscheinlichkeiten ihres Auftretens zwischen zwei Auslosungsterminen sind in Abbildung 8 dargestellt. Nach dem letzten Auslosungstermin sind die Laufzeiten aller noch nicht getilgter Teilschuldverschreibungen bekannt.

---

1) Es ist üblich, daß Tilgungstermine auf Zinszahlungstermine fallen. Tilgungszahlungen erfolgen in der Regel äquidistant.

2) Bei n Tilgungsterminen sind nur n-1 Auslosungstermine erforderlich.

3) Für diese Papiere wird in dem relativ kurzen Zeitraum auch kein Kurs mehr an der Börse festgestellt. Der in diesem Zeitraum notierte Kurs bezieht sich nur auf die noch nicht ausgelosten Papiere.

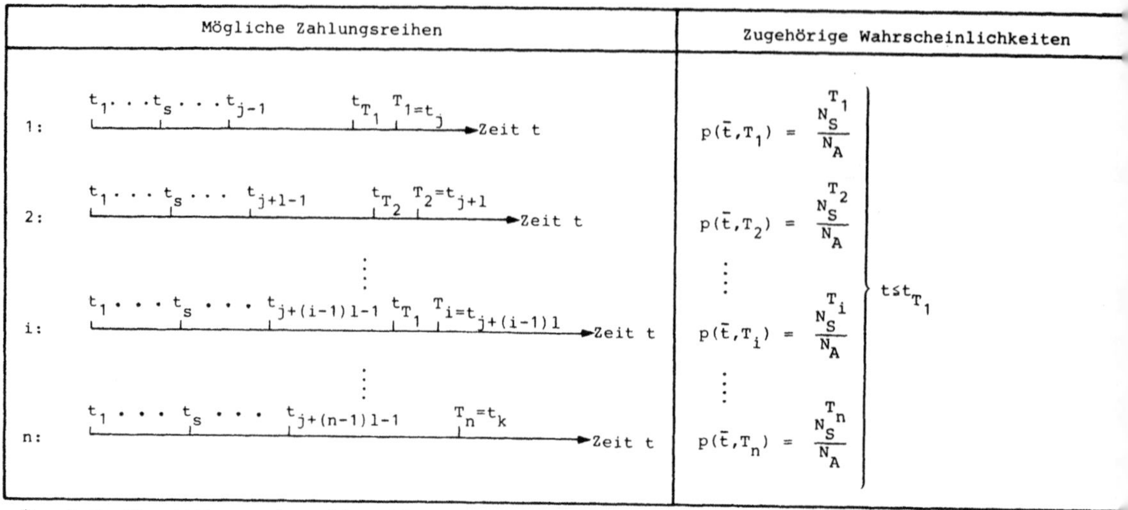

t_s, $t_1 \leq t_s \leq T_i$, $i \in \{1,\ldots,n\}$: Zinszahlungstermine

$N_S^{T_i}$: Nominalbetrag aller zum Zeitpunkt T_i zu tilgenden Teilschuldverschreibungen

N_A : Nominalbetrag der Anleihe

Abbildung 7: Mögliche Zahlungsreihen und zugehörige Wahrscheinlichkeiten vor dem ersten Auslosungstermin[1]

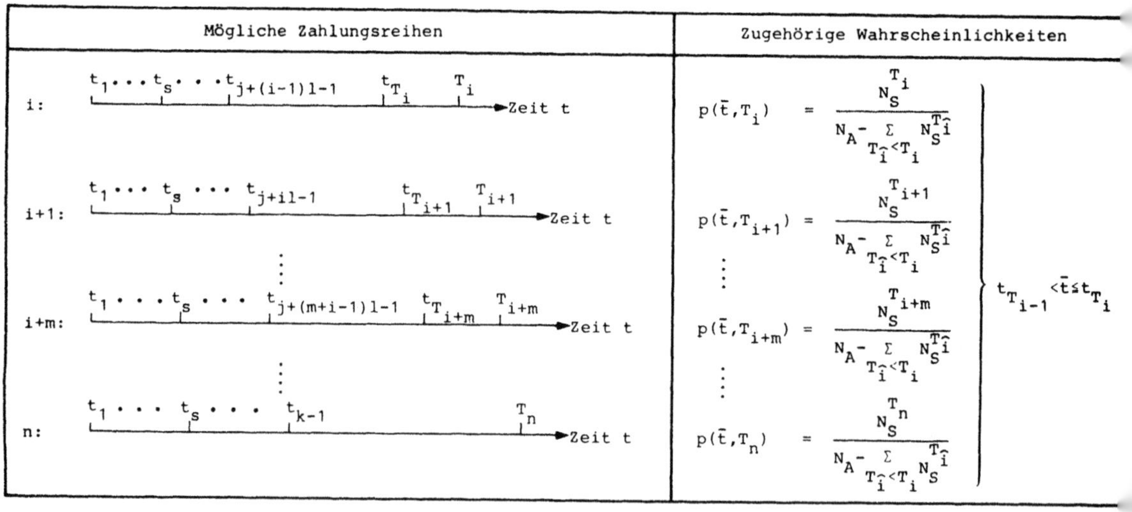

t_s, $t_1 \leq t_s \leq T_{i+m}$: Zinszahlungstermine der noch nicht ausgelosten Teilschuldverschreibungen der Anleihe

T_{i+m}, $m \in \mathbb{N}_0$, $T_{i+m} \leq T_n$: mögliche Tilgungstermine

Abbildung 8: Mögliche Zahlungsreihen und zugehörige Wahrscheinlichkeiten zwischen zwei Auslosungsterminen[2]

---

1) Vgl. dazu Abbildung 6.

2) Vgl. dazu Abbildung 6.

2. Kursverlauf bei planmäßiger Auslosungstilgung

Wird der Kursverlauf einer Anleihe über die Auslosungstermine hinweg beobachtet, so kann ein Einfluß des Auslosungstermins auf den Kurs der Teilschuldverschreibungen festgestellt werden. Berücksichtigt werden muß dabei allerdings, daß der notierte Kurs immer der Kurs der noch nicht ausgelosten Teilschuldverschreibungen ist. In den Abbildungen 9a-9e sind die Kursverläufe aller teilfälligen Anleihen der Bundesrepublik Deutschland, der Deutschen Bundesbahn und der Deutschen Bundespost[1] zwischen September 1978 und Dezember 1981 dargestellt, sofern in diesem Zeitraum mindestens eine Auslosung stattfand.

Beobachtungen zeigen, daß unter dem Rückzahlungskurs notierende Anleihen nach der Auslosung einen Kursverlust erleiden. Dieser ist zumindest tendenziell umso größer, je weiter unter dem Rückzahlungskurs die Anleihe vor der Auslosung notiert. Eine Erklärung dafür ist in der Tatsache zu sehen, daß kurz vor der Auslosung für einen Teil der Anleihe eine positive Wahrscheinlichkeit besteht, in kurzer Zeit, nämlich am nächsten Tilgungstermin, zum Rückzahlungskurs getilgt zu werden. Damit erzielt dieser Teil der Anleihe eine umso höhere Rendite, je weiter unter dem Rückzahlungskurs die Anleihe notiert. Diese Chance eines möglichen Kursgewinns für einen Teil der Anleihe besitzt eine kurssteigernde Wirkung. Die Chance wird determiniert durch die Wahrscheinlichkeit, bei der nächsten Auslosung erfaßt zu werden, und durch die Höhe des bei Auslosung realisierbaren Kursgewinns. Die Wahrscheinlichkeit, bei der nächsten Auslosung erfaßt zu werden, steigt mit der Anzahl der bereits erfolgten Auslosungen. Deswegen kann auch eine Vergrößerung des Kurssprunges mit der Abnahme der noch ausstehenden Anzahl von Auslosungen zumindest tendenziell beobachtet werden (vgl. Abbildungen 9a-9e).

---

1) Dies sind alles Ratenanleihen.

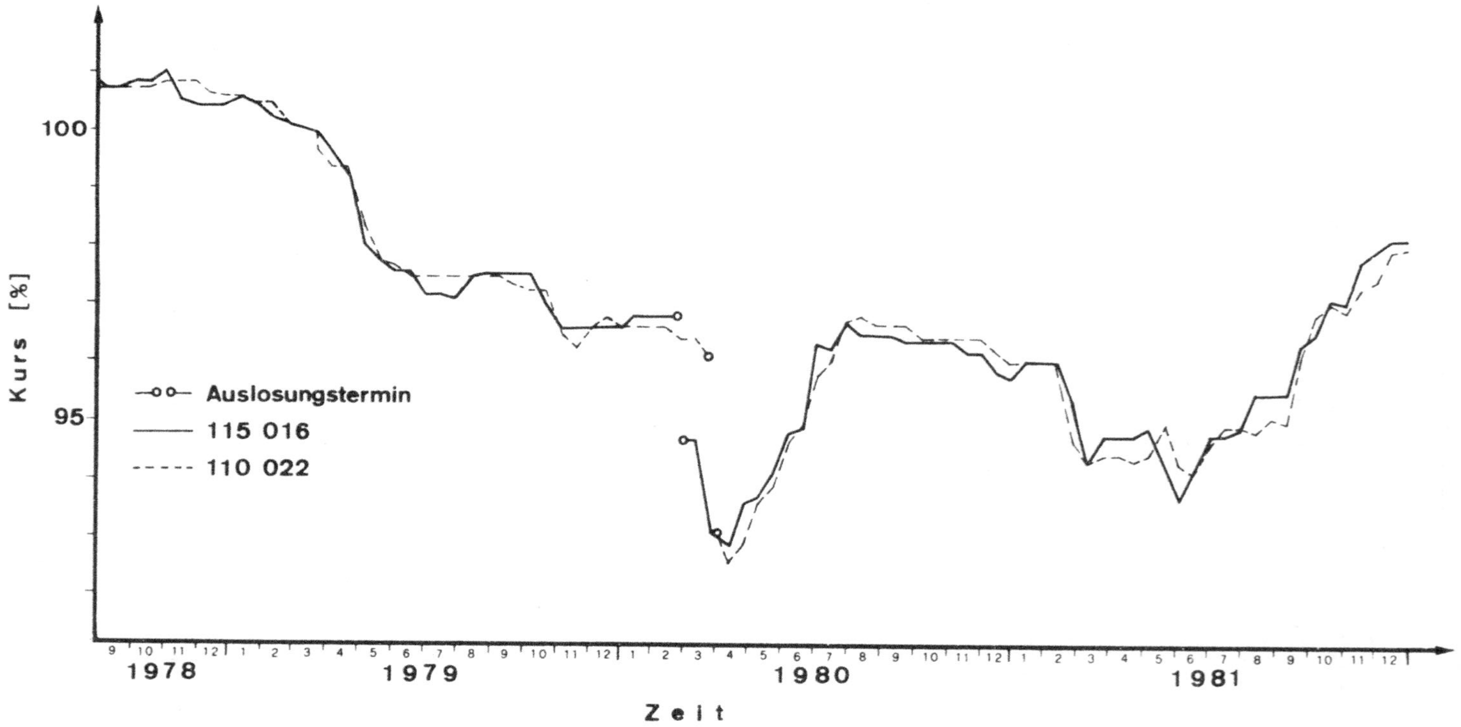

Abbildung 9a: Kursverläufe[1] der 6 %-Tilgungsanleihen der Bundesrepublik Deutschland (Wp.-Kenn-Nr. 110 022) und der Deutschen Bundesbahn (Wp.-Kenn-Nr. 115 016) von 1963[2] (Letzter Auslosungstermin im Beobachtungszeitraum)

1) Für die Erstellung der Zeichnung wurde der Börsenkurs von jedem zweiten Freitag verwendet. Zusätzlich der Freitagskurs vor und nach dem Auslosungstermin. Bei Taxkursen wurden die Donnerstags- bzw. Mittwochskursnotierungen herangezogen.

2) Die genauen Ausstattungsmerkmale der Anleihen sind in Anhang I zusammengestellt.

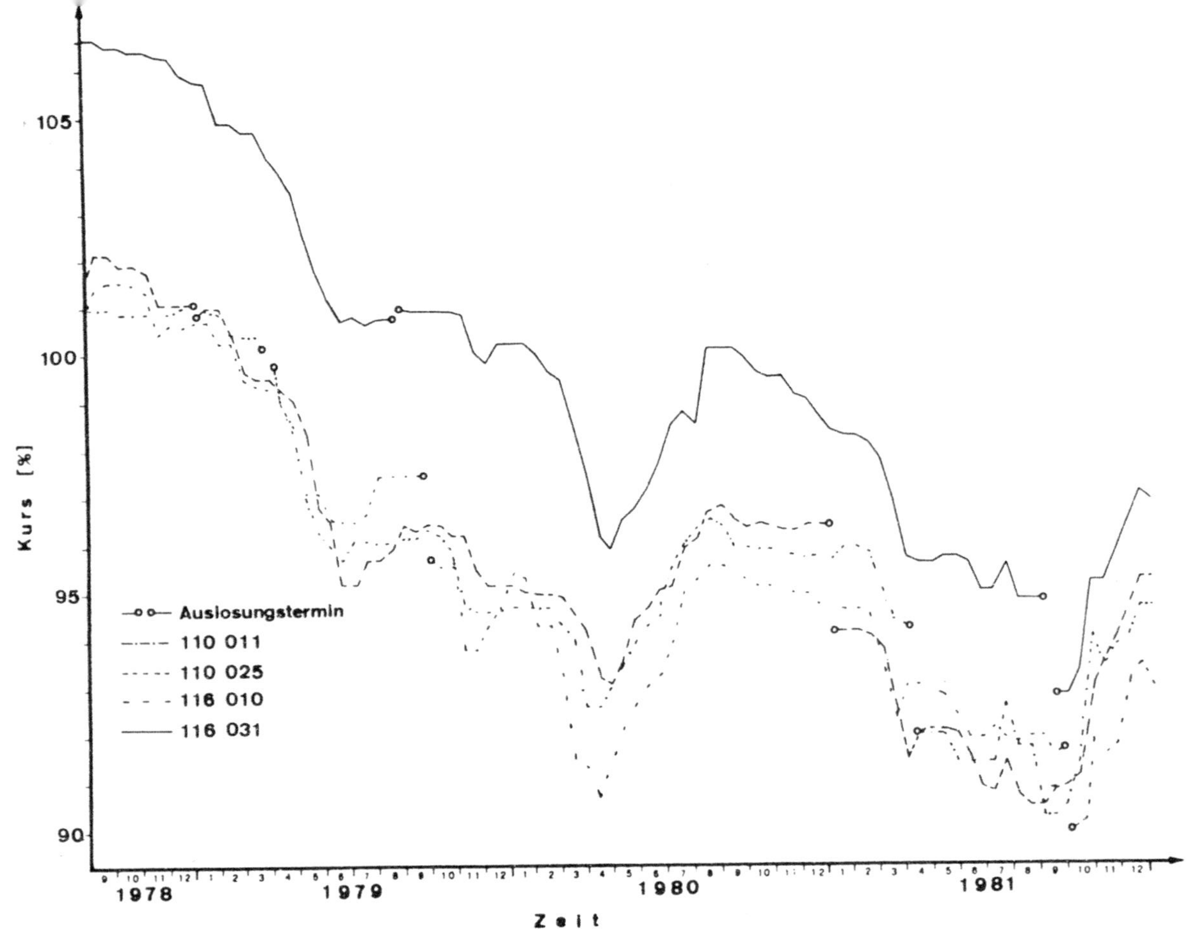

Abbildung 9b: Kursverläufe der 6 %-Tilgungsanleihen der Bundesrepublik Deutschland von 1963 (Wp.-Kenn-Nr. 110 011) und 1964 (Wp.-Kenn-Nr. 110 025) und der Deutschen Bundespost von 1963 (Wp.-Kenn-Nr. 116 010) sowie der 8 %-Tilgungsanleihe der Deutschen Bundespost von 1972 (Wp.-Kenn-Nr. 116 031)
(Die beiden letzten Auslosungstermine im Beobachtungszeitraum)

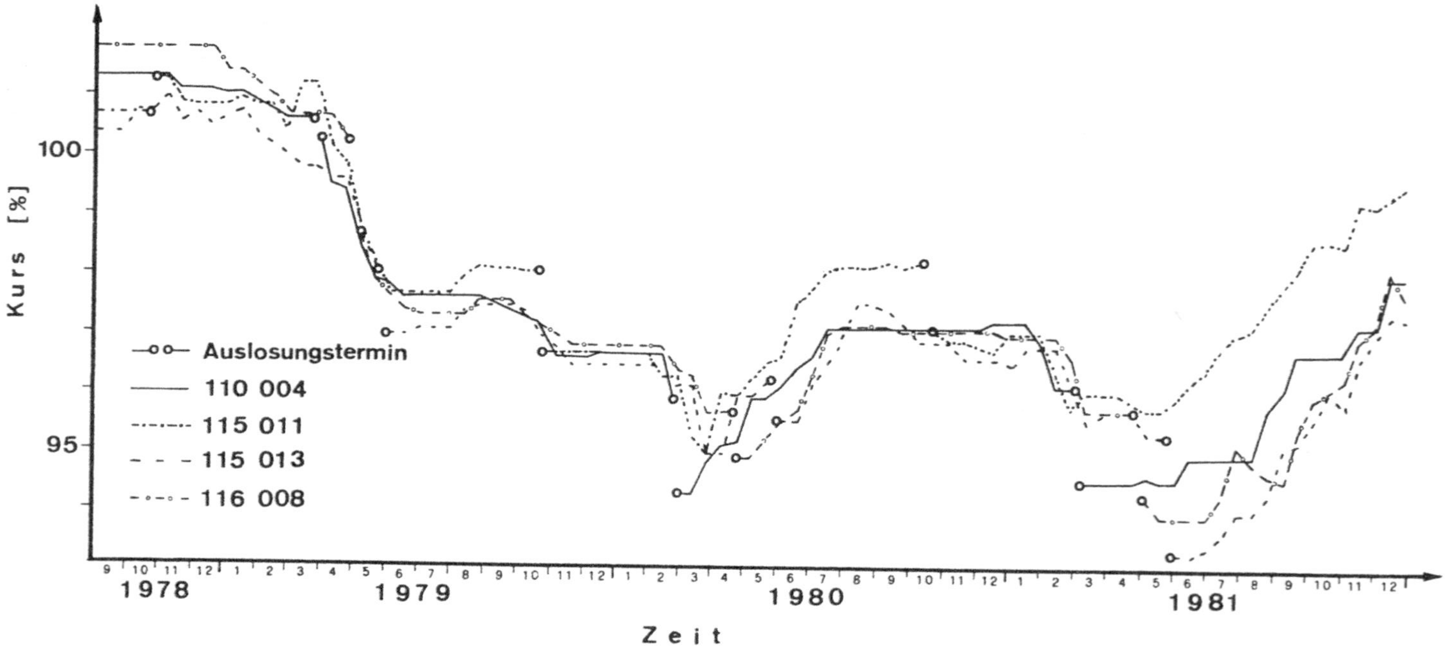

Abbildung 9c: Kursverläufe der 6 %-Tilgungsanleihen der Bundesrepublik Deutschland (Wp.-Kenn-Nr. 110 004), der Deutschen Bundespost (Wp.-Kenn-Nr. 116 008) und der Deutschen Bundesbahn (Wp.-Kenn-Nrn. 115 011 und 115 013) von 1962

(Die letzten drei Auslosungstermine im Beobachtungszeitraum)

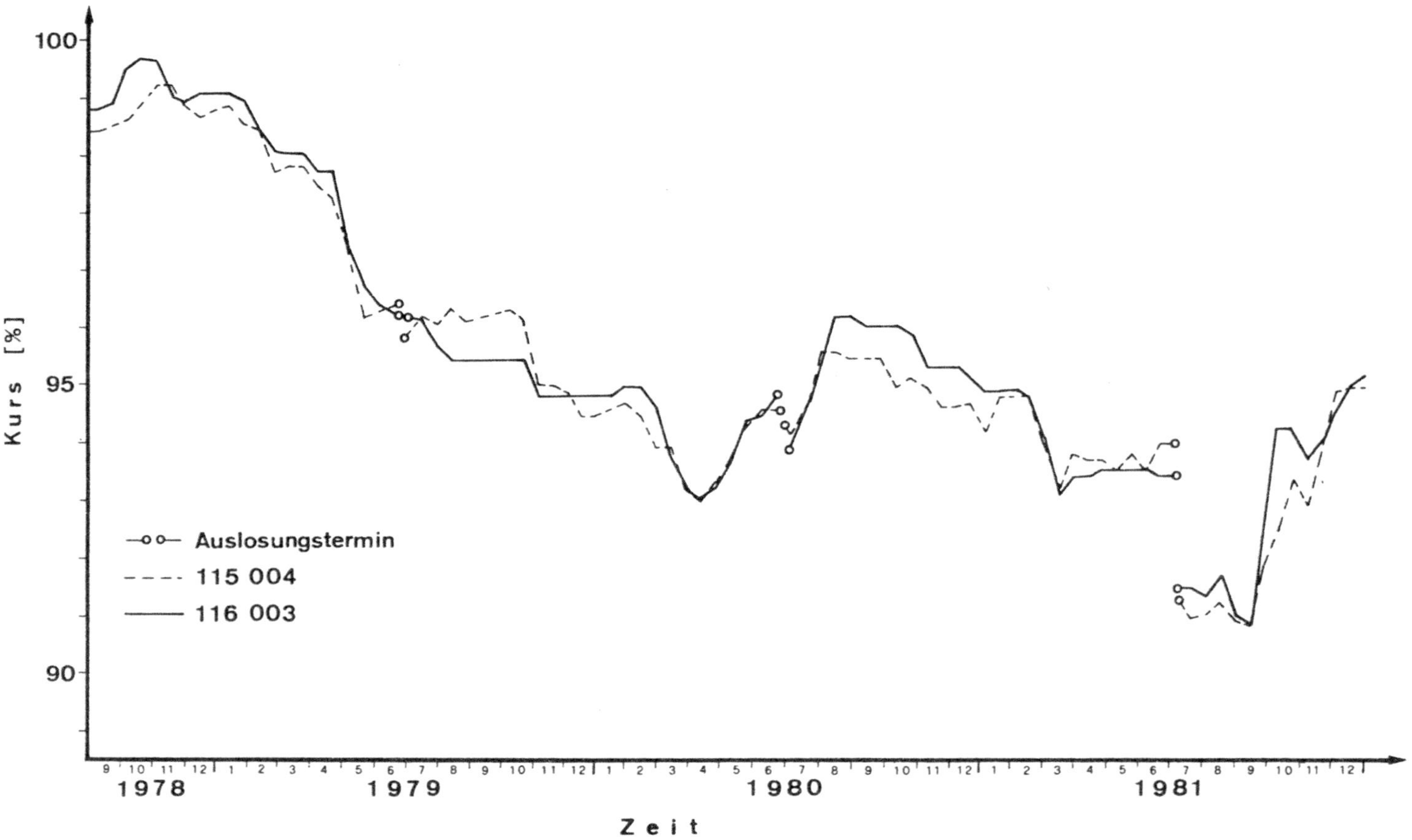

Abbildung 9d: Kursverläufe der 5,5 %-Tilgungsanleihen der Deutschen Bundesbahn (Wp.-Kenn-Nr. 115 004) und der Deutschen Bundespost (Wp.-Kenn-Nr. 116 003) von 1958 (Nach 1981 folgt noch ein weiterer Auslosungstermin)

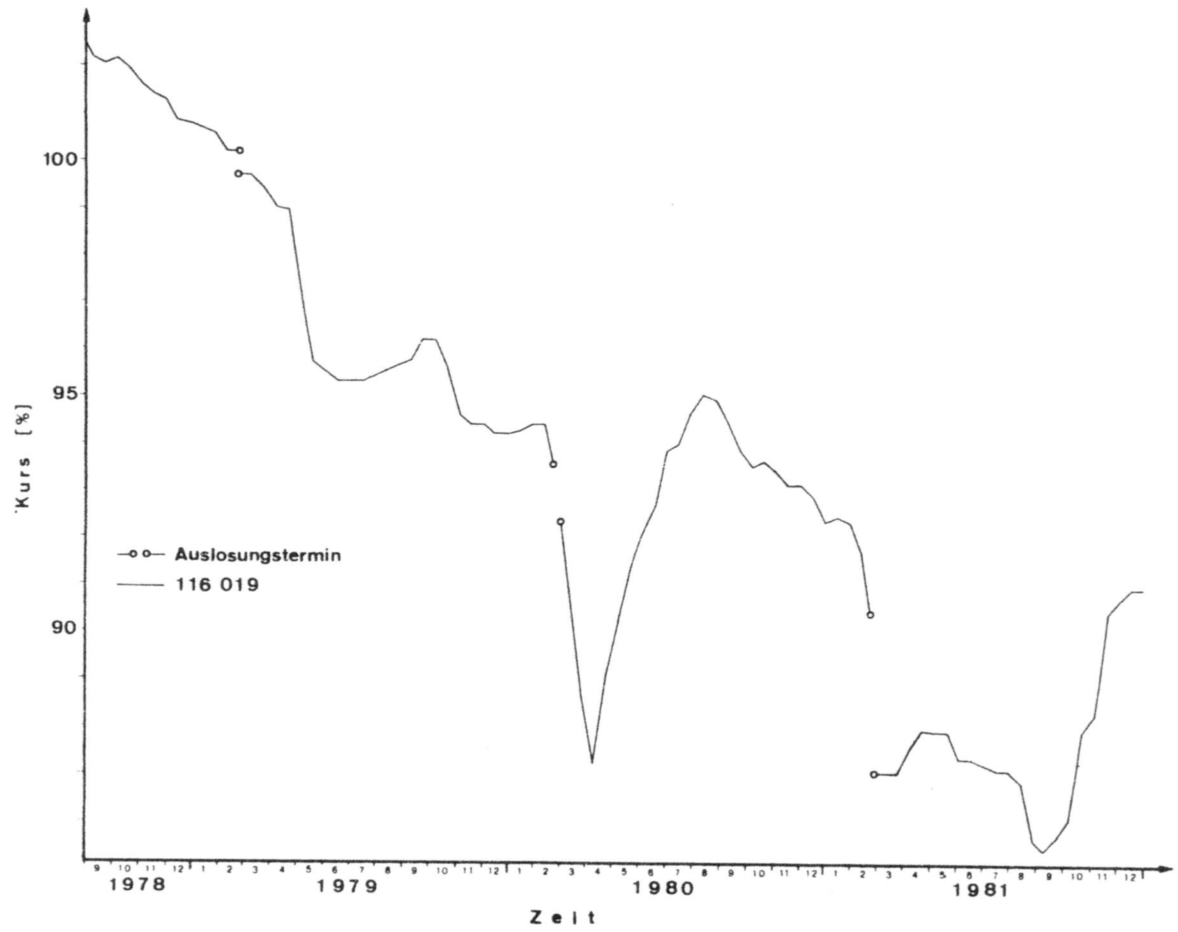

Abbildung 9e: Kursverlauf der 6,5 %-Tilgungsanleihe der Deutschen Bundespost von 1968 (Wp.-Kenn-Nr. 116 019)
(Nach 1981 folgen noch sechs Auslosungstermine)

Notiert die Anleihe zum Rückzahlungskurs oder in der Nähe davon, besitzen Auslosungen keinen entscheidenden Einfluß auf den Kurs der Anleihe. Die Chance eines möglichen schnellen Kursgewinns existiert nicht. Die über die Auslosung hinweg beobachtbaren Kursbewegungen von Anleihen, die zum Rückzahlungskurs oder in der Nähe desselben notieren, bewegen sich im Rahmen der normalen, auch ohne Auslosung stattfindenden Kursbewegungen.

Notieren Anleihen vor der Auslosung über dem Rückzahlungskurs, gilt das Umgekehrte von dem bei Notierung unter dem Rückzahlungskurs Gesagten.

3. Erfassung des Auslosungsrisikos

Aus der Sicht des Emittenten führt eine Anleihe mit Kapitalrückzahlungsabschnitten zu denselben Zahlungskonsequenzen wie eine Anleihe mit planmäßiger Auslosungstilgung. Letztere ist jedoch aus der Sicht des Anlegers mit einem Auslosungsrisiko behaftet. Ist dem Anleger eine Diversifikation des Auslosungsrisikos - z.B. durch den Kauf von Teilschuldverschreibungen aller noch ausstehenden Serien der entsprechenden Anleihe in geeigneter Zusammensetzung - nicht möglich, müßte dies dazu führen, daß risikoaverse Anleger Anleihen mit planmäßiger Auslosung niedriger bewerten als entsprechende Anleihen mit Kapitalrückzahlungsabschnitten sowie aus Emittentensicht identischer Zahlungskonsequenz. Dies hat dann zur Folge, daß Emittenten Tilgungsanleihen mit Auslosungstilgung mit einer höheren Rendite ausstatten müssen. Unter diesem Aspekt stellt die Existenz von Tilgungsanleihen ein offenes Problem dar, das jedoch im weiteren nicht behandelt wird.

Der Wert der Auslosungsrisiken, der zwischen September 1978 und Dezember 1981 stattgefundenen Auslosungen derjenigen Obligationen, deren Kursverlauf in den Abbildungen 9a-9e dargestellt ist, wurde durch Vergleich des Kurses unmittelbar vor dem jeweiligen Auslosungstermin mit dem Kurs unmit-

Wertpapier-Kenn-Nr.[1]	Auslosungstermin	A Kurs vorher	B Kurs nachher	C Wert der ausgelosten Teilschuldverschreibung[2]	D Auslosungswahrscheinlichkeit	E = C·D + B(1-D) Erwartungswert des Kurses vor der Auslosung	F = A - E Differenz zwischen tatsächl. und rechn. Wert des Kurses vor der Auslosung
116 019	27.02.79	100,25[3]	99,75[3]	100,60[3]	10,0 %	99,84[3]	0,41[3]
	26.02.80	93,70	92,20	99,30	11,1 %	92,99	0,71
	24.02.81	90,40	87,00	98,84	12,5 %	88,48	1,92
110 025	25.09.79	96,90	95,65	99,45	33,3 %	96,92	- 0,02
	22.09.81	92,15	90,00	98,20	50,0 %	94,10	- 1,95
116 031	21.08.79	100,75	100,95	100,20	33,3 %	100,70	0,05
	25.08.81	94,80	92,80	98,64	50,0 %	95,72	- 0,92
116 003	26.06.79	96,20	96,10	99,71	20,0 %	96,82	- 0,62
	24.06.80	94,60	93,80	98,73	25,0 %	95,03	- 0,43
	30.06.81	93,20	91,25	98,08	33,3 %	93,53	- 0,33
115 004	26.06.79	96,30	95,80	99,71	20,0 %	96,58	- 0,28
	24.06.80	94,40	94,00	98,73	25,0 %	95,18	- 0,78
	30.06.81	93,50	91,00	98,08	33,3 %	93,36	0,14
116 010	27.03.79	100,20	99,70	100,38	33,3 %	99,93	0,27
	31.03.81	94,30	92,00	100,36	50,0 %	96,18	- 1,88
110 011	19.12.78	101,10	100,90	100,53	33,3 %	100,78	0,32
	16.12.80	96,35	94,15	98,75	50,0 %	96,45	- 0,10
115 013	29.05.79	98,10	97,00	99,99	25,0 %	97,75	0,35
	28.05.80	96,20	95,50	98,85	33,3 %	96,62	- 0,42
	09.06.81	95,30	93,30	98,35	50,0 %	95,83	- 0,53
116 008	25.04.79	100,30	98,60	100,09	25,0 %	98,97	1,33
	22.04.80	95,70	94,90	98,81	33,3 %	96,20	- 0,50
	28.04.81	95,70	94,20	98,14	50,0 %	96,17	- 0,47
110 004	27.03.79	100,60	100,20	100,38	25,0 %	100,25	0,35
	25.03.80	96,00	94,30	98,99	33,3 %	95,86	0,14
	31.03.81	96,10	94,50	98,10	50,0 %	96,30	- 0,20
110 022	25.03.80	96,10	92,90	98,99	50,0 %	95,95	0,15
115 016	22.02.80	96,65	94,60	98,84	50,0 %	96,72	- 0,07
115 011	24.10.78	100,70	101,30	100,54	25,0 %	101,11	- 0,41
	23.10.79	98,05	96,65	99,21	33,3 %	97,50	0,55
	28.10.80	98,15	97,05	99,16	50,0 %	98,11	0,04

Tabelle 2: Wert der Auslosungsrisiken aller Auslosungen zwischen September 1978 und Dezember 1981 der in diesem Zeitraum ausstehenden Tilgungsanleihen der Bundesrepublik Deutschland, der Deutschen Bundespost und der Deutschen Bundesbahn[3]

---

1) Die genauen Ausstattungsmerkmale dieser Anleihen sind in Tabelle A 1/Anhang I zusammengestellt.

2) Da die Auslosungen im Regelfall ungefähr 3 Monate vor dem eigentlichen Rückzahlungstermin stattfinden, wurde dieser Wert unter Berücksichtigung der Stückzinszahlungen als Kapitalwert des Rückzahlungskurses plus Nominalzinsen ermittelt.

3) Angaben in Prozentpunkten.

telbar danach ermittelt (vgl. Tabelle 2). Dabei wurde unterstellt, daß die kursverändernden Wirkungen der anderen Einflußfaktoren in diesem kurzen Zeitintervall vernachlässigt werden können. Unmittelbar nach der Auslosung entspricht der Wert einer Teilschuldverschreibung entweder näherungsweise dem abgezinsten Rückzahlungskurs plus Stückzinsen für die Zeit zwischen Auslosungstermin und Rückzahlungszeitpunkt (C), sofern die Teilschuldverschreibung tatsächlich ausgelost wird oder dem Kurs der nicht ausgelosten Teilschuldverschreibungen (B). Die Auslosungswahrscheinlichkeit ist bekannt (D). Wird der Erwartungswert dieser beiden möglichen Werte der Teilschuldverschreibung gebildet (E) und mit dem Kurswert unmittelbar vor der Auslosung verglichen (A), so ergeben sich die in Spalte (F) aufgeführten Differenzen. Aus diesen auf Wochenbasis ermittelten Differenzen (F) ergibt sich eine über alle Tilgungsanleihen gemittelte durchschnittliche Differenz in Höhe von - 0,1 Prozentpunkten mit einer Standardabweichung von 0,13 Prozentpunkten. Daraus folgt, daß der Erwartungswert des Kurses einer Tilgungsanleihe (E) unmittelbar vor der Auslosung nicht signifikant (Signifikanzniveau: 5 %) verschieden ist von dem beobachteten Kurs zu demselben Zeitpunkt. Die Nullhypothese, daß im Markt das Auslosungsrisiko durch eine besondere Prämie in Form eines Kursabschlages abgegolten wird, kann somit abgelehnt werden. Es ist somit gerechtfertigt, den Wert einer Teilschuldverschreibung als Erwartungswert der Kurse der einzelnen noch laufenden Serien aufzufassen. Auf dieses Ergebnis wird im theoretischen Teil der Arbeit bei der Erfassung des Auslosungsrisikos wieder eingegangen[1].

Diese Behandlung des Auslosungsrisikos wird in etwa auch gestützt durch die Vorgehensweise von in Praxis tätigen Rentenhändlern, wie empirische Untersuchungen von Schildbred[2] zeigen.

---

1) Vgl. dazu Zweiter Teil/C/III/3.1, S. 114.

2) Vgl. dazu Schildbred, 1972, S. 344-355.

ZWEITER TEIL

ZEITSTETIGE BEWERTUNGSANSÄTZE FÜR WERTPAPIERE UND RECHTE UNTER UNGEWISSHEIT

A. Überblick

Die Bewertung von Wertpapieren und die Ermittlung von Marktpreisen sind ein zentrales Problem der Finanzierungstheorie. Zur Lösung dieses zentralen Problems werden unterschiedliche Bewertungsansätze entwickelt.

Die Ermittlung des Kapitalwertes eines Wertpapieres stellt einen elementaren Bewertungsansatz dar. Der für die Diskontierung der Zahlungen des zu bewertenden Wertpapieres verwendete Kalkulationszinsfuß ist der "Gleichgewichtszinssatz". Der Begriff "Gleichgewicht" kann verstanden werden als "Gleichgewicht beim Vorhandensein mehrerer Zinssätze" oder als "Gleichgewicht unter Ungewißheit".

Unter den Bewertungsansätzen, die den Gleichgewichtsbegriff im Sinne eines Gleichgewichtes unter Ungewißheit interpretieren, finden sich insbesondere solche, bei denen der Gleichgewichtsprozeß stetig im Zeitablauf analysiert wird. Diese Bewertungsansätze unter Ungewißheit werden als zeitstetig bezeichnet. Sie verwenden bei der Beschreibung des Gleichgewichtsprozesses zeitstetige stochastische Prozesse.

Vor der Entwicklung der zeitstetigen Bewertungsansätze unter Ungewißheit wurden allerdings in der Finanzierungstheorie bereits Bewertungsansätze verwendet, die zwar auf zeitstetige stochastische Prozesse zurückgreifen, jedoch den Gleichgewichtsprozeß nicht stetig im Zeitablauf analysieren. Im Sinne der obigen Definition sind dies keine zeitstetigen Bewertungsansätze. Zu diesen Bewertungsansätzen zählen die Arbeiten von Bachelier[1], Sprenkle[2], Boness[3], Samuelson[4] und Samuelson/Merton[5].

I. Klassifikation

Die zeitstetigen Bewertungsansätze unter Ungewißheit können anhand der von ihnen verwendeten Gleichgewichtsbedingungen unterteilt werden in Gleichgewichts- und Arbitrageansätze (vgl. Abbildung 10). Eine den Gleichgewichtsansätzen zugrundeliegende Gleichgewichtsbedingung ist die Forderung von Markträumung. Arbitrageansätze verwenden einen weiter gefaßten Gleichgewichtsbegriff. Sie fordern nur die Nichtexistenz von Arbitrage, aber keine Markträumung[6]. Bei Gleichgewichtsansätzen werden partielle und vollständige Gleichgewichtsmodelle unterschieden, und zwar nach der Art der Erfassung der Angebotsseite im Modell.

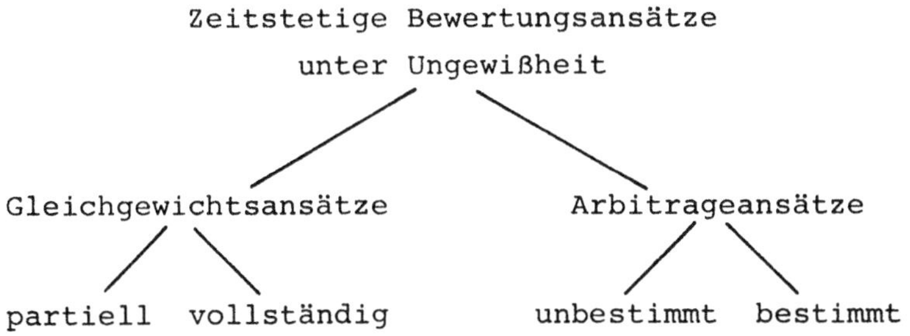

Abbildung 10: Klassifikation zeitstetiger Bewertungsansätze unter Ungewißheit[7]

1) Vgl. dazu Bachelier, 1900. Eine Übersetzung ins Englische von Boness wurde 1964 veröffentlicht (vgl. dazu Cootner, 1964, S. 17-78).

2) Vgl. dazu Sprenkle, 1961.

3) Vgl. dazu Boness, 1964.

4) Vgl. dazu Samuelson, 1965a.

5) Vgl. dazu Samuelson/Merton, 1969.

6) Arbitrageansätze sind somit eigentlich "Nicht-Arbitrageansätze". Der Begriff "Arbitrageansatz" ist jedoch gebräuchlich.

7) Vgl. dazu Bühler, 1983b.

Wird für die Lösung von Arbitrageansätzen die Kenntnis von modellexogenen, von der Nutzenfunktion des Investors abhängenden Größen benötigt, wird von unbestimmten, ansonsten von bestimmten Arbitrageansätzen gesprochen.

1. Gleichgewichtsmodelle

Das von Sharpe, Lintner und Mossin entwickelte diskrete einperiodige Kapitalmarktmodell (CAPM)[1] zur Bewertung von risikobehafteten Wertpapieren durch Erklärung des Zusammenhangs von Wertpapiererträgen und Risiko im Gleichgewicht gilt als eine der bedeutendsten Entwicklungen der Finanzierungstheorie der sechziger Jahre[2]. Verursacht durch die in empirischen Untersuchungen gefundenen und zu den Aussagen des Sharpe-Lintner-Mossin-Kapitalmarktmodells zum Teil in Widerspruch stehenden Ergebnissen[3] sowie bedingt durch das Streben, die restriktiven Annahmen des Sharpe-Lintner-Mossin-Kapitalmarktmodells teilweise zu lockern, wurde das Sharpe-Lintner-Mossin-Kapitalmarktmodell zu einem zeitstetigen Bewertungsmodell "weiterentwickelt".

Der von Merton entwickelte zeitstetige Bewertungsansatz[4] ist ebenso wie das Sharpe-Lintner-Mossin-Kapitalmarktmodell ein partielles Gleichgewichtsmodell. Beide Modelle beschreiben eine reine Tauschökonomie, bei der die Anzahl der Güter (Wertpapiere) fest vorgegeben ist. Die Angebotsseite steht in beiden Modellen durch die modellexogene Beschreibung der Wertpapierrenditen fest. Neben den für zeitstetige Bewertungsansätze typischen Annahmen[5] unterscheidet sich der von Merton entwickelte zeitstetige Bewertungsansatz von dem Sharpe-Lintner-Mossin-Kapitalmarktmodell dadurch, daß die

---

1) Vgl. dazu Sharpe, 1964 und 1970, Lintner, 1965a und 1965b, und Mossin, 1966. Die Verwendung der englischen Abkürzung von "Capital Asset Pricing Model" - CAPM - ist auch im Deutschen gebräuchlich.

2) Vgl. dazu Merton, 1973a, S. 867.

3) In einem Übersichtsartikel von Jensen, 1972, sind die Ergebnisse verschiedener empirischer Untersuchungen des CAPM zusammengestellt.

4) Vgl. dazu Merton, 1973a. Die beiden Vorgängerarbeiten von Merton, 1969 und 1971, sind die ersten zeitstetigen Bewertungsansätze im Sinn der hier verwendeten Definition.

5) Vgl. dazu Zweiter Teil/A/II, S. 42.

Investoren ihre Portefeuilles nicht gemäß dem (μ,σ)-Kriterium von Markowitz[1] zusammenstellen, sondern daß die Investoren ihre Portefeuillezusammenstellung so wählen, daß sie ihre streng konkaven von Neumann-Morgenstern-Konsumnutzenfunktion maximieren[2]. Der zeitstetige Bewertungsansatz ist im Gegensatz zum Sharpe-Lintner-Mossin-Kapitalmarktmodell nicht einperiodig. Als Ergebnis wird in beiden Modellen der Erwartungswert der über die risikolose (Momentan-)Rendite hinausgehenden (Momentan-)Rendite jedes Wertpapieres bestimmt[3]. Dieser Erwartungswert stellt sich im zeitstetigen Bewertungsansatz als Linearkombination der Momentanrenditen von (n+1) Portefeuilles dar[4]. Im Sharpe-Lintner-Mossin-Kapitalmarktmodell ist dieser Erwartungswert nur proportional zur Rendite eines Portefeuilles, des Marktportefeuilles. Neben diesem Unterschied kann beim zeitstetigen Bewertungsansatz im Gegensatz zum Sharpe-Lintner-Mossin-Kapitalmarktmodell der Erwartungswert einer Wertpapierrendite von der risikolosen Rendite selbst dann abweichen, wenn das Wertpapier kein systematisches Risiko aufweist.

Die Identifikation der für die Darstellung des Erwartungswertes der Momentanrendite jedes Wertpapieres notwendigen Portefeuilles ("Pricing-Portfolios") im zeitstetigen Kapitalmarktmodell ist schwierig. Breeden gelang es jedoch, das zeitstetige Kapitalmarktmodell von Merton so weiterzuentwickeln, daß nur noch ein "Pricing-Portfolio" zur Erklärung der Momentanrendite jedes Wertpapieres erforderlich ist[5]. In geeigneten Sonderfällen ist das verbliebene "Pricing-Portfolio" mit dem Marktportefeuille - wie im diskreten Sharpe-Lintner-Mossin-Kapitalmarktmodell - identisch[6].

---

1) Vgl. dazu Markowitz, 1959.

2) Vgl. dazu Merton, 1973a, S. 867 und S. 874.

3) Im zeitstetigen Bewertungsansatz wird statt der Rendite die Momentanrendite verwendet.

4) n ist dabei die Anzahl der zur Beschreibung der Investitionsmöglichkeiten notwendigen Einflußfaktoren.

5) Vgl. dazu Breeden, 1979.

6) Vgl. dazu Bhattacharya, 1981, S. 173.

Die vollständigen zeitstetigen Gleichgewichtsmodelle unterscheiden sich von den partiellen dadurch, daß die Angebotsseite nicht modellexogen vorgegeben ist, sondern explizit im Modell Produktionsmöglichkeiten erfaßt werden[1]. Dies kann durch die Vorgabe linearer Produktionsfunktionen geschehen[2]. Ist dies der Fall und werden zusätzlich gegenüber dem partiellen zeitstetigen Gleichgewichtsmodell die Annahmen zustandsunabhängiger Konsumnutzenfunktionen und Produktionstechnologien getroffen, dann ist der Erwartungswert der über die risikolose Rendite hinausgehenden Rendite jedes Wertpapieres - ebenso wie im diskreten Sharpe-Lintner-Mossin-Kapitalmarktmodell - proportional zur Marktportefeuillerendite. Werden diese Einschränkungen nicht getroffen, so ergibt sich dasselbe Ergebnis wie im zeitstetigen partiellen Bewertungsansatz von Merton[3].

2. Arbitragemodelle

Arbitragemodelle basieren auf weniger restriktiven Annahmen als Gleichgewichtsmodelle. Sie erfordern keinen sich im Gleichgewicht befindlichen Kapitalmarkt, keine Markträumung; die Nichtexistenz von Arbitrage ist ausreichend. Historisch gesehen wurden zuerst Arbitragemodelle für die Relativbewertung bedingter Ansprüche[4] entwickelt. Unter einem bedingten Anspruch wird ein Wertpapier verstanden, dessen Wert von dem(den) Wert(en) eines anderen Wertpapieres abhängt[5]. Ein bedingter Anspruch wird relativ zu exogen vorgegebenen zeitstetigen Einflußvariablen bewertet[6].

Bestimmte Arbitragemodelle sind dadurch charakterisiert, daß sie eine ("nahezu") präferenzfreie Bewertung ermög-

---

1) Vgl. dazu Constantinides, 1980, und Sundaresan, 1983.

2) Vgl. dazu Constantinides, 1980, S. 78.

3) Vgl. dazu Constantinides, 1980, S. 81.

4) Im angloamerikanischen Sprachbereich wird von "contingent claims" gesprochen.

5) Vgl. dazu Merton, 1977b, S. 242.

6) Z.B. Bewertung einer Kaufoption in Abhängigkeit von dem als bekannt unterstellten Verlauf der der Kaufoption zugrundeliegenden Aktie.

lichen. Es sind keine Einschränkungen auf bestimmte Klassen von Nutzenfunktionen[1] erforderlich. Risikotoleranz[2] und monoton steigende Nutzenfunktionen[3] sind ausreichend. Allerdings sind bestimmte Arbitragemodelle an die folgenden Bedingungen geknüpft: (1) die exogen vorgegebenen Einflußgrößen müssen beobachtbare Marktpreise besitzen, und (2) die exogen vorgegebenen stochastischen Einflußgrößen müssen sich durch "einfach gebaute" stochastische Prozesse darstellen lassen[4].

Unbestimmte Arbitragemodelle unterscheiden sich von den bestimmten dadurch, daß präferenzabhängige Parameter in der Bewertungsgleichung enthalten sind. Mittels zusätzlicher Annahmen lassen sich jedoch die präferenzabhängigen Parameter näher klassifizieren[5] oder ganz eliminieren[6].

Der hier entwickelte Ansatz zur zeitstetigen Bewertung von Tilgungsanleihen ist ein unbestimmtes Arbitragemodell.

---

1) Das Kapitalmarktmodell von Merton legt z.B. HARA-Nutzenfunktionen zugrunde, um zu expliziten Lösungen zu gelangen, d.h. also Nutzenfunktionen mit "hyperbolic absolute risk aversion" (vgl. dazu Merton, 1973a, S. 389).

2) Die Investoren sind bereit, risikobehaftete Wertpapiere mit endlichem Erwartungswert in ihr Portefeuille aufzunehmen.

3) "non-satiation".

4) Vgl. dazu Zweiter Teil/B, S. 57-88.

5) Dothan, 1978, zeigt, unter welchen Bedingungen präferenzabhängige Risikoparameter konstant sind.

6) Unter der Annahme eines "locally complete capital markets", d.h. wenn genausoviele Wertpapiere mit beobachtbaren Marktpreisen am Kapitalmarkt gehandelt werden wie voneinander unabhängige Quellen der Unsicherheit existieren und deren Renditen perfekt lokal korreliert sind mit der Rendite des zu bewerteten Wertpapieres, können die präferenzabhängigen Parameter eliminiert werden (vgl. dazu Dothan/Williams, 1981, S. 123 und S. 137f.). Bei der Bewertung von Wertpapieren ist auch eine Elimination mittels der "local expectations hypothesis" möglich, wenn also die erwarteten Momentanrenditen aller Wertpapiere identisch sind (vgl. dazu Brennan/Schwartz, 1977b, S. 71).

II. Charakteristische Annahmen zeitstetiger Bewertungsansätze unter Ungewißheit

Unter der Vielzahl von Annahmen, die bei den verschiedenen zeitstetigen Gleichgewichts- und Arbitrageansätzen vorkommen, lassen sich drei herausschälen, die in allen zeitstetigen Bewertungsansätzen unter Ungewißheit zu finden sind[1]:

(1) Zeitstetiges Handeln am Kapitalmarkt ist möglich.

(2) Alle für die Bewertung eines Wertpapieres relevanten Einflußgrößen werden mittels eines eventuell mehrdimensionalen zeitstetigen Markov-Prozesses dargestellt[2].

(3) Die Kurse der am Kapitalmarkt gehandelten Wertpapiere können durch einen stochastischen Prozeß in der Weise beschrieben werden, daß ihr tatsächlicher Ertrag minus dem Erwartungswert ihres Ertrages ein Martingal darstellt.

1. Zeitstetiges Handeln

Die Kapitalmärkte sind während des ganzen Bewertungs- und Beobachtungszeitraumes durchgehend geöffnet. Die am Kapitalmarkt Handelnden können zu jedem beliebigen Zeitpunkt und somit unendlich oft Transaktionen am Kapitalmarkt vornehmen. Um Ergebnisse mit einem zeitstetigen Bewertungsansatz unter Ungewißheit ableiten zu können, müssen die am Kapitalmarkt Handelnden ihr Portefeuille unendlich oft um-

---

1) Vgl. dazu Merton, 1975, S. 660ff.

2) Untersuchungen von Harrison/Kreps, 1979, und Harrison/Pliska, 1981, haben gezeigt, daß die Markov-Eigenschaft des stochastischen Prozesses der Zustandsvariablen irrelevant ist für eine eindeutige Bewertung (Harrison/Pliska, 1981, S. 221). Es ist ausreichend, wenn die Zustandsvariablen ein Semimartingal darstellen. Die zeitstetigen Bewertungsansätze unter Ungewißheit greifen jedoch auf Markov-Prozesse zurück. Die allgemeineren Überlegungen von Harrison, Pliska und Kreps werden deswegen nicht weiter verfolgt.

schichten. Deswegen gehen alle zeitstetigen Ansätze zusätzlich von der Annahme aus, daß keine Transaktionskosten wie Provisionen, Maklergebühren, Courtage und Börsenumsatzsteuer am Kapitalmarkt auftreten.

Die Tatsache, daß in der Realität auf den Kapitalmärkten nicht zeitstetig gehandelt werden kann, sondern nur in diskreten endlichen Zeitabständen, führt nicht zur Überlegenheit von zeitdiskreten Modellen über zeitstetige[1].

2. Durch Markov-Prozesse beschreibbare Einflußgrößen

Zeitstetige Bewertungsansätze unter Ungewißheit greifen, wie in Annahme (2) vorausgesetzt, auf eine bestimmte Klasse von zeitstetigen stochastischen Prozessen, Markov-Prozessen, zurück. Deshalb werden diese hier kurz vorgestellt.

2.1 Definitionen

Unter einem stochastischen Prozeß[2] wird die Menge indizierter Zufallsvariablen verstanden:

$$\{\tilde{X}_t(\omega),\ t \in I,\ \omega \in \Omega\}$$

Der Parameter t durchläuft dabei die Indexmenge I. Bei einem zeitstetigen stochastischen Prozeß kann die Indexmenge durch ein Intervall $I=[t_o,T]$, $t_o < T$, der reellen Achse $\mathbb{R}^1$ beschrieben werden[3]. Der Parameter t wird als "Zeit" interpretiert. Für einen festen Wert $\bar{t}$ aus I stellt

---

1) Eine ausführliche Diskussion dazu findet sich in Merton, 1975.

2) Einen guten Überblick über die mathematische Theorie zeitstetiger stochastischer Prozesse bieten die Bücher von Cox/Miller, 1968, Arnold, 1973, und Malliaris/Brock, 1982. Doob, 1960, McKean, 1969, und Gichman/Skorochod, 1971, sind mathematisch anspruchsvoller.

3) Ein zeitdiskreter stochastischer Prozeß ist im Gegensatz dazu durch eine abzählbare Indexmenge charakterisiert.

$\tilde{X}_{\bar{t}}(\omega)$ eine Zufallsvariable mit dem Zustandsraum $\Omega_{\bar{t}}$ dar. Unter dem Zustandsraum $\Omega_{\bar{t}}$ wird die Menge der möglichen Ereignisse verstanden, die zum Zeitpunkt $\bar{t}$ eintreten können. Da ein stochastischer Prozeß eine Menge von Zufallsvariablen darstellt, ergibt sich der Zustandsraum Ω des stochastischen Prozesses als das Kreuzprodukt der einzelnen Zustandsräume $\Omega_{\bar{t}}$, $(\bar{t}\in I)$. Besitzt der Zustandsraum Ω endlich oder abzählbar unendlich viele Elemente, so wird in Analogie zur Bezeichnung einzelner Zufallsvariablen von einem diskreten, ansonsten von einem stetigen Zustandsraum gesprochen. Bei den zeitstetigen Bewertungsansätzen unter Ungewißheit werden sowohl zeitstetige stochastische Prozesse mit stetigem als auch mit diskretem Zustandsraum verwendet. Für ein festes Element $\bar{\omega}$ aus dem Zustandsraum Ω stellt $X_t(\bar{\omega})$, $t\in I$, eine(n) Realisierung (Pfad) des stochastischen Prozesses dar.

Bei den zeitstetigen Bewertungsansätzen unter Ungewißheit wird dabei der Wertebereich von $\tilde{X}_t(\omega)$ auf die reellen Zahlen eingeschränkt.

Markov-Prozesse sind zeitstetige[1] stochastische Prozesse, die die Markov-Eigenschaft erfüllen. Diese besagt: Ist der Zustand eines stochastischen Prozesses zu einem bestimmten Zeitpunkt (Gegenwart) bekannt, so ist es für die wahrscheinlichkeitstheoretische Betrachtung zukünftiger Zustände unerheblich, wie der Prozeß in den gegenwärtigen Zustand gelangt ist. Es wird von einem Prozeß ohne Gedächtnis gesprochen, denn bei bekannter Gegenwart sind Vergangenheit und Zukunft des Prozesses statistisch unabhängig. Für eine präzise Definition der Markov-Eigenschaft vgl. Anhang II/1.

Auf den ersten Blick scheint es, als sei die Markov-Eigenschaft sehr restriktiv. Dies ist jedoch nicht der Fall, da sehr viele stochastische Prozesse durch geeignete Ergänzung

---

1) Im zeitdiskreten Fall wird von Markov-Kette gesprochen.

des Zustandsraumes[1)] in Markov-Prozesse überführt werden können[2)].

2.2 Spezielle Markov-Prozesse

Im Bereich der zeitstetigen Bewertungsmodelle unter Ungewißheit werden insbesondere Diffusionsprozesse, (zusammengesetzte) Poisson-Prozesse sowie Kombinationen davon verwendet[3)]. Diffusionsprozesse sind Markov-Prozesse mit stetigem Zustandsraum, (zusammengesetzte) Poisson-Prozesse solche mit diskretem Zustandsraum.

2.2.1 Diffusionsprozesse

Diffusionsprozesse sind Markov-Prozesse mit zeitstetigen Realisierungen. Sie sind dadurch charakterisiert, daß in kleinen Zeiteinheiten nur "kleine", zufällige Veränderungen auftreten (vgl. Abbildung 11).

Diese intuitive Charakterisierung kann in folgender Weise präzisiert werden:

> Ein Markov-Prozeß $\{\tilde{X}_t(\omega),\ t\in[t_o,T]\}$ auf dem Wahrscheinlichkeitsraum (Ω,A,p) heißt Diffusionsprozeß, wenn seine Übergangswahrscheinlichkeiten $p(s,x,t,B)$ für jedes $s\in[t_o,T]$, $x\in\mathbb{R}^d$, $d\in\mathbb{N}$ und $\varepsilon>0$ folgende Bedingungen erfüllen[5)]:
>
> (1) $$\lim_{t\to s}\frac{1}{t-s}\cdot\int_{|y-x|>\varepsilon} p(s,x,t,dy)=0 \qquad (1)$$
>
> (2) Es existieren Funktionen $f(s,x)$ und $g(s,x)$ mit

---

1) Der De Leeuw-Prozeß zur Beschreibung des Verhaltens des Zinssatzes ist ein Beispiel dafür (vgl. dazu Merton, 1971, S. 406-408).

2) Vgl. dazu Cox/Miller, 1968, S. 262-266.

3) Andere zeitstetige Markov-Prozesse als die hier aufgeführten, z.B. mit unendlichen Momenten, gelangen im Bereich zeitstetiger Bewertungsansätze unter Ungewißheit nicht zur Anwendung (vgl. dazu Merton, 1971, S. 374).

4) Die Übergangswahrscheinlichkeit $p(s,x,t,B)$ gibt die Wahrscheinlichkeit an, mit der der stochastische Prozeß zum Zeitpunkt t einen Wert aus B annimmt, wenn er zum Zeitpunkt s den Wert x besaß.

5) Vgl. dazu Arnold, 1973, S. 55.

$$\text{(2.1)} \quad \lim_{t \to s} \frac{1}{t-s} \cdot \int_{|y-x| \leq \varepsilon} (y-x) \cdot p(s,x,t,dy) = f(s,x) \qquad (2)$$

$$\text{(2.2)} \quad \lim_{t \to s} \frac{1}{t-s} \cdot \int_{|y-x| \leq \varepsilon} (y-x)(y-x)' \cdot p(s,x,t,dy) = g(s,x) \qquad (3)$$

Bedingung (1) besagt, daß die Wahrscheinlichkeit von Veränderungen vorgegebener Mindestgröße ε mit kleiner werdendem Zeitintervall t-s gegen Null geht. Die Funktion f(s,x) in Bedingung (2.1) wird als Driftvektor des Diffusionsprozesses, die Funktion g(s,x) in Bedingung (2.2) als Diffusionsmatrix des Diffusionsprozesses bezeichnet. Vernachlässigt man, daß die beiden Momente in der Bedingung (2) abgeschnitten sind, so charakterisiert f(s,x) den bedingten Erwartungswert der Veränderung des Prozesses in einem kleinen Zeitintervall und g(s,x) charakterisiert die bedingte Varianz in kleinem Zeitintervall.

Abbildung 11: Realisation $X_t(\bar{\omega})$ eines Diffusionsprozesses im Zeitablauf

Die ersten zeitstetigen Markov-Prozesse, die bei Bewertungsmodellen verwendet wurden[1], waren Diffusionsprozesse. Sprungprozesse tauchen erst in späteren Ansätzen auf[2].

In dieser Arbeit werden die stochastischen Einflußgrößen der Tilgungsanleihen, die Zinssätze, als Diffusionsprozesse dargestellt.

2.2.2 Poisson-Prozesse

Poisson-Prozesse sind Markov-Prozesse, deren Realisierungen im Zeitablauf Unstetigkeitsstellen (Sprünge) aufweisen. Zwischen den Unstetigkeitsstellen sind die Realisierungen konstant (vgl. Abbildung 12).

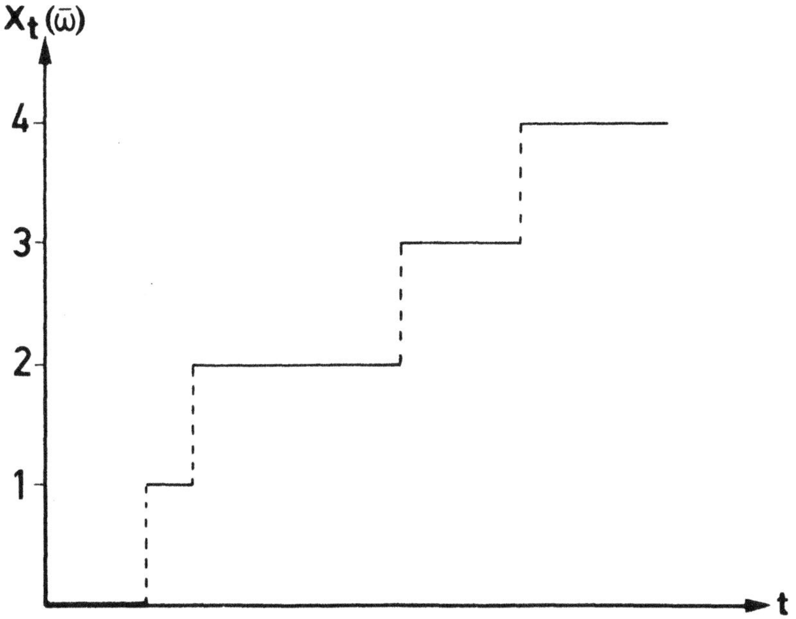

Abbildung 12: Realisation $X_t(\bar{\omega})$ eines Poisson-Prozesses im Zeitablauf

Diese intuitive Charakterisierung kann in folgender Weise präzisiert werden:

---

1) Vgl. dazu Merton, 1973a, und Black/Scholes, 1973.

2) Vgl. dazu Cox/Ross, 1975, und Merton, 1976.

Ein Markov-Prozeß $\{\tilde{X}_t(\omega),\ t\in[t_o,T]\}$, mit dem Zustandsraum $\mathbb{N}=\{0,1,2,...\}$ wird als Poisson-Prozeß[1] bezeichnet, wenn er die drei folgenden Bedingungen erfüllt:

(1) $\tilde{X}_{t_o}(\omega)=0$ mit Wahrscheinlichkeit 1 (4)

(2) Für jede Zerlegung $t_o<t_1<t_2<...<t_n\leq T$ sind die Zufallsvariablen $\tilde{X}_{t_1},\ \tilde{X}_{t_3}-\tilde{X}_{t_2},...,\tilde{X}_{t_n}-\tilde{X}_{t_{n-1}}$ unabhängig.

(3) $\tilde{X}_t(\omega)-\tilde{X}_s(\omega)$ ist für $o\leq s\leq t\leq T$ Poisson-verteilt.

Bedingung (1) stellt lediglich eine Konvention dar. Die Realisation eines Poisson-Prozesses im Zeitablauf kann als die zeitlich kumulierte Anzahl von Sprüngen interpretiert werden.

Aus den obigen Bedingungen (1) bis (3) lassen sich weitere Eigenschaften des Poisson-Prozesses ableiten: So gilt[2]:

$$p(\tilde{X}_{t+h}(\omega) - \tilde{X}_t(\omega) \geq 1) = \kappa \cdot h + o(h) \quad , \tag{5}$$

d.h. die Wahrscheinlichkeit, daß in einem Zeitraum der Länge h mindestens ein Ereignis auftritt, ist für Zeitintervalle mit positiver Länge (h>0) immer positiv[3].

In zeitstetigen Bewertungsansätzen unter Ungewißheit kommen zusammengesetzte Poisson-Prozesse[4] zur Anwendung.

Ein stochastischer Prozeß $\{\tilde{Y}_t(\omega),\ t\geq 0\}$ wird als zusammengesetzter Poisson-Prozeß bezeichnet[5], wenn er für alle

---

1) Vgl. dazu Malliaris/Brock, 1982, S. 42.

2) o(h) konvergiert schneller gegen Null als h. Die Zuwächse $\tilde{X}_t(\omega)-\tilde{X}_s(\omega)$, s<t, sind Poisson-verteilt mit dem Parameter κ.

3) Vgl. dazu Karlin/Taylor, 1975, S. 23-26.

4) Dafür wird auch manchmal der Begriff Sprungprozeß verwendet.

5) Vgl. dazu Parzen, 1967, S. 128.

t≧O durch

$$\tilde{Y}_t(\omega) = \sum_{i=1}^{\tilde{X}_t} \tilde{Z}_i \qquad (6)$$

dargestellt werden kann, wobei $\{\tilde{X}_t(\omega),\ t\geq 0\}$ einen Poisson-Prozeß bezeichnet, $\{\tilde{Z}_i,\ i=1,2,\ldots\}$ unabhängige, identisch verteilte Zufallsvariablen sind und $\tilde{X}_t$ und die Folge $\{\tilde{Z}_i\}$ voneinander unabhängig sind (vgl. Abbildung 13).

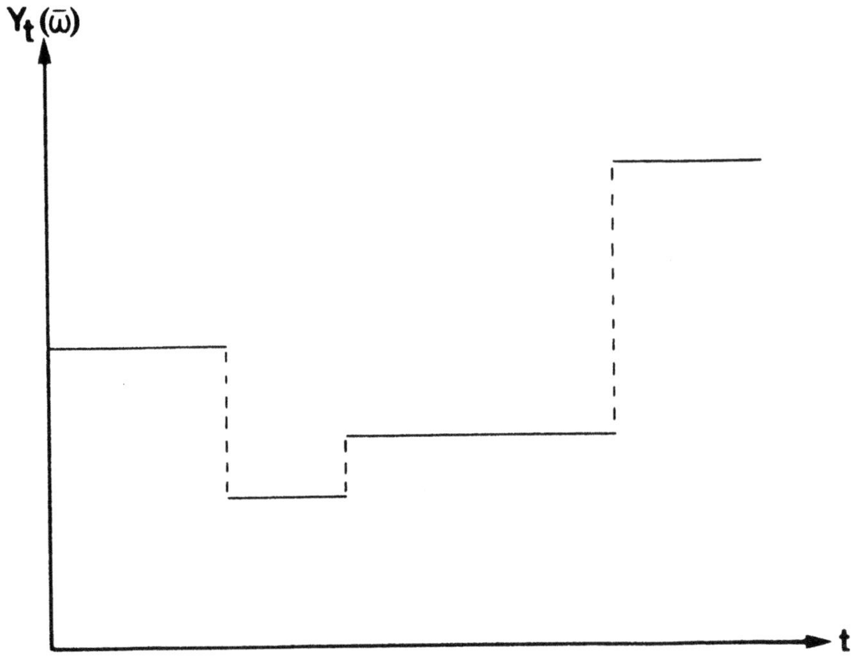

Abbildung 13: Realisation eines zusammengesetzten Poisson-Prozesses $\tilde{Y}_t(\omega)$ im Zeitablauf

2.3 Darstellung von Markov-Prozessen

Ein Markov-Prozeß kann auf verschiedene Arten dargestellt werden. Einerseits kann dies über das Wahrscheinlichkeitsgesetz geschehen, andererseits über die direkte Beschreibung seiner Zustandsänderung:

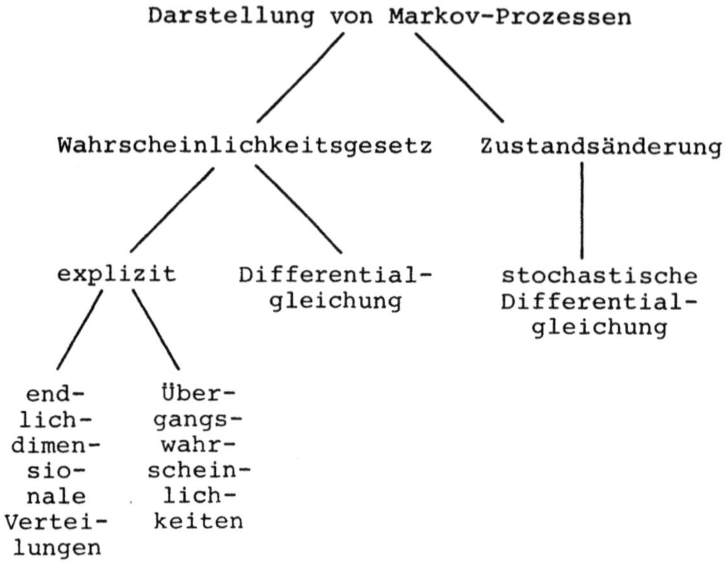

Abbildung 14: Darstellung von Markov-Prozessen

Eine Darstellung kann in expliziter Weise durch Angabe aller endlichdimensionaler Verteilungen des Markov-Prozesses[1] oder durch Angabe der Übergangswahrscheinlichkeiten und der Anfangsverteilung erfolgen. Die Bedeutung der Übergangswahrscheinlichkeiten liegt darin, daß sich aus ihnen zusammen mit der Anfangsverteilung alle endlichdimensionalen Verteilungen des Prozesses ermitteln lassen.

Eine zweite Möglichkeit der Charakterisierung des Wahrscheinlichkeitsgesetzes des Markov-Prozesses kann mit Hilfe von Differentialgleichungen für die Übergangswahrscheinlichkeiten vorgenommen werden. Hierbei lassen sich in Abhängigkeit von der Art der Differenzierung die Kolmogorovsche Rückwärtsgleichung oder die Vorwärts-(Fokker-Planck-)Gleichung unterscheiden. Über deren Lösbarkeit ist im allgemeinen Fall noch nichts bekannt[2]. Es läßt sich zeigen, daß Diffusionsprozesse durch diese Differentialgleichungen eindeutig festgelegt werden können[3].

---

1) So lassen sich beliebige stochastische Prozesse charakterisieren.

2) Vgl. dazu Karlin/Taylor, 1981, S. 145.

3) Vgl. dazu Arnold, 1973, S. 56-59. Differenzierbarkeit der Übergangswahrscheinlichkeiten wird vorausgesetzt.

Eine grundsätzlich andere Methode zur Charakterisierung von Markov-Prozessen setzt an der Beschreibung des Zustandes des Prozesses und dessen zeitlicher Veränderung an. Dazu bedient man sich stochastischer Differentialgleichungen[1].

In dieser Arbeit werden nur Diffusionsprozesse verwendet, die mittels stochastischer (Itô-)Differentialgleichungen[2] charakterisiert werden[3]. Deswegen wird auf andere Darstellungsarten nicht näher eingegangen. Der stochastische Differentialgleichungsbegriff wird in dieser Arbeit - sofern nicht ausdrücklich etwas anderes vermerkt wird - eingeschränkt für Itô-Differentialgleichungen verwendet.

2.3.1 Diffusionsprozesse und stochastische Differentialgleichungen

2.3.1.1 Wiener-Prozeß

Der Wiener-Prozeß kann als Grundbaustein aller stochastischen Differentialgleichungen angesehen werden. Deshalb soll er hier kurz vorgestellt werden.

Ein Wiener-Prozeß $\{\tilde{W}_t(\omega),\ t \geq 0\}$[4] über dem Wahrscheinlichkeitsraum $(\Omega, \mathcal{A}, p)$ ist ein homogener Markov-Prozeß mit der stationären Übergangswahrscheinlichkeit

$$p(t-s,X,.) = \begin{cases} N(X,t-s)^{5)} & t-s>0 \\ \delta_X(.)^{6)} & t-s=0 \end{cases} \qquad (7)$$

---

1) Vgl. dazu Arnold, 1973, S. 157-163, und Kushner, 1967, S. 18-20.

2) Es werden nur stochastische Integrale vom Itô-Typ verwendet, keine Stratonovich-Integrale.

3) Sie stellen im wesentlichen dieselbe Prozeßklasse dar (vgl. dazu Arnold, 1973, S. 163-167).

4) Vgl. dazu Arnold, 1973, S. 50.

5) $N(X,t)$ bezeichnet eine Normalverteilung mit dem Erwartungswert X und der Varianz t. Bei einer mehrdimensionalen Definition muß $N(X,t)$ durch $N(X,t\cdot I)$, I=Einheitsmatrix, ersetzt werden.

6) $\delta_X(.)$ ist das im Punkt X konzentrierte Wahrscheinlichkeitsmaß.

Per Konvention wird meist $\tilde{W}_o(\omega)=0$ festgelegt. Somit ist der Wiener-Prozeß selbst N(0,t)-(normal-)verteilt. Die Zuwächse des Wiener-Prozesses in sich nicht überdeckenden Zeitintervallen sind unabhängig und stationär. Er besitzt mit Wahrscheinlichkeit 1 stetige Realisierungen, ist jedoch nirgends differenzierbar[1].

2.3.1.2 Stochastisches Integral

Das stochastische Integral

$$\tilde{X}_t(\omega) = \int_{t_o}^{t} G(s,\omega)\,d\tilde{W}_s(\omega) \qquad 0 \leq t_o < t, \text{fest} \tag{8}$$

kann aufgrund der mit Wahrscheinlichkeit 1 unbeschränkten Schwankung von $\tilde{W}_t(\omega)$ nicht als Riemann-Stieltjes-Integral interpretiert werden. Deshalb muß für eine möglichst breite Klasse von Funktionen G ein neuer Integralbegriff definiert werden.

Die Vorgehensweise kann an einem Beispiel für die spezielle Funktion $G(\ )=\tilde{W}_s(\omega)$ verdeutlicht werden[2]:

Das stochastische Integral

$$\int_{t_o}^{t} \tilde{W}_s(\omega)\,d\tilde{W}_s(\omega) \tag{9}$$

wird durch die Summe

$$S_n = \sum_{i=1}^{n} \tilde{W}_{\tau_i}(\tilde{W}_{t_i} - \tilde{W}_{t_{i-1}}) \tag{10}$$

---

1) Der Differenzenquotient $(\tilde{W}_{t+h}(\omega)-\tilde{W}_t(\omega)/h)$ ist $N(0,1/|h|)$-verteilt. Diese Verteilung läuft für $h\to 0$ auseinander, so daß für jede beschränkt meßbare Menge B gilt: $P((\tilde{W}_{t+h}-\tilde{W}_t/h)\in B)\to 0$ $(h\to 0)$. Der Differenzenquotient konvergiert nicht mit positiver Wahrscheinlichkeit gegen eine endliche Zufallsgröße. Mittels der Theorie der Distribution läßt sich jedoch das Gaußsche weiße Rauschen ξ_t, ein stationärer verallgemeinerter stochastischer Prozeß mit in jedem Punkt unabhängigen Werten, dem Erwartungswert 0 und der Kovarianz $\delta(t)$ (Diracsche Deltafunktion) als Ableitung eines verallgemeinerten Wiener-Prozesses interpretieren. Deswegen findet man oft die Schreibweise $dW_t=\xi_t dt$.

2) Vgl. dazu Arnold, 1973, S. 74-76.

approximiert, wobei $t_o \leq t_1 \leq \ldots \leq t_n = t$ und $t_{i-1} \leq \tau_i \leq t_i$ gilt. Die Wahl der Zwischenpunkte τ_i besitzt einen Einfluß auf den Grenzwert der Summe S_n.
Es gilt:

$$\underset{\max_i (t_i - t_{i-1}) \to 0}{\text{qm-lim}} \quad S_n = \left\{ \tilde{W}_t^2 - \tilde{W}_{t_o}^2 \right\} / 2 + (a - \tfrac{1}{2})(t - t_o)^{1)} \qquad (11)$$

$$\text{mit } \tau_i = (1-a)t_{i-1} + at_i, \quad 0 \leq a \leq 1$$

Wird a=0 gewählt - der Zwischenpunkt τ_i stimmt dann mit t_{i-1} überein - dann ergibt sich das stochastische (Itô-)Integral:

$$\int_{t_o}^{t} \tilde{W}_s(\omega) d\tilde{W}_s(\omega) = \left\{ \tilde{W}_t^2(\omega) - \tilde{W}_{t_o}^2(\omega) \right\} / 2 - (t - t_o)/2 \qquad (12)$$

Die klassischen Integrationsregeln lassen sich somit nicht auf stochastische Itô-Integrale übertragen[2].

Das Itô-Integral[3] wird als die fast sicher eindeutig bestimmte Zufallsgröße

$$\int_{t_o}^{t} G(s,\omega) d\tilde{W}_s(\omega) = \underset{n \to \infty}{\text{st-lim}} \int_{t_o}^{t} G^n(s,\omega) d\tilde{W}_s(\omega)^{4)} \qquad (13)$$

definiert, wobei G und die Folge $\{G^n\}$ nicht vorgreifend,

---

1) qm-lim bezeichnet die Konvergenz im Quadratmittel.

2) Definiert man a=1/2, so erhält man das stochastische Integral von Stratonovich, das zwar keine Martingaleigenschaft wie das Itô-Integral besitzt, jedoch mit den "klassischen deterministischen Integrationsregeln" gehandhabt werden kann. Der Zusammenhang zwischen Itô-Integral und Stratonovich-Integral und die Formulierung des Optionspreismodells von Black/Scholes mit Stratonovich-Integralen findet sich bei Sethi/Lehoczky, 1981. In der Finanzierungstheorie wird ausschließlich das Itô-Integral verwendet.

3) Vgl. dazu Arnold, 1973, S. 85.

4) st-lim bezeichnet die stochastische Konvergenz. Für bestimmte Funktionen G mit $\int E|G(s,\omega)|^2 ds < \infty$ kann das Itô-Integral noch stärker durch die Quadratmittelkonvergenz approximiert werden.

die Realisierungen mit Wahrscheinlichkeit 1 aus $\mathbb{L}^2$ sind und

$$\underset{n\to\infty}{\text{st-lim}} \int_{t_o}^{t} |G(s,\omega) - G^n(s,\omega)|ds = 0 \tag{14}$$

gilt[1].

2.3.1.3 Stochastische Differentialgleichung

Die stochastische Differentialgleichung

$$d\tilde{X}_t(\omega) = f(t,X_t)dt + G(t,X_t)d\tilde{W}_t(\omega)^{2)} \tag{15}$$

$$\text{mit } X_{t_o} = c, \ t_o \leq t \leq T < \infty$$

wird als Kurzschreibweise der stochastischen Integralgleichung

$$\tilde{X}_t(\omega) = c + \int_{t_o}^{t} f(s,X_t)ds + \int_{t_o}^{t} G(s,\omega)d\tilde{W}_s(\omega) \tag{16}$$

interpretiert. Im folgenden werden nur stochastische Differentialgleichungen verwendet. Die stochastische Differentialgleichung (15) besitzt eine mit Wahrscheinlichkeit 1 eindeutige und stetige Lösung $\tilde{X}_t(\omega)$, wenn sie die beiden folgenden Bedingungen erfüllt:

Es existiert eine Konstante K>o, so daß gilt:

(1) Lipschitz-Bedingung[3]

$$|f(t,X) - f(t,Y)| + |G(t,X) - G(t,Y)| \leq K|X-Y| \tag{17}$$

$$\forall t \in [t_o,T], \ X,Y \in \mathbb{R}$$

---

1) Die Eigenschaften des stochastischen Integrals sind in Anhang II/2 zusammengestellt.

2) Für festes (t,X_t) seien $f(t,X_t)$ und $G(t,X_t)$ unabhängig von $\omega \in \Omega$. Dies stellt jedoch keine Einschränkung dar, da Prozesse mit $f=f(t,X_t,W_t)$ und $G=G(t,X_t,W_t)$ durch Hinzunahme des Wiener-Prozesses als zusätzliche Komponente auf obigen Gleichungstyp reduziert werden können (vgl. dazu Arnold, 1973, S. 115).

3) Die Lipschitz-Bedingung garantiert, daß f und G sich bei Veränderungen von X nicht schneller verändern als die Funktion X selbst. In X unstetige Funktionen verletzen demnach die Lipschitz-Bedingung.

(2) Wachstumsbeschränkung[1)]

$$|f(t,X)|^2 + |G(t,X)|^2 \leq K^2(1+|X|^2) \qquad (18)$$

$$\forall t \in [t_o,T],\ X \in \mathbb{R}$$

Sind die Funktionen f(t,X) darüber hinaus stetig in t, so ist die Lösung $\tilde{X}_t(\omega)$ ein Diffusionsprozeß[2)] mit dem Drift f(t,X) und der Momentanvarianz $g(t,X)=G^2(t,X)$.

3. Wertpapiererträge und Martingale

In den oben formulierten Voraussetzungen zeitstetiger Bewertungsansätze unter Ungewißheit (S. 42) wurde gefordert, daß der Ertrag eines Wertpapieres abzüglich des Erwartungswertes seines Ertrages ein Martingal[3)] darstellt. Diese Martingaleigenschaft korrespondiert mit der Verwendung stochastischer Itô-Intergrale, die selbst ein Martingal darstellen[4)]. Sie wird nicht aus ökonomischen Gründen gefordert[5)].

Diese mathematisch bedingte Annahme ist jedoch mit der ökonomischen Annahme eines Random-Walk-Modells für Wertpapierkurse identisch[6)]. Die Martingalvariante der Random-Walk-Hypothese entspricht der schwachen Form der Effizienzthese von Fama[7)] und Samuelson[8)]. Sie besagt, daß, ausgehend von einem vorgegebenen Betrachtungszeitpunkt und Wertpapierkurs, der Erwartungswert der Kursänderung eines Wertpapieres in einem beliebigen Zeitintervall unabhängig ist von den Kursveränderungen vor dem Betrachtungszeitpunkt[9)].

---

1) Die Wachstumsbeschränkung erlaubt für f und G höchstens gleichmäßiges lineares Wachstum in X.

2) Vgl. dazu Arnold, 1973, S. 164.

3) Zur mathematischen Definition des Martingals vgl. Anhang II/3.

4) Vgl. dazu die in Anhang II/2 dargestellten Eigenschaften des Itô-Integrals.

5) Vgl. dazu Merton, in: Sharpe/Cootner, 1982, S. 23.

6) Vgl. dazu Schmidt, 1976, S. 349ff. Das Martingal-Modell ist eine Ausprägungsform des Random-Walk-Modells.

7) Vgl. dazu Fama, 1970.

8) Vgl. dazu Samuelson, 1965b.

9) Vgl. dazu Schmidt, 1976, S. 378.

Die mathematisch bedingte Martingaleigenschaft bewirkt also gleichzeitig die ökonomisch "korrekte Bewertung von Wertpapieren"[1].

---

1) Vgl. dazu Merton, in: Sharpe/Cootner, 1982, S. 23, und Malliaris/Brock, 1982, S. 21-29.

B. Bewertung mit Hilfe zeitstetiger Arbitrageansätze unter Ungewißheit

Wie bereits im Zweiten Teil/A/I/2 erläutert, basieren zeitstetige Arbitrageansätze unter Ungewißheit auf der zentralen Annahme der Nichtexistenz von Arbitragegewinnmöglichkeiten[1] am Kapitalmarkt.

Ist eine ausreichende Anzahl von Wertpapieren am Kapitalmarkt vorhanden, kann mit Hilfe des Duplikationsprinzips versucht werden, ein Hedging-Portefeuille zu konstruieren. Über die Verzinsung des Hedging-Portefeuilles gelangt man dann zu einer Bewertungsgleichung für den (un-)bedingten Anspruch.

I. Voraussetzungen von Arbitrageansätzen

Neben den drei in allen zeitstetigen Bewertungsansätzen unter Ungewißheit zu findenden Voraussetzungen[2] sind die zeitstetigen Arbitrageansätze durch weitere Annahmen charakterisiert. Die Voraussetzungen lassen sich in zwei Teile zerlegen. Zum einen sind dies die Annahmen bezüglich der exogenen Einflußfaktoren, zum anderen Voraussetzungen bezüglich des Kapitalmarktes und der dort handelnden Subjekte.

Die Darstellung aller exogenen Einflußfaktoren eines bedingten Anspruches erfolgt durch einen eventuell mehrdimensionalen Diffusions- oder Sprungprozeß[3] bzw. durch eine Kombination aus Diffusions- und Sprungprozeß[4].

---

1) Dies können sowohl Differenz- als auch Ausgleichsarbitragegewinnmöglichkeiten sein. Eine ausführliche Beschreibung der verschiedenen Erscheinungsformen der Arbitrage findet sich bei Bender, 1977.

2) Vgl. dazu S. 42.

3) Vgl. dazu Zweiter Teil/A/II/2.2.

4) Vgl. dazu Annahme (2) von S. 42.

Die gebräuchlichsten Diffusionsprozesse zur Beschreibung des Verhaltens der Zustandsvariablen sind die geometrisch Brownsche Bewegung[1] für Aktienkurse[2] und Unternehmenswerte[3], der Ornstein-Uhlenbeck-Prozeß[4] für Zinssätze[5] und Aktienkurse[6], Prozesse mit konstanter Elastizität der Momentanvarianz für Aktienkurse[7] und die insbesondere von Brennan und Schwartz verwendeten zweidimensionalen Diffusionsprozesse für Zinssätze[8]. Sprungprozesse sowie Kombinationen von Sprung- und Diffusionsprozessen für die Beschreibung der Einflußfaktoren sind selten[9].

---

1) Eine geometrisch Brownsche Bewegung wird durch folgende stochastische Differentialgleichung charakterisiert: $dX_t = \mu X_t dt + \sigma X_t dW_t$, μ, σ=konst. Dieser Prozeß spielt eine dominante Rolle im Rahmen der Arbitragemodelle. Zur Mathematik des Prozesses vgl. Arnold, 1973, S. 149-153.

2) Vgl. dazu das bestimmte Arbitragemodell von Black/Scholes, 1973, und die daraus abgeleiteten Arbeiten (vgl. dazu Smith, 1976 und 1979).

3) Vgl. dazu Merton, 1974.

4) Der Ornstein-Uhlenbeck-Prozeß gilt als das älteste Beispiel einer stochastischen Differentialgleichung: $dX_t = -\mu X_t dt + \sigma dW_t$, mit $\mu > 0, \sigma$ Konstanten (vgl. dazu Arnold, 1973, S. 146-149). Auch $dX_t = +\mu(\gamma - X_t)dt + \sigma dW_t$, $\mu > 0, \gamma, \sigma$ Konstanten, wird als Ornstein-Uhlenbeck-Prozeß bezeichnet (vgl. dazu Malliaris/Brock, 1982, S. 269f). Letzterer findet bei den Arbitragemodellen Anwendung und wird als elastischer Random-Walk bezeichnet.

5) Vgl. dazu Vasicek, 1977.

6) Vgl. dazu Cox/Ross, 1976.

7) Prozesse mit konstanter Elastizität der Momentanvarianz besitzen folgende Darstellungsform: $dX_t = \{\mu_1 X_t + \mu_2\}dt + \sigma X_t^{\alpha/2} dW_t$, μ_1, μ_2, σ, $0 \leq \alpha \leq 2$ Konstanten (vgl. dazu Beckers, 1980).

8) Die beiden von Brennan/Schwartz verwendeten Typen sind:

$$d\begin{pmatrix} X_1 \\ X_2 \end{pmatrix} = \begin{Bmatrix} a_1 + b_1(X_2 - X_1) \\ X_2(a_2 + b_2X_1 + c_2X_2) \end{Bmatrix} dt + \Sigma \begin{pmatrix} X_1 \\ X_2 \end{pmatrix} dW,$$

$a_1, b_1, a_2, b_2, c_2, \Sigma$ (= Kovarianzmatrix) Konstanten (vgl. dazu Brennan/Schwartz 1982a) und

$$d\begin{pmatrix} X_1 \\ X_2 \end{pmatrix} = \begin{Bmatrix} X_1\left(\alpha \ln \frac{X_2}{p \cdot X_1} + 1/2\sigma_1^2\right) \\ X_2(X_2 - X_1 + \gamma) \end{Bmatrix} dt + \Sigma \begin{pmatrix} X_1 \\ X_2 \end{pmatrix} dW, \quad \alpha, p, \gamma, \sigma_1, \sigma_2, \rho \text{ Konstanten}$$

(vgl. dazu Brennan/Schwartz, 1979b).

9) Eine Zusammenstellung der für die Darstellung der Einflußfaktoren gebräuchlichsten Sprungprozesse findet sich bei Cox/Ross, 1976.

Von dem Kapitalmarkt wird angenommen, daß er perfekt ist, d.h. Transaktions- und Informationsbeschaffungskosten existieren keine; Transaktionen am Kapitalmarkt werden nicht durch Vorschriften beschränkt; am Kapitalmarkt gehandelte Wertpapiere sind beliebig teilbar und die dort Handelnden sind Preisnehmer. Sie können durch ihre Handlungen also nicht den am Markt herrschenden Preis beeinflussen[1].

Eine weitere Voraussetzung bezüglich des Kapitalmarktes ist, daß zu jedem beliebigen Zeitpunkt in unbeschränkter Höhe Geld am Kapitalmarkt zum risikolosen Momentanverzinsungssatz angelegt bzw. aufgenommen werden kann.

Die Investoren stimmen in ihrer Beurteilung der exogenen Einflußfaktoren, der Zustandsvariablen, überein. Sie sind risikotolerant und besitzen eine monoton steigende Nutzenfunktion[2].

Diese Annahmen führen unter anderem dazu, daß Arbitragegewinnmöglichkeiten am Kapitalmarkt nicht existieren.

II. Ableitung einer differentiellen Bewertungsgleichung

Die prinzipielle Vorgehensweise der Bewertung eines bedingten Anspruches in Abhängigkeit von der exogen vorgegebenen Zustandsvariablen und der Zeit läßt sich in mehrere Einzelschritte zerlegen:

(1) die Ermittlung der Veränderung des Wertes des bedingten Anspruches, (2) die Ermittlung eines Hedging-Portefeuilles und (3) die Ermittlung der sich aus der Verzinsung des Hedging-Portefeuilles ergebenden differentiellen Bewertungsgleichung für den bedingten Anspruch. Werden die exogen vorgegebenen Einflußvariablen ausschließlich durch Diffusions-

---

1) Vgl. dazu Haley/Schall, 1979, S. 221.

2) "non-satiation".

prozesse dargestellt, so ergibt sich als Bewertungsgleichung für den bedingten Anspruch eine Differentialgleichung, ansonsten eine Differenzen-Differentialgleichung. Die entstehende (Differenzen-)Differentialgleichung enthält genau so viele Ortsvariablen wie die Dimension des Zustandsvektors.

1. Ermittlung der Veränderung des Wertes des bedingten Anspruchs

Die Veränderungen der Zustandsvariablen lassen sich annahmegemäß durch stochastische Itô- oder Poisson-Differentialgleichungen bzw. aus diesen beiden Typen kombinierte stochastische Differentialgleichungen darstellen.

Wird die zugrundeliegende Zustandsvariable durch eine stochastische Itô-Differentialgleichung beschrieben, so kann die Veränderung des bedingten Anspruches ebenfalls durch eine stochastische Itô-Differentialgleichung ausgedrückt werden. Die Ableitung dieser Veränderung - der stochastischen Differentialgleichung für den Wert des bedingten Anspruches - geschieht mit Hilfe des Lemmas von Itô[1]. Deswegen müssen die dort getroffenen Voraussetzungen erfüllt sein.

Wenn die zugrundeliegende Veränderung der Zustandsvariablen durch eine stochastische Poisson-Differentialgleichung beschrieben wird, kann die Veränderung des bedingten Anspruches ebenfalls in Form einer stochastischen Poisson-Differentialgleichung dargestellt werden[2]. Dies geschieht mittels eines zum Itô-Lemma korrespondierenden Lemmas für Sprungprozesse[3].

Wird die Veränderung der Zustandsvariablen durch eine gemischte stochastische Itô-Poisson-Differentialgleichung beschrieben, so wird bei der Ermittlung der Veränderung des bedingten Anspruches für den (im Zustandsraum) stetigen Teil das Lemma von Itô angewandt, für den nicht stetigen Teil das dazu korrespondierende Lemma für Poisson-Prozesse[4].

---

1) Vgl. dazu Anhang II/4.

2) Vgl. dazu Merton, 1976, S. 129f.

3) Vgl. dazu Kushner, 1967, S. 20.

4) Vgl. dazu Merton, 1976, S. 130.

Die durch die stochastische Differentialgleichung beschriebene bedingte Veränderung des Wertes des bedingten Anspruches enthält bei bekanntem Ausgangszustand genau so viele "unsichere Terme"[1] wie die zugrundeliegende Zustandsvariable.

2. Ermittlung eines Hedging-Portefeuilles

Es wird versucht, die im vorhergehenden Schritt ermittelte bedingte Veränderung des Wertes des bedingten Anspruches durch andere Wertpapiere, deren stochastische Veränderung bekannt ist, zu duplizieren.

Wird die Veränderung des bedingten Anspruches durch eine Itô-Differentialgleichung dargestellt, gelingt die Duplikation in der Regel immer, wenn eine genügende Zahl anderer Papiere vorhanden ist. Aufgrund der bezüglich des Kapitalmarktes und der Investoren getroffenen Annahmen müssen Wertpapiere oder Portefeuilles, die dieselbe Zahlungsstruktur aufweisen, denselben Wert besitzen. Dann wird ein Portefeuille aus bedingtem Anspruch und Duplikationsportefeuille so zusammengestellt, daß es bedingt risikolos ist. Von einem bedingt risikolosen Portefeuille wird gesprochen, wenn bei bekanntem Wert des Portefeuilles[2] zu einem bestimmten Zeitpunkt dessen Wertveränderung in der nächsten differentiell kleinen Zeiteinheit risikolos ist, d.h. die Wertveränderung des Portefeuilles durch eine partielle Differentialgleichung und nicht durch eine stochastische Differentialgleichung beschrieben werden kann. Das bedingt risikolose Portefeuille wird als Hedging-Portefeuille bezeichnet.

Ist die im ersten Schritt ermittelte bedingte Veränderung des bedingten Anspruches nicht stetig, sondern wird durch eine stochastische Differentialgleichung mit Poisson-Prozessen beschrieben, kann nur in ganz einfach gelagerten Fällen[3]

---

1) Wiener-Prozesse und Poisson-Prozesse.

2) Der Wert des Portefeuilles zu einem beliebigen Zeitpunkt ist eine Zufallsvariable.

3) Dies gilt z.B., wenn die Sprunghöhen des Poisson-Prozesses im Fall eines Sprunges nicht zufällig sind (vgl. dazu Cox/Ross, 1976, und Merton, 1976).

ein Duplikationsportefeuille erstellt werden. Kann kein geeignetes Duplikationsportefeuille ermittelt werden, muß das mit dem möglichen Sprung verbundene Risiko des bedingten Anspruches durch weitere zusätzliche Annahmen eliminiert werden. So unterstellt Merton[1] beispielsweise die zusätzliche Gültigkeit des Kapitalmarktmodells[2] und interpretiert das mit dem Sprung verbundene Risiko als nichtsystematisch[3] und somit als diversifizierbar.

3. Ermittlung der sich aus der Verzinsung des Hedging-Portefeuilles ergebenden differentiellen Bewertungsgleichung

Ist es im zweiten Schritt gelungen, ein bedingt risikoloses Portefeuille entweder durch Duplikation oder durch Elimination der Sprungkomponente(n) zu erzeugen, so muß sich dieses Hedging-Portefeuille mit der risikolosen Momentanverzinsung[4] rentieren. Daraus läßt sich dann eine Differentialgleichung oder eine Differenzen-Differentialgleichung ableiten, mit deren Hilfe grundsätzlich der Wert des bedingten Anspruches ermittelt werden kann. Enthalten die exogen vorgegebenen Einflußfaktoren keine Sprungkomponenten, so ergibt sich eine Differentialgleichung, ansonsten eine Differenzen-Differentialgleichung[5].

Existieren beobachtbare Marktpreise für alle im Duplikationsportefeuille enthaltenen Wertpapiere und liegt keine stochastische Momentanverzinsung vor, so enthält die (Differenzen-)Differentialgleichung keine unbekannten Parameter. Ansonsten führt jeder unbekannte Marktpreis der einzelnen Komponenten der Zustandsvariablen bzw. eine stochastische Momentanverzinsung zu einem unbekannten Parameter in der Bewertungsgleichung. Der unbekannte Parameter hängt dabei in der Regel von der Zeit und der Zustandsvariablen ab.

---

1) Vgl. dazu Merton, 1976, S. 133.

2) Vgl. dazu Zweiter Teil/A/I/1, S. 38f.

3) Die Sprungkomponente ist nicht mit dem Marktportefeuille korreliert.

4) Die risikolose Momentanverzinsung kann stochastisch sein.

5) Obwohl die Sprungkomponente "diversifiziert" wird, beeinflußt sie trotzdem den Wert des bedingten Anspruches (vgl. dazu Merton, 1976, S. 133f.).

Für die Lösung der (Differenzen-)Differentialgleichung sind noch Anfangs- und möglicherweise Randbedingungen erforderlich. Die Anzahl der erforderlichen Randbedingungen hängt von der Anzahl der Einflußvariablen ("Ortsvariablen") ab.

III. Nebenbedingungen

Es läßt sich zeigen[1], daß alle bedingten Ansprüche, die sich als Funktion derselben Zustandsvariablen darstellen lassen, zu derselben (Differenzen-)Differentialgleichung führen[2]. Unterschiede ergeben sich ausschließlich in den für die Lösung der (Differenzen-)Differentialgleichung zwingend erforderlichen Anfangs- und Randbedingungen; auch in möglichen zusätzlichen Restriktionen im Inneren des Definitionsbereiches der (Differenzen-)Differentialgleichung können sich die verschiedenen bedingten Ansprüche unterscheiden (vgl. Abbildung 15). Dabei können die Neben-

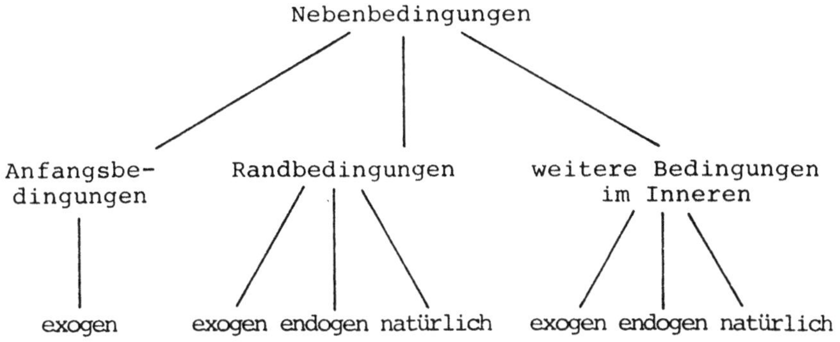

Abbildung 15: Nebenbedingungen, unter denen die (Differenzen-)Differentialgleichungen zu lösen sind

---

1) Vgl. dazu Merton, 1974.

2) Haben die zu bewertenden bedingten Ansprüche selbst Rückflüsse, so tauchen diese als Einflußgröße in der (Differenzen-)Differentialgleichung auf. Unterschiedliche Rückflüsse können im Gegensatz zu dem oben Gesagten zu in diesem Parameter unterschiedlichen (Differenzen-)Differentialgleichungen führen.

bedingungen sowohl in Gleichungs- als auch in Ungleichungsform formuliert sein. Eine weitere Unterteilung der Nebenbedingungen in exogen vorgegebene, endogen bestimmte oder auch natürliche ist sinnvoll.

1. Anfangsbedingungen

Für die Lösung der (Differenzen-)Differentialgleichung wird eine Anfangsbedingung benötigt. Diese muß für einen festen Zeitpunkt, den Anfangszeitpunkt, den Wert des durch die (Differenzen-)Differentialgleichung beschriebenen bedingten Anspruches determinieren[1]. Da in der Regel der Wert des bedingten Anspruches am Ende seiner Laufzeit bekannt ist, wird die "Endbedingung" durch eine Umkehrung der Zeitrichtung in eine Anfangsbedingung transformiert. Eine Betrachtung in der Zeit t, ausgehend vom Anfangszeitpunkt t_o bis zum Endfälligkeitszeitpunkt T wird ersetzt durch eine Betrachtung in der Zeit $\tau = -t$, mit dem neuen Anfangszeitpunkt $\tau_o = T$ und dem neuen Endfälligkeitszeitpunkt $T = t_o$, dem alten Anfangszeitpunkt.

Die auftretenden Anfangsbedingungen sind <u>exogen</u>. Sie determinieren aufgrund gesetzlich oder vertraglich geregelter Tatbestände den Wert des bedingten Anspruches im Anfangszeitpunkt, und zwar unabhängig von der (Differenzen-)Differentialgleichung.

Die einfachsten Formen exogener Anfangsbedingungen sind bei der Bewertung festverzinslicher Wertpapiere ohne Insolvenzrisiko[2] zu finden. Die Anfangsbedingung repräsentiert hierbei die Rückzahlung im Endfälligkeitszeitpunkt. Der Rück-

---

1) Eigentlich ist die Anfangsbedingung somit eine "Randbedingung", da sie den Wert des bedingten Anspruches am Rand (t=o) determiniert. Es ist allerdings üblich von Anfangsbedingung zu sprechen und den Begriff Randbedingung den Ortsvariablen (t>o) vorzubehalten (vgl. dazu Courant/Hilbert, 1968, S. 171-175).

2) Vgl. dazu Erster Teil/III/1, S. 20-26.

zahlungskurs[1] wird meist auf 1 normiert[2].

Bei Optionen und Optionsscheinen[3], deren Wert in Abhängigkeit vom zugrundeliegenden Aktienkurs bestimmt wird, lassen sich die Anfangsbedingungen als einfache Maximumbedingungen darstellen. Der Wert einer Kauf- bzw. Verkaufsoption im Fälligkeitszeitpunkt ist das Maximum von Null und Aktienkurs minus Basispreis bzw. Basispreis minus Aktienkurs[4].

Die Bewertung von bedingten Ansprüchen in Abhängigkeit eines unsicheren Unternehmenswertes führt meist zu Anfangsbedingungen in Form von Maximum- oder Minimumbedingungen. Ist beispielsweise ein Unternehmen mit nur einer Art von Fremdkapital ausgestattet, für das zudem keine zwischenzeitlichen Zinszahlungen zu entrichten sind, so ergibt sich der Fremdkapitalwert[5] im Fälligkeitszeitpunkt als das Minimum von Unternehmenswert und vereinbartem Rückzahlungsbetrag des Fremdkapitals[6]. Auch für "Income Shares" von "Dual Purpose Funds" gilt die gleiche Anfangsbedingung[7]. Die explizite Berücksichtigung von im

---

1) Vgl. dazu Brennan/Schwartz, 1979a, S. 45. Der Rückzahlungskurs kann sich in Sonderfällen wie z.B. bei "Options Bonds", einer Spezialform von "Savings Bonds" auf dem kanadischen Markt, additiv aus mehreren konstanten Einzelpositionen zusammensetzen (vgl. dazu Brennan/Schwartz, 1979c, S. 8). Die Anfangsbedingungen verschiedener insolvenzrisikofreier festverzinslicher Wertpapiere finden sich in Brennan/Schwartz, 1977b, S. 76.

2) Vgl. dazu Richard, 1978, S. 45.

3) Vgl. dazu Black/Scholes, 1973, Brennan/Schwartz, 1977a, und Schwartz, 1977.

4) Vgl. dazu Schwartz, 1977, S. 82, und Brennan/Schwartz, 1977a, S. 450.

5) Der Wert des Eigenkapitals ist dann das Maximum von Unternehmenswert minus Fremdkapitalwert und Null.

6) Vgl. dazu Merton, 1974, S. 453.

7) Ein "Dual Purpose Funds" ist eine in den USA gebräuchliche Fondskonstruktion, die zwei verschiedene Arten von Anteilspapieren unterscheidet: "Income Shares" und "Capital Shares". "Income Shares" erhalten über einen bestimmten Zeitraum hinweg eine feste Verzinsung. Im Endfälligkeitszeitpunkt werden die Anteile ausbezahlt. Der dann verbleibende Rest gehört den Inhabern der "Capital Shares" (vgl. dazu Ingersoll, 1976, S. 88).

Insolvenzfall zusätzlich anfallenden Transaktionskosten, von Steuern sowie Dividenden- und Zinszahlungen[1] lassen sich ebenfalls in die Anfangsbedingungen einbauen.

Kombinierte Maximum- / Minimumanfangsbedingungen findet man bei festverzinslichen Wertpapieren, die indexiert sind[2], bei künd- und nichtkündbaren Wandelschuldverschreibungen[3], bei nicht gleichrangig zu bedienenden Arten von Fremdkapital[4], bei Optionen auf das Minimum oder Maximum zweier risikobehafteter Einflußgrößen[5] und bei Optionen auf Optionen[6].

2. Randbedingungen

Durch Randbedingungen wird der Wert des bedingten Anspruches an den Unter- bzw. Obergrenzen der einzelnen Einflußvariablen (Ortsvariablen) festgelegt. Die Randbedingungen können in natürliche, exogene und endogene Bedingungen unterteilt werden.

Von einer natürlichen Randbedingung der (Differenzen-)Differentialgleichung wird gesprochen, wenn der Wert des bedingten Anspruches am natürlichen Rand der (Differenzen-) Differentialgleichung durch die auch im Inneren des Wertebereiches geltende (Differenzen-)Differentialgleichung charakterisiert wird[7]. Die Zustandsvariablen, die den be-

---

1) Vgl. dazu Turnbull, 1979, S. 934.

2) Vgl. dazu Schwartz, 1982, S. 528.

3) Vgl. dazu Ingersoll, 1977, S. 303 und 305. Auch die Anfangsbedingungen bei Brennan/Schwartz, 1977c, S. 1705, und bei Swoboda/Kamschal, 1979, S. 314, lassen sich als Maximumbedingung ausdrücken.

4) Vgl. dazu Black/Cox, 1976, S. 359.

5) Vgl. dazu Stulz, 1982, S. 164.

6) Vgl. dazu Geske, 1979a, S. 67.

7) Die Betrachtung der (Differenzen-)Differentialgleichung am natürlichen Rand stellt eigentlich keine zusätzliche Bedingung für den Wert des bedingten Anspruches dar. Trotzdem ist es üblich, die durch die (Differenzen-)Differentialgleichung am natürlichen Rand beschriebene Bedingung als natürliche Randbedingung zu bezeichnen (vgl. dazu Brennan/Schwartz, 1979a, S. 68).

dingten Anspruch beeinflussen, sind in der Regel Aktienkurs, Unternehmenswert sowie kurz- und langfristige Zinssätze. Diese sind auf den nicht negativen Bereich beschränkt. Deswegen werden "Null" und "Unendlich" als natürliche Unter- und Obergrenzen der Einflußvariablen und als natürlicher Rand der (Differenzen-)Differentialgleichung angesehen.

Der Begriff einer natürlichen Randbedingung der (Differenzen-)Differentialgleichung darf nicht mit dem Begriff eines eventuell natürlichen Randes der der (Differenzen-) Differentialgleichung zugrundeliegenden stochastischen Differentialgleichung verwechselt werden[1]. Die natürliche Randbedingung einer (Differenzen-)Differentialgleichung kann zu einem absorbierenden oder reflektierenden Rand der stochastischen Differentialgleichung der Einflußvariablen gehören. Umgekehrt muß zu den natürlichen Rändern der stochastischen Differentialgleichungen der Einflußvariablen nicht zwingend eine natürliche Randbedingung der (Differenzen-)Differentialgleichung gehören, weil der natürliche Rand der stochastischen Differentialgleichung einer Einflußvariablen nicht mit den betriebswirtschaftlich motivierten Ober- und Untergrenzen der Einflußvariablen übereinstimmen muß[2].

---

1) Eine Klassifikation der Ränder von Diffusionsprozessen sowohl mit der Feller-Terminologie als auch mit der Russischen Terminologie findet sich in Karlin/Taylor, 1981, S. 226-242. Von einem natürlichen Rand eines stochastischen Prozesses wird dann gesprochen, wenn man weder in endlich erwarteter Zeit diesen Rand erreichen noch von ihm starten kann. Er hat nichts zu tun mit der obigen, betriebswirtschaftlich motivierten Definition der natürlichen Ober- und Untergrenzen der Einflußvariablen.

2) Der bei Zinssätzen verwendete Ornstein-Uhlenbeck-Prozeß besitzt die natürlichen Ränder (Feller-Terminologie) $\pm\infty$. Trotzdem wird von einem natürlichen Rand der Differentialgleichung des bedingten Anspruches für einen Zinssatz von Null gesprochen. Ebenso sprechen Brennan/Schwartz von natürlichen Rändern der Differentialgleichung des bedingten Anspruches für einen kurz- bzw. langfristigen Zinssatz von Null, auch wenn die stochastische Differentialgleichung negative Zinssatzrealisationen besitzen kann (vgl. dazu Brennan/Schwartz, 1982a, S. 305).

Wird der Wert des bedingten Anspruches am natürlichen Rand der (Differenzen-)Differentialgleichung durch die auch im Inneren des Wertebereiches geltende (Differenzen-)Differentialgleichung näher bestimmt, so ist der durch die natürliche Randbedingung determinierte Wert des bedingten Anspruches nicht immer einfach zu ermitteln. Handelt es sich bei dem bedingten Anspruch beispielsweise um ein insolvenzrisikofreies festverzinsliches Wertpapier, das in Abhängigkeit von kurz- und langfristigen Zinssätzen bewertet wird, werden die natürlichen Randbedingungen teilweise durch nicht einfach zu lösende Differentialgleichungen dargestellt[1]. Stellt die stochastische Einflußvariable einen Aktienkurs oder einen Unternehmenswert dar und handelt es sich bei dem bedingten Anspruch um eine Kaufoption, um Eigen- oder Fremdkapital, so liegt in der Regel für einen Aktienkurs bzw. für einen Unternehmenswert von Null eine natürliche Randbedingung der (Differenzen-)Differentialgleichung vor[2]. Der Wert des bedingten Anspruches ist an diesem Rand meist Null.

Eine exogene Randbedingung liegt vor, wenn aufgrund vertraglich oder gesetzlich geregelter Tatbestände der Wert des bedingten Anspruches an den exogen vorgegebenen oder natürlichen Ober- und Untergrenzen des Wertebereiches der Zustandsvariablen bestimmt wird.

Exogene Randbedingungen liegen beispielsweise bei "Down-and-Out-Kaufoptionen" und bei insolvenzrisikobehafteten, besicherten festverzinslichen Wertpapieren vor. Eine "Down-and-Out-Kaufoption" ist gegenüber einer üblichen Kaufoption dadurch charakterisiert, daß bei Unterschreiten eines "Knock-out-Kurses" durch die Aktie die Kaufoption ihren Wert verliert und der Optionsvertrag annulliert wird. Der untere exogen vorgegebene Rand der Zustandsvariablen ist der "Knock-out-Kurs" der Aktie. Die exogene Randbedingung ist

---

1) Vgl. dazu Brennan/Schwartz, 1979b, S. 153f.

2) Vgl. dazu Merton, 1973b, S. 166 , und Merton, 1974, S. 453.

die vertragliche Vereinbarung eines Optionskurses von Null für den exogen vorgegebenen "Knock-out-Kurs" der Aktie[1]. Unterschreitet der Wert eines Unternehmens mit nur einer einzigen Art von Fremdkapital eine in einem "Safety Covenant" festgelegte Schranke, wird eine Reorganisation des Unternehmens durchgeführt oder es wird für "bankrott" erklärt. Der Wert des Fremdkapitals steht in diesem Fall fest. Der untere exogen vorgegebene Rand der Zustandsvariablen ist die vertraglich festgelegte Schranke des Unternehmenswertes. Die exogene Randbedingung determiniert den Wert des bedingten Anspruches als die "Schranke" des Unternehmenswertes[2].

Endogene Randbedingungen sind dadurch charakterisiert, daß der Rand der (Differenzen-)Differentialgleichung simultan mit der Lösung der (Differenzen-)Differentialgleichung endogen zu bestimmen ist. Diese simultane Lösung, Bestimmung des Randes und Lösung der (Differenzen-)Differentialgleichung, ist äußerst schwierig.

Ein Beispiel für das Auftreten einer endogenen Randbedingung sind vom Schuldner kündbare, insolvenzrisikobehaftete festverzinsliche Wertpapiere. Sobald der stochastische Firmenwert $\tilde{X}_t$ einen bestimmten Wert $\bar{X}_t$ überschreitet, ist es für den Schuldner, der bestrebt ist, den Wert des Eigenkapitals zu maximieren, günstiger zu kündigen. Der Wert des festverzinslichen Wertpapieres am Schrankenwert $\bar{X}_t$ entspricht dem Kündigungskurs. Das Problem besteht nun darin, den Schrankenwert $\bar{X}_t$ geeignet zu bestimmen. Es läßt sich zeigen, daß $\bar{X}_t$ eine Nullstelle der ersten Ableitung des (unbekannten) Wertes des bedingten Anspruches nach dem Firmenwert $\tilde{X}_t$ ist[3].

---

1) In den USA werden solche Optionen gehandelt (vgl. dazu Merton, 1973b, S. 175).

2) Vgl. dazu Black/Cox, 1976, S. 355.

3) Vgl. dazu Merton, 1974, S. 469.

Auch kündbare Kaufoptionen bzw. Optionsscheine sind durch eine endogene Randbedingung charakterisiert[1]. Im Kündigungsfall erhält der Inhaber der Kaufoption das Maximum von Kündigungskurs oder Aktienkurs minus Basispreis. Der Kurs, zu dem der Stillhalter kündigt, ist jedoch unbekannt. Wird unterstellt, daß der Schuldner kündigt, wenn der Wert zwischen kündbarer Option und einer bis auf das Kündigungsrecht identischen Option maximal ist, kann zumindest bei Unterstellung einer unendlichen Laufzeit der Option eine geschlossene Lösung gefunden werden. Kündbare Wandelanleihen führen ebenfalls auf endogene Randbedingungen[2]. Durch geeignete Annahmen kann jedoch sichergestellt werden, daß eine Wandlung nur zu Kündigungs- oder Zinszahlungszeitpunkten günstig ist und daß die optimale Kündigungspolitik nicht durch die Wandlungsmöglichkeit beeinflußt wird[3]. Ferner wird genau dann gekündigt, wenn der Wert der Wandelanleihe dem Rückzahlungskurs bei Kündigung entspricht[4]. In diesem Fall kann demzufolge die endogene Randbedingung auf eine exogene zurückgeführt werden.

3. Bedingungen im Inneren

Bedingungen[5] für den Wert eines bedingten Anspruches im Inneren des Definitionsbereiches der (Differenzen-)Differentialgleichung sind in der Regel Ungleichungen. Damit wird der Wertebereich des bedingten Anspruches eingeschränkt. Auch hier kann eine Unterscheidung in natürliche, exogene und endogene Restriktionen vorgenommen werden.

Von natürlichen Restriktionen wird gesprochen, wenn der Wert des bedingten Anspruches auf den nicht negativen Bereich beschränkt wird. Dies trifft für die meisten beding-

---

1) Vgl. dazu Merton, 1973b, S. 177.

2) Vgl. dazu Ingersoll, 1977, Brennan/Schwartz, 1977c, und Swoboda/Kamschal, 1979.

3) Vgl. dazu Brennan/Schwartz, 1977c, S. 1702.

4) Vgl. dazu Brennan/Schwartz, 1977c, S. 1703.

5) Unter dem Begriff "Bedingungen" sind hier weitere Bedingungen - nicht die (Differenzen-)Differentialgleichung selbst - zu verstehen.

ten Ansprüche wie festverzinsliche Wertpapiere, Optionen, Versicherungen und Bürgschaften zu.

Neben diesen natürlichen Restriktionen gibt es aufgrund gesetzlicher oder vertraglicher Vereinbarungen auch exogene Restriktionen. Von einer exogenen Restriktion im Inneren wird gesprochen, wenn der Wert des bedingten Anspruches im Inneren des Definitionsbereiches durch Vereinbarungen stärker eingeschränkt wird als durch eine natürliche Restriktion und die getroffene Vereinbarung bezüglich des Wertes des bedingten Anspruches unabhängig ist von den Zustandsvariablen. Gilt diese Unabhängigkeit nicht, liegt eine endogene Restriktion vor. Beispiele für das Auftreten exogener Restriktionen sind festverzinsliche Wertpapiere mit Gläubigerkündigungsrecht zu einem vorher vertraglich vereinbarten Kurs[1)], die in ihrem Wert nach unten durch die Höhe des Rückzahlungskurses im Kündigungsfall exogen beschränkt sind[2)] sowie Verkaufsoptionen, die durch den vereinbarten Basispreis[3)] und festverzinsliche Wertpapiere mit Schuldnerkündigungsrecht[4)], die durch den im Kündigungsfall zu zahlenden Rückzahlungskurs nach oben exogen begrenzt sind.

Wie bei den Randbedingungen sind endogene Restriktionen im Inneren schwieriger zu berücksichtigen als natürliche oder exogene. Oftmals wird der Wert des bedingten Anspruches durch die zugrundeliegende Einflußvariable selbst nach oben beschränkt. Kaufoptionen[5)], Eigenkapital und insolvenzrisikobehaftetes Fremdkapital[6)] werden nach oben durch den zugrundeliegenden Aktienkurs bzw. Unternehmenswert be-

---

1) Dazu zählt z.B. das Rückgaberecht von Bundesschatzbriefen. Dieser Wertpapiertypus wird von Brennan/Schwartz, 1977b, 1979a und 1979c, ausführlich untersucht.

2) Vgl. dazu Brennan/Schwartz, 1979a, S. 45.

3) Vgl. dazu Brennan/Schwartz, 1977a, S. 450.

4) Vgl. dazu Ingersoll, 1977, S. 305, und Brennan/Schwartz, 1977b, S. 76, und 1977c, S. 1704.

5) Vgl. dazu Merton, 1973b, S. 144.

6) Vgl. dazu Merton, 1974, S. 453.

grenzt. Optionen besitzen eine untere endogen vorgegebene Schranke. Diese kommt dann zum Tragen, wenn eine Ausübung der Option vor Ablauf der Laufzeit wahrscheinlich wird. Wie Merton[1] gezeigt hat, ist dies dann der Fall, wenn die der Option zugrundeliegende Aktie Dividenden ausschüttet. Der Wert einer Kaufoption wird nach unten endogen beschränkt durch das Maximum von Null und Aktienkurs minus Basispreis[2]. Bei Verkaufsoptionen wird die untere endogene Schranke gebildet aus dem Maximum von Null und Basispreis minus Aktienkurs[3]. Wandelanleihen werden in ihrem Kurswert durch den im Wandlungsfall realisierbaren Kurswert, Konversionsrate mal Aktienkurs, nach unten endogen begrenzt.

IV. Lösungsverfahren

Der Wert des bedingten Anspruches wird durch eine (Differenzen-)Differentialgleichung mit zugehörigen Anfangs- und Randbedingungen und eventuell zusätzlichen Bedingungen im Inneren des Definitionsbereiches charakterisiert. Die bisher angewandten Verfahren zu deren Lösung sind in Abbildung 16 zusammengestellt.

In den einfachsten Fällen läßt sich - meist nach vorheriger Variablentransformation - eine partielle (Differenzen-)Differentialgleichung analytisch lösen. Enthält die (Differenzen-)Differentialgleichung keine risikoabhängigen unbekannten Parameter, liegt also ein bestimmtes Arbitragemodell vor, ergibt sich die Lösung der (Differenzen-)Differentialgleichung als der diskontierte Erwartungswert der möglichen Ausprägungen des bedingten Anspruches am Ende der Laufzeit und der Rückflüsse während der Laufzeit. Es wird von einer risikoneutralen Lösung gesprochen. Eine risikoneutrale

---

1) Vgl. dazu Merton, 1973b, S. 170-174.

2) Vgl. dazu Schwartz, 1977, S. 82.

3) Vgl. dazu Brennan/Schwartz, 1977a, S. 450.

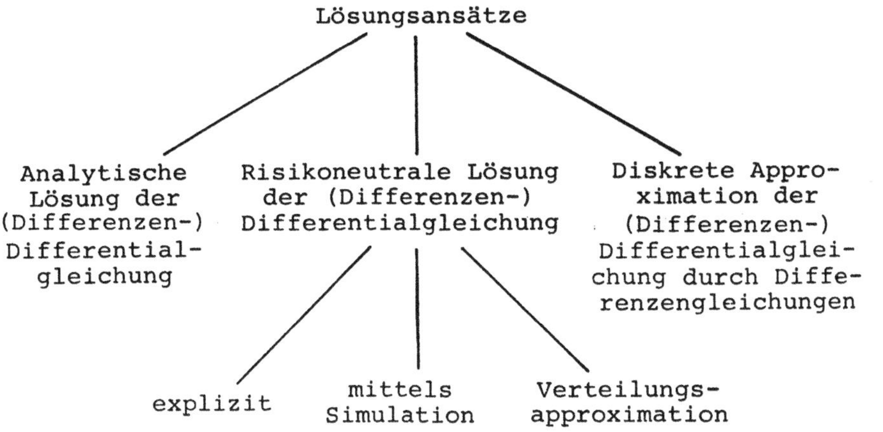

Abbildung 16: Mögliche Lösungsansätze zur Bestimmung des Wertes eines bedingten Anspruches

Lösung kann explizit, mittels Simulation oder durch Approximation der Verteilung der Einflußvariablen über eine Folge einfacher Verteilungen gewonnen werden. Neben diesen beiden auf Sonderfälle zugeschnittenen Lösungsverfahren kann die (Differenzen-)Differentialgleichung durch Überführung in ein System von Differenzengleichungen numerisch gelöst werden.

1. Analytische Lösung der (Differenzen-)Differentialgleichung

Eine analytische Lösung der partiellen Differentialgleichung eines bedingten Anspruches ist nur dann möglich, wenn die dem bedingten Anspruch zugrundeliegenden Diffusionsprozesse "einfach" gebaut sind und wenn die zusätzlich geltenden Restriktionen - Anfangs-, Rand- und andere Nebenbedingungen - nicht zu kompliziert sind. Auch Auszahlungen, die den Wert der Einflußvariablen des bedingten Anspruches verringern, können eine analytische Lösung der partiellen Differentialgleichung des bedingten Anspruches verhindern. Werden diese Einschränkungen beachtet, dann besteht die Möglichkeit, daß sich durch geeignete Variablentransformationen die vorliegende Differentialgleichung in eine Differentialgleichung[1] mit bekannter Lösung überführen läßt. Diese Vorgehensweise wurde beispielsweise von Black und Scholes[2] bei der Ermittlung des Wertes einer europäischen Kaufoption angewandt[3]. Die den Wert der europäischen Kaufoption beschreibende partielle Differentialgleichung wurde auf die aus der Physik bekannte Wärmeleitungsgleichung reduziert[4]. Nach Transformation der Nebenbedingungen ergab sich dann ein Anfangswertproblem mit bekannter, explizit darstellbarer Lösung.

Zu den "einfachen" Diffusionsprozessen zählen beispielsweise die geometrisch Brownsche Bewegung, der Ornstein-Uhlenbeck-Prozeß und Prozesse mit linearem Drift und konstanter Momentanvarianzelastizität[5].

Analytische Lösungen für partielle Differentialgleichungen, denen eine geometrisch Brownsche Bewegung zugrundeliegt, sind unter anderen für Kaufoptionen[6], Warentermingeschäfte[7], insolvenzrisikobehaftete kuponfreie Anleihen (Zerobonds)[8] und besicherte Anleihen[9] bekannt. Ein Beispiel für eine analytische Lösung einer auf einem Ornstein-Uhlenbeck-Prozeß basierenden partiellen Differentialgleichung ist die Bestimmung des Wertes einer kuponfreien Anleihe ohne Insolvenzrisiko[10]. Es existieren auch analytische

---

1) Alle Restriktionen müssen ebenfalls transformiert werden.

2) Vgl. dazu Black/Scholes, 1973.

3) Von einer europäischen (Ver-)Kauf(s)option wird dann gesprochen, wenn sie nur im Endfälligkeitszeitpunkt ausgeübt werden kann, nicht aber während der Laufzeit. Ansonsten liegt eine amerikanische (Ver-)Kauf(s)option vor. Diese Namensgebung ist in der Literatur üblich, obwohl die in Europa gehandelten Optionen vom Typ her amerikanische und keine europäischen Optionen sind.

4) In Merton, 1973b, S. 164-167, befindet sich eine ausführliche Darstellung einer solchen Variablentransformation.

5) Vgl. dazu S. 58 Fußnote 1, 4 und 7.

6) Vgl. dazu Merton, 1973b.

7) Vgl. dazu Black, 1976.

8) Vgl. dazu Merton, 1974.

9) Vgl. dazu Merton, 1977a.

10) Vgl. dazu Vasicek, 1977.

Lösungen für partielle Differentialgleichungen, die kuponfreie Anleihen ohne Insolvenzrisiko[1] oder Kaufoptionen[2] charakterisieren und auf Diffusionsprozessen mit konstanter Momentanvarianzelastizität und linearem Drift basieren.

Zu den für die Erzielung einer analytischen Lösung ebenfalls notwendigen Voraussetzungen elementarer, nicht zu komplizierter Nebenbedingungen, zählen endogene Randbedingungen nicht. Sie verhindern im allgemeinen eine analytische Lösung der partiellen Differentialgleichung. Bisher sind nur für den Fall einer unendlichen Laufzeit Differentialgleichungen und zugehörige endogene Randbedingungen analytisch gelöst worden[3]. Für Optionsscheine[4] und insolvenzrisikobehaftete Anleihen[5] mit Schuldnerkündigungsrecht und unendlicher Laufzeit sind geschlossene Lösungen ermittelt worden.

Exogene Randbedingungen schließen in der Regel ebenfalls die analytische Lösbarkeit der partiellen Differentialgleichung aus, es sei denn, sie werden nicht wirksam wie z.B. bei "Down-and-Out-Kaufoptionen"[6].

Auch Bedingungen im Inneren des Definitionsbereiches können die explizite Lösbarkeit der Differentialgleichung verhindern.

Auszahlungen, die den Wert der Einflußvariablen des bedingten Anspruches so verringern, daß sich die Laufzeit des bedingten Anspruches verkürzt, verhindern in der Regel eine analytische Lösung der partiellen Differentialgleichung des bedingten Anspruches. Bei Unterstellung einer unendli-

---

1) Vgl. dazu Ananthanarayanan/Schwartz, 1980.

2) Vgl. dazu Cox, 1975, zit.: in Beckers, 1980, S. 665.

3) Dies ist insbesondere dann der Fall, wenn die partielle Differentialgleichung bei unendlicher Laufzeit zu einer gewöhnlichen Differentialgleichung degeneriert (vgl. dazu Ingersoll, 1977, S. 311).

4) Vgl. dazu Merton, 1973b, S. 177f.

5) Vgl. dazu Merton, 1974, S. 468f.

6) Vgl. dazu Merton, 1973b, S. 175f.

chen Laufzeit des bedingten Anspruches und unter der Annahme im Zeitablauf kontinuierlich stattfindender Auszahlungen konnten für insolvenzrisikobehaftete festverzinsliche Wertpapiere[1] und amerikanische Kaufoptionen[2] jedoch analytische Lösungen ermittelt werden. Auch bei amerikanischen Kaufoptionen mit bekannter diskreter Dividendenzahlung der zugrundeliegenden Aktie und endlicher Laufzeit ist dies gelungen[3].

Über die analytische Lösbarkeit von gemischten Differenzen-Differentialgleichungen ist noch wenig bekannt. Nur in ganz wenigen Sonderfällen kennt man analytische Lösungen[4]. Eine analytische Lösbarkeit ist beispielsweise dann gegeben, wenn die Sprunghöhen der dem bedingten Anspruch zugrundeliegenden Sprungprozesse der Einflußvariablen log-normalverteilt sind[5]. In der Regel werden jedoch gemischte Differenzen-Differentialgleichungen nicht analytisch gelöst, sondern mittels einer risikoneutralen Lösung[6].

2. Risikoneutrale Lösung der (Differenzen-)Differentialgleichung

Die von Cox und Ross entwickelte risikoneutrale Lösung der (Differenzen-)Differentialgleichung des bedingten Anspruches[7] kann immer dann versucht werden, wenn bei der Ermittlung der (Differenzen-)Differentialgleichung und der zugehörigen Restriktionen an Voraussetzungen an die Präferenzstrukturen der Marktteilnehmer nur Nichtsättigung und Risikotoleranz benötigt werden. Bei bestimmten Arbitragemodellen ist dies der Fall. Daraus kann dann geschlossen

---

1) Vgl. dazu Black/Cox, 1976, S. 363-365.

2) Vgl. dazu Merton, 1973b, S. 170-173.

3) Vgl. dazu Roll, 1977, und Geske, 1979b.

4) Dazu zählt die analytische Bewertung von Kaufoptionen, wenn die zugrundeliegende Aktie einem kombinierten Sprung-Diffusionsprozeß gehorcht (vgl. dazu Merton, 1976).

5) Vgl. dazu Merton, 1976, S. 135.

6) Vgl. dazu Cox/Ross, 1975, S. 7.

7) Vgl. dazu Cox/Ross, 1975.

werden, daß jede Präferenzstruktur[1] der Marktteilnehmer zu derselben (Differenzen-)Differentialgleichung mit den zugehörigen Restriktionen für die Bewertung des bedingten Anspruches führt. Nun wird eine Präferenzstruktur gesucht, die mathematisch einfach zu handhaben ist. Es wird angenommen, daß der Markt nur aus risikoneutralen Investoren besteht. Kann unter dieser Annahme der Risikoneutralität als Lösung der Wert des bedingten Anspruches ermittelt werden, dann gilt diese Lösung auch für andere Präferenzstrukturen.

Besteht ein Markt nur aus risikoneutralen Investoren, dann muß der Erwartungswert der Rendite jedes (bedingten) Anspruches mit der risikolosen Rendite übereinstimmen, ansonsten befindet sich der Markt nicht im Gleichgewicht[2]. Der Erwartungswert der möglichen Ausprägungen (Zahlungen) des bedingten Anspruches am Ende der Laufzeit wird ermittelt und mit dem risikolosen Zinssatz r diskontiert. Wird dazu der mit dem risikolosen Zinssatz diskontierte Erwartungswert eventueller Rückflüsse des bedingten Anspruches während der Laufzeit addiert, so ergibt sich der Wert des bedingten Anspruches als der mit dem risikolosen Zinssatz auf den Bewertungszeitpunkt diskontierte Erwartungswert aller zukünftigen Rückflüse des bedingten Anspruches. Besteht aufgrund von Randbedingungen die Möglichkeit, daß der bedingte Anspruch vor dem Endfälligkeitszeitpunkt ausgeübt wird oder verfällt, muß dies berücksichtigt werden. Endogene Randbedingungen können bei dieser Vorgehensweise nicht erfaßt werden. Exogene Randbedingungen führen zu rechentechnischen Schwierigkeiten.

Die Berechnung des diskontierten Erwartungswertes der zukünftigen Rückflüsse des bedingten Anspruches kann explizit, mittels Simulation oder durch Verteilungsapproximation erfolgen.

---

1) Wenn in diesem Abschnitt von Präferenzstrukturen gesprochen wird, werden darunter immer solche verstanden, die die Forderung von Nichtsättigung und Risikotoleranz erfüllen.

2) Vgl. dazu Cox/Ross, 1976, S. 153, und Smith, 1976, S. 22.

Eine explizite Lösung setzt voraus, daß die Übergangsdichte oder die Verteilung der Zustandsvariablen im Endzeitpunkt, die dem bedingten Anspruch zugrundeliegt, bekannt ist. Dies erfordert wiederum einen "einfach" gebauten zugrundeliegenden stochastischen Prozeß[1]. Solche Verteilungen sind bekannt für die geometrisch Brownsche Bewegung[2], für Prozesse mit konstanter Momentanvarianzelastizität und linearem Drift[3] und für einige Arten von Sprungprozessen[4]. Mit Hilfe der Verteilung der Zustandsvariablen im Endfälligkeitszeitpunkt muß dann der Erwartungswert des bedingten Anspruches ermittelt werden. Dies geschieht mittels Integration oder Summation. Nur wenn diese Integrale oder Summen eine explizite Lösung besitzen, kann der Wert des bedingten Anspruches explizit ermittelt werden. Beispiele dafür sind insbesondere bedingte Ansprüche vom europäischen Typ mit Optionscharakter einer Zustandsvariablen, die der geometrisch Brownschen Bewegung genügt[5], sowie europäische Kaufoptionen, wobei der Aktienkurs durch einen stochastischen Prozeß mit konstanter Momentanvarianzelastizität und linearem Drift oder durch einen einfachen Sprungprozeß beschrieben sein kann[6].

Besondere Schwierigkeiten ergeben sich, wenn exogene Randbedingungen berücksichtigt werden müssen. Es besteht dann die Möglichkeit, daß der bedingte Anspruch vor dem Endfälligkeitszeitpunkt ausgeübt werden muß oder verfällt, weil

---

1) Übergangsdichten von Diffusionsprozessen erfüllen die Kolmogorovsche Rückwärtsgleichung oder die Fokker-Planck-Gleichung (vgl. dazu Zweiter Teil/A/II/2.3, S. 49-55). Die dafür erforderlichen Bedingungen finden sich in Arnold, 1973, S. 56-59 und S. 167-173. Diese Gleichungen wurden bisher jedoch nur in wenigen Fällen explizit gelöst.

2) Vgl. dazu Smith, 1976, S. 15.

3) Vgl. dazu Cox/Ross, 1976, S. 161-163, und Beckers, 1980, S. 665-667. Für bestimmte α des Varianzterms eines solchen Prozesses $\sigma^2/X^{2-\alpha}$, $0 \leq \alpha \leq 2$, ist die Auswertung eventuell schwierig, da eine unendliche Summation durchgeführt werden muß.

4) Vgl. dazu Cox/Ross, 1976, S. 155-159, und Mason/Bhattacharya, 1981, S. 289f.

5) Vgl. dazu Smith, 1976, S. 22-31, und 1979, S. 83-108.

6) Vgl. dazu Cox/Ross, 1976.

die stochastische Einflußvariable den exogen vorgegebenen Rand erreicht. In diesem Fall kommt die untere oder obere exogene Randbedingung zum Tragen. Es muß die Verteilung der "First-Passage-Time" ermittelt werden. Zu dieser Zeit erreicht der zugrundeliegende stochastische Prozeß den exogen vorgegebenen Rand. Der Wert des bedingten Anspruches am exogenen Rand ist keine Zufallsvariable, jedoch die "First-Passage-Time". Über alle möglichen Zeitpunkte muß wieder integriert bzw. summiert werden. Auch hierbei taucht wieder das Problem der expliziten Lösbarkeit auf. Durch das Auftreten einer "First-Passage-Time" ändert sich jedoch die Verteilung im Endfälligkeitszeitpunkt. Da die Zustände "Erreichen des Randes" und "Erreichen des Endfälligkeitszeitpunktes" sich gegenseitig ausschließen, kann eine Addition aller diskontierten Erwartungswerte erfolgen. Geschlossene explizite Lösungen für bedingte Ansprüche bei "First-Passage-Time-Problemen" existieren für besicherte kuponfreie Anleihen mit zugrundeliegender geometrisch Brownscher Bewegung oder einem einfachen Sprungprozeß[1].

Kann eine Auswertung der Summen und Integrale nicht mehr explizit erfolgen, dann bietet sich eine Lösung mittels Simulation[2] an. Dazu werden mittels Monte-Carlo-Simulation Realisationen (einzelne Trajektorien) des stochastischen Prozesses der Einflußvariablen des bedingten Anspruches erzeugt und somit eine Verteilung der Zustandsvariablen im Endfälligkeitszeitpunkt. Aus dieser Endfälligkeitsverteilung der stochastischen Einflußvariablen des bedingten Anspruches wird die Verteilung des bedingten Anspruches im Endfälligkeitszeitpunkt ermittelt. Vorteile hat diese Vorgehensweise gegenüber der expliziten Lösung insbesondere dann, wenn Sprungprozesse oder kombinierte Sprung-Diffusionsprozesse verwendet werden. Die Simulation erlaubt es auch Verteilungen zugrundezulegen, für die überhaupt keine geschlossenen analytischen Darstellungsformen

---

1) Vgl. dazu Black/Cox, 1976.

2) Vgl. dazu Boyle, 1977.

existieren. Im Gegensatz zur expliziten Lösung weist die Simulation allerdings den Nachteil auf, daß nur für einen ganz bestimmten Startwert der stochastischen Zustandsvariablen des bedingten Anspruches eine Lösung ermittelt wird und daß Schätzfehler beachtet werden müssen. Boyle[1] hat eine Simulation für eine europäische Kaufoption durchgeführt, wobei er von diskreten Dividendenzahlungen der zugrundeliegenden Aktie und der Beschreibung ihres Kursverlaufs durch eine geometrisch Brownsche Bewegung ausging.

Neben der Simulation und der expliziten Lösung besteht auch noch die Möglichkeit der Lösung mittels diskreter Approximation des zugrundeliegenden stochastischen Prozesses. Cox, Ross und Rubinstein[2] ermitteln den Wert einer Kaufoption, indem sie die zugrundeliegende Verteilung des Aktienkurses im Endfälligkeitszeitpunkt, eine Log-Normalverteilung oder eine Log-Poissonverteilung, durch einen Binomialprozeß approximieren. Ein weiteres Verfahren der numerischen Integration stammt von Parkinson[3]. Anstatt eines Binomialprozesses verwendet er einen Trinomialprozeß und bewertet amerikanische (Ver-)Kauf(s)optionen. Jarrow und Rudd[4] nähern die mittels Reihenentwicklung dargestellte Verteilung der Zustandsvariablen im Endfälligkeitszeitpunkt durch Terme einfacher Verteilungen an. Für einen log-normalverteilten Aktienkurs im Endfälligkeitszeitpunkt führen sie eine verallgemeinerte Edgeworth-Reihenentwicklung durch und ermitteln so den Wert einer europäischen Kaufoption.

---

1) Vgl. dazu Boyle, 1977, S. 327-333.

2) Vgl. dazu Cox/Ross/Rubinstein, 1979.

3) Vgl. dazu Parkinson, 1977.

4) Vgl. dazu Jarrow/Rudd, 1982.

3. Diskrete Approximation der (Differenzen-)Differentialgleichung

Bei einer diskreten Approximation einer (Differenzen-)Differentialgleichung muß deren gesamter Definitionsbereich mit einem Netzwerk von Gitterpunkten überzogen werden. Die einzelnen Ableitungen der (Differenzen-)Differentialgleichung werden an allen Gitterpunkten mittels Differenzenquotienten dargestellt. In Abhängigkeit von der Darstellung des Differenzenquotienten einer Ableitung in einem Gitterpunkt werden unterschiedliche benachbarte Gitterpunkte benötigt. Die zu lösenden (Differenzen-)Differentialgleichungen enthalten nur eine erste Ableitung nach der Zeit; andere Ableitungen nach der Zeit existieren nicht. Deswegen kann die (Differenzen-)Differentialgleichung in expliziter oder impliziter Form gelöst werden[1]. Bei der expliziten Lösung werden ausgehend von den Werten des bedingten Anspruches in den Anfangsgitterpunkten[2] bzw. den bereits bekannten Gitterpunktfunktionswerten jeweils neue Gitterpunktfunktionswerte auf der nächsten Zeitstufe ermittelt. Jeder Wert des bedingten Anspruches an den einzelnen neuen Gitterpunkten läßt sich nur aus bekannten alten Gitterpunktfunktionswerten oder aus gegebenen Funktionswerten der Randpunkte[3] bestimmen. Bei der impliziten Methode werden die Gitterpunktfunktionswerte einer Zeitstufe nicht nur aus den Werten alter Gitterpunkte und eventuell bekannter Randpunkte erklärt, sondern auch durch Werte des bedingten Anspruches in anderen Gitterpunkten derselben Zeitstufe. So erhält man für jeden Zeitschritt ein lineares Gleichungssystem, das gelöst werden muß. Im allgemeinen kann gesagt werden, daß implizite Verfahren besser als explizite konvergieren und darüber hinaus auch stabiler sind. Implizite Verfahren sind den expliziten in der Regel überlegen.

---

1) Vgl. dazu Dritter Teil/C/III, S. 152-169.

2) Diese sind durch die Anfangsbedingung gegeben.

3) Diese sind durch die Randbedingungen gegeben.

Die Vorteile einer diskreten Approximation der (Differenzen-)Differentialgleichung liegen darin, daß diese Methode äußerst flexibel ist. So können im Gegensatz zu den anderen Lösungsverfahren ohne größere Schwierigkeiten auch endogene Randbedingungen und Beschränkungen im Inneren des Definitionsbereiches im Lösungsverfahren berücksichtigt werden. Diese von Schwartz[1] sowie Brennan und Schwartz[2] bei (Differenzen-)Differentialgleichungen in der Finanzierungstheorie eingeführte Methode hat sich deshalb bei allen bedingten Ansprüchen mit komplizierten Nebenbedingungen durchgesetzt, so z.B. bei festverzinslichen, vom Schuldner kündbaren Wandelanleihen[3], bei insolvenzrisikofreien festverzinslichen Wertpapieren mit Gläubigerkündigungsrecht bzw. Verlängerungsmöglichkeit durch den Gläubiger[4], bei amerikanischen Kauf-[5] und Verkaufsoptionen[6] unter Berücksichtigung diskreter Dividendenzahlungen und bei Hypothekendarlehen[7].

Brennan und Schwartz[8] haben gezeigt, daß im Fall eines risikoneutral bewertbaren bedingten Anspruches die diskrete Approximation der Differentialgleichung auch als diskrete Approximation des zugrundeliegenden stochastischen Prozesses interpretiert werden kann. Bei expliziter Approximation der Differentialgleichung einer Kaufoption wird die geometrisch Brownsche Bewegung des Aktienkurses durch einen Trinomialprozeß approximiert, bei impliziter Approximation durch einen verallgemeinerten Sprungprozeß[9].

Zu den Nachteilen der diskreten Approximation zählt, daß ein beschränkter Definitionsbereich der (Differenzen-)Differentialgleichung benötigt wird. Durch eine geeignete Variablen-

---

1) Vgl. dazu Schwartz, 1975.

2) Vgl. dazu Brennan/Schwartz, 1977c.

3) Vgl. dazu Brennan/Schwartz, 1977c, und Swoboda/Kamschal, 1979.

4) Vgl. dazu Ananthanarayanan/Schwartz, 1980.

5) Vgl. dazu Schwartz, 1977.

6) Vgl. dazu Brennan/Schwartz, 1977a.

7) Vgl. dazu Dunn/McConell, 1981.

8) Vgl. dazu Brennan/Schwartz, 1978a.

9) Vgl. dazu Brennan/Schwartz, 1978a, S. 464f und 470f.

transformation kann diese Voraussetzung jedoch regelmäßig erfüllt werden. Randbedingungen sollten an den Rändern die (Differenzen-)Differentialgleichung einspannen, um die Stabilität des Lösungsverfahrens nicht zu gefährden. Unstetigkeitsstellen können sich ebenfalls negativ auf die Güte der Lösung auswirken.

V. Anwendungen

Der Hauptanwendungsbereich zeitstetiger Arbitrageansätze unter Ungewißheit ist die Bewertung bedingter Ansprüche. Der Wert eines Wertpapieres wird in Abhängigkeit des Wertes eines anderen Wertpapieres bestimmt. Zu den bedingten Ansprüchen zählen insbesondere Optionen und Ansprüche mit optionsähnlichem Charakter. Aber auch bedingte Ansprüche ohne optionsähnlichen Charakter werden mit zeitstetigen Arbitrageansätzen bewertet (vgl. Abbildung 17).

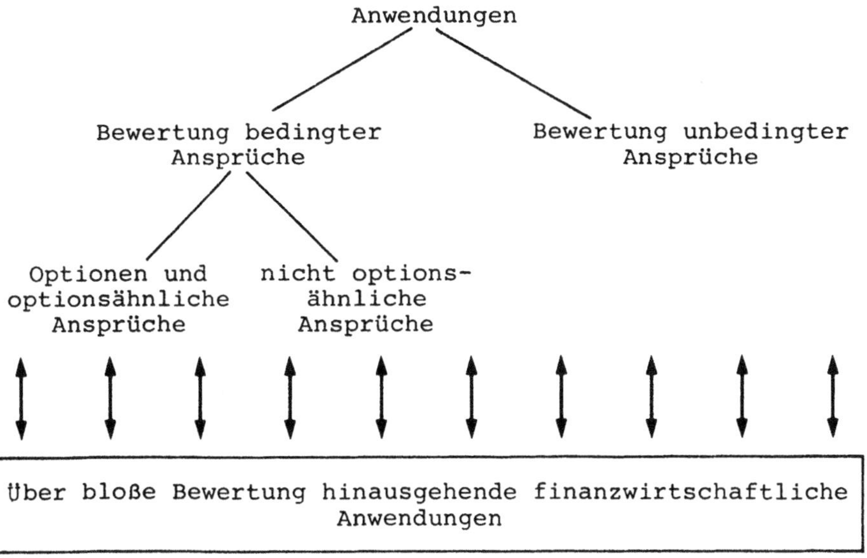

Abbildung 17: Anwendungen von zeitstetigen Arbitrageansätzen unter Ungewißheit

Mit zeitstetigen Arbitrageansätzen unter Ungewißheit werden aber nicht nur bedingte Ansprüche, sondern auch unbedingte bewertet. Dabei wird unter einem unbedingten Anspruch ein Wertpapier oder ein Recht verstanden, dessen Wert in Abhängigkeit von exogen vorgegebenen Einflußvariablen, die aber selbst keine Wertpapiere sind, determiniert wird.

Die Wirkung zeitstetiger Arbitrageansätze unter Ungewißheit ist aber nicht nur auf die bloße Bewertung bedingter oder unbedingter Ansprüche begrenzt. Denn erst aufgrund einer erfolgreichen Bewertung von bedingten und unbedingten Ansprüchen kann eine Vielzahl anderer finanzwirtschaftlicher Fragestellungen gelöst werden.

1. Bewertung bedingter Ansprüche

1.1 Optionen und optionsähnliche Ansprüche

Die ersten Arbitrageansätze befaßten sich mit der Bewertung von einfachen europäischen Kauf- und Verkaufsoptionen auf Aktien[1]. Dabei wurden zunächst Dividendenzahlungen der zugrundeliegenden Aktie ausgeschlossen. Seither erfolgte jedoch eine Ausdehnung der Anwendung des zeitstetigen Arbitrageansatzes auch auf amerikanische Kauf-[2] und Verkaufsoptionen. Diskrete[3] oder kontinuierliche[4] Dividendenzahlungen der zugrundeliegenden Aktie können explizit berücksichtigt werden, ebenso wie Steuern auf Dividenden[5]. Auch Optionen mit besonderen Eigenschaften wie unsicherem Basispreis[6], Gläubigerkündigungsrecht oder "Down-and-Out-Kaufoptionen" lassen sich bewerten[7].

---

1) Vgl. dazu die Arbeiten von Black/Scholes, 1973, und Merton, 1973b.

2) Vgl. dazu Merton, 1973b.

3) Vgl. dazu Roll, 1977, Schwartz, 1977, Brennan/Schwartz, 1977a, Geske, 1979b, und Whaley, 1981.

4) Vgl. dazu Merton, 1973b.

5) Vgl. dazu Ingersoll, 1976.

6) Vgl. dazu Fischer, 1978.

7) Vgl. dazu Merton, 1973b.

Neben Optionen auf Aktien werden auch Optionen auf festverzinsliche Wertpapiere[1)] und auf Optionen[2)] mit Arbitrageansätzen bewertet.

Zu den bewertbaren optionsähnlichen Ansprüchen zählen die verschiedenen Arten von Warenterminkontrakten[3)], Optionsscheine[4)], aber auch Ansprüche auf den Austausch zweier risikobehafteter Wertpapiere[5)] oder auf den minimalen oder maximalen Wert zweier risikobehafteter Wertpapiere[6)].

1.2 Nicht optionsähnliche Ansprüche

Zu den wichtigsten nicht optionsähnlichen Ansprüchen, die mit zeitstetigen Arbitrageansätzen bewertet werden, gehören Eigen- und Fremdkapital[7)], insolvenzrisikobehaftete festverzinsliche Wertpapiere, insolvenzrisikofreie festverzinsliche Wertpapiere mit Währungsoption[8)], Lebensversicherungen mit Überschußbeteiligung[9)], Bürgschaften für Bankeinlagen[10)] und Kredite[11)], Fondsanteile von "Dual Purpose Funds"[12)], "Underwriting Contracts"[13)] und Übernahmeangebote eines Unternehmens an die Aktionäre eines anderen Unternehmens[14)]. Insolvenzrisikobehaftete festverzinsliche Wertpapiere sind dabei die am häufigsten untersuchten. Diskrete[15)] und konti-

---

1) Vgl. dazu Rendleman/Bartter, 1980, und Courtadon, 1982.

2) Vgl. dazu Geske, 1979a.

3) Vgl. dazu Black, 1976.

4) Vgl. dazu Noreen/Wolfson, 1981.

5) Vgl. dazu Margrabe, 1978.

6) Vgl. dazu Stulz, 1982.

7) Vgl. dazu Black/Scholes, 1973.

8) Vgl. dazu Feiger/Jacquillat, 1979.

9) Vgl. dazu Brennan/Schwartz, 1976 und 1979d.

10) Vgl. dazu Merton, 1978.

11) Vgl. dazu Sosin, 1980.

12) Vgl. dazu Ingersoll, 1976.

13) Im angloamerikanischen Bereich und auf dem Eurobondmarkt ist es üblich, daß der Emittent einer Anleihe mit dem "Underwriter", meist eine Bank oder ein Bankenkonsortium, einen Übernahmevertrag abschließt, der neben dem Vertrieb auch das volle Plazierungsrisiko auf den "Underwriter" überträgt (vgl. dazu Smith, 1979).

14) Vgl. dazu Margrabe, 1978.

15) Vgl. dazu Black, 1976.

nuierliche[1] Zinsen, Schuldnerkündigungsrecht[2], der Einfluß verschiedener Klauseln des Emissionsprospektes von insolvenzrisikobehafteten festverzinslichen Wertpapieren auf deren Wert, wie z.B. die vor- oder nachrangige Besicherung[3], insolvenzrisikobehaftete festverzinsliche Wertpapiere mit Währungsoption[4], künd- bzw. nicht kündbare Wandelschuldverschreibungen[5] und indexierte insolvenzrisikobehaftete festverzinsliche Wertpapiere[6] können im Arbitragemodell erfaßt werden.

2. Bewertung unbedingter Ansprüche

Bei den unbedingten Ansprüchen, deren Wert mit zeitstetigen Arbitrageansätzen unter Ungewißheit ermittelt wird, sind insbesondere die insolvenzrisikofreien festverzinslichen Wertpapiere zu nennen. Deren Wert wird in Abhängigkeit von vorgegebenen zeitstetigen stochastischen Zinssätzen determiniert. Diskrete Zinszahlungen, Schuldner- und Gläubigerkündigungsrecht[7] sowie Inflation[8] und Indexierung[9] können berücksichtigt werden. Auch Fremdwährungsanleihen[10] und Anleihen mit Laufzeitverlängerungsmöglichkeit seitens des Gläubigers[11] sind bewertbar. Die in dieser Arbeit bewerteten insolvenzrisikofreien Tilgungsanleihen sind ebenfalls hier einzuordnen.

Hypothekendarlehen[12] können ebenfalls mittels eines Arbitrageansatzes bewertet werden.

---

1) Vgl. dazu Merton, 1974.

2) Vgl. dazu Merton, 1974.

3) Vgl. dazu Black/Cox, 1976, Ho/Singer, 1982, und Mason/Bhattacharya, 1981.

4) Vgl. dazu Margrabe, 1978.

5) Vgl. dazu Ingersoll, 1977, und Brennan/Schwartz, 1977c.

6) Vgl. dazu Schwartz, 1982.

7) Vgl. dazu Brennan/Schwartz, 1977b.

8) Vgl. dazu Richard, 1978.

9) Vgl. dazu Brennan/Schwartz, 1979b.

10) Vgl. dazu Feiger/Jacquillat, 1979.

11) Solche festverzinslichen Wertpapiere gibt es zum Beispiel auf dem kanadischen Kapitalmarkt (vgl. dazu Ananthanarayanan/Schwartz, 1980).

12) Vgl. dazu Asay, 1977, und Dunn/McConell, 1981.

3. Über die Bewertung hinausgehende finanzwirtschaftliche Anwendungen

Ausgehend von der Bewertung bedingter Ansprüche werden Fragen der Indexierung von Löhnen und Gehältern beantwortet und Anreizsysteme entworfen; Einzelinvestitionsmaßnahmen werden näher untersucht[1]. Im Zusammenhang mit der Bewertung unbedingter Ansprüche werden Fragen zum Verlauf der Zinsstruktur[2] und der Immunisierung von Portefeuilles gegen Zinsschocks und Probleme der Durationmessung[3] mit Arbitrageansätzen behandelt.

In Kombination mit anderen finanzierungstheoretischen Ansätzen, etwa dem Kapitalmarktmodell oder dem Modigliani-Miller-Theorem[4], werden Probleme insbesondere aus dem Bereich der Unternehmensfinanzierung behandelt. Probleme der optimalen Kapitalstruktur[5] und der Risikostruktur von Eigen- und Fremdkapital[6] im Unternehmen werden mit Arbitrageansätzen angegangen. Die maximal mögliche Verschuldungsgrenze eines Unternehmens[7] wird zu determinieren versucht. Auswirkungen verschiedener Dividendenpolitiken eines Unternehmens auf Eigen- und Fremdkapitalgeber und die Wirkungen von Fusionen und Ausgründungen[8] auf deren Verhältnis werden untersucht. Die Kapitalkosten eines Unternehmens unter Ungewißheit werden bestimmt[9]. Die bei firmenbezogenen Unternehmen entstehenden Schwierigkeiten aufgrund der nicht vorhandenen Identität von Anteilseignern

---

1) Vgl. dazu Margrabe, 1978.

2) Vgl. dazu Vasicek, 1977, Dothan, 1978, Langetieg, 1980, und Cox/Ingersoll/Ross, 1981.

3) Vgl. dazu Cox/Ingersoll/Ross, 1979, und Brennan/Schwartz, 1981.

4) Vgl. dazu Modigliani/Miller, 1958, und Merton, 1977b.

5) Vgl. dazu Brennan/Schwarz, 1978b.

6) Vgl. dazu Merton, 1974.

7) Vgl. dazu Turnbull, 1979, und Stapelton, 1980.

8) Vgl. dazu Galai/Masulis, 1976, und Stapelton, 1980.

9) Vgl. dazu Breeden/Litzenberger, 1978, und Banz/Miller, 1978.

und Management werden durchleuchtet[1]. Ex post optimale Kauf- und Verkaufszeitpunkte am Aktienmarkt[2] werden mittels der Konstruktion geeigneter bedingter Ansprüche und deren Bewertung zu bestimmen versucht.

---

1) Vgl. dazu Haugen/Senbet, 1981.

2) Vgl. dazu Goldman/Sosin/Shepp, 1979.

C. Zeitstetiger Arbitrageansatz zur Bewertung teilfälliger Anleihen mit planmäßiger Auslosungstilgung

In diesem Kapitel wird ein Arbitragemodell für teilfällige Anleihen mit planmäßiger Auslosungstilgung entwickelt. Dabei werden alle Ausstattungsmerkmale der Anleihe im engeren Sinn wie Nominalverzinsung und Rückzahlungsmodalitäten erfaßt[1]. Die dafür erforderlichen Annahmen werden vorgestellt.

In einem ersten Schritt wird jede noch ausstehende Serie der Tilgungsanleihe getrennt bewertet. Im nächsten Schritt wird dann der Gesamtwert aller noch am Kapitalmarkt gehandelten Serien der Tilgungsanleihe bestimmt. Durch Normierung mit der Anzahl der noch ausstehenden Teilschuldverschreibungen ergibt sich der Wert einer Teilschuldverschreibung der teilfälligen Anleihe mit planmäßiger Auslosungstilgung.

I. Annahmen

Wie bereits in Abschnitt B/I des Zweiten Teils erläutert, lassen sich die Annahmen von Arbitragemodellen unterteilen in Annahmen bezüglich der exogenen Einflußfaktoren und in Annahmen bezüglich des Kapitalmarktes und der dort handelnden Subjekte.

Annahme 1: Der Wert einer Teilschuldverschreibung b zu einem Zeitpunkt t wird vollständig determiniert durch die Momentanverzinsung r_t im Zeitpunkt t, durch den langfristigen Zinssatz l_t im Zeitpunkt t, durch die Zeit t selbst sowie durch die wertpapierspezifischen Ausstattungsmerkmale A im engeren Sinn. Es gilt somit:

$$b = b(r_t, l_t, t, A) \qquad (19)$$

Eine Übertragung des Modells auf n Einflußgrößen - abgesehen von der Zeit t und den wertpapierspezifischen Ausstattungs-

---

1) Zu einem besseren Verständnis vgl. Bühler/Rothacker, 1984.

merkmalen A - bereitet theoretisch keinerlei Schwierigkeiten. Die Lösung der sich ergebenden partiellen Differentialgleichung muß jedoch numerisch erfolgen. Bei n>2 Einflußvariablen existieren jedoch keine effizienten Lösungsalgorithmen für die entstehende partielle Differentialgleichung.

An der grundsätzlichen Vorgehensweise bei der Ermittlung der Bestimmungsgleichung der Teilschuldverschreibung ändert sich jedoch nichts, wenn die Einflußgrößen r und l anders interpretiert werden[1], d.h. "andere Einflußgrößen" darstellen. Die Berücksichtigung der Momentanverzinsung r und des langfristigen Zinssatzes l als Einflußgrößen bewirkt jedoch, daß die Zinsstrukturkurve durch diese beiden Zinssätze vollständig determiniert wird. Deswegen erscheint auch die Berücksichtigung nur einer Einflußvariablen, der Momentanverzinsung r, als zu restriktiv. Dies würde nämlich bedeuten, daß die gesamte Zinsstrukturkurve zu einem Zeitpunkt ausschließlich durch die in diesem Zeitpunkt geltende Momentanverzinsung determiniert wird. Als zweite Einflußvariable wird der langfristige Zinssatz l gewählt, da davon ausgegangen werden kann, daß dieser für die zukünftige Zinssatzentwicklung relevante Informationen enthält[2]. Mittels den Einflußvariablen r und l wird das Zinsänderungsrisiko erfaßt.

Da eine vollständig nominelle Betrachtungsweise erfolgt, wird das Geldentwertungsrisiko nicht explizit berücksichtigt. Durch Einführung einer weiteren Einflußvariablen wäre dies jedoch ohne weiteres möglich[3].

Das Insolvenzrisiko wird nicht berücksichtigt. Es wird davon ausgegangen, daß nur insolvenzrisikofreie Wertpapiere mit diesem Ansatz bewertet werden, also z.B. Wertpapiere der

---

1) Vgl. dazu Zweiter Teil/B/II, S. 59-63.

2) Vgl. dazu Brennan/Schwartz, 1979b, S. 134f.

3) Vgl. dazu Richard, 1978.

öffentlichen Hand. Auch die Erfassung des Insolvenzrisikos durch Einführung einer weiteren Einflußvariablen, die den Wert des emittierenden Unternehmens repräsentiert und somit zumindest implizit das Insolvenzrisiko mit erfaßt, ist denkbar[1].

Das Währungsrisiko wird ebenfalls nicht berücksichtigt. Fremdwährungsanleihen und Auslandsanleihen sind somit von der Bewertung ausgeschlossen. Die explizite Berücksichtigung des Wechselkursverhältnisses als weitere Einflußgröße würde das Paritätenänderungsrisiko erfassen. Dies ist möglich[2].

Das Marktgängigkeitsrisiko wird vernachlässigt. Desweiteren werden nur Ausstattungsmerkmale im engeren Sinn[3] berücksichtigt, also Nominalverzinsung, Rückzahlungsmodalitäten, Rückzahlungskurs und Laufzeit. Ausstattungsmerkmale im weiteren Sinn wie Deckungsstockfähigkeit, Lombardfähigkeit und Mündelsicherheit bleiben außer Betracht.

Annahme 2: Der Wert der Teilschuldverschreibung $b(r_t, l_t, t, A)$ ist eine stetige Funktion mit stetigen ersten und zweiten partiellen Ableitungen nach dem kurzfristigen Zinssatz r und dem langfristigen Zinssatz l sowie einer stetigen ersten Ableitung nach der Zeit t.

Diese Annahme ist erforderlich, um die stochastische Veränderung des Wertes der Teilschuldverschreibung anhand des Satzes von Itô[4] beschreiben zu können.

Annahme 3: Neben der zu untersuchenden Teilschuldverschreibung existieren mindestens zwei weitere Teilschuldverschreibungen mit unterschiedlicher Restlaufzeit, die auch verschieden von der Laufzeit

---

1) Vgl. dazu Schwartz, 1982, oder Ingersoll, 1976, die den Unternehmenswert explizit berücksichtigt haben.

2) Vgl. dazu Feiger/Jacquillat, 1979, und Stulz, 1982.

3) Vgl. dazu Erster Teil/III, S. 20.

4) Vgl. dazu Anhang II/4.

der zu untersuchenden Anleihe ist. Diese genügen denselben Anforderungen wie die zu untersuchende Teilschuldverschreibung.

Diese Annahme wird getroffen, um in jedem Zeitpunkt ein bedingt risikoloses Portefeuille zusammenstellen zu können. Hätte das Modell nicht zwei zeitstetige stochastische Einflußfaktoren, sondern n, dann würden zur Konstruktion eines bedingt risikolosen Portefeuilles nicht zwei weitere Teilschuldverschreibungen benötigt, sondern n.

Annahme 4: Die Momentanverzinsung r und der langfristige Zinssatz l können durch einen Diffusionsprozeß mit folgenden stochastischen Differentialgleichungen beschrieben werden:

$$\begin{aligned} dr_t(\omega) &= \mu^r(r_t,l_t,t)dt + \sigma^r(r_t,l_t,t)\; dW_t^r(\omega) \\ dl_t(\omega) &= \mu^l(r_t,l_t,t)dt + \sigma^l(r_t,l_t,t)\; dW_t^l(\omega) \end{aligned} \qquad (20)$$

Die Momentankorrelation zwischen den Veränderungen der beiden Zinssätze sei ρ. $W_t^r(\omega)$ und $W_t^l(\omega)$ sind zwei Wiener-Prozesse, $\mu^r(r_t,l_t,t)$ und $\mu^l(r_t,l_t,t)$ sind die Erwartungswerte der Momentanveränderungen der Momentanverzinsung r und des langfristigen Zinssatzes l, $\{\sigma^r(r_t,l_t,t)\}^2$ und $\{\sigma^l(r_t,l_t,t)\}^2$ sind die Momentanvarianzen der Veränderungen des kurz- und des langfristigen Zinssatzes. Die Driftparameter μ^r und μ^l sowie die Momentanvarianzen $\{\sigma^r\}^2$ und $\{\sigma^l\}^2$ erfüllen die Lipschitz-Bedingung, die Wachstumsbeschränkung[1)] und sind darüber hinaus stetig in t.

Aus dem Gleichungssystem (20) wird deutlich, daß die beiden Zinssätze interdependent sein können. Die erwartete Momen-

---

1) Vgl. dazu Zweiter Teil/A/II/2.3.1.3, S. 54f.

tanveränderung des langfristigen Zinssatzes l wird durch den kurzfristigen Zinssatz r beeinflußt und umgekehrt. Dasselbe gilt auch für die jeweiligen Momentanvarianzen[1].

Die an die Driftparameter und die Momentanvarianzen gestellten Bedingungen sind erforderlich, weil sonst die Lösung des stochastischen Differentialgleichungssystems (20) keinen mit Wahrscheinlichkeit 1 eindeutigen Diffusionsprozeß darstellt. Darüber hinaus sollten die Parameter μ^r, μ^l, σ^r und σ^l so beschaffen sein, daß die Lösungen nichtnegativ sind. Auf eine matrizielle Darstellung des stochastischen Differentialgleichungssystems (20) wird bewußt verzichtet, um die im zweidimensionalen noch übersichtliche Summendarstellung zu ermöglichen.

<u>Annahme 5:</u> Der langfristige Zinssatz l ist die Rendite einer Rentenanleihe mit kontinuierlichen, auf eine Geldeinheit pro Periode normierten Zinszahlungen. Der Kurs L dieser Rentenanleihe verhält sich umgekehrt proportional zum langfristigen Zinssatz l[2]:

$$L = \frac{1}{l} \tag{21}$$

Diese Annahme wird getroffen, um nicht zwei präferenzabhängige Parameter in der sich ergebenden partiellen Differentialgleichung vorzufinden. Ein Risikoparameter der partiellen Differentialgleichung läßt sich durch diese Annahme eliminieren. Diese durchaus übliche Annahme[3] ist jedoch für die Ableitung einer Bewertungsgleichung nicht notwendig.

<u>Annahme 6[4]</u>: Der Kapitalmarkt, an dem die Teilschuldverschreibungen gehandelt werden, ist perfekt.

---

1) Die auf dem deutschen Markt beobachtbaren Abhängigkeiten zwischen Geld- und Kapitalmarktzinssätzen wurden z.B. untersucht von König/Wolters, 1969.

2) $$L = \lim_{n\to\infty} \frac{(1+l)^n-1}{(1+l)^n \cdot l} = \frac{1}{l} - \lim_{n\to\infty} \frac{1}{l(1+l)^n} = \frac{1}{l}$$
Ohne diese Normierung wäre L = Periodenzinsen/l.

3) Vgl. dazu Brennan/Schwartz, 1979a und 1982a.

4) Vgl. dazu Zweiter Teil/B/I, S. 57-59.

Transaktions- und Informationskosten existieren nicht. Die am Kapitalmarkt gehandelten Wertpapiere sind beliebig teilbar. Leerverkäufe sind in beliebigem Umfang ohne Strafzahlungen möglich. Transaktionen am Kapitalmarkt werden durch niemanden eingeschränkt. Zum risikolosen Zinssatz kann in beliebiger Höhe Geld angelegt bzw. aufgenommen werden. Alle am Kapitalmarkt handelnden Subjekte sind Mengenanpasser.

<u>Annahme 7[1]:</u> Der Kapitalmarkt ist immer geöffnet. Zeitstetiges Handeln am Kapitalmarkt ist möglich.

<u>Annahme 8[2]:</u> Die am Kapitalmarkt handelnden Subjekte ziehen mehr weniger vor und sind genügend risikotolerant, so daß sie bereit sind, risikobehaftete Wertpapiere bei endlichem Erwartungswert der Rendite zu halten.

<u>Annahme 9:</u> Alle am Kapitalmarkt handelnden Subjekte glauben, daß sich die Teilschuldverschreibungen so wie in den Annahmen 1 und 2 beschrieben verhalten. Sie besitzen homogene Erwartungen bezüglich der Parameter des stochastischen Differentialgleichungssystems (20) außer in bezug auf $\mu^1(r_t, l_t, t)$.

Homogene Erwartungen der am Kapitalmarkt handelnden Subjekte in bezug auf den Drift des langfristigen Zinssatzes sind nicht erforderlich, da diese Größe nicht in die Bewertungsgleichung eingeht. Würde Annahme 5 nicht getroffen, die partielle Differentialgleichung nicht um einen Risikoparameter reduziert, dann wären auch homogene Erwartungen bezüglich des Drifts des langfristigen Zinssatzes erforderlich. In die Ableitung der Bewertungsgleichung geht der Drift des langfristigen Zinssatzes nicht ein, weil er bei der Elimination eines Risikoparameters mit eliminiert wird.

---

1) Vgl. dazu Zweiter Teil/A/II, S. 42f.

2) Vgl. dazu Zweiter Teil/B/I, S. 57-59.

Basierend auf diesen Annahmen wird im folgenden eine Bewertungsgleichung für eine risikolose Teilschuldverschreibung mit planmäßiger Auslosungstilgung abgeleitet.

II. Ermittlung der Bewertungsgleichung

1. Veränderung des Wertes einer Teilschuldverschreibung

Gemäß Annahme 1 ist der Wert der Teilschuldverschreibung abhängig vom kurz- und langfristigen Zinssatz sowie von der Zeit und den Ausstattungsmerkmalen im engeren Sinn. Aus Gründen der Übersichtlichkeit wird jedoch im folgenden das Argument A unterdrückt, die Zeit t wird, wie bei Lösungen von stochastischen Prozessen üblich, als Index mitgeführt:

$$b(r_t, l_t, t, A) = b_t(r, l) \tag{22}$$

Laut Annahme 2 besitzt die Teilschuldverschreibung stetige partielle Ableitungen nach dem kurz- und langfristigen Zinssatz sowie nach der Zeit. Da die Veränderung der beiden Zinssätze sich als stochastische Differentialgleichung darstellen läßt[1], ist dies gemäß dem Lemma von Itô[2] auch möglich für die Veränderung des Wertes der Teilschuldverschreibung. Es gilt[3]:

$$\begin{aligned} db_t(r,l) = \Bigg\{ & \mu^r(r,l,t) \frac{\partial b_t(r,l)}{\partial r} + \mu^l(r,l,t) \frac{\partial b_t(r,l)}{\partial l} \\ & + \frac{\partial b_t(r,l)}{\partial t} + 1/2\{\sigma^r(r,l,t)\}^2 \frac{\partial^2 b_t(r,l)}{\partial r^2} \\ & + \sigma^r(r,l,t)\, \sigma^l(r,l,t)\, \rho \frac{\partial^2 b_t(r,l)}{\partial r \partial l} \\ & + 1/2\{\sigma^l(r,l,t)\}^2 \frac{\partial^2 b_t(r,l)}{\partial l^2} \Bigg\} dt \\ & + \sigma^r(r,l,t) \frac{\partial b_t(r,l)}{\partial r} dW_t^r + \sigma^l(r,l,t) \frac{\partial b_t(r,l)}{\partial l} dW_t^l \end{aligned} \tag{23}$$

---

1) Vgl. dazu Annahme 4, S. 92.

2) Vgl. dazu Anhang II/4.

3) Anstatt $dW_t(\omega)$ wird aus Übersichtlichkeitsgründen dW_t geschrieben. Der Index t in $\mu^r(r_t,l_t,t)$, $\mu^l(r_t,l_t,t)$, $\sigma^r(r_t,l_t,t)$ und $\sigma^l(r_t,l_t,t)$ wird unterdrückt.

Setzt man

$$\mu^b(r,l,t) = \mu^r(r,l,t)\frac{\partial b_t(r,l)}{\partial r} + \mu^l(r,l,t)\frac{\partial b_t(r,l)}{\partial l}$$
$$+ \frac{\partial b_t(r,l)}{\partial t} + 1/2\{\sigma^r(r,l,t)\}^2\frac{\partial^2 b_t(r,l)}{\partial r^2}$$
$$+ \sigma^r(r,l,t)\sigma^l(r,l,t)\,\rho\,\frac{\partial^2 b_t(r,l)}{\partial r\partial l}$$
$$+ 1/2\{\sigma^l(r,l,t)\}^2\frac{\partial^2 b_t(r,l)}{\partial l^2} \qquad (24)$$

$$\sigma^{br}(r,l,t) = \sigma^r(r,l,t)\frac{\partial b_t(r,l)}{\partial r} \qquad (25)$$

und

$$\sigma^{bl}(r,l,t) = \sigma^l(r,l,t)\frac{\partial b_t(r,l)}{\partial l} \qquad (26)$$

so vereinfacht sich Gleichung (23) zu:

$$db_t(r,l) = \mu^b(r,l,t)dt + \sigma^{br}(r,l,t)dW_t^r + \sigma^{bl}(r,l,t)dW_t^l \qquad (27)$$

2. Veränderung des Wertes eines aus drei Teilschuldverschreibungen bestehenden Portefeuilles

Aus drei gesamtfälligen Teilschuldverschreibungen mit unterschiedlichen Restlaufzeiten[1] wird ein Portefeuille zusammengestellt. Es werden drei unterschiedliche Teilschuldverschreibungen benötigt, da zwei verschiedene Wiener-Prozesse den Wert einer Teilschuldverschreibung beeinflussen[2].

Die drei Teilschuldverschreibungen $b_t^{T_1}(r,l)$, $b_t^{T_2}(r,l)$ und $b_t^{T_3}(r,l)$ besitzen die unterschiedlichen Fälligkeitszeitpunkte T_1, T_2 und T_3. Die Nominalzinsen der drei Teilschuldverschreibungen seien C^1, C^2 und C^3, die zugehörigen konstanten konti-

1) Annahme 3 stellt sicher, daß diese auch am Kapitalmarkt existieren.

2) Vgl. dazu Zweiter Teil/C/II/5, S. 103-106.

nuierlichen Zinsraten seien c^1, c^2 und c^3[1]. Die Berücksichtigung diskreter Zinszahlungen wäre ohne Schwierigkeiten möglich. Davon wird hier jedoch abgesehen, da in Deutschland für festverzinsliche Wertpapiere Stückzinsen verrechnet werden und eine Kursnotiz ohne Stückzinsen erfolgt[2].

Ein vorgegebenes Budget wird in jedem Zeitpunkt in die drei Teilschuldverschreibungen vollständig investiert. Die Anzahl der einzelnen Teilschuldverschreibungen am Portefeuille wird mit x^1, x^2 und x^3 bezeichnet. Aufgrund von Leerverkäufen sind negative x^i, $i \in \{1,2,3\}$, jederzeit möglich[3].

Der <u>Wert des Portefeuilles</u> $P_t(r,l)$ ohne Stückzinsen beläuft sich auf:

$$P_t(r,l) = x^1 b_t^{T_1}(r,l) + x^2 b_t^{T_2}(r,l) + x^3 b_t^{T_3}(r,l) \qquad (28)$$

Für die Anzahl der einzelnen Teilschuldverscheibungen am Portefeuille gilt:

$$x^1 \vee x^2 \vee x^3 \neq 0 \qquad (29)$$

Allerdings muß berücksichtigt werden, daß diese Anzahl im Zeitablauf nicht konstant ist, sondern von den relevanten Einflußfaktoren r und l abhängt. Es gilt somit:

$$x^i = x_t^i(r,l) \qquad i \in \{1,2,3\} \qquad (30)$$

Bei der Ermittlung der Wertänderung $dP_t(r,l)$ des Portefeuilles muß neben der Berücksichtigung der Stückzinsen auch beachtet werden, daß die Wertänderung $dP_t(r,l)$ ein stochastisches

---

1) Es sind auch im Zeitablauf schwankende Nominalzinsen denkbar, also $c^i = c^i(t)$. Dies ist jedoch bei uns unüblich und wird deshalb hier nicht berücksichtigt. Eine Berücksichtigung bringt jedoch keine zusätzlichen Schwierigkeiten mit sich.

2) Bei einem Kauf bzw. Verkauf zwischen zwei Zinsterminen müssen vom Käufer an den Verkäufer die bis zu diesem Zeitpunkt aufgelaufenen Zinsen zusätzlich zum Marktpreis gezahlt werden (vgl. dazu Wohlfahrt/Bley, 1977, S. 346f.).

3) Vgl. dazu Annahme 6, S. 93.

Differential ist. Die Änderungen der Einflußfaktoren r und l lassen sich durch eine stochastische Differentialgleichung darstellen, die <u>Portefeuillewertänderung</u> ebenfalls:

$$
\begin{aligned}
dP_t(r,l) = & \sum_{i=1}^{3} \frac{\partial P_t(r,l)}{\partial b_t^{T}i(r,l)} \, db_t^{T_i}(r,l) + \frac{\partial P_t(r,l)}{\partial t} \, dt \\
& + \sum_{i=1}^{3} \frac{\partial P_t(r,l)}{\partial x_t^i(r,l)} \, dx_t^i(r,l) \\
& + \frac{1}{2} \sum_{i=1}^{3} \sum_{j=1}^{3} \frac{\partial^2 P_t(r,l)}{\partial b^{T_i}(r,l) \, \partial b^{T_j}(r,l)} \, db_t^{T_i}(r,l) \, db_t^{T_j}(r,l) \\
& + \frac{1}{2} \sum_{i=1}^{3} \sum_{j=1}^{3} \frac{\partial^2 P_t(r,l)}{\partial x_t^i(r,l) \, \partial x_t^j(r,l)} \, dx_t^i(r,l) \, dx_t^j(r,l) \\
& + \sum_{i=1}^{3} \sum_{j=1}^{3} \frac{\partial^2 P_t(r,l)}{\partial b_t^{T_i}(r,l) \, \partial x_t^j(r,l)} \, db_t^{T_i}(r,l) \, dx_i^j(r,l) \\
& + \sum_{i=1}^{3} x_t^i(r,l) \, c^i dt
\end{aligned}
\qquad (31)
$$

Der letzte Summenterm erfaßt dabei die Zinsszahlungen.

Die partiellen Ableitungen $\partial P/\partial t$ sowie $\partial^2 P/\partial b^{T_i} \partial b^{T_j}$ und $\partial^2 P/\partial x^i \partial x^j$ sind Null, so daß sich (31) vereinfacht zu:

$$
\begin{aligned}
dP_t(r,l) = & \sum_{i=1}^{3} x_t^i(r,l) \, db_t^{T_i}(r,l) + \sum_{i=1}^{3} b_t^{T_i}(r,l) \, dx_t^i(r,l) \\
& + \sum_{i=1}^{3} db_t^{T_i}(r,l) \, dx_t^i(r,l) + \sum_{i=1}^{3} x_t^i(r,l) \, c^i dt
\end{aligned}
\qquad (32)
$$

Eine nähere Betrachtung der Wertänderung des Portefeuilles zeigt, daß diese zum einen auf eine ausschließliche Änderung der Werte der Teilschuldverschreibungen zurückgeführt werden kann[1)], auf eine ausschließliche Änderung der Anzahl der einzelnen Teilschuldverschreibungen im Portefeuille[2)], auf eine aus beiden Änderungen kombinierte Änderung[3)] und auf die Zinszahlungen.

Beschreibt $dP_t(r,l)$ die Wertänderung eines Portefeuilles im Beobachtungszeitraum dt und fließen von außen keine zusätzlichen Mittel in diesem Zeitraum zu, dann muß zusätzlich folgende Budgetbedingung erfüllt sein[4)]:

$$\sum_{i=1}^{3} b_t^{T_i}(r,l)\; dx_t^i(r,l) + \sum_{i=1}^{3} db_t^{T_i}(r,l)\; dx_t^i(r,l) = 0 \qquad (33)$$

Der Wertanteil, der durch Umschichtung des Portefeuilles zum Zeitpunkt t entsteht (linke Seite von Gleichung (33)), führt entweder zu einer Kreditaufnahme in derselben Höhe oder zu einer Anlage der durch den Verkauf der Teilschuldverschreibungen erzielten Überschüsse zum Zinssatz r. Wird diese Änderung der Vermögensposition des Investors bei der Definition der Wertänderung des Portefeuilles $dP_t(r,l)$ mit berücksichtigt, so ergibt sich Bedingung (33). Gilt Bedingung (33), wird von einer Selbstfinanzierungsstrategie gesprochen.

Damit ergibt sich die Wertänderung des Portefeuilles:

$$dP_t(r,l) = \sum_{i=1}^{3} x_t^i(r,l)\; \{db_t^{T_i}(r,l) + c^i dt\} \qquad (34)$$

---

1) Der erste Summenterm in (32).

2) Der zweite Summenterm in (32).

3) Der dritte Summenterm in (32).

4) Kwon, 1979, hat bei seiner Kritik des Optionspreismodells von Black/ Scholes diese Bedingung fälschlicherweise vernachlässigt.

Die Wertänderung eines Portefeuilles in einem Beobachtungszeitraum dt wird somit ausschließlich durch die Wertänderung der einzelnen Teilschuldverschreibungen und der erfolgenden Zinszahlungen im Beobachtungszeitraum bewirkt.

Wie wir in Gleichung (27) gesehen haben, gilt für die Wertänderung jeder Teilschuldverschreibung[1]:

$$db_t^{T_i} = \mu^{b_i}(r,l,t)dt + \sigma^{b_i r}(r,l,t)dW_t^r + \sigma^{b_i l}(r,l,t)dW_t^l \qquad (35)$$

$$i = \{1,2,3\}$$

Wird Gleichung (35) in Gleichung (34) eingesetzt, so ergibt sich:

$$\begin{aligned} dP_t(r,l) = & \sum_{i=1}^{3} x_t^i(r,l) \{\mu^{b_i}(r,l,t) + c^i\}dt \\ & + \sum_{i=1}^{3} x_t^i(r,l)\sigma^{b_i r}(r,l,t)dW_t^r \\ & + \sum_{i=1}^{3} x_t^i(r,l)\sigma^{b_i l}(r,l,t)dW_t^l \end{aligned} \qquad (36)$$

3. Hedging-Bedingungen

Die durch Gleichung (36) beschreibbare Wertänderung eines Portefeuilles in einem Beobachtungszeitraum der Länge dt läßt sich darstellen, ausgehend von einem bekannten Ausgangswert $P_t(r,l)$, als die Überlagerung einer erwarteten, bedingt risikolosen Momentanveränderung[2]

$$\sum_{i=1}^{3} x_t^i(r,l) \{\mu^{b_i}(r,l,t) + c^i\}dt \qquad (37)$$

---

1) Gleichung (35) ist bis auf die Einführung des Wertpapierindexes i identisch mit Gleichung (27), S. 96. Analog kann mit Gleichung (24), (25) und (26), S. 96, verfahren werden.

2) Es wird von bedingt risikolos und nicht von risikolos gesprochen, da der Wert des Portefeuilles zum Zeitpunkt t - eine Zufallsvariable - bekannt sein muß.

mit zwei zufälligen Störungen

$$\sum_{i=1}^{3} x_t^i(r,l)\sigma^{b_i r}(r,l,t)dW_t^r \tag{38}$$

und

$$\sum_{i=1}^{3} x_t^i(r,l)\sigma^{b_i l}(r,l,t)dW_t^l \tag{39}$$

Durch geeignete Zusammenstellung des Portefeuilles (x_t^1, x_t^2, x_t^3), und zwar in jedem Zeitpunkt t des Bewertungszeitraumes der zu untersuchenden Teilschuldverschreibung[1)], werden die zufälligen Störungen (38) und (39) eliminiert. In jedem Zeitpunkt t muß das Portefeuille durch eine geeignete Wahl der Anzahl der einzelnen Teilschuldverschreibungen so umgeschichtet werden, daß

$$\sum_{i=1}^{3} x_t^i(r,l)\sigma^{b_i r}(r,l,t) = 0 \tag{40}$$

und

$$\sum_{i=1}^{3} x_t^i(r,l)\sigma^{b_i l}(r,l,t) = 0 \tag{41}$$

gilt.

Wird durch eine geeignete Strategie Bedingung (40) und (41) erfüllt, kann von einem Hedging-Portefeuille gesprochen werden. Diese Strategie wird dadurch erreicht, daß mit der Wertänderung zweier Teilschuldverschreibungen die Wertänderung der dritten Teilschuldverschreibung im Zeitintervall dt dupliziert wird. Die Wertänderung des Hedging-Portefeuilles im Zeitraum dt ist bedingt risikolos[2)].

---

1) Laut Annahme 7, S. 94, ist zeitstetiges Handeln am Kapitalmarkt möglich.

2) Von bedingt risikolos muß gesprochen werden, da der Wert des Portefeuilles $P_t(r,l)$ im Zeitpunkt t bekannt sein muß.

4. Verzinsungsbedingung

Wie im vorigen Abschnitt erläutert, ist die Wertänderung eines Portefeuilles $dP_t(r,l)$ im Zeitintervall dt bedingt risikolos, wenn die beiden Hedging-Bedingungen (40) und (41) erfüllt sind. Es gilt dann:

$$dP_t(r,l) = \sum_{i=1}^{3} \{\mu^{b_i}(r,l,t) + c^i\} x_t^i(r,l)dt \tag{42}$$

Da die Wertänderung des Portefeuilles aber bedingt risikolos ist, muß sich die Wertänderung des Portefeuilles auch darstellen lassen als[1])

$$dP_t(r,l) = P_t(r,l) \cdot r_t dt \tag{43}$$

Die Portefeuillewertänderung im Zeitintervall dt ergibt sich durch Anwendung der im Zeitpunkt t risikolosen Momentanverzinsung auf den Portefeuillewert $P_t(r,l)$.

Durch Gleichsetzung der beiden Portefeuillewertänderungen von Gleichung (42) und (43) ergibt sich die Verzinsungsbedingung[2]):

$$\sum_{i=1}^{3} x_t^i(r,l) \{\mu^{b_i}(r,l,t) + c^i\} = P_t(r,l) \cdot r_t \tag{44}$$

Setzt man nun den Wert des Portefeuilles aus Gleichung (28) in Gleichung (44) ein, so ergibt sich:

$$\sum_{i=1}^{3} x_t^i(r,l) \{\mu^{b_i}(r,l,t) - b_t^{T_i}(r,l) \cdot r_t + c^i\} = 0 \tag{45}$$

---

1) Gemäß Annahme 6, S. 93, ist eine Anlage zum risikolosen Zinssatz möglich.

2) Gemäß Annahme 6, 8 und 9, S. 93f., müssen Anlagen mit derselben Auszahlungsstruktur denselben Preis besitzen, um Arbitragegewinnmöglichkeiten zu verhindern.

5. Partielle Differentialgleichung

Die Hedging-Bedingungen (40) und (41) bilden zusammen mit der Verzinsungsbedingung (45) ein lineares Gleichungssystem zur Bestimmung der Werte der drei Teilschuldverschreibungen:

$$\left.\begin{aligned}
&\sum_{i=1}^{3} x_t^i(r,l)\,\{\mu^{b_i}(r,l,t) - b_t^{T_i}(r,l)\cdot r_t + c^i\} = 0\\
&\sum_{i=1}^{3} x_t^i(r,l)\,\sigma^{b_i r}(r,l,t) = 0\\
&\sum_{i=1}^{3} x_t^i(r,l)\,\sigma^{b_i l}(r,l,t) = 0
\end{aligned}\right\} \quad (46)$$

In Matrixdarstellung sieht das Gleichungssystem (46) wie folgt aus[1]:

$$\begin{bmatrix} \mu^{b_1}-b^{T_1}\cdot r+c^1 & \mu^{b_2}-b^{T_2}\cdot r+c^2 & \mu^{b_3}-b^{T_3}\cdot r+c^3 \\ \sigma^{b_1 r} & \sigma^{b_2 r} & \sigma^{b_3 r} \\ \sigma^{b_1 l} & \sigma^{b_2 l} & \sigma^{b_3 l} \end{bmatrix} \begin{bmatrix} x^1 \\ x^2 \\ x^3 \end{bmatrix} = \begin{bmatrix} 0 \\ 0 \\ 0 \end{bmatrix}$$

$$\text{beziehungsweise } \underline{\Gamma} \cdot \underline{x} = \underline{0} \qquad (47)$$

Dieses lineare Gleichungssystem besitzt aber nur dann die mit Bedingung (29) geforderte nichttriviale Lösung[2], wenn $Rg(\Gamma)<3$[3] gilt. Dann sind aber sowohl die Zeilen- als auch die Spaltenvektoren von Γ linear abhängig. Mit dieser Kenntnis ist es auch

---

1) Aus Gründen der Übersichtlichkeit werden alle Argumente bis auf den Wertpapierindex i unterdrückt.

2) Es gilt $x_i \neq 0$ für mindestens ein i, $i \in \{1,2,3\}$.

3) $Rg(\Gamma)$ bezeichnet den Rang der Matrix Γ.

möglich, einen Zeilenvektor als Linearkombination der anderen Zeilenvektoren darzustellen:

$$\begin{bmatrix} \mu^{b_1} - b^{T_1} r + c^1 \\ \mu^{b_2} - b^{T_2} r + c^2 \\ \mu^{b_3} - b^{T_3} r + c^3 \end{bmatrix} = \lambda_1 \cdot \begin{bmatrix} \sigma^{b_1 r} \\ \sigma^{b_2 r} \\ \sigma^{b_3 r} \end{bmatrix} + \lambda_2 \cdot \begin{bmatrix} \sigma^{b_1 l} \\ \sigma^{b_2 l} \\ \sigma^{b_3 l} \end{bmatrix} \tag{48}$$

Die Parameter $\lambda = (\lambda_1, \lambda_2)$ sind abhängig von den Zinssätzen r und l sowie dem Zeitpunkt t. Bei der Zusammenstellung des Portefeuilles werden drei Teilschuldverschreibungen mit unterschiedlichen, aber beliebigem Rückzahlungszeitpunkt T_i, $i \in \{1,2,3\}$, kombiniert. Die Parameter λ_1 und λ_2 für alle drei Teilschuldverschreibungen sind identisch. Deswegen sind die Parameter λ_1 und λ_2 unabhängig von den Rückzahlungszeitpunkten T_i, $i \in \{1,2,3\}$. Es gilt:

$$\lambda_k = \lambda_k(r,l,t) \qquad k = 1,2 \tag{49}$$

Da die Darstellung als Linearkombination (Gleichung (48)) für alle drei Teilschuldverschreibungen gilt, wird im folgenden nur noch eine, nämlich die zu bewertende Teilschuldverschreibung, betrachtet. Der wertpapierspezifische Index i wird unterdrückt. Mit Gleichung (48) ergibt sich aus

$$\mu^b(r,l,t) - b_t(r,l) r_t + c = \lambda_1(r,l,t)\sigma^{br}(r,l,t) + \lambda_2(r,l,t)\sigma^{bl}(r,l,t) \tag{50}$$

bei Teilung durch den Teilschuldverschreibungswert $b_t(r,l)$:

$$\frac{\mu^b(r,l,t) + c}{b_t(r,l)} - r_t = \lambda_1(r,l,t)\,\frac{\sigma^{br}(r,l,t)}{b_t(r,l)} + \lambda_2(r,l,t)\,\frac{\sigma^{bl}(r,l,t)}{b_t(r,l)} \tag{51}$$

Die momentane Überrendite des Erwartungswertes der Momentanrendite der Teilschuldverschreibung unter Berücksichtigung von Zinszahlungen über die risikolose Momentanrendite[1] kann als Risikoprämie der Teilschuldverschreibung bezeichnet werden. Diese Risikoprämie wird dargestellt als die Linearkombination zweier Elemente σ^{br}/b und σ^{bl}/b, die den nicht erwarteten Teil der Veränderung (das Risiko) der Rendite der Teilschuldverschreibung aufgrund von Veränderungen des kurz- und langfristigen Zinssatzes beschreiben. Die Parameter λ_1 und λ_2 lassen sich als "Preis des Risikos" pro Risikoeinheit, σ^{br}/b bzw. σ^{bl}/b, auffassen, da sie das Anwachsen der erwarteten Momentanrendite pro zusätzliche Risikoeinheit spezifieren.

Anders dargestellt besagt Gleichung (51), daß der Erwartungswert der Momentanrendite einer Teilschuldverschreibung sich zusammensetzt aus der risikolosen Momentanrendite und einer Linearkombination von zwei Risikofaktoren:

$$\frac{\mu^b(r,l,t) + c}{b_t(r,l)} = r_t + \lambda_1(r,l,t) \cdot \frac{\sigma^{br}(r,l,t)}{b_t(r,l)} + \lambda_2(r,l,t) \cdot \frac{\sigma^{bl}(r,l,t)}{b_t(r,l)} \qquad (52)$$

Diese Darstellungsform erinnert an den von Ross entwickelten zeitdiskreten Arbitrageansatz[2] mit zwei Risikofaktoren. Ross entwickelt in seinem diskreten einperiodigen Arbitrageansatz eine zu (52) analoge Bewertungsformel.

Wie wir gesehen haben, sind drei (n+1) verschiedene Teilschuldverschreibungen erforderlich, um bei zwei (n) verschiedenen stochastischen Einflußgrößen ein Gleichungssystem $\underline{\Gamma}_{3\times 3} \cdot \underline{x}_{3\times 1} = \underline{0}$ ($\underline{\Gamma}_{(n+1)\times(n+1)} \cdot \underline{x}_{(n+1)\times 1} = \underline{0}$) abzuleiten und den

---

1) Dies entspricht der linken Seite von Gleichung (51).

2) Vgl. dazu Ross, in: Friend/Bicksler, 1976, S. 199.

Erwartungswert der Momentanrendite einer Teilschuldverschreibung als Linearkombination von zwei (n) Risikofaktoren und der risikolosen Momentanrendite darzustellen.

Setzt man Gleichung (24), (25) und (26) in Gleichung (51) ein, so ergibt sich folgende partielle Differentialgleichung:

$$
\begin{aligned}
-\frac{\partial b_t(r,l)}{\partial t} = {} & \frac{1}{2}\{\sigma^r(r,l,t)\}^2\frac{\partial^2 b_t(r,l)}{\partial r^2} + \sigma^r(r,l,t)\sigma^l(r,l,t)\rho \\
& \cdot\frac{\partial^2 b_t(r,l)}{\partial r\partial l} + \frac{1}{2}\{\sigma^l(r,l,t)\}^2\frac{\partial^2 b_t(r,l)}{\partial l^2} \\
& + \{\mu^r(r,l,t) - \lambda_1(r,l,t)\sigma^r(r,l,t)\}\frac{\partial b_t(r,l)}{\partial r} \\
& + \{\mu^l(r,l,t) - \lambda_2(r,l,t)\sigma^l(r,l,t)\}\frac{\partial b_t(r,l)}{\partial l} \\
& - r_t \cdot b_t(r,l) + c \qquad (53)
\end{aligned}
$$

Diese partielle Differentialgleichung ist parabolisch[1].

Neben den Parametern der zugrundeliegenden stochastischen Prozesse und dem Nominalzins enthält die partielle Differentialgleichung auch die beiden Risikoparameter λ_1 und λ_2. Ohne Kenntnis dieser Parameter ist eine Bewertung einer Teilschuldverschreibung jedoch unmöglich.

6. Elimination eines Risikoparameters

Um zu einer inhaltsvollen Bewertungsgleichung zu gelangen, müssen die Risikoparameter λ_1 und λ_2 determiniert werden.

Sind alle am Kapitalmarkt handelnden Subjekte risikoneutral, dann müssen die erwarteten Momentanrenditen aller am Markt gehandelten Wertpapiere (incl. Zinszahlungen) gleich sein,

---

1) Es gilt $\{\frac{1}{4}\,\sigma^r\cdot\sigma^l\cdot\rho\}^2<\{\frac{1}{4}\,\sigma^r\cdot\sigma^l\}^2$ und $\{\sigma^r\}^2,\ \{\sigma^l\}^2>0$.

damit Arbitragegewinne vermieden werden. Insbesondere muß die erwartete Momentanrendite der Teilschuldverschreibung mit der risikolosen Momentanverzinsung r identisch sein. Gemäß Gleichung (52) ist dies jedoch nur möglich, wenn die Risikoparameter λ_1 und λ_2 gleich Null sind. Risikoprämien existieren nicht. Diese restriktive Annahme wird jedoch nicht getroffen.

Handelt es sich bei einer stochastischen Einflußgröße um den Kurs eines am Kapitalmarkt gehandelten Wertpapieres, ist also ein Marktpreis beobachtbar, dann kann der dazugehörige Risikoparameter determiniert werden.

Die partielle Differentialgleichung (53) gilt auch für eine Rentenanleihe, deren Kurs L sich laut Annahme 5 umgekehrt proportional zum langfristigen Zinssatz l verhält. Es gilt somit für $L=L_t(l)$:

$$0 = \quad 0 + 0 + \frac{1}{2}\{\sigma^l(r,l,t)\}^2 \frac{\partial^2 L_t(l)}{\partial l^2}$$

$$+ \frac{\partial L_t(l)}{\partial l}\{\mu^l(r,l,t) - \lambda_2(r,l,t)\sigma^l(r,l,t)\} - r_t L_t + 1 \qquad (54)$$

Berechnet man aus (21) $\partial L/\partial l = -\,l^{-2}$ und $\partial^2 L/\partial l^2 = 2l^{-3}$ und setzt in Gleichung (54) ein, so ergibt sich für den Risikoparameter λ_2:

$$\lambda_2(r,l,t) = -\frac{\sigma^l(r,l,t)}{l} + \{\mu^l(r,l,t) - l(l-r)\} \cdot \frac{1}{\sigma^l(r,l,t)} \qquad (55)$$

Zum selben Ergebnis gelangt man auch, wenn Gleichung (51) nach λ_2 aufgelöst wird:

$$\lambda_2(r,l,t) = \frac{\dfrac{\mu^L(r,l,t) + c}{L_t} - r_t}{\dfrac{\sigma^L(r,l,t)}{L_t}} \qquad (56)$$

Dabei wurde berücksichtigt, daß $\sigma^{Lr}(r,l,t) = 0$ gilt, da $\partial L/\partial r = 0$ ist. Berechnet man μ^L und σ^L gemäß Gleichung (24) und (26), so erhält man Gleichung (55). Aus Gleichung (56) wird erkenntlich, sofern für eine stochastische Einflußvariable ein Marktpreis beobachtet werden kann, daß der Marktpreis des Risikos sich ergibt als das Verhältnis aus der erwarteten Momentanüberrendite zu dessen Risiko[1].

Die partielle Differentialgleichung (53) lautet dann unter Berücksichtigung des Marktpreises für das durch den langfristigen Zinssatz bewirkte Risiko (Gleichung (55)):

$$
\begin{aligned}
-\frac{\partial b_t(r,l)}{\partial t} = \; & \frac{1}{2}\{\sigma^r(r,l,t)\}^2 \frac{\partial^2 b_t(r,l)}{\partial r^2} \\
& + \sigma^r(r,l,t)\sigma^l(r,l,t)\rho\frac{\partial^2 b_t(r,l)}{\partial r \partial l} \\
& + \frac{1}{2}\{\sigma^l(r,l,t)\}^2 \frac{\partial^2 b_t(r,l)}{\partial l^2} \\
& + \{\mu^r(r,l,t) - \lambda_1(r,l,t)\sigma^r(r,l,t)\}\frac{\partial b_t(r,l)}{\partial r} \\
& + \left\{\frac{\{\sigma^l(r,l,t)\}^2}{l_t} + l_t^2 - r_t l_t\right\}\frac{\partial b_t(r,l)}{\partial l} \\
& - r_t b_t(r,l) + c
\end{aligned}
\tag{57}
$$

Die hier abgeleitete Bewertungsgleichung gilt im gesamten Definitionsbereich, sofern keine Unstetigkeiten, z.B. durch diskrete Zinszahlungen, auftreten.

Diese Bewertungsgleichung kann jedoch nur dann zur Anwendung gelangen, wenn die Parameter der stochastischen Prozesse und der Risikoparameter λ_1 bestimmt werden können. Weiterhin müssen die durch die Menge A determinierten Ausstattungsmerkmale,

---

1) Vgl. dazu Langetieg, 1980, S. 80.

abgesehen von der Nominalverzinsung, in Form geeigneter Anfangs-, Rand- und anderer Nebenbedingungen gefaßt werden, um eine Lösung der Bewertungsgleichung zu ermöglichen.

III. Nebenbedingungen

1. Anfangsbedingungen

Die durch die Bewertungsgleichung (57) beschriebene Teilschuldverschreibung besitzt einen festen Rückzahlungszeitpunkt T[1]. Zu diesem Zeitpunkt erfolgt die Rückzahlung der Teilschuldverschreibung zum Rückzahlungskurs RZK. Dieser beträgt in der Regel einhundert Prozent des Nominalbetrages. Es gilt[2]:

$$b_T(r,l) = RZK \qquad (58)$$

Der Zeitpunkt T wird als Anfangspunkt der neuen Zeitachse τ gewählt, die wie folgt definiert ist:

$$\tau = T-t \quad \text{mit } t \leq T \qquad (59)$$

Aus Bedingung (59) ergibt sich dann die Anfangsbedingung:

$$b^*_{\tau=0}(r,l) = RZK \qquad (60)$$

Es gilt:

$$b^*_\tau(r,l) = b_{T-t}(r,l) \qquad (61)$$

Damit ergibt sich für die Ableitung nach der Zeit:

$$\frac{\partial b^*_\tau(r,l)}{\partial \tau} = \frac{\partial b_{T-t}(r,l)}{\partial t} \cdot \frac{dt}{d\tau} = -\frac{\partial b_t(r,l)}{\partial t} \qquad (62)$$

---

1) Vgl. dazu Zweiter Teil/C/II/2, S. 96.

2) Es erfolgt hier eine Normierung. Für eine Rückzahlung in Höhe von einhundert Prozent des Nominalbetrages gilt RZK=1.

Die partielle Differentialgleichung (57) lautet dann:

$$
\begin{aligned}
\frac{\partial b_\tau^*(r,l)}{\partial\tau} = \; & \frac{1}{2}\{\sigma^r(r,l,\tau)\}^2\frac{\partial^2 b_\tau^*(r,l)}{\partial r^2} \\
& + \sigma^r(r,l,\tau)\sigma^l(r,l,\tau)\rho\frac{\partial^2 b_\tau^*(r,l)}{\partial r\partial l} \\
& + \frac{1}{2}\{\sigma^l(r,l,\tau)\}^2\frac{\partial^2 b_\tau^*(r,l)}{\partial l^2} \\
& + \{\mu^r(r,l,\tau) - \lambda_1(r,l,\tau)\sigma^r(r,l,\tau)\}\frac{\partial b_\tau^*(r,l)}{\partial r} \\
& + \left\{\frac{\{\sigma^l(r,l,\tau)\}^2}{l_\tau} + l_\tau^2 - r_\tau l_\tau\right\}\frac{\partial b_\tau^*(r,l)}{\partial l} - r_\tau b_\tau^*(r,l) + c
\end{aligned}
\tag{63}
$$

Die zugehörige Anfangsbedingung lautet:

$$
b_o^*(r,l) = RZK \tag{64}
$$

Im folgenden wird der Stern bei $b_\tau^*(r,l)$ unterdrückt.

2. Randbedingungen

Aufgrund der Menge der Ausstattungsmerkmale A der zu untersuchenden Teilschuldverschreibungen können weder exogene noch endogene Randbedingungen determiniert werden.

Eine explizite Bestimmung der natürlichen Randbedingungen, die das Verhalten der partiellen Differentialgleichung an den natürlichen Rändern der stochastischen Einflußvariablen $r=o$, $l=o$, $r=\infty$ und $l=\infty$ beschreiben, ist nur bei Kenntnis der funktionalen Form der Parameter μ^r, σ^r und σ^l sowie des Risikoparameters λ_1 möglich. In einfach gelagerten Fällen kann die partielle Differentialgleichung (63) an den natürlichen Rändern geschlossen gelöst werden. In der Regel ist dies jedoch nicht möglich.

3. Andere Nebenbedingungen

3.1 Planmäßige Auslosungstilgung

Die oben abgeleitete partielle Differentialgleichung beschreibt den Wert einer Teilschuldverschreibung mit dem Fälligkeitszeitpunkt $\tau=0(t=T)$. Es sollen aber Teilschuldverschreibungen von teilfälligen Anleihen mit planmäßiger Auslosungstilgung bewertet werden. Dazu bietet sich eine rekursive Vorgehensweise an.

Zu den einzelnen Zeitpunkten

$$t = T_1, T_2, \ldots, T_n \text{ mit } T_1 < T_2 < \ldots < T_n \tag{65}$$

werden die n Serien der gesamten teilfälligen Anleihe zurückgezahlt[1]. Die zugehörigen Auslosungszeitpunkte sind:

$$t = t_{T_1}, t_{T_2}, \ldots, t_{T_{n-1}} \text{ mit } t_{T_1} < t_{T_2} < \ldots < t_{T_{n-1}} \tag{66}$$

$t_{T_{n-1}} < t \leq T_n$: Im Zeitintervall $t_{T_{n-1}} < t \leq T_n$ ist die teilfällige Anleihe wie eine gesamtfällige zu bewerten. Im Zeitintervall $T_{n-1} < t \leq T_n$ besteht die teilfällige Anleihe nur noch aus einer Serie mit dem Endfälligkeitstermin T_n. Im Zeitintervall $t_{T_{n-1}} < t \leq T_{n-1}$ sind zwar noch zwei unterschiedliche Serien mit den beiden Endfälligkeitsterminen T_{n-1} und T_n im Umlauf; es ist aber bereits bekannt, welche Teilschuldverschreibung wann getilgt wird. Am Kapitalmarkt werden nur noch die Teilschuldverschreibungen mit der Endfälligkeit T_n gehandelt[2].

Der Wert einer Teilschuldverschreibung wird in diesem Zeitintervall bestimmt durch die partielle Differentialgleichung (63) und die Anfangsbedingung (64) mit $\tau_o = T_n$.

---

1) Vgl. dazu Abbildung 6, S. 25.

2) Vgl. dazu Erster Teil/III/1, S. 25.

Die sich ergebende Lösung für den Wert der Teilschuldverschreibung $b_\tau(r,l)$, $o\leq\tau<T_n-t_{T_{n-1}}$, ist auch gleichzeitig die Lösung für den Wert einer beliebigen Teilschuldverschreibung der Anleihe $b_\tau^G(r,l)$. Es gilt:

$$b_\tau(r,l) = b_\tau^G(r,l) \quad o\leq\tau<T_n-t_{T_{n-1}} \tag{67}$$

$t_{T_{n-2}}<t\leq t_{T_{n-1}}$: Im Zeitintervall $t_{T_{n-2}}<t\leq t_{T_{n-1}}$ stehen noch zwei Serien aus, die am Kapitalmarkt zu einem Kurs gehandelt werden[1]. Die Anleihe besteht aus Teilschuldverschreibungen mit den Endfälligkeiten T_{n-1} und T_n. Diese beiden Serien werden mit Gleichung (63) und der Anfangsbedingung[2]

$$b_{\tau=o}^{T_n}(r,l) = RZK^{T_n} \tag{68}$$

für die Serie mit dem Endfälligkeitszeitpunkt T_n bzw.

$$b_{\tau=o}^{T_{n-1}}(r,l) = RZK^{T_{n-1}} \tag{69}$$

für die Serie mit dem Endfälligkeitszeitpunkt T_{n-1} bewertet. Die gesamte am Kapitalmarkt gehandelte Anleihe umfaßt ein Volumen von[3]

$$N_G^{T_{n-1},T_n} = N_S^{T_{n-1}} + N_S^{T_n} \tag{70}$$

Der Wert der gesamten noch gehandelten Anleihe beläuft sich auf[4]:

$$N_G^{T_{n-1},T_n}\cdot b_\tau^G(r,l) = N_S^{T_{n-1}}\cdot b_\tau^{T_{n-1}}(r,l) + N_S^{T_n}\cdot b_\tau^{T_n}(r,l) \tag{71}$$

---

1) Im Zeitintervall $t_{T_{n-2}}<t\leq T_{n-2}$ stehen tatsächlich noch drei Serien aus. Die bereits ausgeloste Serie wird jedoch nicht mehr gehandelt.

2) Der Rückzahlungskurs kann zu den einzelnen Endfälligkeitszeitpunkten unterschiedlich sein.

3) $N_S^{T_i}$ ist der Nominalbetrag der Serie mit dem Endfälligkeitszeitpunkt T_i (vgl. Abbildung 7, S. 26).

4) Eine Unterscheidung der Teilschuldverschreibungen der einzelnen am Kapitalmarkt gehandelten Serien findet nicht statt.

Nach Normierung ergibt sich:

$$b_\tau^G(r,l) = \frac{N_S^{T_{n-1}}}{N_G^{T_{n-1},T_n}} \, b_\tau^{T_{n-1}}(r,l) + \frac{N_S^{T_n}}{N_G^{T_{n-1},T_n}} \, b_\tau^{T_n}(r,l) \qquad (72)$$

Die Gewichtungsfaktoren der Teilschuldverschreibungen der beiden Serien stellen jedoch genau deren Auslosungswahrscheinlichkeit dar. Somit ergibt sich für den Wert einer Teilschuldverschreibung[1]:

$$b_\tau^G(r,l) = p(\tau,T_{n-1}) \, b_\tau^{T_{n-1}}(r,l) + p(\tau,T_n) \, b_\tau^{T_n}(r,l)$$

$$\text{für } t_{T_{n-2}} < t \leq t_{T_{n-1}} \qquad (73)$$

Diese rekursive Vorgehensweise der Bewertung einzelner noch ausstehender Serien und ihre Gewichtung entsprechend ihrer Auslosungswahrscheinlichkeit kann so lange fortgeführt werden, bis man sich am Begebungszeitpunkt der teilfälligen Anleihe befindet. Der allgemeine Fall einer Bewertung im Zeitintervall $t_{T_i} < t \leq t_{T_{i+1}}$, $o \leq i \leq n-2$, erfolgt im nächsten Absatz.

$t_{T_i} < t \leq t_{T_{i+1}}$: Zwischen den beiden Auslosungsterminen t_{T_i} und $t_{T_{i+1}}$ bzw. dem Begebungszeitpunkt der Anleihe $t_{T_o} = t_o$ und dem ersten Auslosungszeitpunkt t_{T_1}, $o \leq i \leq n-2$, muß zunächst der Wert einer Teilschuldverschreibung jeder der noch ausstehenden (n-i) Serien mit den Endfälligkeitszeitpunkten T_{i+1}, $T_{i+2}, \ldots, T_n$ bewertet werden. Die zugehörigen Anfangsbedingungen für die partiellen Differentialgleichungen (63) lauten:

$$b_{\tau=o}^{T_{j+1}}(r,l) = RZK^{T_{j+1}} \quad j=i,\ldots,n-1 \qquad (74)$$

---

1) Vgl. Abbildung 7, S. 26.

Zusammen mit den Auslosungswahrscheinlichkeiten der einzelnen noch ausstehenden Serien

$$p(\tau,T_{j+1}) = \frac{N_S^{T_{j+1}}}{\sum\limits_{k=i}^{n-1} N_S^{T_{k+1}}} = \frac{N_S^{T_{j+1}}}{N_G^{T_{i+1},T_n}} \qquad j=i,\ldots,n-1 \tag{75}$$

ergibt sich der Wert einer Teilschuldverschreibung der gesamten noch ausstehenden Anleihe zu:

$$b_\tau^G = \sum_{j=i}^{n-1} p(\tau,T_{j+1})\; b_\tau^{T_{j+1}}(r,l) \tag{76}$$

$$\text{für } t_{T_i} < t \leq t_{T_{i+1}}$$

Mit diesem Verfahren läßt sich rekursiv der Wert teilfälliger Anleihen mit planmäßiger Auslosungstilgung ermitteln.

Diese auf Erwartungswerten basierende Bewertung von Tilgungsanleihen wird auch durch die Ergebnisse der empirischen Analyse des Auslosungsrisikos[1] gestützt.

3.2 Schuldnerkündigungsrecht

Sehen die Ausstattungsbedingungen ein Kündigungsrecht für den Emittenten vor, dann ist die Anleihe aus der Sicht des Gläubigers mit einem Kündigungsrisiko behaftet.

Um eine Berücksichtigung des Schuldnerkündigungsrechts im Bewertungsmodell zu ermöglichen, muß die Kündigungsstrategie des Emittenten bekannt sein. Hierbei kann als eine denkbare Strategie unterstellt werden, daß der Emittent beabsichtigt,

---

1) Vgl. dazu Erster Teil/III/3, S. 33-36.

den Wert der begebenen Anleihe immer zu minimieren[1]. Er wird demnach genau dann kündigen, wenn der Wert einer Teilschuldverschreibung der nicht gekündigten Anleihe genau dem Kündigungskurs[2] entspricht. Hierbei wird Kündigung und sofortige Rückzahlung unterstellt. Ist der Wert der ungekündigten Teilschuldverschreibung niedriger als der Kündigungskurs, würde die Kündigung zu einer nicht notwendigen Bereicherung in Höhe der Differenz von Kündigungskurs und Kurs der ungekündigten Teilschuldverschreibung beim Gläubiger führen. Übersteigt dagegen der Wert der ungekündigten Teilschuldverschreibung den Kündigungskurs, so ist es für den Schuldner günstiger zu kündigen und eine Anleihe zum "Kündigungskurs" mit niedrigeren Nominalzinsen zu begeben[3].
Der relevante Kündigungskurs $b_{\tau}^{K}(r,l)$ entspricht somit dem Rückzahlungskurs.

In der Regel müssen zwischen Kündigung und Rückzahlung mindestens zwei bis drei Monate Zeit liegen. Dies muß berücksichtigt werden. Werden die noch ausstehenden Teilschuldverschreibungen einer Anleihe gekündigt, dann handelt es sich bei diesen Teilschuldverschreibungen zwischen Kündigungstermin und eigentlichem Rückzahlungstermin um gesamtfällige Anleihen mit Rückzahlungskurs gleich Kündigungskurs. Der relevante Kündigungskurs $b_{\tau}^{K}(r,l)$ zum Zeitpunkt der Kündigung kann dann mit der partiellen Differentialgleichung ermittelt werden. Für jeden denkbaren Kündigungstermin ist der relevante Kündigungskurs zu ermitteln.

Die Kündigung findet tatsächlich dann statt, wenn der Wert der ungekündigten Teilschuldverschreibung dem gemäß obiger Vorgehensweise berechneten relevanten Kündigungskurs entspricht. Es gilt:

$$b_{\tau}^{G}(r,l) \leq b_{\tau}^{K}(r,l) \quad (77)$$

---

1) Diese Strategie wird in der Literatur bei kündbaren Wandelschuldverschreibungen unterstellt (vgl. dazu Brennan/Schwartz, 1977c, S. 1703).

2) Der Kündigungskurs ist der Kurs, zu dem die Rückzahlung aufgrund einer (vorausgegangenen) Kündigung erfolgt.

3) Transaktionskosten werden nicht berücksichtigt.

IV. Bewertungsgleichung und Nebenbedingungen unter Vernachlässigung des langfristigen Zinssatzes

In den vorangegangenen drei Abschnitten wurde ein Bewertungsansatz für teilfällige Anleihen mit planmäßiger Auslosungstilgung unter der Maßgabe entwickelt, daß der Wert einer Teilschuldverschreibung durch zwei Zinssätze r und l determiniert wird. In diesem Abschnitt soll nun die Abhängigkeit von dem langfristigen Zinssatz l nicht berücksichtigt werden. Die Zinsstrukturkurve wird nun nicht mehr durch ihren Anfangs- und Endpunkt determiniert, sondern ausschließlich durch ihren Anfangspunkt. Dies geschieht im Hinblick darauf, bei der empirischen Untersuchung im Vierten Teil den (eventuell) auftretenden Informationsgewinn bei der Hinzunahme des langfristigen Zinssatzes als Einflußvariable bestimmen zu können. Wird der langfristige Zinssatz l als Einflußvariable nicht berücksichtigt, vereinfacht sich sowohl die Bestimmung der Parameter des zugrundeliegenden stochastischen Prozesses als auch die Lösung der resultierenden partiellen Differentialgleichung.

Die Annahmen 1 bis 4 und 9 des Abschnittes C/I dieses Teils müssen dahingehend geändert werden, daß der langfristige Zinssatz l nicht auftritt. Annahme 1 lautet jetzt:

$$b = b^E(r_t, t, A) \tag{78}$$

Annahme 2 ist erfüllt. Für die Zusammenstellung eines Hedging-Portefeuilles sind nur noch zwei Teilschuldverschreibungen notwendig (Annahme 3). Die in Annahme 4 die Veränderung des langfristigen Zinssatzes beschreibende stochastische Differentialgleichung entfällt. Die Parameter μ^r und σ^r sind unabhängig von l. Homogene Erwartungen der Investoren bezüglich σ^l sind nicht mehr erforderlich (ad Annahme 9). Darüber hinaus kann Annahme 5 ganz gestrichen werden.

Anstelle der linearen Beziehung (52) ergibt sich:

$$\frac{\mu^r(r,t)}{b_t^E(r)} + c = r_t + \lambda^E(r,t) \frac{\sigma^r(r,t)}{b_t^E(r)} \tag{79}$$

Die partielle Differentialgleichung (63) vereinfacht sich zu:

$$\frac{\partial b_\tau^E(r)}{\partial \tau} = \frac{1}{2}\{\sigma^r(r,\tau)\}^2 \frac{\partial^2 b^E(r)}{\partial r^2} + \{\mu^r(r,\tau) - \lambda^E(r,\tau)\sigma^r(r,\tau)\}$$

$$\frac{\partial b_\tau^E(r)}{\partial r} - r_\tau b_\tau^E(r) + c \tag{80}$$

An der im vorhergehenden Abschnitt erläuterten Vorgehensweise bei der Lösung teilfälliger Anleihen bei planmäßiger Auslosungstilgung ändert sich nichts.

DRITTER TEIL

MODELLVEREINFACHUNGEN UND LÖSUNG DES BEWERTUNGSPROBLEMS

Die im Rahmen der Vorgehensweise bei der Bewertung teilfälliger Anleihen mit planmäßiger Auslosungstilgung[1] zu lösenden partiellen Differentialgleichungen (63) enthalten als unbekannte Größen die Parameter der zugrundeliegenden stochastischen Einflußvariablen[2]. Diese müssen bestimmt werden (<u>Abschnitt A</u>). Auch der Risikoparameter λ_1 ist zu ermitteln[3] (<u>Abschnitt B</u>). Sind diese Größen bekannt, so kann eine Lösung der Differentialgleichung trotzdem noch mit Schwierigkeiten verbunden sein. Eine geschlossene Lösung in expliziter Form ist nur in Spezialfällen möglich[4]. Im Regelfall muß eine numerische Lösung erfolgen (<u>Abschnitt C</u>).

A. <u>Bestimmung der Einflußvariablen als stochastische Prozesse</u>

I. <u>Auswahl geeigneter stochastischer Prozesse</u>

1. <u>Stochastisches Differentialgleichungssystem aus kurz- und langfristigem Zinssatz</u>

Es müssen die Driftparameter $\mu^r(r,l,t)$ und $\mu^l(r,l,t)$ sowie die Momentanvarianzparameter $\{\sigma^r(r,l,t)\}^2$ und $\{\sigma^l(r,l,t)\}^2$ und die Korrelation ρ zwischen den Wiener-Prozessen $W_t^r(\omega)$ und $W_t^l(\omega)$ des stochastischen Differentialgleichungssystems

$$\begin{aligned} dr_t &= \mu^r(r,l,t)dt + \sigma^r(r,l,t)dW_t^r \\ dl_t &= \mu^l(r,l,t)dt + \sigma^l(r,l,t)dW_t^l \end{aligned} \tag{20}$$

bestimmt werden[5]. Der Parameter $\mu^l(r,l,t)$ geht selbst nicht

---

1) Vgl. dazu Zweiter Teil/C/II und III, S. 95-115.

2) Dies gilt auch für das vereinfachte Modell ohne langfristigen Zinssatz (vgl. Gleichung (80), S. 117).

3) Im vereinfachten Modell ohne langfristigen Zinssatz ist λ^E zu bestimmen (vgl. Gleichung (80), S. 117).

4) Vgl. dazu Vasicek, 1977, Richard, 1978, Langetieg, 1980, und Cox/Ingersoll/Ross, 1981.

5) Vgl. dazu Annahme 4, S. 92.

in die partielle Differentialgleichung (63) ein. Doch beeinflußt eine Annahme bezüglich der funktionalen Form von $\mu^1(r,l,t)$ die Schätzung der anderen Parameter[1)].

Die Anforderungen, die an die Parameter des stochastischen Differentialgleichungssystems (20) gestellt werden, müssen aus dem Wunschkatalog für den kurz- und langfristigen Zinssatz abgeleitet werden. Zu diesem Wunschkatalog gehört, daß Zinssätze nur nichtnegative Werte annehmen, da ansonsten Kassenhaltung dominant ist. Der kurzfristige Zinssatz soll um den langfristigen schwanken, nicht umgekehrt, da bei beobachtbaren Zinsstrukturkurven im Zeitablauf der kurzfristige Zinssatz stärker schwankt als der langfristige.

Eine Lösungsmöglichkeit für die Forderung von nichtnegativen Zinssätzen sind reflektierende Ränder für r=l=o des durch Gleichungssystem (20) beschriebenen stochastischen Prozesses. Erreicht der kurz- oder langfristige Zinssatz den Wert Null, dann muß der Prozeß für den entsprechenden Zinssatz einen positiven Drift besitzen und der zugehörige Momentanvarianzterm muß Null sein. Es gelten die Forderungen:

$$\begin{matrix} \mu^r(o,l,t) \underset{(=)}{>} 0 \\ \mu^l(r,o,t) \underset{(=)}{>} 0 \end{matrix} \qquad (81) \qquad\qquad \begin{matrix} \sigma^r(o,l,t) = 0 \\ \sigma^l(r,o,t) = 0 \end{matrix} \qquad (82)$$

Gilt in Forderung (81) das Gleichheitszeichen, dann stellt Null keinen reflektierenden, sondern vielmehr einen absorbierenden Rand dar[2)]. Insbesondere um Schätzungen aufgrund von Vergangenheitsdaten vornehmen zu können, wird nicht nur Stationarität[3)] des durch Gleichung (20) beschriebenen stochastischen Prozesses, sondern sogar Zeitunabhängigkeit unterstellt. Damit ergibt sich aus den Forderungen (81) und (82):

---

1) Vgl. dazu Vierter Teil/C/I, S. 183-194.

2) Es kann in diesen Fällen auch ein natürlicher Rand bei Null vorliegen. Die geometrisch Brownsche Bewegung $dX_t = \mu X_t dt + \sigma X_t dW_t$ mit μ,σ=konst. besitzt für $\mu<\sigma^2/2$ Null als natürlichen Rand.

3) Ein stochastischer Prozeß ist stationär, wenn er gegenüber Zeitverschiebungen invariant ist.

$$\mu^r(o,l) \geq 0 \qquad \mu^l(r,o) \geq 0 \qquad (83)$$

$$\sigma^r(o,l) = 0 \qquad \sigma^l(r,o) = 0 \qquad (84)$$

Geht man davon aus, daß der langfristige Zinssatz Informationen (Erwartungen) über den zukünftigen kurzfristigen Zinssatz enthält, so kann als realistische Annahme gelten, daß der kurzfristige Zinssatz sich tendenziell auf den langfristigen zubewegt. Eine "Liquiditätsprämie" wird explizit berücksichtigt[1].

$$\mu^r(r,l) = \alpha + \beta(l-r) \qquad \alpha,\beta=\text{konst.} \qquad (85)$$

Um die Forderung (83) nicht zu verletzen, müssen α und β positiv sein. Von den nicht erwarteten Veränderungen des kurz- und langfristigen Zinssatzes wird angenommen, daß sie proportional zum jeweiligen Zinssatz sind:

$$\sigma^r(r,l) = \sigma_1^r(r,l) = \sigma_1 \cdot r \qquad \sigma_1=\text{konst.} \qquad (86)$$

$$\sigma^l(r,l) = \sigma_1^l(r,l) = s \cdot l \qquad s=\text{konst.} \qquad (87)$$

Die Gleichungen (86) und (87) erfüllen die Forderung (84). Da die beobachtbaren Schwankungen des kurzfristigen Zinssatzes viel größer sind als die des langfristigen, werden anstatt der Annahme (87) auch andere Annahmen

$$\sigma^l(r,l) = \sigma_2^l(r,l) = s \cdot \sqrt{l} \qquad s=\text{konst.} \qquad (88)$$

und

$$\sigma^l(r,l) = \sigma_3^l(r,l) = s \qquad s=\text{konst.} \qquad (89)$$

getroffen und ihre Auswirkungen untersucht. Dabei muß allerdings beachtet werden, daß Gleichung (89) auch negative langfristige Zinssätze zuläßt.

Aus Gleichung (55) folgt für den Drift des langfristigen Zinssatzes:

---

1) Sowohl die Liquidity-Preference-Theory als auch die Market-Segmentation-Theory lassen Liquiditätsprämien zu (vgl. dazu Roll, 1970, S. 35-46). Für positives α und β ist die "Liquiditätsprämie" des langfristigen Zinssatzes gegenüber dem kurzfristigen Zinssatz allerdings negativ.

$$\mu^1(r,l) = \lambda_2(r,l)\cdot\sigma^1(r,l) + \frac{\{\sigma^1(r,l)\}^2}{l} + l(l-r) \qquad (90)$$

Hierbei wird die Zeitunabhängigkeit von $\mu^1(r,l)$ bereits berücksichtigt. Setzt man Gleichung (87), (88) oder (89) in Gleichung (90) ein, so erhält man:

$$\mu^1(r,l) = \lambda_2(r,l)\cdot s\cdot l^\gamma + \frac{s^2 l^{2\gamma}}{l} + l(l-r) \qquad (91)$$

$$\text{mit } \gamma\in\{1,1/2,0\}$$

Aus Gleichung (91) wird ersichtlich, daß μ^1 auch von dem Risikoparameter $\lambda_2(r,l)$ abhängt. Wie bereits im Zweiten Teil/ C/II/6 erläutert, ist unter der Annahme der Risikoneutralität die Risikoprämie $\lambda_2(r,l)$ identisch Null. Diese Annahme müßte dann jedoch auch für $\lambda_1(r,l)$ gelten und wird deshalb nicht getroffen. Vielmehr werden für $\lambda_2(r,l)$ die folgenden drei unterschiedlichen Hypothesen aufgestellt:

- $\lambda_2(r,l)$ ist linear in r und l[1]

$$\lambda_2(r,l) = \lambda_{2,1}(r,l) = a + fr + hl \qquad (92)$$

$$\text{mit } a,f,h=\text{konst.}$$

- $\lambda_2(r,l)$ ist ein Polynom zweiten Grades in r und l ohne gemischtes Glied

$$\lambda_2(r,l) = \lambda_{2,2}(r,l) = a + fr + hl + or^2 + ql^2 \qquad (93)$$

$$\text{mit } a,f,h,o,q=\text{konst.}$$

- $\lambda_2(r,l)$ ist ein Polynom zweiten Grades in r und l

$$\lambda_2(r,l) = \lambda_{2,3}(r,l) = a + fr + hl + or^2 + ql^2 + url \qquad (94)$$

$$\text{mit } a,f,h,o,q,u=\text{konst.}$$

---

1) Die Annahme eines in r und l linearen Marktpreises des Risikos findet man in Brennan/Schwartz, 1982a, S. 305.

Diese unterschiedlichen Annahmen bezüglich des Marktpreises für das langfristige Risiko führen zu unterschiedlichen Driftparametern $\mu^1(r,l)$ (vgl. Tabelle 3):

Unabhängig davon wurden fünf weitere Hypothesen bezüglich $\mu^1(r,l)$ getestet (vgl. Tabelle 3):

- $\mu^1(r,l)$ ist linear in r und l

$$\mu^1(r,l) = \mu^1_{10}(r,l) = a + fr + hl \qquad (95)$$

mit a,f,h=konst.

- $\mu^1(r,l)$ ist quadratisch in r und l ohne gemischtes Glied

$$\mu^1(r,l) = \mu^1_{11}(r,l) = a + fr + hl + or^2 + ql^2 \qquad (96)$$

mit a,f,h,o,q=konst.

- $\mu^1(r,l)$ ist quadratisch in r und l

$$\mu^1(r,l) = \mu^1_{12}(r,l) = a + fr + hl + or^2 + ql^2 + url \qquad (97)$$

mit a,f,h,o,q,u=konst.

- $\mu^1(r,l)$ ist linear in l

$$\mu^1(r,l) = \mu^1_{13}(r,l) = a + hl \qquad (98)$$

mit a,h=konst.

- $\mu^1(r,l)$ ist quadratisch in l

$$\mu^1(r,l) = \mu^1_{14}(r,l) = a + hl + ql^2 \qquad (99)$$

mit a,h,q=konst.

Eine genaue Betrachtung der verschiedenen Driftmöglichkeiten des langfristigen Zinssatzes zeigt, daß für $\mu^1_1(r,l)$, $\mu^1_2(r,l)$ und $\mu^1_3(r,l)$ die Forderung (83) für μ^1 erfüllt ist. Bei $\mu^1_{10}(r,l)$ bis $\mu^1_{14}(r,l)$ ($\mu^1_4(r,l)$ bis $\mu^1_6(r,l)$) liegt eine reflektierende oder natürliche Grenze bei l=o dann vor, wenn die Parameter a,f und o (v) positiv sind.

$\sigma^1(r,l) = \sigma_1^1(r,l) = sl$		
$\lambda_2(r,l) = \lambda_{2,1}(r,l)$	$\mu_1^1(r,l) = l\cdot\{a+fr+hl\}$	(100)
$\lambda_2(r,l) = \lambda_{2,2}(r,l)$	$\mu_2^1(r,l) = l\cdot\{a+fr+hl+or^2+ql^2\}$	(101)
$\lambda_2(r,l) = \lambda_{2,3}(r,l)$	$\mu_3^1(r,l) = l\cdot\{a+fr+hl+or^2+ql^2+url\}$	(102)
$\sigma^1(r,l) = \sigma_2^1(r,l) = s\sqrt{l}$		
$\lambda_2(r,l) = \lambda_{2,1}(r,l)$	$\mu_4^1(r,l) = \sqrt{l}\cdot\{a+fr+hl+v\sqrt{l^{-1}}+l\sqrt{l}-r\sqrt{l}\}$	(103)
$\lambda_2(r,l) = \lambda_{2,2}(r,l)$	$\mu_5^1(r,l) = \sqrt{l}\cdot\{a+fr+hl+or^2+ql^2+v\sqrt{l^{-1}}+l\sqrt{l}-r\sqrt{l}\}$	(104)
$\lambda_2(r,l) = \lambda_{2,3}(r,l)$	$\mu_6^1(r,l) = \sqrt{l}\cdot\{a+fr+hl+or^2+ql^2+url+v\sqrt{l^{-1}}+l\sqrt{l}-r\sqrt{l}\}$	(105)
$\sigma^1(r,l) = \sigma_3^1(r,l) = s$		
$\lambda_2(r,l) = \lambda_{2,1}(r,l)$	$\mu_7^1(r,l) = \{a+fr+hl+l^2-rl+wl^{-1}\}$	(106)
$\lambda_2(r,l) = \lambda_{2,2}(r,l)$	$\mu_8^1(r,l) = \{a+fr+hl+or^2+ql^2-rl+wl^{-1}\}$	(107)
$\lambda_2(r,l) = \lambda_{2,3}(r,l)$	$\mu_9^1(r,l) = \{a+fr+hl+or^2+ql^2+url+wl^{-1}\}$	(108)
$\sigma^1(r,l) = \sigma_i^1(r,l) \quad i\in\{1,2,3\}$		
	$\mu_{10}^1(r,l) = a+fr+hl$	(109)
	$\mu_{11}^1(r,l) = a+fr+hl+or^2+ql^2$	(110)
	$\mu_{12}^1(r,l) = a+fr+hl+or^2+ql^2+url$	(111)
	$\mu_{13}^1(r,l) = a+hl$	(112)
	$\mu_{14}^1(r,l) = a+hl+ql^2$	(113)

Tabelle 3: Verschiedene erwartete Momentanveränderungen des langfristigen Zinssatzes l (a,f,h,o,q,u,v,w=konst.)

Die Auswirkungen der verschiedenen Hypothesen bezüglich der Drift- und Momentanvarianzparameter der stochastischen Differentialgleichung des langfristigen Zinssatzes sind in Tabelle 4 noch einmal alle zusammengestellt. Es gibt 24 verschiedene stochastische Differentialgleichungen des langfristigen Zinssatzes. Drei verschiedene Momentanvarianzterme werden mit acht verschiedenen Drifttermen kombiniert.

Brennan und Schwartz[1] haben bei einer Untersuchung der kurz- und langfristigen Zinssätze auf dem kanadischen Kapitalmarkt für den Drift des kurzfristigen Zinssatzes

$$\mu^r(r,l) = r\{\bar{\alpha}\ln\frac{l}{\bar{p}r}\} + 1/2\ \bar{\sigma}^2 \qquad (114)$$

$$\text{mit } \bar{\alpha},\bar{p},\bar{\sigma}=\text{konst.}$$

unterstellt. Dieser Drift entspricht in der Tendenz dem in dieser Arbeit gewählten Drift. Der kurzfristige Zinssatz strebt für positives α auf einen höheren (niedrigeren) Zinssatz als den langfristigen Zinssatz l zu, wenn $\bar{p}\in(0,1)$ $(\bar{p}>1)$ gilt[2]. Der Marktpreis des Risikos des langfristigen Zinssatzes wird dabei als konstant unterstellt. Die Momentanvarianz der nichterwarteten Veränderung des Zinssatzes ist proportional zum jeweiligen Zinsniveau. Die von Brennan und Schwartz gewählten Momentanvarianzparameter entsprechen den in dieser Arbeit gewählten Momentanvarianzparametern. Die von ihnen gewählten Driftparameter entsprechen "näherungsweise" den Parametern μ^r und μ_1^l in dieser Arbeit.

In einer auf dem US-amerikanischen Kapitalmarkt durchgeführten Studie wurden von Brennan und Schwartz[3] für die auch in dieser Arbeit untersuchte Kombination $\mu^r(r,l)$, $\sigma^r(r,l)$, $\lambda_2(r,l)=\lambda_{2,1}(r,l)$ und $\sigma^l(r,l)=\sigma_1^l(r,l)$ die Parameter geschätzt.

---

1) Vgl. dazu Brennan/Schwartz, 1979b, S. 139-141.

2) Diese Aussage gilt nur für $\bar{\sigma}=0$. Eine Verallgemeinerung für beliebiges $\bar{\sigma}$ ist jedoch möglich.

3) Vgl. dazu Brennan/Schwartz, 1982a, S. 305-307.

1	$dl_t(r,l) = l\cdot\{a+fr+hl\}\,dt+sl\,dW_t^l$	(115)
2	$dl_t(r,l) = l\cdot\{a+fr+hl+or^2+ql^2\}dt+sl\,dW_t^l$	(116)
3	$dl_t(r,l) = l\cdot\{a+fr+hl+or^2+ql^2+url\}dt+sl\,dW_t^l$	(117)
4	$dl_t(r,l) = \{a+fr+hl\}dt+sl\,dW_t^l$	(118)
5	$dl_t(r,l) = \{a+fr+hl+or^2+ql^2\}dt+sl\,dW_t^l$	(119)
6	$dl_t(r,l) = \{a+fr+hl+or^2+ql^2+url\}dt+sl\,dW_t^l$	(120)
7	$dl_t(r,l) = \{a+hl\}dt+sl\,dW_t^l$	(121)
8	$dl_t(r,l) = \{a+hl+ql^2\}dt+sl\,dW_t^l$	(122)
9	$dl_t(r,l) = \sqrt{l}\cdot\{a+fr+hl+v\sqrt{l^{-1}}+l\sqrt{l}-r\sqrt{l}\}dt+s\sqrt{l}\,dW_t^l$	(123)
10	$dl_t(r,l) = \sqrt{l}\cdot\{a+fr+hl+or^2+ql^2+v\sqrt{l^{-1}}+l\sqrt{l}-r\sqrt{l}\}dt+s\sqrt{l}\,dW_t^l$	(124)
11	$dl_t(r,l) = \sqrt{l}\cdot\{a+fr+hl+or^2+ql^2+url+v\sqrt{l^{-1}}+l\sqrt{l}-r\sqrt{l}\}dt+s\sqrt{l}\,dW_t^l$	(125)
12	$dl_t(r,l) = \{a+fr+hl\}dt+s\sqrt{l}\,dW_t^l$	(126)
13	$dl_t(r,l) = \{a+fr+hl+or^2+ql^2\}dt+s\sqrt{l}\,dW_t^l$	(127)
14	$dl_t(r,l) = \{a+fr+hl+or^2+ql^2+url\}dt+s\sqrt{l}\,dW_t^l$	(128)
15	$dl_t(r,l) = \{a+hl\}dt+s\sqrt{l}\,dW_t^l$	(129)
16	$dl_t(r,l) = \{a+hl+ql^2\}dt+s\sqrt{l}\,dW_t^l$	(130)
17	$dl_t(r,l) = \{a+fr+hl+l^2-rl+wl^{-1}\}dt+s\,dW_t^l$	(131)
18	$dl_t(r,l) = \{a+fr+hl+or^2+ql^2-rl+wl^{-1}\}dt+s\,dW_t^l$	(132)
19	$dl_t(r,l) = \{a+fr+hl+or^2+ql^2+url+wl^{-1}\}dt+s\,dW_t^l$	(133)
20	$dl_t(r,l) = \{a+fr+hl\}dt+s\,dW_t^l$	(134)
21	$dl_t(r,l) = \{a+fr+hl+or^2+ql^2\}dt+s\,dW_t^l$	(135)
22	$dl_t(r,l) = \{a+fr+hl+or^2+ql^2+url\}dt+s\,dW_t^l$	(136)
23	$dl_t(r,l) = \{a+hl\}dt+s\,dW_t^l$	(137)
24	$dl_t(r,l) = \{a+hl+ql^2\}dt+s\,dW_t^l$	(138)

Tabelle 4: Verschiedene Hypothesen bezüglich der stochastischen Differentialgleichung des langfristigen Zinssatzes (a,f,h,o,q,u,v,w,s=konst.)

2. Stochastische Differentialgleichung des kurzfristigen Zinssatzes des vereinfachten Bewertungsansatzes

Für das in Abschnitt C/IV des Zweiten Teils vorgestellte vereinfachte Bewertungsmodell, das nicht auf den langfristigen, sondern nur auf den kurzfristigen Zinssatz zurückgreift, müssen ebenfalls die Prozeßparameter bestimmt werden. Wie schon im Fall des zweidimensionalen stochastischen Prozesses gilt auch im eindimensionalen Fall die Forderung nach nichtnegativen Zinssätzen:

$$\mu^r(o,t) \geqq 0 \tag{139}$$

$$\sigma^r(o,t) = 0 \tag{140}$$

Auch die Annahme der Zeitunabhängigkeit wird getroffen:

$$\mu^r(o) \geqq 0 \tag{141}$$

$$\sigma^r(o) = 0 \tag{142}$$

Die insbesondere bei Aktienkursverläufen[1] unterstellte geometrisch Brownsche Bewegung ist zur Zinssatzbeschreibung ungeeignet, da das langfristige Verhalten dieser Bewegung nicht realistisch erscheint. Für einen positiven Drift strebt der Erwartungswert des Zinssatzes gegen Unendlich, für einen negativen Drift gegen Null[2]. Beides erscheint gleich unwahrscheinlich. Als realistische Annahme bezüglich eines möglichen Driftes des kurzfristigen Zinssatzes kann

$$\mu^r(r) = \eta(\nu-r) \tag{143}$$

mit η,ν=konst.,$\eta,\nu>o$, gelten. Dieser Drift zeigt die gewünschte "mean-reverting"-Eigenschaft, d.h. der kurzfristige Zins-

---

1) Vgl. dazu die Übersichtsartikel von Smith, 1976 und 1979.

2) Vgl. dazu Arnold, 1973, S. 150-153. Die Annahme einer geometrisch Brownschen Bewegung mit dem Drift Null (vgl. dazu Brennan/Schwartz, 1977b, und Dothan, 1978) ist für längere Betrachtungszeiträume ebenfalls ungeeignet, da aufgrund des Gesetzes vom iterierten Logarithmus dann folgt, daß $\lim_{t\to\infty} r(t) = 0$ mit Wahrscheinlichkeit 1 gilt (vgl. dazu Courtadon, 1982, S.92).

satz r bewegt sich tendenziell auf den Wert ν zu, wobei die Geschwindigkeit, mit der dies geschieht, durch den Parameter η gesteuert wird. Die Mehrzahl der Arbeiten, die den kurzfristigen Zinssatz r mittels einer stochastischen Differentialgleichung beschreiben, arbeiten mit der Drifthypothese (143)[1]. Für positive η, ν ist die Forderung (141) erfüllt.

Für den Term $\sigma^r(r)$ werden drei verschiedene Hypothesen getroffen:

- $\sigma^r(r) = \sigma_2^r(r) = \sigma_2 r$ (144)

  mit $\sigma_2 > o$, konst.

- $\sigma^r(r) = \sigma_3^r(r) = \sigma_2 \sqrt{r}$ (145)

  mit $\sigma_2 > o$, konst.

- $\sigma^r(r) = \sigma_4^r(r) = \sigma_2$ (146)

  mit $\sigma_2 > o$, konst.

Bei dem Term $\sigma^r(r) = \sigma_4^r(r)$ muß allerdings beachtet werden, daß dieser die Forderung (142) verletzt. Negative Zinssätze sind für diesen Ornstein-Uhlenbeck-Prozeß möglich.

Es werden also drei verschiedene Hypothesen in bezug auf die stochastische Differentialgleichung des kurzfristigen Zinssatzes getroffen (vgl. Tabelle 5).

1	$dr_t(r) = \eta(\nu - r)dt + \sigma_2 r dW_t^r$	(147)
2	$dr_t(r) = \eta(\nu - r)dt + \sigma_2 \sqrt{r} dW_t^r$	(148)
3	$dr_t(r) = \eta(\nu - r)dt + \sigma_2 dW_t^r$	(149)

Tabelle 5: Hypothesen bezüglich der stochastischen Differentialgleichung im vereinfachten Bewertungsansatz

---

1) Vgl. dazu Vasicek, 1977, Ananthanarayanan/Schwartz, 1980, Dunn/McConell, 1981, und Courtadon, 1982.

II. Diskretes System als Approximation der stochastischen Differentialgleichungen

Bei der Schätzung der Parameter der stochastischen Differentialgleichungen muß berücksichtigt werden, daß die Beobachtungen, die der Schätzung zugrunde liegen, nur in diskreten Zeitabständen erfolgen. Es bieten sich zur Schätzung zwei grundsätzlich verschiedene Vorgehensweisen an: die Approximation des stochastischen Differentialgleichungssystems durch ein diskretes System und Schätzung der Parameter des diskreten Systems oder die Erzeugung eines für die Beobachtungszeitpunkte "äquivalenten" diskreten Systems und Schätzung der Parameter des "äquivalenten" diskreten Systems.

In dieser Arbeit wird das stochastische Differentialgleichungssystem durch ein diskretes System approximiert. Aus den Schätzern des diskreten Systems muß dann wieder auf die Schätzer der stochastischen Differentialgleichungen geschlossen werden. Der dabei entstehende Diskretisierungsfehler wird in Kauf genommen.

Liegen äquidistante Beobachtungen vor, die durch ein lineares stochastisches Differentialgleichungssystem[1] mit konstanter Momentanvarianz generiert werden, dann können diese Beobachtungen auch durch ein diskretes autoregressives Schema beschrieben werden[2]. Zwischen den Schätzern der stochastischen Differentialgleichungen und den Schätzern des autoregressiven Schemas kann ein funktionaler Zusammenhang angegeben werden. Sind die Forderungen eines linearen Differentialgleichungssystems mit konstanter Momentanvarianz nicht erfüllt, so muß durch eine geeignete Variablensubstitution eine konstante Momentanvarianz erzeugt werden. Die vorliegenden oder dann entstehenden stochastischen Differentialgleichungen sind in der Regel jedoch nicht linear und müssen mit Hilfe einer Taylorreihenentwicklung linearisiert werden[3].

---

1) Der Drift des stochastischen Prozesses $X_t(\omega)$ ist linear in X_t.

2) Vgl. dazu Bergstrom, 1966, S. 174-176, Wymer, 1972, S. 565-567, und Phillips, 1972, S. 1022f.

3) Diese Vorgehensweise findet man in Brennan/Schwartz, 1979b, S. 140-143.

Neben dem mit einer Taylorreihenentwicklung verbundenen Linearisierungsfehler taucht auch bei einigen der im vorhergehenden Abschnitt dargestellten stochastischen Differentialgleichungssysteme nach Transformation in die gewünschte lineare Form das Problem auf, daß der funktionale Zusammenhang zwischen Schätzern des autoregressiven Systems und den Schätzern der transformierten stochastischen Differentialgleichungen nicht nach letzteren aufgelöst werden kann. Aus diesem Grund wird auf dieses Verfahren nicht zurückgegriffen.

1. Diskrete Approximation des aus kurz- und langfristigem Zinssatz bestehenden stochastischen Differentialgleichungssystems

Zunächst werden die stochastischen Differentialgleichungen so transformiert, daß sie eine konstante Momentanvarianz aufweisen. Aus der stochastischen Differentialgleichung des kurzfristigen Zinssatzes[1)]

$$dr_t = \{\alpha + \beta(l-r)\}\, dt + \sigma_1 r dW_t^r \qquad (150)$$

ergibt sich dann[2)]:

$$\frac{dr_t}{r} = \{\frac{\alpha}{r} + \beta\frac{l}{r} - \beta\}dt + \sigma_1 \xi_t^r dt \qquad (151)$$

Diese stochastische Differentialgleichung wird dann durch die folgende diskrete Approximation ersetzt[3)]:

$$\frac{r_t - r_{t-1}}{r_{t-1}} = \frac{\alpha}{r_{t-1}} + \beta\{\frac{l_{t-1}}{r_{t-1}} - 1\} + \varepsilon_t^r \qquad (152)$$

---

1) Unter Berücksichtigung von Gleichung (85) und (86), S. 120.

2) Die Veränderung des Wiener-Prozesses wird durch das Gaußsche weiße Rauschen ausgedrückt (vgl. dazu Zweiter Teil/A/II/2.3.1.1, S. 51f.).

3) Diese Vorgehensweise wird auch von Brennan/Schwartz bei einer Untersuchung der Zinssätze auf dem US-amerikanischen Kapitalmarkt angewandt (vgl. dazu Brennan/Schwartz, 1982b, S. 6). Die Zeitdifferenz Δt wird auf Eins normiert; ε_t^r ist eine normalverteilte Störgröße mit Erwartungswert Null.

1	$\frac{l_t - l_{t-1}}{l_{t-1}} = a + fr_{t-1} + hl_{t-1} + \epsilon_t^{l1}$	(153)
2	$\frac{l_t - l_{t-1}}{l_{t-1}} = a + fr_{t-1} + hl_{t-1} + or_{t-1}^2 + ql_{t-1}^2 + \epsilon_t^{l2}$	(154)
3	$\frac{l_t - l_{t-1}}{l_{t-1}} = a + fr_{t-1} + hl_{t-1} + or_{t-1}^2 + ql_{t-1}^2 + ur_{t-1}l_{t-1} + \epsilon_t^{l3}$	(155)
4	$\frac{l_t - l_{t-1}}{l_{t-1}} = \frac{a}{l_{t-1}} + \frac{fr_{t-1}}{l_{t-1}} + h + \epsilon_t^{l4}$	(156)
5	$\frac{l_t - l_{t-1}}{l_{t-1}} = \frac{a}{l_{t-1}} + \frac{fr_{t-1}}{l_{t-1}} + h + \frac{or_{t-1}^2}{l_{t-1}} + ql_{t-1} + \epsilon_t^{l5}$	(157)
6	$\frac{l_t - l_{t-1}}{l_{t-1}} = \frac{a}{l_{t-1}} + \frac{fr_{t-1}}{l_{t-1}} + h + \frac{or_{t-1}^2}{l_{t-1}} + ql_{t-1} + ur_{t-1} + \epsilon_t^{l6}$	(158)
7	$\frac{l_t - l_{t-1}}{l_{t-1}} = \frac{a}{l_{t-1}} + h + \epsilon_t^{l7}$	(159)
8	$\frac{l_t - l_{t-1}}{l_{t-1}} = \frac{a}{l_{t-1}} + h + ql_{t-1} + \epsilon_t^{l8}$	(160)
9	$\frac{l_t - l_{t-1}}{\sqrt{l_{t-1}}} = a + fr_{t-1} + hl_{t-1} + v\sqrt{l_{t-1}^{-1}} + l_{t-1}\sqrt{l_{t-1}} - r_{t-1}\sqrt{l_{t-1}} + \epsilon_t^{l9}$	(161)
10	$\frac{l_t - l_{t-1}}{\sqrt{l_{t-1}}} = a + fr_{t-1} + hl_{t-1} + or_{t-1}^2 + ql_{t-1}^2 + v\sqrt{l_{t-1}^{-1}} + l_{t-1}\sqrt{l_{t-1}} - r_{t-1}\sqrt{l_{t-1}} + \epsilon_t^{l10}$	(162)
11	$\frac{l_t - l_{t-1}}{\sqrt{l_{t-1}}} = a + fr_{t-1} + hl_{t-1} + or_{t-1}^2 + ql_{t-1}^2 + ur_{t-1}l_{t-1} + v\sqrt{l_{t-1}^{-1}} + l_{t-1}\sqrt{l_{t-1}} - r_{t-1}\sqrt{l_{t-1}} + \epsilon_t^{l11}$	(163)
12	$\frac{l_t - l_{t-1}}{\sqrt{l_{t-1}}} = \frac{a}{\sqrt{l_{t-1}}} + \frac{fr_{t-1}}{\sqrt{l_{t-1}}} + h\sqrt{l_{t-1}} + \epsilon_t^{l12}$	(164)

Tabelle 6: Diskrete Approximation der stochastischen Differentialgleichungen des langfristigen Zinssatzes (vgl. Tabelle 4 (a,f,h,o,q,u,v,w=konst.)

13	$\frac{l_t - l_{t-1}}{\sqrt{l_{t-1}}} = \frac{a}{\sqrt{l_{t-1}}} + \frac{fr_{t-1}}{\sqrt{l_{t-1}}} + h\sqrt{l_{t-1}} + \frac{or^2_{t-1}}{\sqrt{l_{t-1}}} + ql_{t-1}\sqrt{l_{t-1}} + \varepsilon_t^{l13}$	(165)
14	$\frac{l_t - l_{t-1}}{\sqrt{l_{t-1}}} = \frac{a}{\sqrt{l_{t-1}}} + \frac{fr_{t-1}}{\sqrt{l_{t-1}}} + h\sqrt{l_{t-1}} + \frac{or^2_{t-1}}{\sqrt{l_{t-1}}} + ql_{t-1}\sqrt{l_{t-1}} + ur_{t-1}\sqrt{l_{t-1}} + \varepsilon_t^{l14}$	(166)
15	$\frac{l_t - l_{t-1}}{\sqrt{l_{t-1}}} = \frac{a}{\sqrt{l_{t-1}}} + h\sqrt{l_{t-1}} + \varepsilon_t^{l15}$	(167)
16	$\frac{l_t - l_{t-1}}{\sqrt{l_{t-1}}} = \frac{a}{\sqrt{l_{t-1}}} + h\sqrt{l_{t-1}} + ql_{t-1}\sqrt{l_{t-1}} + \varepsilon_t^{l16}$	(168)
17	$l_t - l_{t-1} = a + fr_{t-1} + hl_{t-1} + l^2_{t-1} - r_{t-1}l_{t-1} + wl^{-1}_{t-1} + \varepsilon_t^{l17}$	(169)
18	$l_t - l_{t-1} = a + fr_{t-1} + hl_{t-1} + or^2_{t-1} + ql^2_{t-1} - r_{t-1}l_{t-1} + wl^{-1}_{t-1} + \varepsilon_t^{l18}$	(170)
19	$l_t - l_{t-1} = a + fr_{t-1} + hl_{t-1} + or^2_{t-1} + ql^2_{t-1} + ur_{t-1}l_{t-1} + wl^{-1}_{t-1} + \varepsilon_t^{l19}$	(171)
20	$l_t - l_{t-1} = a + fr_{t-1} + hl_{t-1} + \varepsilon_t^{l20}$	(172)
21	$l_t - l_{t-1} = a + fr_{t-1} + hl_{t-1} + or^2_{t-1} + ql^2_{t-1} + \varepsilon_t^{l21}$	(173)
22	$l_t - l_{t-1} = a + fr_{t-1} + hl_{t-1} + or^2_{t-1} + ql^2_{t-1} + ur_{t-1}l_{t-1} + \varepsilon_t^{l22}$	(174)
23	$l_t - l_{t-1} = a + hl_{t-1} + \varepsilon_t^{l23}$	(175)
24	$l_t - l_{t-1} = a + hl_{t-1} + ql^2_{t-1} + \varepsilon_t^{l24}$	(176)

Tabelle 6: Diskrete Approximation der stochastischen Differentialgleichungen des langfristigen Zinssatzes (vgl. Tabelle 4) (a,d,h,o,q,u,v,w=konst.)
(Fortsetzung)

Diese Vorgehensweise wird auch für die stochastische Differentialgleichung des langfristigen Zinssatzes gewählt (vgl. Tabelle 6). Die stochastischen Differentialgleichungen (131) bis (138) weisen bereits eine konstante Momentanvarianz auf. Eine Division kann somit entfallen.

2. Diskrete Approximation der stochastischen Differentialgleichung des vereinfachten Bewertungsansatzes

Die drei verschiedenen stochastischen Differentialgleichungen (147) bis (149) des kurzfristigen Zinssatzes des vereinfachten Bewertungsmodells werden analog zu den stochastischen Differentialgleichungen im Differentialgleichungssystem diskretisiert. Zunächst werden die stochastischen Differentialgleichungen (147) und (148) so transformiert, daß sie eine konstante Momentanvarianz besitzen:

$$\frac{dr_t}{r_t} = \eta(\frac{\nu}{r} - 1)dt + \sigma_2 \xi_t^r dt \tag{177}$$

$$\frac{dr_t}{\sqrt{r_t}} = \eta(\frac{\nu}{\sqrt{r}} - \sqrt{r})dt + \sigma_2 \xi_t^r dt \tag{178}$$

Dann werden die stochastischen Differentialgleichungen diskretisiert (vgl. Tabelle 7).

1	$\frac{r_t - r_{t-1}}{r_{t-1}} = \frac{\eta\nu}{r_{t-1}} - \eta + \varepsilon_t^r 1$	(179)
2	$\frac{r_t - r_{t-1}}{\sqrt{r_{t-}}} = \frac{\eta\nu}{\sqrt{r_{t-1}}} - \eta\sqrt{r_{t-1}} + \varepsilon_t^r 2$	(180)
3	$r_t - r_{t-1} = \eta(\nu - r_{t-1}) + \varepsilon_t^r 3$	(181)

Tabelle 7: Diskrete Approximation der stochastischen Differentialgleichungen des kurzfristigen Zinssatzes im vereinfachten Bewertungsmodell

III. Schätzung der Parameter der diskreten Approximation der stochastischen Differentialgleichungen

Es werden unterschiedliche Schätzverfahren für die diskrete Approximation des stochastischen Differentialgleichungssystems des kurz- und langfristigen Zinssatzes und für die diskrete Approximation der stochastischen Differentialgleichung des kurzfristigen Zinssatzes des vereinfachten Bewertungsmodells verwendet.

1. Schätzung der Parameter der diskreten Approximation des stochastischen Differentialgleichungssystems

Die diskrete Approximation besteht aus Gleichung (152) und aus einer der Gleichungen (153) bis (176). Es gibt also insgesamt 24 verschiedene diskrete Differenzengleichungssysteme, deren Parameter geschätzt werden müssen. Diese werden mittels der dreistufigen Methode der kleinsten Quadrate geschätzt.

1.1 Dreistufige Methode der kleinsten Quadrate

Diese auch als 3-SLS ("three-stage least square") bekannte Methode ist ein bei der Schätzung der Parameter von diskreten Approximationen stochastischer Differentialgleichungssysteme übliches Verfahren[1]. Diese auf Zellner und Theil[2] zurückgehende Methode erlaubt die simultane Schätzung aller Parameter des gesamten Systems. Liegt ein System von Regressionsgleichungen vor, so ist sie der "gewöhnlichen" Methode der kleinsten Quadrate, die die Gleichungen sukzessiv schätzt, überlegen. Abhängigkeiten zwischen den Regressionsgleichungen aufgrund möglicher Korrelationen zwischen den Störtermen der einzelnen Regressionsgleichungen, deren Nichtberücksichtigung zu Verzerrungen ("simultaneous equation bias") führen kann, können bei der dreistufigen Methode der kleinsten Quadrate erfaßt werden.

---

1) Vgl. dazu Phillips, 1972, S. 1021f.

2) Vgl. dazu Zellner/Theil, 1962.

Die zweistufige Methode der kleinsten Quadrate schätzt in einem ersten Schritt mittels des klassichen Verfahrens der multiplen Regression die Matrix der Momente der Störungen der reduzierten Form. Im zweiten Schritt werden dann die Koeffizienten der einzelnen Gleichungen geschätzt[1], nachdem die voneinander abhängigen Variablen mittels der im ersten Schritt ermittelten Momentenmatrix korrigiert worden sind. Die dreistufige Methode der kleinsten Quadrate geht noch einen Schritt weiter und schätzt die Koeffizienten aller Gleichungen simultan unter Verwendung der bei der zweistufigen Methode der kleinsten Quadrate sich ergebenden Momentenmatrix der Störungen[2].

1.2 Minimalabstandsverfahren

Werden die Parameter der diskreten Approximation des stochastischen Differentialgleichungssystems mittels der dreistufigen Methode der kleinsten Quadrate geschätzt, so sind die Schätzer der diskreten Approximation gegenüber den Schätzern der eigentlichen zeitstetigen stochastischen Differentialgleichung verzerrt[3].

Ein auf Malinvaud[4] zurückgehendes und von Phillips[5] weiterentwickeltes iterierendes Schätzverfahren ("minimum distance procedure") liefert konsistente und asymptotisch effiziente Schätzer der zeitstetigen stochastischen Differentialgleichung. Als Startwerte des iterierenden Verfahrens werden die mit der dreistufigen Methode der kleinsten Quadrate ermittelten Schätzer verwendet. Die aufgrund ausschließlicher Schätzung mit der dreistufigen Methode der kleinsten Quadrate entstehenden Verzerrungen der Parameter werden in dieser Arbeit jedoch in Kauf genommen zugunsten

1) Dies geschieht mit dem Aitken-Verfahren der verallgemeinerten kleinsten Quadrate.

2) Vgl. dazu Zellner/Theil, 1962, oder die ausführliche Darstellung in Schönfeld, 1971, S. 239-255.

3) Vgl. dazu Phillips, 1972, S. 1022.

4) Vgl. dazu Malinvaud, 1970, S. 675-678.

5) Vgl. dazu Phillips, 1972, S. 1025-1028.

eines daraus resultierenden, weit geringeren Rechenzeitbedarfs[1].

2. Schätzung der Parameter der diskreten Approximation der stochastischen Differentialgleichung des vereinfachten Bewertungsansatzes

Die in Tabelle 7 zusammengestellten diskreten Approximationen der stochastischen Differentialgleichungen des kurzfristigen Zinssatzes sind alle univariat. Zur Schätzung der Parameter wird das Verfahren der kleinsten Quadrate verwendet.

Da nicht das exakte diskrete Äquivalent zur stochastischen Differentialgleichung geschätzt wird, sondern nur eine diskrete Approximation, können Verzerrungen der Schätzer auftreten[2].

---

1) Die aufgrund einer Schätzung mit der dreistufigen Methode der kleinsten Quadrate entstehenden Verzerrungen sind teilweise äußerst gering (vgl. dazu Bergstrom, 1966, S. 178).

2) Die Verzerrungen von Schätzern werden von Marsh/Rosenfeld, 1983a, anhand von geschätzten Zinssatzkurven untersucht (zit. in: Marsh/ Rosenfeld, 1983b, S. 639).

B. Bestimmung des Marktpreises λ_1 für das kurzfristige Risiko

Eine Betrachtung der partiellen Differentialgleichung (63)[1] zeigt, daß der Wert eines gesamtfälligen festverzinslichen Wertpapieres und über Gleichung (76) auch der Wert einer Teilschuldverschreibung einer Tilgungsanleihe mit planmäßiger Auslosungstilgung vom Marktpreis λ_1 für das kurzfristige Risiko abhängt. Dieser Parameter, der das Anwachsen der Momentanrenditedifferenz zwischen Wertpapier und risikoloser Rendite pro zusätzlicher, durch den kurzfristigen Zinssatz bedingter Risikoeinheit angibt, ist, wie wir im Zweiten Teil/C/II/5 gesehen haben, eine Funktion der Zeit und der Zinssätze r und l. Für diesen Parameter, der von der Risikoeinstellung der Marktteilnehmer abhängt[2], wird aus Gründen einer dann vereinfachten Schätzung angenommen, daß er konstant ist:

$$\lambda_1(r,l,t) = \lambda_1 = \text{konst.} \qquad (182)$$

Eine hinreichende Bedingung für die Konstanz des Risikoparameters λ_1 sind Marktteilnehmer mit zeitadditiven, über den Konsum definierten logarithmischen Nutzenfunktionen[3].

I. Portefeuillebildung

Der Marktpreis λ_1 für das kurzfristige Risiko wird so geschätzt, daß die quadratische Abweichung zwischen tatsächlichem und mittels der partiellen Differentialgleichung berechnetem Kurswert eines Portefeuilles minimal wird.

Dazu wird ein Portefeuille aus gesamtfälligen festverzinslichen Wertpapieren derselben Emittenten gebildet, von denen auch die zu untersuchenden Tilgungsanleihen mit planmäßiger

---

1) Oder der partiellen Differentialgleichung (80), S. 117, im vereinfachten Modell.

2) Im Fall der Risikoneutralität ist er Null.

3) Vgl. dazu Dothan, 1978.

Auslosungstilgung stammen[1]. Um irgendwelche Abhängigkeiten der quadratischen Fehlerabweichungen von unterschiedlichen Restlaufzeiten oder verschiedenen Nominalzinshöhen weitestgehend auszuschalten, wird das Portefeuille zu den einzelnen Bewertungszeitpunkten jeweils so zusammengestellt, daß unterschiedliche Restlaufzeiten der einzelnen Wertpapiere im Portefeuille gleichmäßig vertreten sind und die gesamte Spannweite der auftretenden Nominalverzinsungen im Portefeuille repräsentiert wird. Diese Forderung führt dazu, daß zu unterschiedlichen Bewertungszeitpunkten verschiedene Wertpapiere sich im Portefeuille befinden.

In Abhängigkeit von dem gewählten Marktpreis λ_1 für das kurzfristige Risiko ergibt sich dann der mit Gleichung (63)[2] berechnete Marktpreis eines festverzinslichen Wertpapieres $b_t(r,l,\lambda)$, die zugehörige quadratische Abweichung zwischen berechnetem und tatsächlichem Kurs b_t^{tat} zu einem Zeitpunkt t

$$\varphi(\lambda_1,t) = \{b_t(r,l,\lambda_1) - b_t^{tat}\}^2 \qquad (183)$$

und für alle Zeitpunkte t_i, zu denen sich das Wertpapier j im Portefeuille P_i befindet:

$$\sum_{\substack{i=1\\ j\in P_i}}^{m} \varphi(\lambda_1) = \sum_{i=1}^{m} \{b_{t_i}(r,l,\lambda_1) - b_{t_i}^{tat}\}^2 \qquad (184)$$

Die quadratische Abweichung aller Wertpapiere des Portefeuilles P

$$\Phi(\lambda_1) = \sum_{i=1}^{m} \sum_{j\in P_i} \{b_{t_i}^{j}(r,l,\lambda_1) - b_{t_i}^{j,tat}\}^2 \qquad (185)$$

wird minimiert.

---

1) Es soll auf jeden Fall dieselbe Risikostruktur gewährleistet sein, also z.B. das Insolvenzrisiko die Schätzung nicht beeinflussen.

2) Oder mit Gleichung (80), S. 117.

Zur Bestimmung von $\Phi(\lambda_1)$ bieten sich wieder verschieden aufwendige Verfahren mit unterschiedlicher Güte an. Ein aufwendiges, auf Malinvaud zurückgehendes iterierendes Verfahren, das einen asymptotischen Maximum-Likelihood-Schätzer erzeugt, wird ausführlich von Brennan und Schwartz beschrieben[1]. Aus Gründen der beschränkten Rechenzeit wird jedoch auf ein so aufwendiges Verfahren verzichtet. Statt dessen wird auf eine einfache quadratische Regression zurückgegriffen. Diese liefert unter den bei einer Regression üblichen Annahmen von normalverteilten, voneinander unabhängigen und homoskedastischen Fehlern ebenfalls einen Maximum-Likelihood-Schätzer.

II. Quadratische Regression

Für verschiedene realistische Marktpreise λ_1 des kurzfristigen Risikos wird das Portefeuille P mit der Differentialgleichung bewertet. Die zugehörigen quadratischen Abweichungen werden ermittelt. Mit den so ermittelten Wertepaaren $(\lambda_1, \Phi(\lambda_1))$ wird eine quadratische Regression durchgeführt. Es wird das Minimum der Regressionskurve und der zugehörige Marktpreis λ_1^{opt} bestimmt (vgl. Abbildung 18). Für den so ermittelten Marktpreis λ_1^{opt} wird das Portefeuille erneut bewertet und der zugehörige Fehler $\Phi(\lambda_1^{opt})$ ermittelt. Dieser wird mit dem aus der Regressionskurve ermittelten Fehler verglichen. Treten zu große Abweichungen auf, wird unter Hinzunahme von λ_1^{opt} und $\Phi(\lambda_1^{opt})$ eine neue Regression durchgeführt. Die Vorgehensweise wird so lange fortgesetzt, bis die Abweichungen zwischen tatsächlichem und berechnetem quadratischem Fehler einen vorgegebenen Schrankenwert unterschreiten.

Damit eine quadratische Regression zur Bestimmung des optimalen Marktpreises λ_1^{opt} überhaupt einen Sinn ergibt, müssen neben den üblichen Regressionsannahmen bezüglich der Fehler auch andere Bedingungen erfüllt sein. Zeigt der Kurs eines Wertpapieres in Abhängigkeit von λ_1 im relevanten Bereich

---

1) Vgl. dazu Brennan/Schwartz, 1980, S. 410-413, und 1981, S. 39-41.

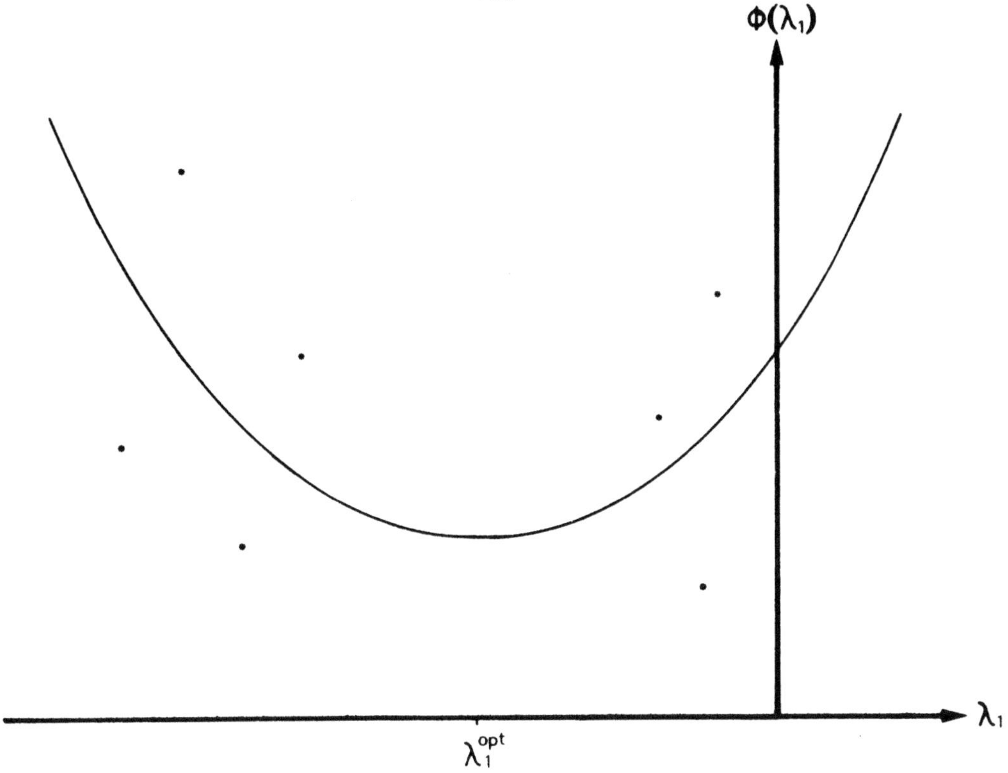

Abbildung 18: Ermittlung des optimalen Marktpreises λ_1^{opt} mittels quadratischer Regression

für λ_1 kein monotones Verhalten, weist er eventuell mehrere lokale Minima und/oder Maxima auf, so ist nicht zu erwarten, daß der optimale Marktpreis λ_1^{opt} mittels einer quadratischen Regression vernünftig bestimmt werden kann (vgl. Abbildung 19). Die Funktion der quadratischen Abweichung $\varphi(\lambda_1,t)$ besitzt dann nämlich ebenfalls lokale Minima und Maxima.

Die Monotonie des theoretischen Kurses eines einzelnen Wertpapieres als Funktion von λ_1 ist eine notwendige Bedingung dafür, daß die Fehlerfunktion $\Phi(\lambda_1)$ für jedes beliebige Portefeuille von festverzinslichen Wertpapieren genau ein Minimum in λ_1 besitzt. Weiter unten wird deshalb untersucht, ob der Kurs eines einzelnen Wertpapieres sich monoton in λ_1 verhält[1)].

---

1) Vgl. dazu Vierter Teil/D, S. 201-226.

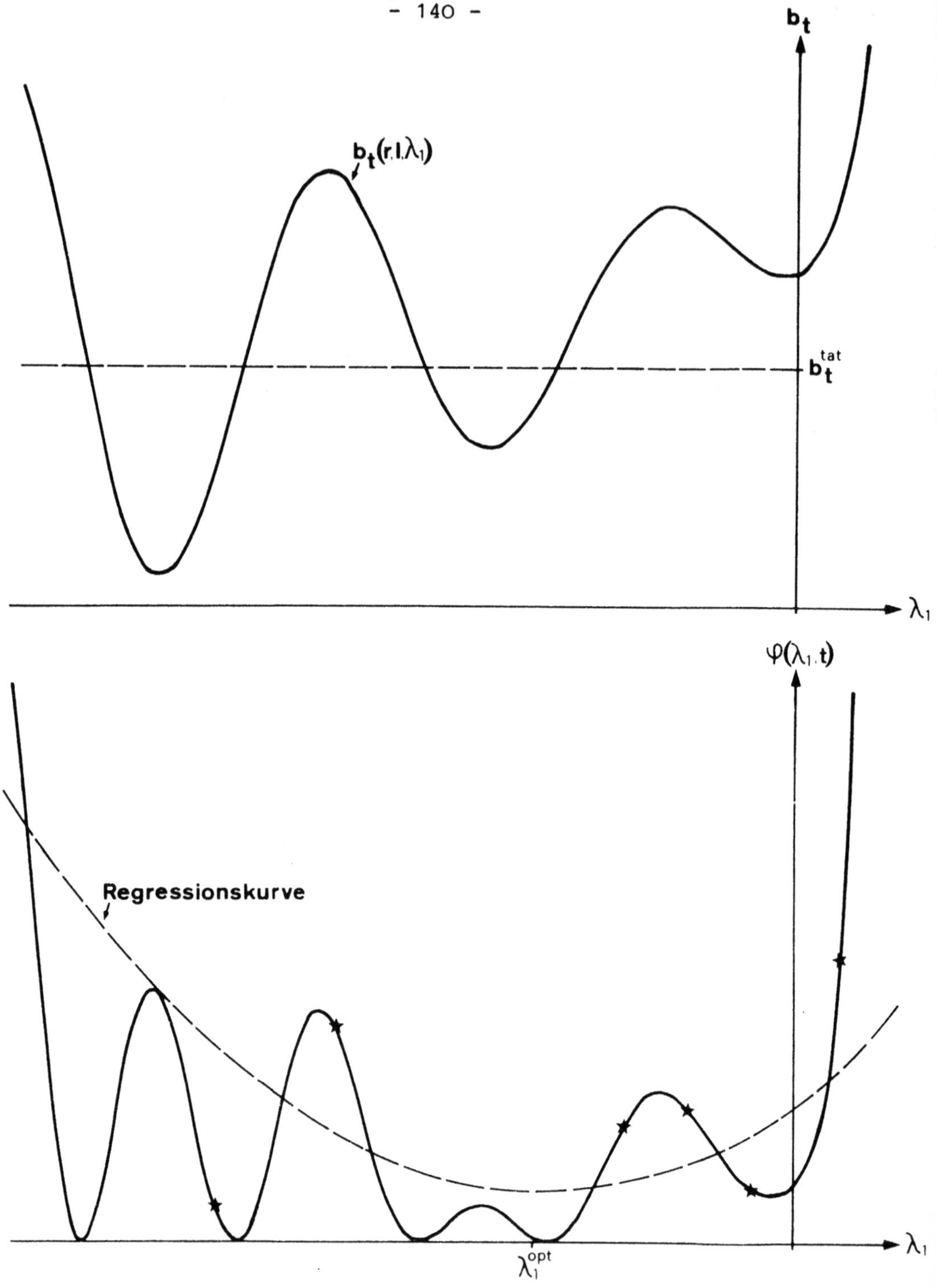

Abbildung 19: Quadratische Regression bei einer Kurve mit mehreren lokalen Maxima und Minima

C. Numerisches Lösungsverfahren

Eine analytische Lösung der partiellen Differentialgleichung (63) zusammen mit der Anfangsbedingung (64) und unter Berücksichtigung der im Dritten Teil/A/I aufgestellten Annahmen bezüglich der funktionalen Form der Parameter der stochastischen Differentialgleichungen ist nicht bekannt. Deswegen wird eine Differenzenapproximation der partiellen Differentialgleichung durchgeführt[1].

Dazu ist es notwendig, daß der gesamte Raum, der von den Einflußvariablen aufgespannt wird[2], beschränkt ist. Er wird mit einem Netz von Gitterpunkten überzogen. Im allgemeinen kann gesagt werden, daß eine Approximation der Lösung einer partiellen Differentialgleichung durch endliche Differenzen umso besser wird, je enger das Netz der Gitterpunkte ist.

Die Zeitvariable τ ist beschränkt, da nur Anleihen mit endlicher Laufzeit untersucht werden. Für die Zinssätze r und l trifft dies jedoch nicht zu. Deswegen muß eine Variablentransformation für r und l so durchgeführt werden, daß nach der Variablentransformation der aufgespannte Raum beschränkt ist.

I. Transformationen

1. Transformation der Variablen

Der unbeschränkte Raum $o \leq r, l < \infty$ wird auf den beschränkten Raum $[0,1] \times [0,1]$ transformiert. Dazu werden folgende Variablentransformationen durchgeführt (vgl. Tabelle 8):

$$r \rightarrow \hat{r} = \frac{1}{1+\bar{n} \cdot r} \qquad (186)$$

mit $\bar{n}$=konst.

---

1) Diese Methode ist die bei der approximativen Lösung partieller Differentialgleichungen am häufigsten verwendete (vgl. dazu Smith, 1978, S. 3).

2) Dies sind die Zinssätze r und l sowie die Zeit τ.

$$l \rightarrow \hat{l} = \frac{1}{1+\bar{m}\cdot l} \qquad (187)$$

mit $\bar{m}$=konst.

Die Konstanten $\bar{n}$ und $\bar{m}$ ermöglichen eine Steuerung der Auswahl vernünftiger Gitterpunkte. Die Konstanten werden so gewählt, daß für eine vorgegebene Gitterpunktanzahl möglichst viele rücktransformierte Gitterpunkte im realistischen Bereich von r bzw. l liegen. Dadurch werden die bei Interpolation zwischen zwei Gitterpunktfunktionswerten auftretenden Fehler verringert.

$r = \frac{1-\hat{r}}{\bar{n}\cdot\hat{r}}$ $\begin{matrix} = 0 \\ = \infty \end{matrix}$	$\begin{matrix} \hat{=} & 1 = \\ \hat{=} & 0 = \end{matrix}$ $\frac{1}{1+\bar{n}\cdot r} = \hat{r}$
$l = \frac{1-\hat{l}}{\bar{m}\cdot\hat{l}}$ $\begin{matrix} = 0 \\ = \infty \end{matrix}$	$\begin{matrix} \hat{=} & 1 = \\ \hat{=} & 0 = \end{matrix}$ $\frac{1}{1+\bar{m}\cdot l} = \hat{l}$

Tabelle 8: Variablentransformation

2. Transformation der partiellen Differentialgleichung

2.1 Partielle Differentialgleichung mit kurz- und langfristigem Zinssatz als Einflußfaktoren

Löst $b_\tau(r,l)$ die partielle Differentialgleichung (63) und die Anfangsbedingung (64), so löst $\hat{b}_\tau(\hat{r},\hat{l}) = b_\tau(r,l)$ die folgende äquivalente partielle Differentialgleichung[1]:

$$\frac{\partial \hat{b}_\tau(\hat{r},\hat{l})}{\partial \tau} = \frac{1}{2}\{\sigma^r(\hat{r},\hat{l},\tau)\}^2 \bar{n}^2 \hat{r}^4 \frac{\partial^2 \hat{b}_\tau(\hat{r},\hat{l})}{\partial \hat{r}^2}$$
$$+ \sigma^r(\hat{r},\hat{l},\tau)\sigma^l(\hat{r},\hat{l},\tau)\ \rho \bar{n}\bar{m}\hat{r}^2\hat{l}^2 \frac{\partial^2 \hat{b}_\tau(\hat{r},\hat{l})}{\partial \hat{r}\partial \hat{l}}$$
$$+ \frac{1}{2}\{\sigma^l(\hat{r},\hat{l},\tau)\}^2 \bar{m}^2 \hat{l}^4 \frac{\partial^2 \hat{b}_\tau(\hat{r},\hat{l})}{\partial \hat{l}^2}$$

---

1) Vgl. dazu Anhang III/1.

$$+ \left\{\{\sigma^r(\hat{r},\hat{l},\tau)\}^2\bar{n}^2\hat{r}^3 - \bar{n}\hat{r}^2\{\mu^r(\hat{r},\hat{l},\tau) - \lambda_1(\hat{r},\hat{l},\tau)\sigma^r(\hat{r},\hat{l},\tau)\}\right\}\frac{\partial\hat{b}_\tau(\hat{r},\hat{l})}{\partial\hat{r}}$$

$$+ \left\{\{\sigma^l(\hat{r},\hat{l},\tau)\}^2\bar{m}^2\hat{l}^3 - \bar{m}\hat{l}^2\left\{\frac{\bar{m}\hat{l}\{\sigma^l(\hat{r},\hat{l},\tau)\}^2}{1-\hat{l}} - \frac{(1-\hat{l})^2}{\bar{m}^2\hat{l}^2} - \frac{(1-\hat{l})(1-\hat{r})}{\bar{n}\bar{m}\hat{r}\hat{l}}\right\}\right\}\frac{\partial\hat{b}_\tau(\hat{r},\hat{l})}{\partial\hat{l}} - \frac{1-\hat{r}}{\bar{n}\hat{r}}\,\hat{b}_\tau(\hat{r},\hat{l}) + c \qquad (188)$$

Die Anfangsbedingung (64) kann direkt übertragen werden:

$$\hat{b}_o(\hat{r},\hat{l}) = RZK \qquad (189)$$

Unter Berücksichtigung des in Gleichung (85) definierten Driftes, der in Gleichung (86) bis (89) definierten Momentanvarianzen und des zugehörigen konstanten Marktpreises λ_1 für das kurzfristige Risiko ergeben sich aus Gleichung (188) die drei in Tabelle 9 zusammengestellten partiellen Differentialgleichungen.

2.2 Partielle Differentialgleichung des vereinfachten Bewertungsansatzes

Analog zum Fall mit zwei Zinssätzen als Einflußfaktoren wird die partielle Differentialgleichung (80) ebenfalls transformiert. Es ergibt sich die folgende zu Gleichung (80) äquivalente partielle Differentialgleichung[1]:

$$\frac{\partial\hat{b}^E_\tau(\hat{r})}{\partial\tau} = \frac{1}{2}\{\sigma^r(\hat{r},\tau)\}^2\bar{n}^2\hat{r}^4\frac{\partial^2\hat{b}^E_\tau(\hat{r})}{\partial\hat{r}^2} + \left\{\{\sigma^r(\hat{r},\tau)\}^2\bar{n}^2\hat{r}^3 - \bar{n}\hat{r}^2\{\mu^r(\hat{r},\tau) - \lambda^E(\hat{r},\tau)\sigma^r(\hat{r},\tau)\}\right\}\frac{\partial\hat{b}^E_\tau(\hat{r})}{\partial\hat{r}} + \frac{\hat{r}-1}{\bar{n}\hat{r}}\,\hat{b}^E_\tau(\hat{r}) + c \qquad (193)$$

1) Vgl. dazu Anhang III/2.

$\sigma^1(r,l)$	Partielle Differentialgleichung
$\sigma_1^1(r,l) =$ $s\cdot l = \frac{s(1-\hat{l})}{\bar{m}\hat{l}}$	$\frac{\partial \hat{b}_\tau(r,l)}{\partial\tau} = \frac{1}{2}\sigma_1^2\hat{r}^2(1-\hat{r})^2\frac{\partial^2\hat{b}_\tau(\hat{r},\hat{l})}{\partial\hat{r}^2} + \sigma_1 s\rho\hat{r}(1-\hat{r})\hat{l}(1-\hat{l})\frac{\partial^2\hat{b}_\tau(\hat{r},\hat{l})}{\partial\hat{r}\partial\hat{l}} + \frac{1}{2}s^2\hat{l}^2(1-\hat{l})^2\frac{\partial^2\hat{b}_\tau(\hat{r},\hat{l})}{\partial\hat{l}^2}$ $+ \left\lbrace \sigma_1^2\hat{r}(1-\hat{r})^2 - \bar{n}\hat{r}^2\alpha + \frac{\beta\hat{r}}{\bar{m}\hat{l}}\left\lbrace (1-\hat{r})\bar{m}\hat{l} - (1-\hat{l})\bar{n}\hat{r}\right\rbrace + \lambda_1\sigma_1\hat{r}(1-\hat{r})\right\rbrace\frac{\partial\hat{b}_\tau(\hat{r},\hat{l})}{\partial\hat{r}}$ $+ \left\lbrace \frac{(1-\hat{l})(1-\hat{r})\hat{l}}{\bar{n}\hat{r}} - \frac{(1-\hat{l})^2}{\bar{m}} - s^2\hat{l}^2(1-\hat{l})\right\rbrace\frac{\partial\hat{b}_\tau(\hat{r},\hat{l})}{\partial\hat{l}} + \frac{\hat{r}-1}{\bar{n}\hat{r}}\hat{b}_\tau(\hat{r},\hat{l}) + c \qquad (190)$
$\sigma_2^1(r,l) =$ $s\sqrt{l} = s\sqrt{\frac{1-\hat{l}}{\bar{m}\hat{l}}}$	$\frac{\partial \hat{b}_\tau(\hat{r},\hat{l})}{\partial\tau} = \frac{1}{2}\sigma_1^2\hat{r}^2(1-\hat{r})^2\frac{\partial^2\hat{b}_\tau(\hat{r},\hat{l})}{\partial\hat{r}^2} + \sigma_1 s\rho\hat{r}(1-\hat{r})\sqrt{\bar{m}\hat{l}^3(1-\hat{l})}\frac{\partial^2\hat{b}_\tau(\hat{r},\hat{l})}{\partial\hat{r}\partial\hat{l}} + \frac{1}{2}s^2\bar{m}\hat{l}^3(1-\hat{l})\frac{\partial^2\hat{b}_\tau(\hat{r},\hat{l})}{\partial\hat{l}^2}$ $+ \left\lbrace \sigma_1^2\hat{r}(1-\hat{r})^2 - \bar{n}\hat{r}^2\alpha + \frac{\beta\hat{r}}{\bar{m}\hat{l}}\left\lbrace (1-\hat{r})\bar{m}\hat{l} - (1-\hat{l})\bar{n}\hat{r}\right\rbrace + \lambda_1\sigma_1\hat{r}(1-\hat{r})\right\rbrace\frac{\partial\hat{b}_\tau(\hat{r},\hat{l})}{\partial\hat{r}}$ $+ \left\lbrace \frac{(1-\hat{l})(1-\hat{r})\hat{l}}{\bar{n}\hat{r}} - \frac{(1-\hat{l})^2}{\bar{m}} - s^2\bar{m}\hat{l}^3\right\rbrace\frac{\partial\hat{b}_\tau(\hat{r},\hat{l})}{\partial\hat{l}} + \frac{\hat{r}-1}{\hat{r}\bar{n}}\hat{b}_\tau(\hat{r},\hat{l}) + c \qquad (191)$
$\sigma_3^1(r,l) = s$	$\frac{\partial \hat{b}_\tau(\hat{r},\hat{l})}{\partial\tau} = \frac{1}{2}\sigma_1^2\hat{r}^2(1-\hat{r})^2\frac{\partial^2\hat{b}_\tau(\hat{r},\hat{l})}{\partial\hat{r}^2} + \sigma_1 s\rho\hat{r}(1-\hat{r})\bar{m}\hat{l}^2\frac{\partial^2\hat{b}_\tau(\hat{r},\hat{l})}{\partial\hat{r}\partial\hat{l}} + \frac{1}{2}s^2\bar{m}^2\hat{l}^4\frac{\partial^2\hat{b}_\tau(\hat{r},\hat{l})}{\partial\hat{l}^2}$ $+ \left\lbrace \sigma_1^2\hat{r}(1-\hat{r})^2 - \bar{n}\hat{r}^2\alpha + \left\lbrace\frac{\beta\hat{r}}{\bar{m}\hat{l}}\right. (1-\hat{r})\bar{m}\hat{l} - (1-\hat{l})\bar{n}\hat{r}\left.\right\rbrace + \lambda_1\sigma_1\hat{r}(1-\hat{r})\right\rbrace\frac{\partial\hat{b}_\tau(\hat{r},\hat{l})}{\partial\hat{r}}$ $+ \left\lbrace \frac{(1-\hat{l})(1-\hat{r})\hat{l}}{\bar{n}\hat{r}} - \frac{(1-\hat{l})^2}{\bar{m}} - \frac{s^2\bar{m}^2\hat{l}^4}{1-\hat{l}}\right\rbrace\frac{\partial\hat{b}_\tau(\hat{r},\hat{l})}{\partial\hat{l}} + \frac{\hat{r}-1}{\hat{r}\bar{n}}\hat{b}_\tau(\hat{r},\hat{l}) + c \qquad (192)$

Tabelle 9: Transformierte partielle Differentialgleichungen

Setzt man die Gleichung (143) und Gleichung (144) bis (146) in Gleichung (193) ein, so ergeben sich die in Tabelle 10 zusammengestellten partiellen Differentialgleichungen.

3. Transformation der natürlichen Ränder

Wie wir in Abschnitt 1 dieses Kapitels gesehen haben[1], werden die natürlichen Ränder der partiellen Differentialgleichung ebenfalls transformiert. Zur Verbesserung der Güte der numerischen Lösung wird im folgenden versucht, die transformierten partiellen Differentialgleichungen am neuen transformierten natürlichen Rand zu lösen.

3.1 Ränder der partiellen Differentialgleichungen mit kurz- und langfristigem Zinssatz als Einflußfaktoren

Entsprechend den im Dritten Teil/A/I/1 getroffenen Annahmen bezüglich der Momentanvarianz des langfristigen Zinssatzes können drei verschiedene partielle Differentialgleichungen unterschieden werden. Randbetrachtungen müssen deshalb von den drei unterschiedlichen Differentialgleichungen (190) bis (192) ausgehen. Die verschiedenen natürlichen Randbedingungen sind in Tabelle 11 zusammengestellt. An den unteren transformierten Rändern, also für einen kurz- bzw. langfristigen Zinssatz von "Unendlich", ist der Wert des zugehörigen festverzinslichen Wertpapieres Null. An den oberen transformierten Rändern, also für einen kurz- oder langfristigen Zinssatz von Null, kann die transformierte partielle Differentialgleichung nicht auf einfache Weise gelöst werden. Als natürliche Randbedingungen für die numerische Lösung der transformierten partiellen Differentialgleichungen dienen teilweise die in Tabelle 11 angegebenen partiellen Differentialgleichungen.

3.2 Ränder der partiellen Differentialgleichungen des vereinfachten Bewertungsansatzes

Die natürlichen Randbedingungen für die drei verschiedenen par-

---

1) Vgl. dazu Tabelle 8, S. 142.

$\sigma^r(r)$	Partielle Differentialgleichung
$\sigma_2^r(r) =$ $\sigma_2 \cdot r = \sigma_2 \frac{1-\hat{r}}{\bar{n}\hat{r}}$	$\frac{\partial \hat{b}_\tau^E(\hat{r})}{\partial \tau} = \frac{1}{2}\sigma_2^2 \hat{r}^2 (1-\hat{r})^2 \frac{\partial^2 \hat{b}_\tau^E(\hat{r})}{\partial \hat{r}^2} + \left\{ \sigma_2^2 \hat{r}(1-\hat{r})^2 - \eta \hat{r}\{\nu \bar{n}\hat{r} - 1 + \hat{r}\} + \lambda^E \sigma_2 \hat{r}(1-\hat{r}) \right\} \frac{\partial \hat{b}_\tau^E(\hat{r})}{\partial \hat{r}}$ $+ \frac{\hat{r}-1}{\bar{n}\hat{r}} \hat{b}_\tau^E(\hat{r}) + c$ (194)
$\sigma_3^r(r) =$ $\sigma_2 \sqrt{r} = \sigma_2 \sqrt{\frac{1-\hat{r}}{\bar{n}\hat{r}}}$	$\frac{\partial \hat{b}_\tau^E(\hat{r})}{\partial \tau} = \frac{1}{2}\sigma_2^2 \bar{n}\hat{r}^3 (1-\hat{r}) \frac{\partial^2 \hat{b}_\tau^E(\hat{r})}{\partial \hat{r}^2} + \left\{ \sigma_2^2 \hat{r}^2 (1-\hat{r})\bar{n} - \bar{n}\hat{r}^2 \eta\nu + \eta \hat{r}(1-\hat{r}) + \lambda^E \sigma_2 \sqrt{\bar{n}\hat{r}^3 (1-\hat{r})} \right\} \frac{\partial \hat{b}_\tau^E(\hat{r})}{\partial \hat{r}}$ $+ \frac{\hat{r}-1}{\bar{n}\hat{r}} \hat{b}_\tau^E(\hat{r}) + c$ (195)
$\sigma_4^r(r) = \sigma_2$	$\frac{\partial \hat{b}_\tau^E(\hat{r})}{\partial \tau} = \frac{1}{2}\sigma_2^2 \bar{n}^2 \hat{r}^4 \frac{\partial^2 \hat{b}_\tau^E(\hat{r})}{\partial \hat{r}^2} + \left\{ \bar{n}\hat{r}^2 \{\sigma_2^2 \bar{n}\hat{r} - \eta\nu + \lambda^E \sigma_2\} + \eta \hat{r}(1-\hat{r}) \right\} \frac{\partial \hat{b}_\tau^E(\hat{r})}{\partial \hat{r}}$ $+ \frac{\hat{r}-1}{\bar{n}\hat{r}} \hat{b}_\tau^E(\hat{r}) + c$ (196)

Tabelle 10: Transformierte partielle Differentialgleichungen des vereinfachten Bewertungsansatzes

Ränder der partiellen Differentialgleichung			
$\tau > o$	(190) $\sigma^1 = sl$	(191) $\sigma^1 = s\sqrt{l}$	(192) $\sigma^1 = s$
$\hat{b}_\tau(o,\hat{l})$	o	o	o
$\hat{b}_\tau(\hat{r},o)$	o	o	o
$\hat{b}_\tau(\hat{r},1)$	$\frac{\partial\hat{b}}{\partial\tau} = \frac{1}{2}\sigma_1^2\hat{r}^2(1-\hat{r})^2\frac{\partial^2\hat{b}}{\partial\hat{r}^2} + \left\{\sigma_1^2\hat{r}(1-\hat{r})^2 - \bar{n}\hat{r}\alpha + \hat{r}(1-\hat{r})(\beta+\lambda_1\sigma_1)\right\}\frac{\partial\hat{b}}{\partial\hat{r}} + \frac{\hat{r}-1}{\bar{n}\hat{r}}\hat{b} + c$	$\frac{\partial\hat{b}}{\partial\tau} = \frac{1}{2}\sigma_1^2\hat{r}^2(1-\hat{r})^2\frac{\partial^2\hat{b}}{\partial\hat{r}^2} + \left\{\sigma_1^2\hat{r}(1-\hat{r})^2 - \bar{n}\hat{r}\alpha + \hat{r}(1-\hat{r})(\beta+\lambda_1\sigma_1)\right\}\frac{\partial\hat{b}}{\partial\hat{r}} - s^2\bar{m}\frac{\partial\hat{b}}{\partial\hat{l}} + \frac{\hat{r}-1}{\hat{r}\bar{m}}\hat{b} + c$	$\frac{\partial\hat{b}}{\partial\hat{l}} = o$
$\hat{b}_\tau(1,\hat{l})$	$\frac{\partial\hat{b}}{\partial\tau} = \frac{1}{2}s^2\hat{l}^2(1-\hat{l})^2\frac{\partial^2\hat{b}}{\partial\hat{l}^2} - \left\{\bar{n}\alpha + \frac{\beta\bar{n}(1-\hat{l})}{\bar{m}\hat{l}}\right\}\frac{\partial\hat{b}}{\partial\hat{r}} - \left\{\frac{(1-\hat{l})^2}{\bar{m}} - s^2\hat{l}^2(1-\hat{l})\right\}\frac{\partial\hat{b}}{\partial\hat{l}} + c$	$\frac{\partial\hat{b}}{\partial\tau} = \frac{1}{2}s^2\bar{m}\hat{l}^3(1-\hat{l})\frac{\partial^2\hat{b}}{\partial\hat{l}^2} - \left\{n\alpha + \frac{\beta_1\bar{n}}{\bar{m}\hat{l}}(1-\hat{l})\right\}\cdot\frac{\partial\hat{b}}{\partial\hat{r}} - \left\{\frac{(1-\hat{l})^2}{\bar{m}} + s^2\bar{m}\hat{l}^3\right\}\frac{\partial\hat{b}}{\partial\hat{l}} + c$	$\frac{\partial\hat{b}}{\partial\tau} = \frac{1}{2}s^2\bar{m}^2\hat{l}^4\frac{\partial^2\hat{b}}{\partial\hat{l}^2} - \left\{\bar{n}\alpha + \frac{\beta\bar{n}}{\bar{m}\hat{l}}(1-\hat{l})\right\}\cdot\frac{\partial\hat{b}}{\partial\hat{r}} - \left\{\frac{(1-\hat{l})^2}{\bar{m}} + \frac{s^2\bar{m}\hat{l}^4}{1-\hat{l}}\right\}\frac{\partial\hat{b}}{\partial\hat{l}} + c$

Tabelle 11: Transformierte partielle Differentialgleichungen bzw. deren Lösungen an den transformierten natürlichen Rändern[1)]

1) Zur Berechnung vgl. Anhang III/3.1.

tiellen Differentialgleichungen (194) bis (196) sind in Tabelle 12 zusammengefaßt.

$\tau > o$	Ränder der partiellen Differentialgleichung (194) $\sigma^r = \sigma_2 \cdot r$	(195) $\sigma^r = \sigma_2 \sqrt{r}$	(196) $\sigma^r = \sigma_2$
$\hat{b}^E_\tau(o)$	o	o	o
$\hat{b}^E_\tau(1)$	$\frac{\partial \hat{b}}{\partial \tau} = -\eta\nu\bar{n}\frac{\partial \hat{b}}{\partial \hat{r}} + c$	$\frac{\partial \hat{b}}{\partial \tau} = -\eta\nu\bar{n}\frac{\partial \hat{b}}{\partial \hat{r}} + c$	$\frac{\partial \hat{b}}{\partial \tau} = \frac{1}{2}\sigma_2^2\bar{n}^2\frac{\partial^2 \hat{b}}{\partial \hat{r}^2} + \bar{n}^2\left\{\sigma_2^2 - \eta\nu + \lambda^E\sigma_2\right\}\frac{\partial \hat{b}}{\partial \hat{r}} + c$

<u>Tabelle 12:</u> Transformierte partielle Differentialgleichungen des vereinfachten Bewertungsansatzes bzw. deren Lösungen an den transformierten natürlichen Rändern[1)]

II. Gitterpunktnetze

Nachdem alle Einflußvariablen beschränkt sind, kann der von ihnen aufgespannte beschränkte Raum mit einem Netz von endlich vielen äquidistanten Gitterpunkten überzogen werden.

Die Laufzeit τ ist beschränkt im Intervall $[o, \tau^{max}]$. Dieses Intervall wird mit (K+1) Gitterpunkten belegt, der Abstand zwischen den einzelnen Gitterpunkten ergibt sich zu:

$$\Delta\tau = \frac{\tau^{max}}{K} \tag{197}$$

Die transformierten Zinssatzvariablen $\hat{r}$ bzw. $\hat{1}$ schwanken im Intervall $[o, \hat{r}^{max}]$ bzw. $[o, \hat{1}^{max}]$[2)]. Die Schrittweiten im Netz in der entsprechenden Richtung bei (N+1) bzw. (M+1) Gitterpunkten betragen:

---

1) Vgl. dazu Anhang III/3.2.

2) Aufgrund der Transformationen im Dritten Teil/C/I/1, S. 141f. gilt: $\hat{r}^{max}, \hat{1}^{max} \leq 1$.

$$\Delta\hat{r} = \frac{\hat{r}^{max}}{N} \tag{198}$$

$$\Delta\hat{l} = \frac{\hat{l}^{max}}{M} \tag{199}$$

1. Kurz- und langfristiger Zinssatz als Einflußfaktoren

Von den beiden transformierten Zinssätzen und der Zeit wird ein dreidimensionales Netz von Gitterpunkten aufgespannt (vgl. Abbildung 20). Die einzelnen Gitterpunkte werden durch ihren Index charakterisiert[1]:

$$(n\cdot\Delta\hat{r}, m\cdot\Delta\hat{l}, k\cdot\Delta\tau) = (n,m,k) \quad \text{mit} \begin{cases} o \leq n \leq N \\ o \leq m \leq M \\ o \leq k \leq K \end{cases} \tag{200}$$

Aufgrund der Anfangsbedingung (189) und den Randbedingungen für $\hat{r}$=o bzw. $\hat{l}$=o[2], ist der Wert dieser Gitterpunkte bereits bekannt:

$$\hat{b}_o(n,m) = RZK \quad \text{mit} \begin{cases} o \leq n \leq N \\ o \leq m \leq M \end{cases} \tag{201}$$

$$\hat{b}_k(o,m) = o \quad \text{mit} \begin{cases} o \leq m \leq M \\ 1 \leq k \leq K \end{cases} \tag{202}$$

$$\hat{b}_k(n,o) = o \quad \text{mit} \begin{cases} o \leq n \leq N \\ 1 \leq k \leq K \end{cases} \tag{203}$$

---

1) Die im Bewertungsansatz gewählten Schrittweiten betragen $\Delta\hat{r}=\Delta\hat{l}=0{,}05$ und $\Delta\tau=0{,}5$ Wochen.

2) Vgl. dazu Tabelle 11, S. 147.

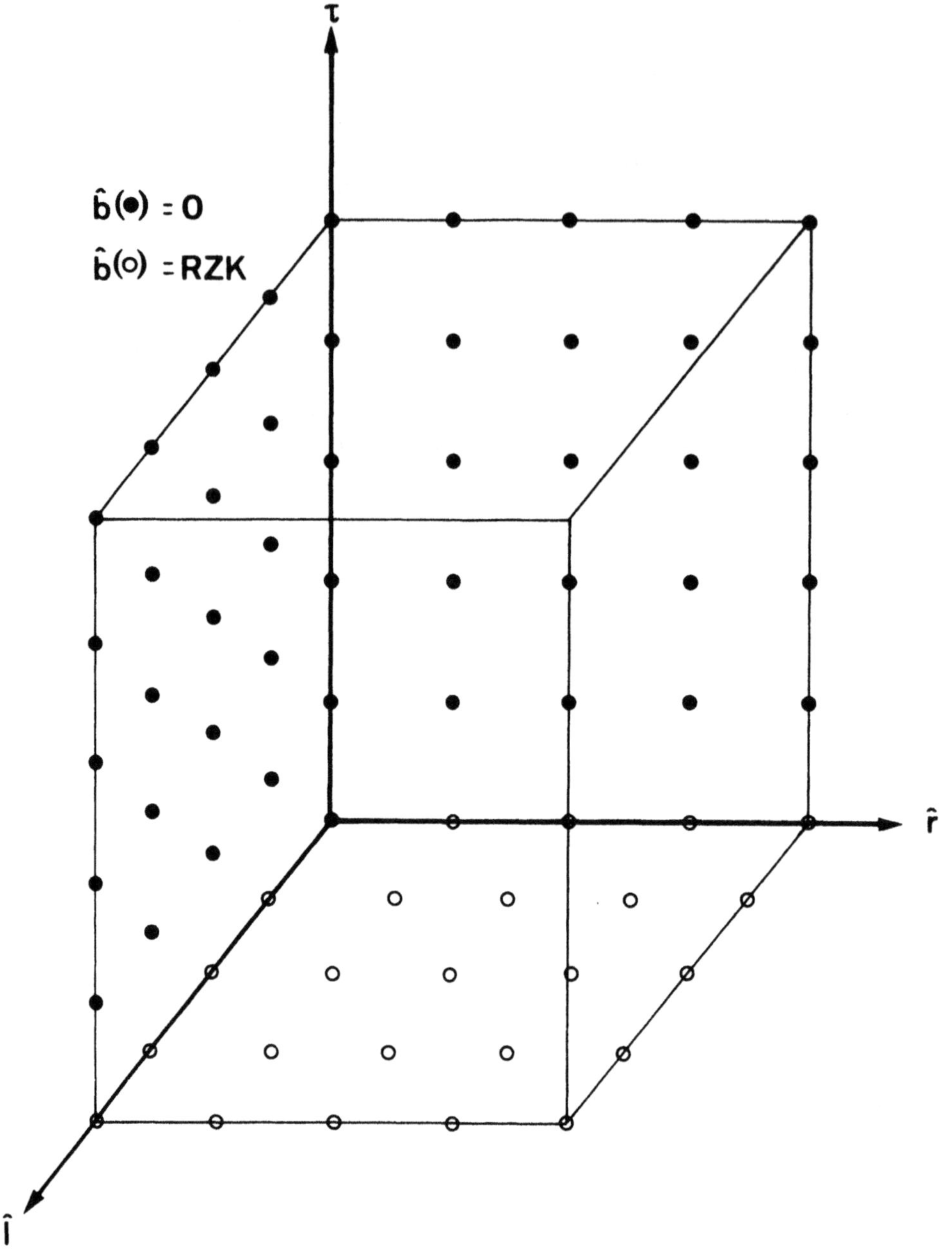

Abbildung 20: Dreidimensionales Raumgitter der partiellen Differentialgleichungen (190) bis (192) mit durch Funktionswerte vorbesetzten Gitterpunkten

2. Vereinfachter Bewertungsansatz

Liegt nur der kurzfristige Zinssatz als Einflußgröße vor, so wird nur ein zweidimensionales Netz von Gitterpunkten benötigt (vgl. Abbildung 21). Auch hier werden die Gitterpunkte durch ihren Index charakterisiert:

$$(n \cdot \Delta\hat{r}, k \cdot \Delta\tau) = (n,k) \quad \text{mit} \begin{cases} o \leq n \leq N \\ o \leq k \leq K \end{cases} \tag{204}$$

Aufgrund der Anfangsbedingung und dem für $\hat{r}=o$ vorbesetzten Rand gilt:

$$\hat{b}_o^E(n) = RZK \quad \text{mit} \quad o \leq n \leq N \tag{205}$$

und

$$\hat{b}_k^E(o) = o \quad \text{mit} \quad 1 \leq k \leq K. \tag{206}$$

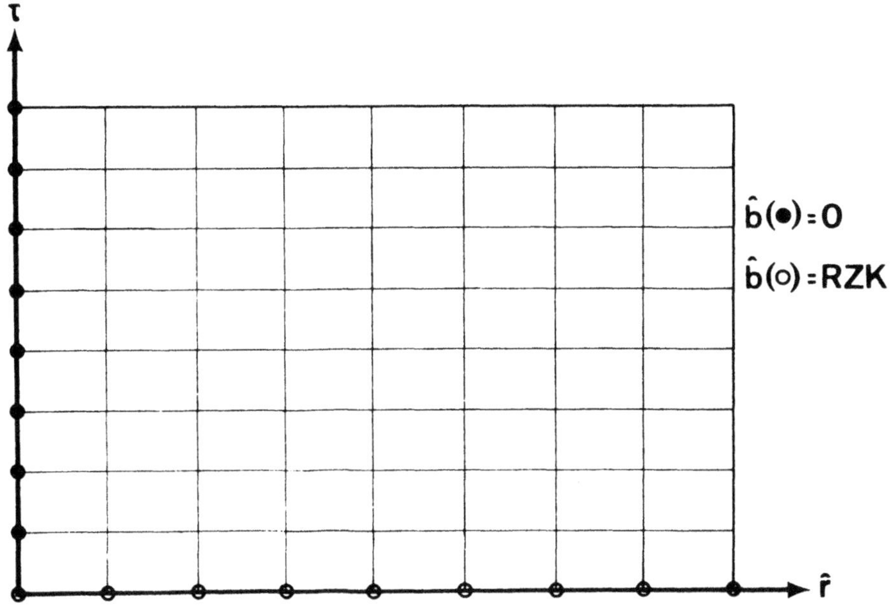

Abbildung 21: Zweidimensionales Raumgitter der partiellen Differentialgleichungen (194) bis (196) mit durch Funktionswerte vorbesetzten Gitterpunkten

III. Approximation durch endliche Differenzen

An den einzelnen Gitterpunkten werden die Differentialquotienten durch Differenzen genähert. Funktionswerte zwischen zwei Gitterpunkten werden mittels Interpolation bestimmt.

1. Approximation der einzelnen Ableitungen

Es treten sowohl Ableitungen nach den transformierten Zinssätzen $\hat{r}$ und $\hat{l}$ sowie nach der Zeit τ auf. Zur Ermittlung der Differenzen bedient man sich einer Taylorreihenentwicklung und schneidet das Restglied ab. Aus dem Glied, nach dem die Taylorreihe abgeschnitten wird, bestimmt sich die Ordnung des Fehlers und die Anzahl der benötigten Differenzen. Die Ordnung des Fehlers und die Anzahl der benötigten Differenzen besitzen eine gegenläufige Tendenz.

Für die hier benötigten Ableitungen 1. Ordnung wird die Taylorreihenentwicklung am Gitterpunkt (n,m,k) nach dem zweiten Glied abgebrochen. Folgende Approximationen werden verwendet:

- Vorwärtsdifferenzen 1. Ordnung[1)]

$$\frac{\partial \hat{b}_k(n,m)}{\partial \hat{r}} = \frac{\hat{b}_k(n+1,m) - \hat{b}_k(n,m)}{\Delta \hat{r}} \qquad (207)$$

- Rückwärtsdifferenzen 1. Ordnung

$$\frac{\partial \hat{b}_k(n,m)}{\partial \hat{r}} = \frac{\hat{b}_k(n,m) - \hat{b}_k(n-1,m)}{\Delta \hat{r}} \qquad (208)$$

- Zentrale Differenzen 1. Ordnung

$$\frac{\partial \hat{b}_k(n,m)}{\partial \hat{r}} = \frac{\hat{b}_k(n+1,m) - \hat{b}_k(n-1,m)}{2\Delta \hat{r}} \qquad (209)$$

---

1) Andere Vorwärtsdifferenzen 1. Ordnung nach der Zeit oder dem transformierten Zinssatz $\hat{l}$ werden analog abgeleitet. Diese Vorgehensweise gilt auch für den Fall eines zweidimensionalen Gitters.

Die bei Vorwärts- und Rückwärtsdifferenzen 1. Ordnung auftretenden Fehler sind von der Größenordnung $O(\Delta.)$, bei den zentralen Differenzen 1. Ordnung belaufen sie sich auf $O((\Delta.)^2)$[1].

Die benötigten Ableitungen 2. Ordnung werden durch die folgenden Differenzen genähert:

- Vorwärtsdifferenzen 2. Ordnung[2]

$$\frac{\partial^2\hat{b}_k(n,m)}{\partial\hat{r}^2} = \frac{\hat{b}_k(n+2,m)-2\hat{b}_k(n+1,m)+\hat{b}_k(n,m)}{(\Delta\hat{r})^2} \tag{210}$$

- Rückwärtsdifferenzen 2. Ordnung

$$\frac{\partial^2\hat{b}_k(n,m)}{\partial\hat{r}^2} = \frac{\hat{b}_k(n,m)-2\hat{b}_k(n-1,m)+\hat{b}_k(n-2,m)}{(\Delta\hat{r})^2} \tag{211}$$

- Zentrale Differenzen 2. Ordnung

$$\frac{\partial^2\hat{b}_k(n,m)}{\partial\hat{r}^2} = \frac{\hat{b}_k(n+1,m)-2\hat{b}_k(n,m)+\hat{b}_k(n-1,m)}{(\Delta\hat{r})^2} \tag{212}$$

Die gemischten Ableitungen 2. Ordnung sind entweder Vorwärts-, Rückwärts- oder zentrale Differenzen 2. Ordnung oder aber Kombinationen aus Vorwärts-, Rückwärts- und zentralen Differenzen 1. Ordnung.
Die dabei auftretenden Fehler sind von der Ordnung $O((\Delta.)^2)$ bzw. $O((\Delta._1+\Delta._2)^2)$.

2. Approximation der partiellen Differentialgleichungen

2.1 Verschiedene Formen der Differenzengleichungen

Parabolische Differentialgleichungen lassen sich entweder durch eine explizite, eine implizite oder eine kombiniert

---

1) Vgl. dazu Carnahan/Luther/Wilkes, 1969, S. 431.

2) Andere Vorwärtsdifferenzen 2. Ordnung nach der Zeit oder dem transformierten Zinssatz $\hat{1}$ werden analog abgeleitet. Diese Vorgehensweise gilt auch für den Fall eines zweidimensionalen Gitters.

explizit-implizite Form der Differenzengleichung darstellen.

2.1.1 Explizite Form der Differenzengleichungen

Explizite Formen sind dadurch charakterisiert, daß die Ableitung nach der Zeit durch eine Vorwärtsdifferenz 1. Ordnung dargestellt wird[1]. Alle anderen Ableitungen werden durch Differenzen auf der Zeitstufe k dargestellt. Ausgehend von der Anfangsbedingung wird durch die Differenzengleichung jeweils ein neuer Wert eines Gitterpunktes aus bekannten alten Gitterpunktfunktionswerten ermittelt. Die unbekannten Gitterpunktfunktionswerte einer Zeitstufe werden nur aus bekannten Werten von Gitterpunkten der vorhergehenden Zeitstufe ermittelt (vgl. Abbildung 22).

2.1.2 Implizite Form der Differenzengleichungen

Implizite Formen sind dadurch gekennzeichnet, daß die Ableitung nach der Zeit durch eine Rückwärtsdifferenz 1. Ordnung dargestellt wird[2] und alle anderen Ableitungen durch Differenzen auf der Zeitstufe k gebildet werden. Zur Erklärung des Wertes eines unbekannten Gitterpunktes der Zeitstufe k werden auch andere unbekannte Werte von Gitterpunkten der Zeitstufe k benötigt. Dadurch entsteht für jede Zeitstufe ein lineares Gleichungssystem, das gelöst werden muß (vgl. Abbildung 23).

2.1.3 Kombiniert explizit-implizite Form der Differenzengleichungen

Dieses auch als ADI-Methode[3] bekannte Verfahren wurde 1955 von Peaceman und Rachford entwickelt[4]. Es gelangt nur dann zur Anwendung, wenn die partielle Differentialgleichung min-

---

1) $\partial\hat{b}_k(n,m)/\partial\tau = \{\hat{b}_{k+1}(n,m) - \hat{b}_k(n,m)\}/\Delta\tau$.

2) $\partial\hat{b}_k(n,m)/\Delta\tau = \{\hat{b}_k(n,m) - \hat{b}_{k-1}(n,m)\}/\Delta\tau$.

3) ADI ist die Abkürzung für "alternating-direction-implicit".

4) Vgl. dazu Peaceman/Rachford, 1955.

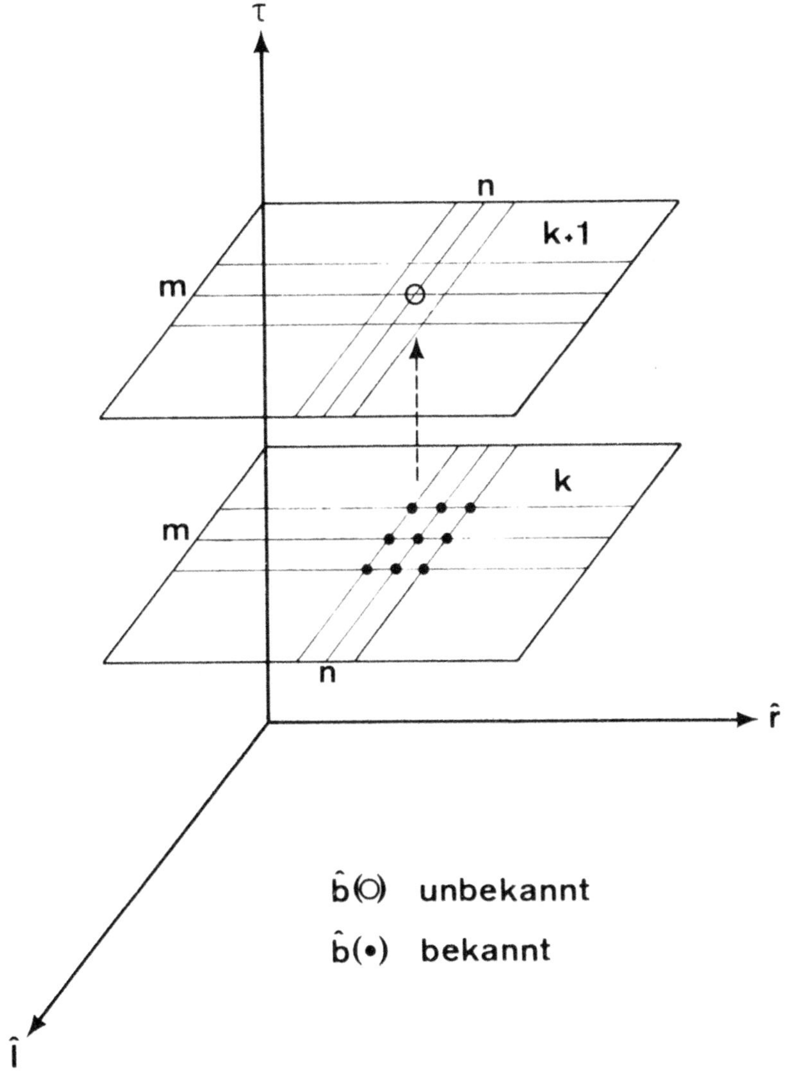

Abbildung 22: Explizite Darstellung von Gitterpunkten[1)]

1) Welche bekannten Gitterpunktfunktionswerte auf der Zeitstufe k zur Erklärung des unbekannten Wertes eines Gitterpunktes auf der Zeitstufe k+1 herangezogen werden, hängt von den verwendeten Differenzenformen für die Ableitungen nach den Zinssätzen ab.

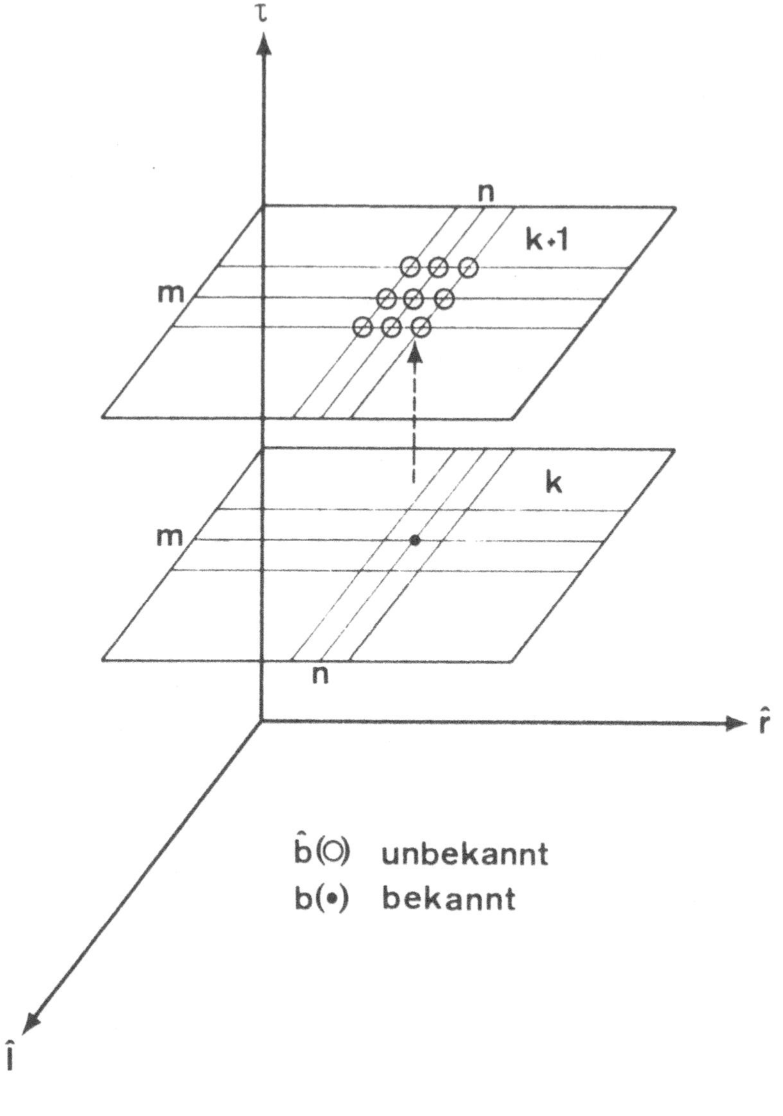

Abbildung 23: Implizite Darstellung von Gitterpunkten[1)]

---

1) Durch welche anderen unbekannten Gitterpunktfunktionswerte derselben Zeitstufe ein unbekannter Wert eines Gitterpunktes erklärt wird, hängt von den verwendeten Differenzenformen für die Ableitungen nach den Zinssätzen ab.

destens zwei "Ortsvariablen" enthält. Die Ableitung nach der Zeit wird immer mittels einer Rückwärtsdifferenz dargestellt. Die Ableitungen nach dem transformierten kurzfristigen Zinssatz werden durch implizite Differenzen auf der Zeitstufe k, Ableitungen nach dem transformierten langfristigen Zinssatz durch explizite Differenzen auf der Zeitstufe k-1 approximiert. Im nächsten Zeitschritt werden die Ableitungen nach dem kurzfristigen Zinssatz durch explizite Differenzen und die nach dem langfristigen Zinssatz durch implizite Differenzen dargestellt. Diese Vorgehensweise wird gewählt, um auf jeder Zeitstufe ein tridiagonales lineares Gleichungssystem zu erhalten. Ein unbekannter Wert eines Gitterpunktes einer Zeitstufe darf also höchstens durch zwei weitere unbekannte Gitterpunktfunktionswerte derselben Zeitstufe erklärt werden (vgl. Abbildung 24).

2.1.4 Vor- und Nachteile der vorgestellten Verfahren

Die explizite Vorgehensweise ist äußerst einfach und erfordert nur einen geringen programmiertechnischen Aufwand. Dem steht allerdings der Nachteil gegenüber, daß in Abhängigkeit der Diskretisierung in Ortsrichtung die Diskretisierung in Zeitrichtung sehr kleine Schrittweiten erfordert, um stabil[1)] und damit (eventuell) konvergent zu sein[2)].

Es läßt sich zeigen, daß bei der impliziten Vorgehensweise zur Erzielung von Konvergenz bei vorgegebener Gitterweite in Ortsrichtung nicht so kleine Zeitschritte wie bei der expliziten Methode erforderlich sind. Dem steht allerdings der Nachteil gegenüber, daß für jede Zeitstufe ein allgemeines lineares Gleichungssystem gelöst werden muß. Bei

---

1) Unter Stabilität wird die Eigenschaft verstanden, daß mit kleiner werdenden Abständen zwischen den Gitterpunkten die bei der Berechnung auftretenden Rundungsfehler nicht über alle Maßen wachsen.

2) Konvergenz liegt vor, wenn die Lösung der Differenzengleichung mit kleiner werdenden Diskretisierungsschritten an den Gitterpunkten gegen die Lösung der zugrundeliegenden Differentialgleichung konvergiert (vgl. dazu Smith, 1978, S. 75-141).

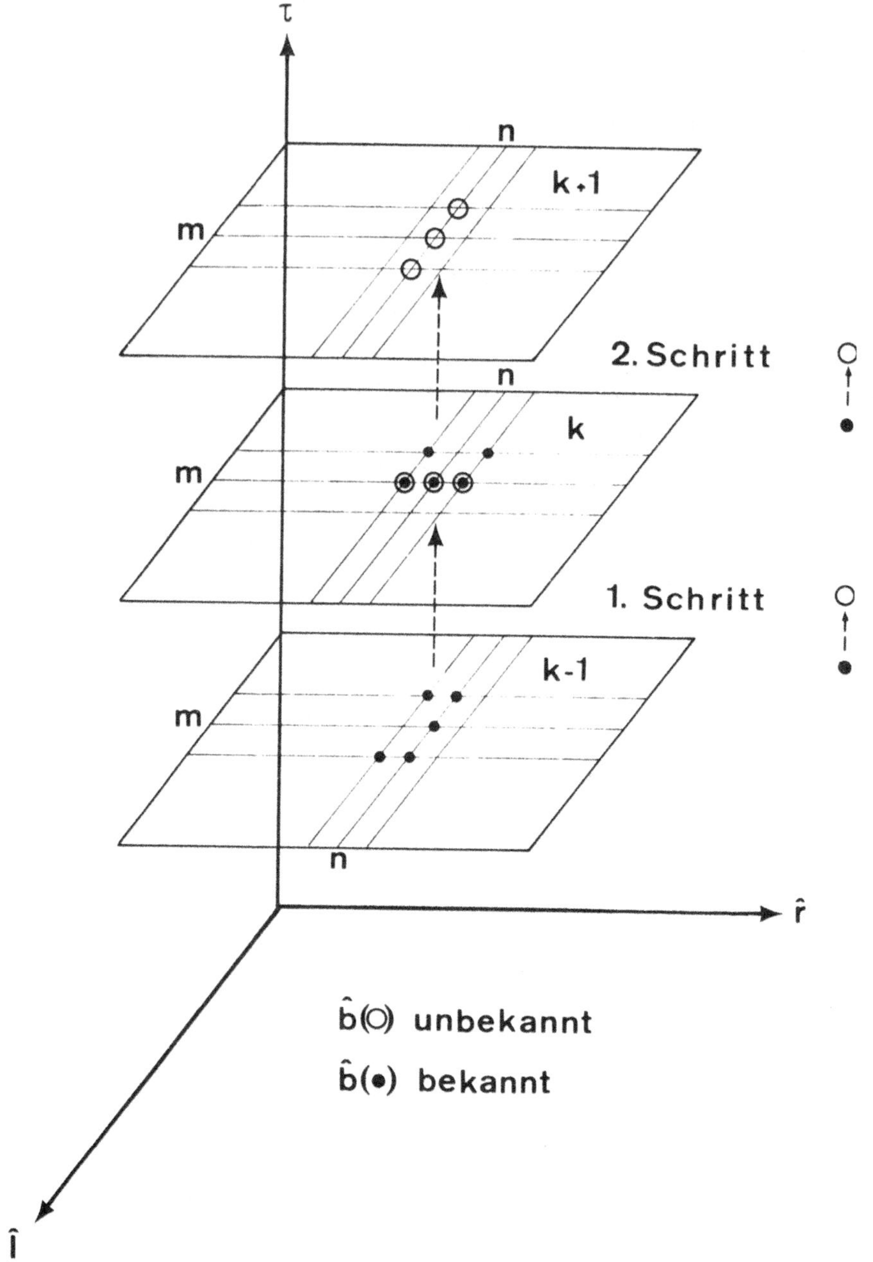

Abbildung 24: Gitterpunktdarstellung eines ADI-Verfahrens mit tridiagonalem Gleichungssystem

mehr als einer Einflußvariablen außer der Zeit ist das entstehende lineare Gleichungssystem in der Regel auch nicht mehr tridiagonal und kann somit nicht sukzessiv[1), sondern nur noch mit den für die Lösung allgemeiner linearer Gleichungssysteme zur Verfügung stehenden Verfahren gelöst werden[2).

Das ADI-Verfahren verbindet den Vorteil, auf jeder Zeitstufe maximal ein tridiagonales Gleichungssystem lösen zu müssen, damit, nicht so kleine Zeitschritte wie ein rein explizites Verfahren zu erfordern[3).

2.2 Kurz- und langfristiger Zinssatz als Einflußfaktoren

Aufgrund der im vorherigen Abschnitt beschriebenen Vorteile des ADI-Verfahrens wird es zur Lösung der partiellen Differentialgleichungen (190) bis (192) verwendet.

2.2.1 Randwerte

Nur die Gitterpunkte der unteren Ränder $\hat{r}=o$ bzw. $\hat{l}=o$ sind mit einem festen bekannten Wert, nämlich Null, vorbesetzt[4). Für die oberen Ränder $\hat{r}=1$ und $\hat{l}=1$ konnten nur Differentialgleichungen ermittelt werden. Da im Fall $\sigma^1(\hat{r},\hat{l})=s$ für $\hat{l}=1$ eine Division durch Null erfolgen müßte, wird der obere Rand auf $\hat{l}=0,9$ begrenzt[5). Bei den für $\hat{l}=0,9$ und $\hat{r}=1,0$ geltenden partiellen Differentialgleichungen werden die Ablei-

---

1) Tridiagonale Gleichungssysteme können sukzessiv mit der Gaußschen Eliminationsmethode einfach und schnell gelöst werden (vgl. dazu Westlake, 1968, S. 4-16).

2) Da solche Methoden sehr viel Speicherplatz benötigen, muß ein großmaschiges Gitter verwendet werden. Die Rechenzeit zur Lösung eines nicht tridiagonalen linearen Gleichungssystems steigt gegenüber einem tridiagonalen System sehr stark an.

3) Vgl. dazu Smith, 1978, S. 37-40, Fairweather/Mitchell, 1967, und McKee/Mitchell, 1970 und 1971.

4) Vgl. dazu Dritter Teil/C/II/1, S. 149f.

5) Vgl. dazu Dritter Teil/C/I/3.1, S. 145. Bereits für $\bar{m}>5$ werden alle langfristigen Zinssätze oberhalb von 2,2% erfaßt, da das Intervall $o\leq\hat{l}\leq 0,9$ nach Gleichung (187), S. 142, mit dem Intervall $0,022\leq l<\infty$ korrespondiert.

tungen nach den Zinssätzen an diesen Rändern ausschließlich durch Rückwärtsableitungen gebildet. So wird das Problem der unbekannten Werte der Randpunkte an diesen Rändern gelöst.

Die unbekannten Werte an den Rändern werden immer durch implizite Rückwärtsdifferenzen dargestellt. Mit der expliziten Darstellung war bei der gewählten Zeitschrittweite von $\Delta\tau$=0,5 Wochen keine Stabilität zu erzielen.

2.2.2 ADI-Verfahren

Die drei zu untersuchenden partiellen Differentialgleichungen (190) bis (192) sind alle von der Form:

$$\begin{aligned}\frac{\partial\hat{b}_\tau(\hat{r},\hat{l})}{\partial\tau} = {} & a^1(\hat{r},\hat{l})\frac{\partial^2\hat{b}_\tau(\hat{r},\hat{l})}{\partial\hat{r}^2} + a^2(\hat{r},\hat{l})\frac{\partial^2\hat{b}_\tau(\hat{r},\hat{l})}{\partial\hat{r}\,\partial\hat{l}} \\ & + a^3(\hat{r},\hat{l})\frac{\partial^2\hat{b}_\tau(\hat{r},\hat{l})}{\partial\hat{l}^2} + a^4(\hat{r},\hat{l})\frac{\partial\hat{b}_\tau(\hat{r},\hat{l})}{\partial\hat{r}} \\ & + a^5(\hat{r},\hat{l})\frac{\partial\hat{b}_\tau(\hat{r},\hat{l})}{\partial\hat{l}} + a^6(\hat{r},\hat{l})\hat{b}_\tau(\hat{r},\hat{l}) + a^7(\hat{r},\hat{l}) \qquad (213)\end{aligned}$$

mit den in den drei partiellen Differentialgleichungen (190) bis (192) verschiedenen $a^i(\hat{r},\hat{l})$, $i\in\{1,\ldots,7\}$. Im Inneren des Definitionsbereiches wird soweit als möglich auf zentrale Ableitungen zurückgegriffen, am unbekannten Rand zwingend auf Rückwärtsableitungen.

Die gewählte Vorgehensweise besteht aus den folgenden Teilschritten (vgl. Abbildung 25):

<u>1. Zeitschritt:</u> (1) Im ersten Schritt wird, ausgehend von den bekannten Werten der Startpunkte $\hat{b}_o(n,m)$= RZK und den bekannten Werten am Rand $\hat{b}_1(n,o)$=o, ein tridiagonales Gleichungssystem für die Gitterpunktfunktionswerte $\hat{b}_1(n,1)$, $o \le n \le N$, durch implizite Differenzendarstellung in $\hat{r}$-Richtung und explizite Darstellung in $\hat{l}$-Richtung aufgestellt und gelöst.

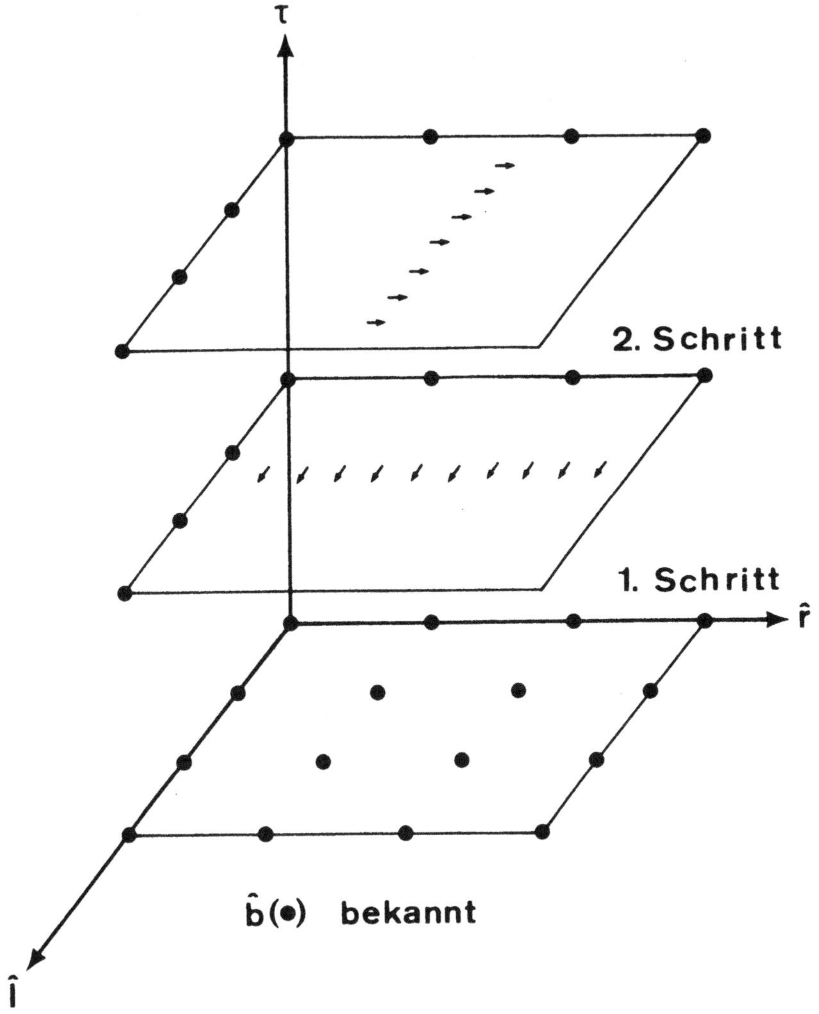

Abbildung 25: Schritte des ADI-Verfahrens

(2) Im nächsten Schritt wird auf derselben Zeitstufe ein tridiagonales Gleichungssystem für die Werte der Gitterpunkte $\hat{b}_1(n,2)$, $o \leq n \leq N$, erstellt und gelöst. Dieses Gleichungssystem greift wiederum nur auf bekannte Werte der Gitterpunkte der vorhergehenden Zeitstufe oder auf bereits ermittelte Gitterpunktfunktionswerte derselben Zeitstufe zurück.

(3) Der zweite Schritt wird solange wiederholt, bis das letzte tridiagonale Gleichungssystem für die Punkte $\hat{b}_1(n,M)$, $o \leq n \leq N$ gelöst ist. Für m=M ($\hat{l}=\hat{l}^{max}$) muß allerdings beachtet werden, daß die Ableitungen nach $\hat{l}$ ausschließlich durch Rückwärtsdifferenzen gebildet werden.

Unter Beachtung der Punkte (1) bis (3) werden die Funktionswerte der Gitterpunkte der Zeitstufe 1 mit folgenden tridiagonalen Gleichungssystemen ermittelt:

Für m=1,...,M gilt (vgl. Tabelle 13):

$$Q^1(n,m)\hat{b}_1(n-1,m) + Q^2(n,m)\hat{b}_1(n,m) + Q^3(n,m)\hat{b}_1(n+1,m) = W_1(n,m) \quad \text{mit} \quad 1 \leq n \leq N-1 \qquad (214)$$

Das Gleichungssystem (214) besteht aus (N-1) Gleichungen für (N-1) Unbekannte, da $\hat{b}_1(o,m)=o$ und $Q^3(N-1,m)=o$ gilt.

<u>2. Zeitschritt:</u> (1) Hier wird, ausgehend von den im 1. Zeitschritt ermittelten Werten $\hat{b}_1(n,m)$ und den bekannten Werten am Rand $\hat{b}_2(o,m)$, ein tridiagonales Gleichungssystem für die Gitterpunktfunktionswerte $\hat{b}_2(1,m)$, $o \leq m \leq M$, durch eine implizite Differenzendarstellung in $\hat{l}$-Richtung und eine explizite Differenzendarstellung in $\hat{r}$-Richtung aufgestellt und gelöst.

(2) Dann werden mit einem tridiagonalen Gleichungssystem die Gitterpunktfunktionswerte $\hat{b}_2(2,m)$, $o \leq m \leq M$, ermittelt. Das tridiagonale Gleichungssystem greift dabei wiederum nur auf bekannte Gitter-

$$Q^1(n,m) = \begin{cases} \dfrac{a^1(n,m)}{(\Delta\hat{r})^2} - \dfrac{a^2(n,m)}{2\Delta\hat{r}\Delta\hat{l}} - \dfrac{a^4(n,m)}{2\Delta\hat{r}} = Q^{1*}(n,m) & \text{für } \begin{cases} 1 \leq n \leq N-2 \\ 1 \leq m \leq M \end{cases} \\[2ex] Q^{1*}(N-1,m) + \dfrac{\dfrac{a^1(N,m)}{(\Delta\hat{r})^2} \cdot \left\{ \dfrac{a^1(N-1,m)}{(\Delta\hat{r})^2} + \dfrac{a^2(N-1,m)}{2\Delta\hat{r}\Delta\hat{l}} + \dfrac{a^4(N-1,m)}{2\Delta\hat{r}} \right\}}{\Delta\tau^{-1} - \dfrac{a^1(N,m)}{(\Delta\hat{r})^2} - \dfrac{a^2(N,m)}{\Delta\hat{r}\Delta\hat{l}} - \dfrac{a^4(N,m)}{\Delta\hat{r}} - a^6(N,m)} & \text{für } \begin{cases} n=N-1 \\ 1 \leq m \leq M \end{cases} \end{cases}$$

$$Q^2(n,m) = \begin{cases} a^6(n,m) - \Delta\tau^{-1} - \dfrac{2a^1(n,m)}{(\Delta\hat{r})^2} = Q^{2*}(n,m) & \text{für } \begin{cases} 1 \leq n \leq N-2 \\ 1 \leq m \leq M \end{cases} \\[2ex] Q^{2*}(N-1,m) - \dfrac{2\left\{\dfrac{a^1(N,m)}{(\Delta\hat{r})^2} + \dfrac{a^2(N,m)}{2\Delta\hat{r}\Delta\hat{l}} + \dfrac{a^4(N,m)}{2\Delta\hat{r}}\right\}\left\{\dfrac{a^1(N-1,m)}{(\Delta\hat{r})^2} + \dfrac{a^2(N-1,m)}{2\Delta\hat{r}\Delta\hat{l}} + \dfrac{a^4(N-1,m)}{2\Delta\hat{r}}\right\}}{\Delta\tau^{-1} - \dfrac{a^1(N,m)}{(\Delta\hat{r})^2} - \dfrac{a^2(N,m)}{\Delta\hat{r}\cdot\Delta\hat{l}} - \dfrac{a^4(N,m)}{\Delta\hat{r}} - a^6(N,m)} & \text{für } \begin{cases} n=N-1 \\ 1 \leq m \leq M \end{cases} \end{cases}$$

$$Q^3(n,m) = \begin{cases} \dfrac{a^1(n,m)}{(\Delta\hat{r})^2} + \dfrac{a^2(n,m)}{2\Delta\hat{r}\Delta\hat{l}} + \dfrac{a^4(n,m)}{2\Delta\hat{r}} & \text{für } \begin{cases} 1 \leq n \leq N-2 \\ 1 \leq m \leq M \end{cases} \\[2ex] 0 & \text{für } \begin{cases} n=N-1 \\ 1 \leq m \leq M \end{cases} \end{cases}$$

Tabelle 13: Parameter des tridiagonalen Gleichungssystems (214)

$$
W_1(n,m) = \begin{cases}
\left\{\frac{a^5(n,m)}{2\Delta\hat{l}} - \frac{a^3(n,m)}{(\Delta\hat{l})^2}\right\}\hat{b}_o(n,m-1) + \left\{\frac{2a^3(n,m)}{(\Delta\hat{l})^2} - \Delta\tau^{-1}\right\}\hat{b}_o(n,m) - \left\{\frac{a^3(n,m)}{(\Delta\hat{l})^2} + \frac{a^5(n,m)}{2\Delta\hat{l}}\right\}\hat{b}_o(n,m+1) & \\
\quad + \frac{a^2(n,m)}{2\Delta\hat{r}\Delta\hat{l}}\left\{\hat{b}_1(n+1,m-1) - \hat{b}_1(n-1,m-1)\right\} - a^7(n,m) = W_1^{1*}(n,m) & \text{für } \begin{cases} 1 \le n \le N-2 \\ 1 \le m \le M-1 \end{cases} \\
W_1^{1*}(N-1,m) - \dfrac{\left\{\frac{a^1(N-1,m)}{(\Delta\hat{r})^2} + \frac{a^2(N-1,m)}{2\Delta\hat{r}\Delta\hat{l}} + \frac{a^4(N-1,m)}{2\Delta\hat{r}}\right\}\left\{- W_1^1(N,m) + \frac{a^2(N,m)}{2\Delta\hat{r}\Delta\hat{l}}\left\{\hat{b}_1(N+1,m-1) - 2\hat{b}_1(N,m-1) + \hat{b}_1(N-1,m-1)\right\}\right\}}{\Delta\tau^{-1} - \frac{a^1(N,m)}{(\Delta\hat{r})^2} - \frac{a^2(N,m)}{\Delta\hat{r}\Delta\hat{l}} - \frac{a^4(N,m)}{\Delta\hat{r}} - a^6(N,m)} & \text{für } \begin{cases} n=N-1 \\ 1 \le m \le M-1 \end{cases} \\
- \frac{a^3(n,M)}{(\Delta\hat{l})^2}\hat{b}_o(n,M-2) + \left\{\frac{2a^3(n,M)}{(\Delta\hat{l})^2} + \frac{a^5(n,M)}{\Delta\hat{l}}\right\}\hat{b}_o(n,M-1) - \left\{\Delta\tau^{-1} + \frac{a^3(n,M)}{(\Delta\hat{l})^2} + \frac{a^5(n,M)}{\Delta\hat{l}}\right\}\hat{b}_o(n,M) & \\
\quad + \frac{a^2(n,M)}{2\Delta\hat{r}\Delta\hat{l}}\left\{\hat{b}_1(n+1,M-1) - \hat{b}_1(n-1,M-1)\right\} - a^7(n,M) = W_1^{2*}(n,M) & \text{für } \begin{cases} 1 \le n \le N-2 \\ m=M \end{cases} \\
W_1^{2*}(N-1,M) - \dfrac{\left\{\frac{a^1(N-1,M)}{(\Delta\hat{r})^2} + \frac{a^2(N-1,M)}{2\Delta\hat{r}\Delta\hat{l}} + \frac{a^4(N-1,M)}{2\Delta\hat{r}}\right\}\left\{- W_1^{2*}(N,M) + \frac{a^2(N,M)}{2\Delta\hat{r}\Delta\hat{l}}\left\{\hat{b}_1(N+1,M-1) - 2\hat{b}_1(N,M-1) + \hat{b}_1(N-1,M-1)\right\}\right\}}{\Delta\tau^{-1} - \frac{a^1(N,M)}{(\Delta\hat{r})^2} - \frac{a^2(N,M)}{\Delta\hat{r}\Delta\hat{l}} - \frac{a^4(N,M)}{\Delta\hat{r}} - a^6(N,M)} & \text{für } \begin{cases} n=N-1 \\ m=M \end{cases}
\end{cases}
$$

Tabelle 13: Parameter des tridiagonalen Gleichungssystems (214)[1] (Fortsetzung)

punktfunktionswerte derselben Zeitstufe oder der vorherigen Zeitstufe zurück.

(3) Der zweite Schritt wird solange wiederholt, bis n=N ($\hat{r}=\hat{r}^{max}$) gilt und somit alle Gitterpunktfunktionswerte dieser Zeitstufe ermittelt sind.

Für n=1,...,N muß das folgende tridiagonale Gleichungssystem gelöst werden (vgl. Tabelle 14):

$$Z^1(n,m)\hat{b}_2(n,m-1) + Z^2(n,m)\hat{b}_2(n,m) + Z^3(n,m)\hat{b}_2(n,m+1) = V_2(n,m) \quad \text{mit} \quad 1 \leq m \leq M-1 \qquad (215)$$

Das Gleichungssystem (215) besitzt (M-1) Gleichungen für (M-1) Unbekannte. Die unteren Randpunkte $\hat{b}_1(n,o)=o$ sind vorgegeben und $Z^3(n,M-1)=o$ gilt.

Der 3. Zeitschritt entspricht in der Vorgehensweise wieder dem 1. Zeitschritt nur um zwei Zeitschritte $\Delta\tau$ versetzt, der 4. Zeitschritt entspricht dem 2. Zeitschritt, etc.[1)].

2.3 Vereinfachter Bewertungsansatz

Die zu lösenden partiellen Differentialgleichungen (194) bis (196) sind alle von der Form:

$$\frac{\partial b_\tau^E(\hat{r})}{\partial \tau} = a^1(\hat{r})\frac{\partial^2 b_\tau^E(\hat{r})}{\partial \hat{r}^2} + a^4(\hat{r})\frac{\partial b_\tau^E(\hat{r})}{\partial \hat{r}} + a^6(\hat{r})\hat{b}_\tau(\hat{r}) + a^7(\hat{r}) \qquad (216)$$

1) Es wurde zuerst versucht, im 3. (4.) Zeitschritt die Randpunkte $\hat{b}_3(n,M)$, $O \leq n \leq N$, ($\hat{b}_4(N,m)$, $O \leq m \leq M$) explizit zu generieren, und dann, auf dieser Zeitstufe beginnend, mit den explizit generierten Randwerten die Gitterpunkte der Zeitebene in umgekehrter Reihenfolge wie im 1. (2.) Zeitschritt mit einem tridiagonalen Gleichungssystem für m=M-1,(-1),1 (n=N-1,(-1),1) zu ermitteln. Doch erwies sich dieses Verfahren bei der gewählten Zeitschrittweite von $\Delta\tau$=0,5 Wochen als zu instabil.

$$z^{1}(n,m) = \begin{cases} \dfrac{a^{3}(n,m)}{(\Delta\hat{l})^{2}} - \dfrac{a^{2}(n,m)}{2\Delta\hat{r}\Delta\hat{l}} - \dfrac{a^{5}(n,m)}{2\Delta\hat{l}} = z^{1*}(n,m) & \text{für } \begin{cases} 1 \leq m \leq M-2 \\ 1 \leq n \leq N \end{cases} \\[2ex] z^{1*}(n,M-1) + \dfrac{\dfrac{a^{3}(n,M)}{(\Delta\hat{l})^{2}} \cdot \left\{ \dfrac{a^{3}(n,M-1)}{(\Delta\hat{l})^{2}} + \dfrac{a^{2}(n,M-1)}{2\Delta\hat{r}\Delta\hat{l}} + \dfrac{a^{5}(n,M-1)}{2\Delta\hat{l}} \right\}}{\Delta\tau^{-1} - \dfrac{a^{3}(n,M)}{(\Delta\hat{l})^{2}} - \dfrac{a^{2}(n,M)}{\Delta\hat{r}\Delta\hat{l}} - \dfrac{a^{5}(n,M)}{\Delta\hat{l}} - a^{6}(n,M)} & \text{für } \begin{cases} m=M-1 \\ 1 \leq n \leq N \end{cases} \end{cases}$$

$$z^{2}(n,m) = \begin{cases} a^{6}(n,m) - \Delta\tau^{-1} - \dfrac{2a^{3}(n,m)}{(\Delta\hat{l})^{2}} = z^{2*}(n,m) & \text{für } \begin{cases} 1 \leq m \leq M-2 \\ 1 \leq n \leq N \end{cases} \\[2ex] z^{2*}(n,M-1) - \dfrac{2\left\{\dfrac{a^{3}(n,M)}{(\Delta\hat{l})^{2}} + \dfrac{a^{2}(n,M)}{2\Delta\hat{r}\Delta\hat{l}} + \dfrac{a^{5}(n,M)}{2\Delta\hat{l}}\right\}\left\{\dfrac{a^{3}(n,M-1)}{(\Delta\hat{l})^{2}} + \dfrac{a^{2}(n,M-1)}{2\Delta\hat{r}\Delta\hat{l}} + \dfrac{a^{5}(n,M-1)}{2\Delta\hat{l}}\right\}}{\Delta\tau^{-1} - \dfrac{a^{3}(n,M)}{(\Delta\hat{l})^{2}} - \dfrac{a^{2}(n,M)}{\Delta\hat{r}\cdot\Delta\hat{l}} - \dfrac{a^{5}(n,M)}{\Delta\hat{l}} - a^{6}(n,M)} & \text{für } \begin{cases} m=M-1 \\ 1 \leq n \leq N \end{cases} \end{cases}$$

$$z^{3}(n,m) = \begin{cases} \dfrac{a^{3}(n,m)}{(\Delta\hat{l})^{2}} + \dfrac{a^{2}(n,m)}{2\Delta\hat{r}\Delta\hat{l}} + \dfrac{a^{5}(n,m)}{2\Delta\hat{l}} & \text{für } \begin{cases} 1 \leq m \leq M-2 \\ 1 \leq n \leq N \end{cases} \\[2ex] 0 & \text{für } \begin{cases} m=M-1 \\ 1 \leq n \leq N \end{cases} \end{cases}$$

<u>Tabelle 14:</u> Parameter des tridiagonalen Gleichungssystems (215)

$$
V_2(n,m) = \begin{cases}
= \left\{ \frac{a^4(n,m)}{2\Delta\hat{r}} - \frac{a^1(n,m)}{(\Delta\hat{r})^2} \right\} \hat{b}_1(n-1,m) + \left\{ \frac{2a^1(n,m)}{(\Delta\hat{r})^2} - \Delta\tau^{-1} \right\} \hat{b}_1(n,m) - \left\{ \frac{a^1(n,m)}{(\Delta\hat{r})^2} + \frac{a^4(n,m)}{2\Delta\hat{r}} \right\} \hat{b}_1(n+1,m) \\
\quad + \frac{a^2(n,m)}{2\Delta\hat{r}\Delta\hat{l}} \left\{ \hat{b}_2(n-1,m+1) - \hat{b}_2(n-1,m-1) \right\} - a^7(n,m) = V_2^{1*}(n,m) & \text{für } \begin{cases} 1 \leq m \leq M-2 \\ 1 \leq n \leq N-1 \end{cases} \\
= V_2^{1*}(n,M-1) - \dfrac{\left\{ \frac{a^3(n,M-1)}{(\Delta\hat{l})^2} + \frac{a^2(n,M-1)}{2\Delta\hat{r}\Delta\hat{l}} + \frac{a^5(n,M-1)}{2\Delta\hat{l}} \right\} \left\{ - V_2^{1*}(n,M) + \frac{a^2(n,M)}{2\Delta\hat{r}\Delta\hat{l}} \left\{ \hat{b}_2(n-1,M+1) - 2\hat{b}_2(n-1,M) + \hat{b}_2(n-1,M-1) \right\} \right\}}{\Delta\tau^{-1} - \frac{a^3(n,M)}{(\Delta\hat{l})^2} - \frac{a^2(n,M)}{\Delta\hat{r}\Delta\hat{l}} - \frac{a^5(n,M)}{\Delta\hat{l}} - a^6(n,M)} \\
 & \text{für } \begin{cases} m=M-1 \\ 1 \leq n \leq N-1 \end{cases} \\
= - \frac{a^1(N,m)}{(\Delta\hat{r})^2} \hat{b}_1(N-2,m) + \left\{ \frac{2a^1(N,m)}{(\Delta\hat{r})^2} + \frac{a^4(N,m)}{\Delta\hat{r}} \right\} \hat{b}_1(N-1,m) - \left\{ \Delta\tau^{-1} + \frac{a^1(N,m)}{(\Delta\hat{r})^2} + \frac{a^4(N,m)}{\Delta\hat{r}} \right\} \hat{b}_1(N,m) \\
\quad + \frac{a^2(N,m)}{2\Delta\hat{r}\Delta\hat{l}} \left\{ \hat{b}_2(N-1,m+1) - \hat{b}_2(N-1,m-1) \right\} - a^7(N,m) = V_2^{2*}(N,m) & \text{für } \begin{cases} 1 \leq m \leq M-2 \\ n=N \end{cases} \\
= V_2^{2*}(N,M-1) - \dfrac{\left\{ \frac{a^3(N,M-1)}{(\Delta\hat{l})^2} + \frac{a^2(N,M-1)}{2\Delta\hat{r}\Delta\hat{l}} + \frac{a^5(N,M-1)}{2\Delta\hat{l}} \right\} \left\{ - V_2^{2*}(N,M) + \frac{a^2(N,M)}{2\Delta\hat{r}\Delta\hat{l}} \left\{ \hat{b}_2(N-1,M+1) - 2\hat{b}_2(N-1,M) + \hat{b}_2(N-1,M-1) \right\} \right\}}{\Delta\tau^{-1} - \frac{a^3(N,M)}{(\Delta\hat{l})^2} - \frac{a^2(N,M)}{\Delta\hat{r}\Delta\hat{l}} - \frac{a^5(N,M)}{\Delta\hat{l}} - a^6(N,M)} \\
 & \text{für } \begin{cases} m=M-1 \\ n=N \end{cases}
\end{cases}
$$

Tabelle 14: Parameter des tridiagonalen Gleichungssystems (215)[1] (Fortsetzung)

1) Zur Berechnung der Parameter vgl. Anhang III/4.1.2.

Sie werden durch implizite Differenzen dargestellt. Die Verwendung expliziter Differenzen ist nicht notwendig, da auch bei ausschließlich impliziten Differenzen aufgrund nur eines Zinssatzes als Einflußvariable immer ein tridiagonales Gleichungssystem entsteht.

Die Ermittlung der Lösung entspricht auf allen Zeitstufen der Vorgehensweise des 1. Zeitschrittes des im vorherigen Abschnitt erläuterten ADI-Verfahrens (vgl. Abbildung 26).

Es wird für jeden Zeitschritt k=1,...,K ausgehend von den bekannten Anfangspunktfunktionswerten oder den im vorhergehenden Zeitschritt ermittelten Gitterpunktfunktionswerten das folgende tridiagonale Gleichungssystem aufgestellt und gelöst (vgl. Tabelle 15):

$$U^1(n)\hat{b}_k^E(n-1) + U^2(n)\hat{b}_k^E(n) + U^3(n)\hat{b}_k^E(n+1) = Y_k(n) \quad \text{mit} \quad 1 \leq n \leq N-1 \qquad (217)$$

Das tridiagonale Gleichungssystem (217) besitzt (N-1) Gleichungen für (N-1) Unbekannte. Die Werte am unteren Rand $\hat{b}_k^E(o)$ sind mit Null vorbesetzt und die Werte am oberen Rand lassen sich durch die bekannten Werte benachbarter Punkte ausdrücken.

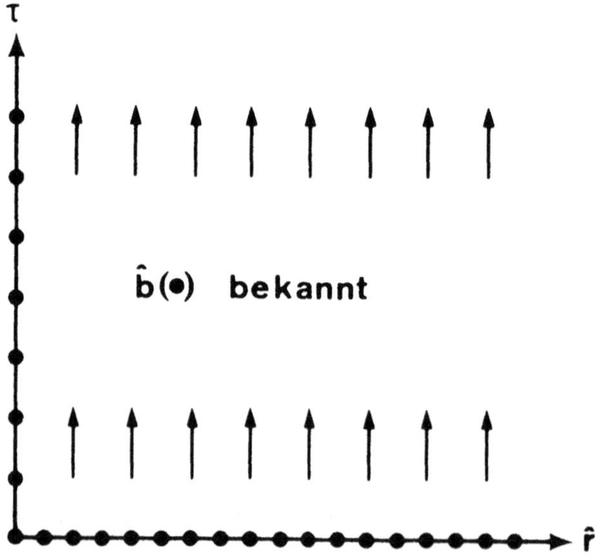

Abbildung 26: Schritte des impliziten Verfahrens

$U^1(n) = \begin{cases} \dfrac{a^1(n)}{(\Delta\hat{r})^2} - \dfrac{a^4(n)}{2\Delta\hat{r}} = U^{1*}(n) \\[2ex] U^{1*}(N-1) + \dfrac{\dfrac{a^1(N)}{(\Delta\hat{r})^2}\left\{\dfrac{a^1(N-1)}{(\Delta\hat{r})^2} + \dfrac{a^4(N-1)}{2\Delta\hat{r}}\right\}}{\Delta\tau^{-1} - \dfrac{a^1(N)}{(\Delta\hat{r})^2} - \dfrac{a^4(N)}{\Delta\hat{r}} - a^6(N)} \end{cases}$	für n=1,...,N-2 für n=N-1
$U^2(n) = \begin{cases} a^6(n) - \dfrac{2a^1(n)}{(\Delta\hat{r})^2} - \Delta\tau^{-1} = U^{2*}(n) \\[2ex] U^{2*}(N-1) - \dfrac{2\left\{\dfrac{a^1(N)}{(\Delta\hat{r})^2} + \dfrac{a^4(N)}{2\Delta\hat{r}}\right\}\left\{\dfrac{a^1(N-1)}{(\Delta\hat{r})^2} + \dfrac{a^4(N-1)}{2\Delta\hat{r}}\right\}}{\Delta\tau^{-1} - \dfrac{a^1(N)}{(\Delta\hat{r})^2} - \dfrac{a^4(N)}{\Delta\hat{r}} - a^6(N)} \end{cases}$	für n=1,...,N-2 für n=N-1
$U^3(n) = \begin{cases} \dfrac{a^1(n)}{(\Delta\hat{r})^2} + \dfrac{a^4(n)}{2\Delta\hat{r}} \\[2ex] 0 \end{cases}$	für n=1,...,N-2 für n=N-1
$Y_k(n) = \begin{cases} -\Delta\tau^{-1}\,\hat{b}^E_{k-1}(n) - a^7(n) = Y^*_k(n) \\[2ex] Y^*_k(N-1) - \dfrac{\left\{\dfrac{a^1(N-1)}{(\Delta\hat{r})^2} + \dfrac{a^4(N-1)}{2\Delta\hat{r}}\right\}\left\{\Delta\tau^{-1}\hat{b}^E_{k-1}(N) + a^7(N)\right\}}{\Delta\tau^{-1} - \dfrac{a^1(N)}{(\Delta\hat{r})^2} - \dfrac{a^4(N)}{\Delta\hat{r}} - a^6(N)} \end{cases}$	für n=1,...,N-2 für n=N-1

Tabelle 15: Parameter des tridiagonalen Gleichungssystems (217) [1]

1) Zur Berechnung der Parameter vgl. Anhang III/4.2.

VIERTER TEIL

EMPIRISCHE ERGEBNISSE

Die im Zweiten Teil abgeleiteten zeitstetigen Bewertungsmodelle für insolvenzrisikofreie festverzinsliche Wertpapiere mit planmäßiger Auslosungstilgung werden nun auf Tilgungsanleihen der Bundesrepublik Deutschland, der Deutschen Bundespost und der Deutschen Bundesbahn angewandt. Von diesen öffentlichen Anleihen wird angenommen, daß sie insolvenzrisikofrei sind. Die zu untersuchenden Tilgungsanleihen sind ausnahmslos Ratenanleihen[1] und durch eine planmäßige Auslosungstilgung gekennzeichnet[2].

Es wird eine Bewertung der Anleihen, basierend auf dem kurz- und langfristigen Zinssatz als Einflußfaktoren, vorgenommen[3]. Dabei werden unterschiedliche Annahmen bezüglich der Momentanvarianzterme und der Driftterme des langfristigen Zinssatzes untersucht[4].

Beim vereinfachten Bewertungsmodell[5] werden verschiedene Momentanvarianzen des kurzfristigen Zinssatzes berücksichtigt[6].

A. Aufbau der Untersuchung

Der Untersuchungszeitraum umfaßt die Jahre 1972 bis 1981. Dieser Zeitraum ist ausreichend, um auf der Basis wöchentlicher Beobachtungen genügend Daten bzw. Bewertungszeit-

---

1) Dies trifft zumindest für alle Tilgungsanleihen des Untersuchungszeitraumes zu.

2) Die meisten dieser Tilgungsanleihen sehen eine zusätzliche Auslosungsmöglichkeit für weitere Serien und deren spätere Anrechenbarkeit vor. Dies wird hier vernachlässigt. Bisher wurde bei den untersuchten Anleihen davon auch kein Gebrauch gemacht.

3) Vgl. dazu Gleichung (63), S. 110, in Verbindung mit Gleichung (76), S. 114.

4) Vgl. dazu Tabelle 4, S. 125.

5) Gleichung (80), S. 117, in Verbindung mit Gleichung (76), S. 114.

6) Vgl. dazu Tabelle 5, S. 127.

punkte zu erhalten[1]. Im gewählten Untersuchungszeitraum lassen sich starke Schwankungen des kurz- und langfristigen Zinssatzes beobachten (vgl. Abbildung 27). Ferner ist der Zeitraum von Januar 1972 bis Mitte 1974, ungefähr das erste Drittel des Untersuchungszeitraumes, durch einen Anstieg der Kapitalmarktzinsen gekennzeichnet, während im zweiten Drittel des Untersuchungszeitraumes die Kapitalmarktzinsen fallen[2]. Das letzte Drittel des Untersuchungszeitraumes ist überwiegend, bis August 1981, durch steigende Kapitalmarktzinsen charakterisiert[3]. Zwischen 1972 und 1981 treten alle Arten von Zinsstrukturkurven auf.

Wie im Dritten Teil bereits dargestellt, muß zuerst eine Schätzung der Parameter des zugrundeliegenden stochastischen Prozesses durchgeführt werden. Erst danach kann eine Ermittlung des Risikoparameters λ_1, des Marktpreises für das kurzfristige Risiko, erfolgen. Nach der Bestimmung dieser Größen kann eine Bewertung der zu untersuchenden Tilgungsanleihen vorgenommen werden.

Aus diesem Grund erfolgt eine Drittelung des Untersuchungszeitraumes. Die verschiedenen untersuchten Modellvarianten, die sich aufgrund der Verwendung von Daten verschiedener Teilzeiträume für die Schätzung der Parameter des zugrundeliegenden stochastischen Prozesses und der Schätzung des Marktpreises des kurzfristigen Risikos ergeben, sind in Tabelle 16 zusammengestellt. Für die eigentliche Bewertung der Tilgungsanleihen wird immer das letzte Drittel, September 1978 bis Dezember 1981, verwandt.

In der Modellvariante M1 werden zunächst, basierend auf den Zinssatzdaten des ersten Drittels, die Parameter des sto-

---

1) Die Untersuchungen gesamtfälliger festverzinslicher Wertpapiere von Brennan/Schwartz auf dem kanadischen bzw. US-amerikanischen Kapitalmarkt greifen zwar auf einen etwas längeren Untersuchungszeitraum zurück (1964-1976 bzw. 1958-1979), verwenden dabei allerdings nur vierteljährliche und monatliche Daten (vgl. dazu Brennan/Schwartz, 1979b und 1982a).

2) Vgl. dazu Deutsche Bundesbank, Monatsberichte, April 1978, S. 11-21.

3) Vgl. dazu Deutsche Bundesbank, Monatsberichte, Januar 1982, S. 14-26.

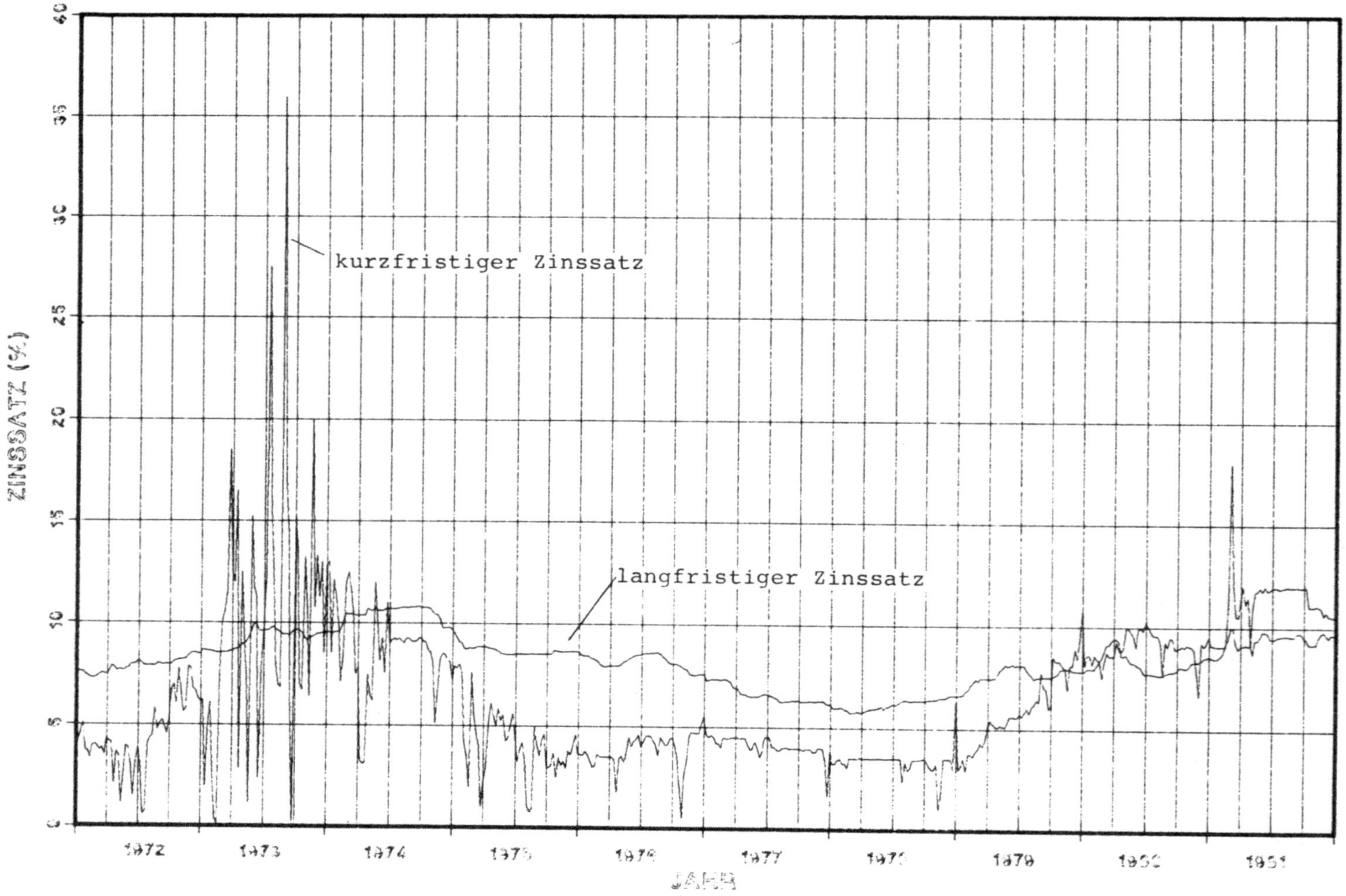

Abbildung 27: Kurz- und langfristiger Zinssatz im Untersuchungszeitraum

Teilperioden Modellvarianten	1.Drittel 1/1972-4/1975	2.Drittel 5/1975-8/1978	3.Drittel 9/1978-12/1981
M1	(1)	(2)	(3)
M2	(1),(2)		(3)
M3	(1)		(2),(3)
M4	-		(1),(2),(3)
M5	-	(1),(2)	(3)
M6	-	(1)	(2),(3)

(1) Ermittlung der Parameter des zugrundeliegenden stochastischen Prozesses

(2) Ermittlung des Marktpreises für das kurzfristige Risiko

(3) Ermittlung des Wertes der zu untersuchenden Tilgungsanleihen

Tabelle 16: Modellvarianten aufgrund unterschiedlicher Perioden der Ermittlung der Parameter des stochastischen Prozesses und des Marktpreises des kurzfristigen Risikos

chastischen Prozesses geschätzt. Mit den so ermittelten Prozeßparametern wird dann aus den Kursdaten im zweiten Drittel der Marktpreis für das kurzfristige Risiko ermittelt. Im dritten Drittel erfolgt dann die Bewertung der Tilgungsanleihen. Eine Vertauschung von Prozeßparameterschätzung und Marktpreisbestimmung des kurzfristigen Risikos ergibt keinen Sinn, da zur Marktpreisbestimmung die Prozeßparameter bereits benötigt werden. Dagegen ist es jedoch möglich - wie in der Modellvariante M2 - die stochastischen Prozeßparameter zunächst mit den Daten des ersten und zweiten Drittels zu ermitteln und dann in einem zweiten Schritt, jedoch aus den Daten desselben Zeitraums, den Marktpreis des kurzfristigen Risikos zu schätzen. In den Modellvarianten M3 bzw. M4 wird untersucht, welche Auswirkungen sich ergeben, wenn der Marktpreis des kurzfristigen Risikos bzw. der Marktpreis des kurzfristigen Risikos und die Prozeßparameter für den Zeitraum geschätzt werden, in dem die eigentliche Bewertung der Tilgungsanleihen erfolgt. Die Modellvarianten M5 und M6 sind durch die nur im ersten Drittel zu beobachtenden außerordentlich starken Schwankungen des kurzfristigen Zinssatzes motiviert (vgl. Abbildung 27)[1]. Sie greifen nicht auf Daten des ersten Drittels zurück. In der Variante M5 werden zunächst die Prozeßparameter und dann der Marktpreis für das kurzfristige Risiko aus den Daten des zweiten Drittels ermittelt. In der Modellvariante M6 wird demgegenüber der Marktpreis für das kurzfristige Risiko aus den Daten des letzten Drittels ermittelt.

Der Erklärungsgehalt der verschiedenen Modellvarianten M1 bis M6 in Kombination mit den unterschiedlichen Voraussetzungen hinsichtlich der stochastischen Prozesse bezüglich r und l wird untersucht. Das auf dem kurz- und langfristigen Zinssatz basierende Bewertungsmodell wird dem vereinfachten Bewertungsansatz gegenübergestellt. Um die Güte der zeitstetigen Arbitrageansätze zur Erklärung des Kurses von Tilgungsanleihen mit planmäßiger Auslosungstilgung beurteilen zu können, ist die Frage zu beantworten: "Im Vergleich womit?" Die Tilgungsanleihen werden deshalb auch mit der gängigen Kapitalwertformel bewertet. Dazu wird zunächst nur der kurz- und/oder langfristige Zinssatz als Kalkulationszinsfuß berücksichtigt, um dieselbe Ausgangsinformation bezüglich des Verlaufs der Zinsstrukturkurven wie im zeitstetigen Bewertungsmodell zu gewährleisten. Ein Vergleich mit der Bewertung der Tilgungsanleihen auf der Basis des Kapitalwertes unter Zugrundelegung der von der Deutschen Bundesbank ermittelten Zinsstrukturkurven schließt die empirische Untersuchung ab.

---

1) Die Bundesbank steuerte insbesondere im Jahr 1973 einen äußerst restriktiven Kurs in der Geldpolitik. Eine Verknappung des Zentralbankgeldes (Kürzung der Rediskontkontingente der Kreditinstitute, Erhöhung der Mindestreservesätze, Nichtgewährung von "normalen" Lombardkrediten) führte zu relativ starken Schwankungen des Tagesgeldzinssatzes als technische Begleiterscheinung der Erfüllung des Reserve-Solls im Monatsdurchschnitt (vgl. dazu Deutsche Bundesbank, Monatsberichte, Februar 1973, S. 10f., Mai 1973, S. 5-7, Juni 1973, S. 5-7, und Dezember 1973, S. 29f.).

B. Datengrundlage

Für den Untersuchungszeitraum werden wöchentliche Zinssatznotierungen und Kursdaten verschiedener Wertpapiere erhoben. Welche Daten für welche Untersuchung verwendet werden, ist aus Tabelle 17 ersichtlich. Die Zinssatznotierungen sind der Frankfurter Allgemeinen Zeitung, die Kursnotierungen den Hoppenstedt Kurstabellen[1] entnommen. Alle Daten stammen vom Börsenplatz Frankfurt/Main. Der Stichtag für die Erhebung der wöchentlichen Notierungen ist Freitag. Liegt für Freitag keine Notierung vor oder existieren nur Taxkurse, so wird das arithmetische Mittel aus vorhergehender Donnerstags- und nachfolgender Montagsnotierung gewählt.

Benötigte Daten zur	Verwandte Daten	
	Zinssätze	Kurse
Schätzung der Parameter des kurzfristigen Zinssatzes	Tagesgeldzinssatz unter Banken	
Schätzung der Parameter des langfristigen Zinssatzes		Kurse gesamtfälliger Anleihen mit längster Restlaufzeit[2]
Schätzung des Marktpreises des kurzfristigen Risikos		Kurse gesamtfälliger Anleihen[2]
Beurteilung der Güte der berechneten Tilgungsanleihenkurse		Kurse der untersuchten Tilgungsanleihen

Tabelle 17: Daten der empirischen Untersuchung

Der Aufbau der benötigten Datendatei erfolgt manuell, da das benötigte Datenmaterial in EDV-kompatibler Form nicht oder nur mit sehr großem finanziellen Aufwand besorgt werden könnte.

---

1) Vgl. dazu Hoppenstedt, Kurstabellen, Januar 1972 - Dezember 1981.

2) Die Anleihen stammen von denselben Emittenten wie die zu untersuchenden Tilgungsanleihen.

I. Kurzfristiger Zinssatz

Für die Ermittlung der Parameter des stochastischen Prozesses des kurzfristigen Zinssatzes wird die Momentanverzinsung benötigt. Die theoretisch benötigte Momentanverzinsung, die risikolose Verzinsung einer Geldeinheit in einer differentiell kleinen Zeiteinheit, kann jedoch nicht direkt beobachtet werden. In der Literatur wird als Ersatz die kontinuierliche Rendite von Wertpapieren mit sehr kurzer Restlaufzeit verwendet[1]. Dieser Weg wird hier nicht gewählt. Das liegt daran, daß in Deutschland die Renditeberechnung aus festverzinslichen Kapitalmarktpapieren mit kurzer Restlaufzeit (weniger als eine Woche) aufgrund einer ausgesetzten Börsennotierung nicht mehr möglich ist oder aber keine (nennenswerten) Umsätze mehr zum notierten Börsenkurs stattfinden. Auch aus den Geldmarktpapieren lassen sich keine (sinnvollen) Renditen für Restlaufzeiten unter einer Woche ermitteln, da diese nicht von Angebot und Nachfrage am Markt bestimmt werden, sondern von der Deutschen Bundesbank und der Privatdiskont AG festgesetzt werden und Notierungen eines Sekundärhandels nicht existieren[2].

Für Tagesgeld unter Banken erfolgt eine marktmäßige Zinsbildung[3]. Die zwischen den Banken an den einzelnen Bankplätzen ausgehandelten Niedrigst- und Höchstsätze für Tagesgeld werden publiziert. Deshalb wird in dieser Arbeit die Momentanverzinsung als die kontinuierliche Rate des arithmetischen Mittels aus Niedrigst- und Höchstsatz des Tagesgeldzinssatzes unter Banken als Durchschnittssatz interpretiert und als Momentanverzinsung gewählt[4] (vgl. Abbildung 28).

---

1) Vgl. dazu Vasicek, 1977, S. 178. Brennan/Schwartz verwenden als Substitut für die Momentanverzinsung bei ihren Untersuchungen auf dem kanadischen bzw. US-amerikanischen Kapitalmarkt die kontinuierlichen Renditen von "30-day Canadian Bankers' Acceptances" bzw. von "US-Treasury Bills" mit einer Restlaufzeit von 30 Tagen (vgl. dazu Brennan/Schwartz, 1979b, S. 144, und 1982a, S. 306).

2) Vgl. dazu Kühnen, in: Christians, 1980, S. 296-301, und Wittgen, in: Obst/Hintner, 1982, S. 762-768.

3) Vgl. dazu Wittgen, in: Obst/Hintner, 1982, S. 767.

4) Es werden auch die Tagesgeldzinssätze unter Banken am Düsseldorfer Bankplatz dem Handelsblatt entnommen. Es treten jedoch nur äußerst geringe Unterschiede auf.

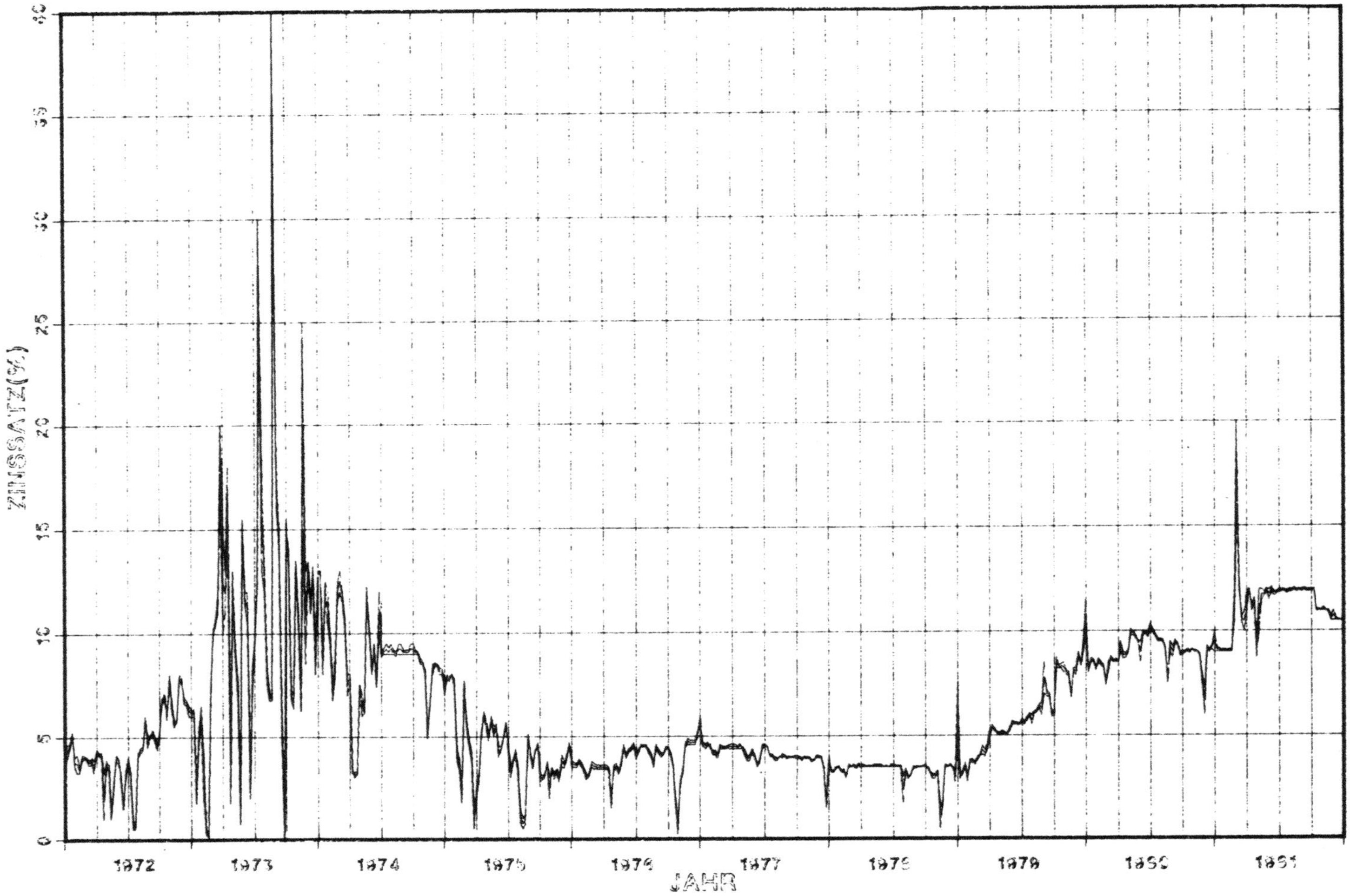

Abbildung 28: Höchst-, Mittel- und Niedrigst-Tagesgeldzinssätze

II. Kurse

Kursnotierungen werden für die Ermittlung des langfristigen Zinssatzes, für die Schätzung des Marktpreises des kurzfristigen Risikos und zum Vergleich der berechneten Kurswerte der untersuchten Tilgungsanleihen mit den tatsächlichen Werten benötigt.

Um eventuelle Übertragungsfehler der Kursnotierungen so gering wie möglich zu halten, werden alle erfaßten Kursnotizen kontrolliert. Mittels eines Prüfungsprogramms werden alle auftretenden Kursnotierungsdifferenzen[1], die betragsmäßig größer sind als 1,50 DM, erfaßt. Die zugehörigen Kursnotierungen werden erneut kontrolliert. Liegt der Abweichung kein Übertragungsfehler zugrunde, werden die Hoppenstedt-Kursnotierungen mit anderen Kursnotierungen der Frankfurter Börse verglichen und gegebenenfalls korrigiert[2].

1. Kurse für die Ermittlung des langfristigen Zinssatzes

Auf dem deutschen Kapitalmarkt existieren keine Rentenanleihen. Deswegen muß für den langfristigen Zinssatz - genauso wie für den kurzfristigen Zinssatz - eine Approximation gefunden werden. Der langfristige Zinssatz determiniert den Endpunkt der Zinsstrukturkurve für eine unendlich lange Restlaufzeit. Da dieser Punkt mangels fehlender Rentenanleihen für den deutschen Kapitalmarkt nicht ermittelt werden kann, werden die internen Verzinsungen derjenigen Anleihen als Substitut gewählt, die zum jeweiligen Untersuchungszeitpunkt die längste Restlaufzeit aufweisen[3].

---

1) Laufende Kursnotierung minus Kursnotierung der Vorwoche.

2) Die Hoppenstedt Kurstabellen März 1981, April 1981 und Mai 1981 enthalten teilweise falsche Kursnotierungen.

3) Die Verwendung von Renditen festverzinslicher Wertpapiere mit langer Restlaufzeit als Substitut für die Rendite nicht existierender Rentenanleihen ist in der Literatur gebräuchlich (vgl. dazu Brennan/ Schwartz, 1979a, S. 56, und 1982a, S. 306).

Dazu werden für jeden Zeitpunkt des Untersuchungszeitraumes die gesamtfälligen festverzinslichen Wertpapiere mit der längsten Restlaufzeit der Bundesrepublik Deutschland, der Deutschen Bundesbahn und der Deutschen Bundespost ermittelt (vgl. Abbildung 29). Es zeigt sich, daß während des gesamten Untersuchungszeitraumes mindestens ein Wertpapier mit einer Restlaufzeit von mehr als zehn Jahren existiert. Auf Grundlage der Anleihebedingungen und des aktuellen Kurses dieses Wertpapieres wird die auf eine äquivalente kontinuierliche Rate umgerechnete interne Verzinsung als Substitut des langfristigen Zinssatzes verwendet. Stückzinszahlungen werden dabei berücksichtigt, Transaktionskosten nicht.

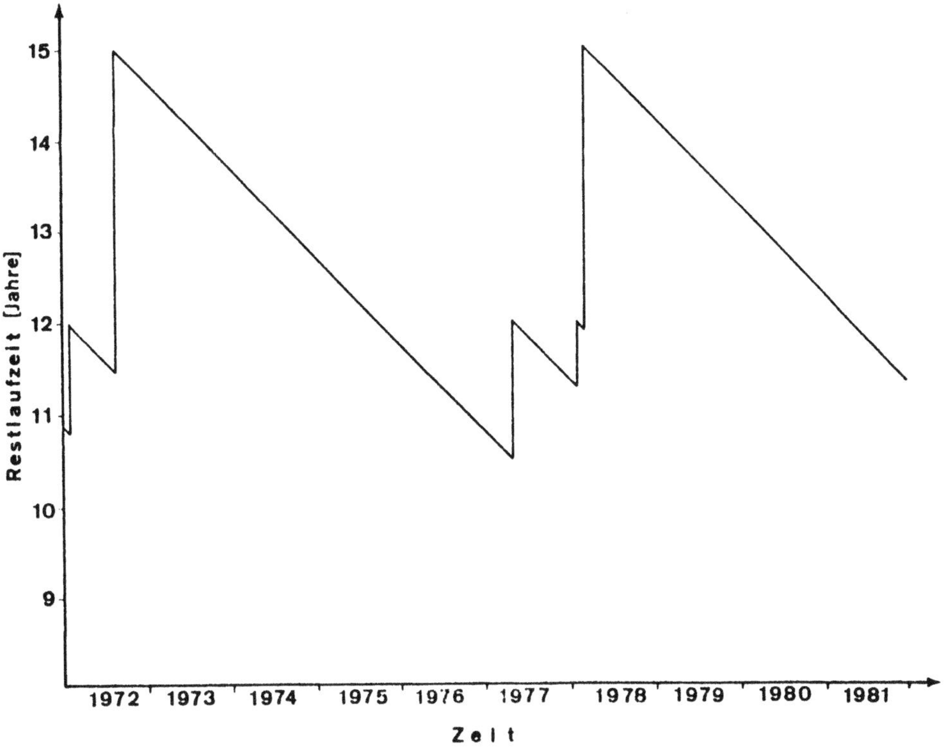

Abbildung 29: Längste Restlaufzeiten innerhalb der Gruppe der gesamtfälligen festverzinslichen Wertpapiere der Bundesrepublik Deutschland, der Deutschen Bundespost und der Deutschen Bundesbahn

2. Kurse für die Ermittlung des Marktpreises des kurzfristigen Risikos

Wie im Dritten Teil/B beschrieben, wird der Marktpreis für das kurzfristige Risiko so geschätzt, daß die summierten quadrierten Abweichungen zwischen berechneten Kurswerten und den Kurswerten eines Referenzportefeuilles minimal werden. Es wird ein Referenzportefeuille gewählt, um mittels des Diversifikationseffektes dem "Fehler-in-den-Variablen-Problem" Rechnung zu tragen[1].

Das Referenzportefeuille, bestehend aus gesamtfälligen Wertpapieren der Bundesrepublik Deutschland, der Deutschen Bundespost sowie der Deutschen Bundesbahn, wird so zusammengestellt, daß neben der gesamten Spannweite der am Markt auftretenden Nominalverzinsungen auch die am Markt vorkommenden unterschiedlichen Restlaufzeiten sich im Referenzportefeuille widerspiegeln. Hierzu werden neun Restlaufzeitklassen gebildet: Klasse 1 mit Restlaufzeiten zwischen 1/2 und 1 1/2 Jahren, Klasse 2 mit Restlaufzeiten zwischen 1 1/2 und 2 1/2 Jahren,..., Klasse 9 mit Restlaufzeiten zwischen 8 1/2 und 9 1/2 Jahren. Zu den einzelnen Beobachtungs- und Bewertungszeitpunkten wird aus jeder Restlaufzeitklasse ein Wertpapier[2] ausgewählt, so daß das Referenzportefeuille zu jedem Zeitpunkt aus neun Wertpapieren besteht (vgl. Abbildung 30)[3]. Die Zusammensetzung des Referenzportefeuilles ändert sich dabei im Zeitablauf.

Wie aus Tabelle 16 (S. 173) ersichtlich, wird der Marktpreis für das kurzfristige Risiko auf Basis der Wertpapier-

---

1) Vgl. dazu Vierter Teil/D, S. 201-206.

2) In den Monaten September 1976, April bis Juli 1977, April bis Juli 1978 sowie Juli und August 1979, 1980 und 1981 sind nur acht verschiedene Restlaufzeitklassen besetzt. Eine Restlaufzeitklasse ist doppelt besetzt. Dies liegt daran, daß entweder zu diesen Zeitpunkten kein Wertpapier mit der entsprechenden Restlaufzeit existiert oder zuviele unterschiedliche Wertpapiere notwendig wären, die die für die Referenzportefeuillebewertung notwendige Rechenzeit unverhältnismäßig vergrößern würden.

3) Es werden also 521x9 = 4689 Kurse erfaßt.

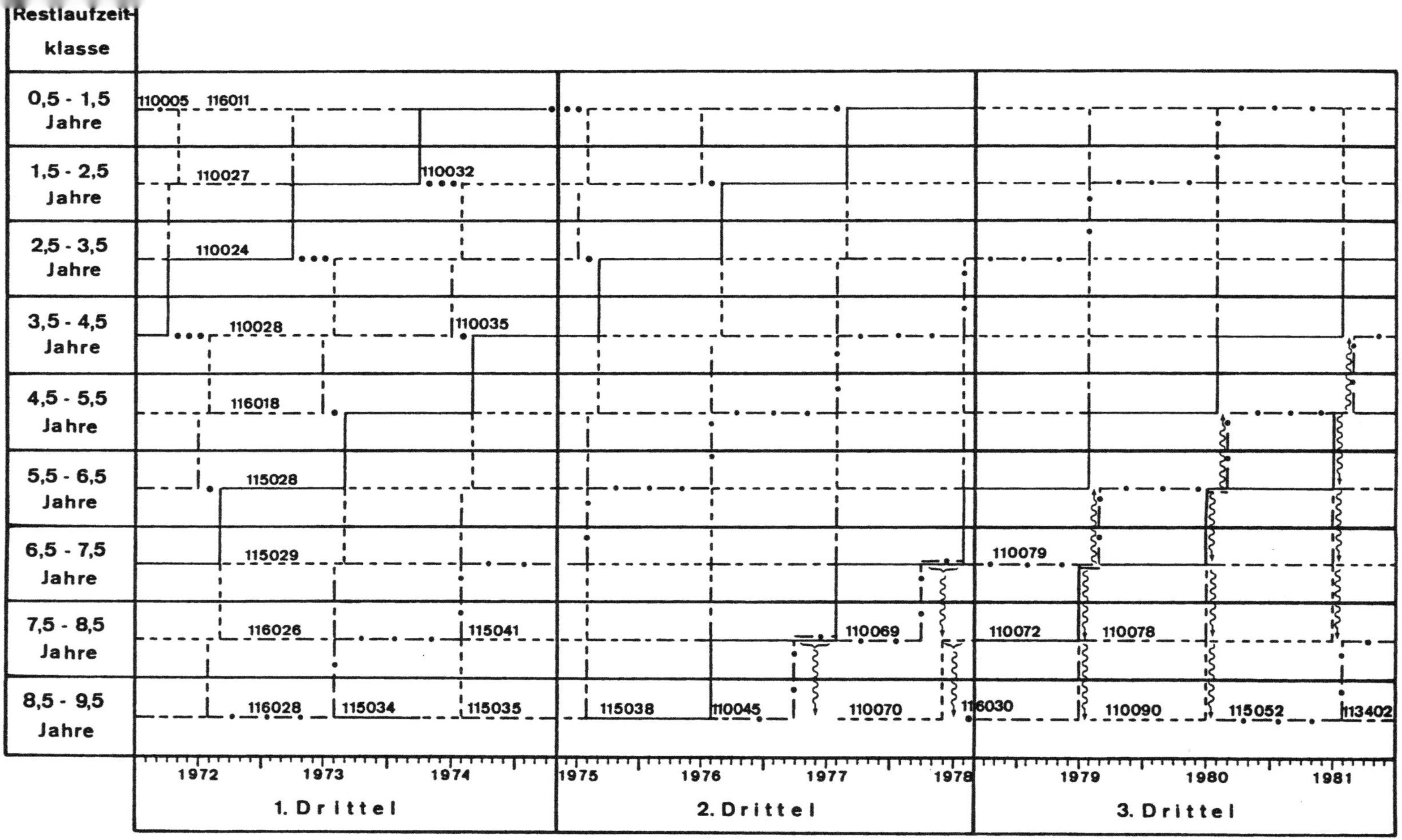

Abbildung 30: Die für die Marktpreisbestimmung des kurzfristigen Risikos verwendeten Wertpapiere mit den zugehörigen Restlaufzeitklassen[1)]

---

1) Vgl. dazu Anhang IV/1.

kurse unterschiedlicher Teiluntersuchungszeiträume geschätzt. Das Referenzportefeuille für Marktpreisschätzungen aus dem ersten und zweiten Drittel besteht aus 20 verschiedenen Wertpapieren, aus dem zweiten Drittel aus 15 verschiedenen Wertpapieren und aus dem dritten Drittel aus 12 verschiedenen Wertpapieren[1].

3. Kurse der Tilgungsanleihen

Es werden alle Kurse der nach August 1978 noch ausstehenden Tilgungsanleihen der Bundesrepublik Deutschland, der Deutschen Bundesbahn und der Deutschen Bundespost im letzten Drittel des Untersuchungszeitraumes erfaßt. Dies sind insgesamt 21 Tilgungsanleihen[2]. Bei acht Tilgungsanleihen, die innerhalb des Untersuchungszeitraumes auslaufen, steht im Erfassungszeitraum nur noch eine Serie aus[3]. Die anderen dreizehn Tilgungsanleihen bestehen aus zwei bis zehn ausstehenden Serien[4].

---

1) Im Anhang IV/1 sind die im Referenzportefeuille enthaltenen Wertpapiere zusammengestellt. Zu beachten ist dabei, daß einzelne Wertpapiere sich nicht zwingend während eines zusammenhängenden Zeitraumes im Referenzportefeuille befinden.

2) Vgl. dazu Anhang I.

3) Es werden 363 Kurse erfaßt.

4) Es werden 13x174 = 2262 Kurse erfaßt.

C. Schätzung der Parameter der stochastischen Prozesse

I. Kurz- und langfristiger Zinssatz als Einflußfaktoren

Mittels der dreistufigen Methode der kleinsten Quadrate[1] werden aus den Beobachtungen des kurz- und langfristigen Zinssatzes die Parameter des stochastischen Differentialgleichungssystems ermittelt[2]. Wie im Dritten Teil/A dargestellt, werden insgesamt 24 verschiedene stochastische Differentialgleichungssysteme bzw. die zugehörigen diskreten Approximationen untersucht. Die Schätzungen werden für die in Tabelle 16 (S. 173) aufgeführten Teilzeiträume der Modellvarianten M1 bis M6 durchgeführt. Darüber hinaus erfolgen Schätzungen für den gesamten Untersuchungszeitraum, für Zwei- und Einjahreszeiträume (vgl. Tabellen 18).

1. Kurzfristiger Zinssatz

Alle Schätzergebnisse der Gleichung des kurzfristigen Zinssatzes, die Größen α, β und σ_1, gehen in die ermittelte Bewertungsgleichung für Tilgungsanleihen ein und müssen bestimmt werden.

In den Tabellen 18 sind die Schätzwerte für drei verschiedene Momentanvarianzterme des langfristigen Zinssatzes bei Verwendung der "besten" Drifthypothese der jeweiligen Untersuchungsperiode aufgeführt. Da jedoch in allen Differentialgleichungssystemen die Gleichung für den kurzfristigen Zinssatz dieselbe ist[3], sind die durch die dreistufige Methode der kleinsten Quadrate bewirkten Schwankungen der Schätzwerte der Gleichung des kurzfristigen Zinssatzes aufgrund verschiedener Gleichungen des langfristigen Zinssatzes zwischen den einzelnen Differentialgleichungssystemen gering.

---

1) Vgl. dazu Dritter Teil/A/III/1.1, S. 133f.

2) Die Berechnungen werden mittels der "SYSREG-Procedure" des Statistical Analysis System (SAS) des SAS Institute Inc. auf der Rechenanlage der Universität Dortmund (IBM/370-158) durchgeführt.

3) Vgl. dazu die Gleichungen (150) und (152), S. 129.

Untersuchungsperiode	Momentan-std.abw. (1)	Gleichungssystem	Beobachtungsanzahl	α (t-Test)[1]	β (t-Test)	σ_1	s	ρ	R^2 S [2]	kurzfristiger Zinssatz[3] R_1^2	 F-Test[4]	 DW [5] $\rho_{i,i+1}$	langfristiger Zinssatz[3] R_2^2	 F-Test	 DW $\rho_{i,i+1}$
1/1972 - 4/1975 (1.Drittel)	s·1	7		-0,0889 (- 7,63 0,0001)	2,0163 (13,68 0,0001)	1,8508	0,0110	0,0980	0,7654 1,400	0,9068	827,15 0,0001	1,6396 0,1795	0,01	1,49 0,22	1,20 0,40
	s√T	15	173	-0,0889 (- 7,62 0,0001)	2,0161 (13,68 0,0001)	1,8508	0,0033	0,0954	0,7652 1,401	0,9068	827,17 0,0001	1,6396 0,1795	0,01	0,93 0,40	1,20 0,40
	s	23		-0,0889 (- 7,62 0,0001)	2,0162 (13,68 0,0001)	1,8506	0,0010	0,0893	0,7651 1,400	0,9068	827,38 0,0001	1,6399 0,1795	0,01	1,36 0,24	1,20 0,39
5/1975 - 8/1978 (2.Drittel)	s·1	5		-0,0109 (- 5,72 0,0001)	0,3599 (9,99 0,0001)	0,3312	0,0085	0,0366	0,3429 1,106	0,5498	104,43 0,0001	2,0706 -0,0358	0,07	3,05 0,02	1,60 0,20
	s·T	13	174	-0,0109 (- 5,72 0,0001)	0,3600 (9,99 0,0001)	0,3312	0,0022	0,0355	0,3426 1,106	0,5498	104,43 0,0001	2,0706 -0,0358	0,07	2,39 0,04	1,55 0,22
	s	21		-0,0109 (- 5,72 0,0001)	0,3600 (10,00 0,0001)	0,3312	0,0006	0,0342	0,3422 1,106	0,5498	104,43 0,0001	2,0706 -0,0358	0,06	2,92 0,02	1,52 0,24
9/1978 - 12/1981 (3.Drittel)	s·1	3		-0,0005 (- 0,57 0,57)	0,1386 (5,00 0,0001)	0,1455	0,0161	0,0599	0,1341 1,054	0,2453	27,79 0,0001	2,2416 -0,1209	0,05	1,93 0,09	1,50 0,25
	s√T	16	174	-0,0005 (- 0,54 0,59)	0,1378 (4,98 0,0001)	0,1460	0,0054	0,1216	0,1243 1,054	0,2405	27,07 0,0001	2,2486 -0,1244	0,05	3,18 0,03	1,45 0,28
	s	17		-0,0005 (- 0,53 0,60)	0,1365 (4,93 0,0001)	0,1460	0,0016	0,1189	0,1177 1,074	0,2405	27,07 0,0001	2,2486 -0,1244	0,07	2,59 0,03	1,42 0,29
1/1972 - 8/1978 (1. u. 2. Drittel)	s·1	3		-0,0658 (- 9,78 0,0001)	1,6935 (18,94 0,0001)	1,7682	0,0100	0,0731	0,6886 1,098	0,8318	850,89 0,0001	1,4211 0,2886	0,01	0,99 0,43	1,31 0,34
	s√T	16	347	-0,0657 (- 9,77 0,0001)	1,6919 (18,93 0,0001)	1,7632	0,0028	0,0888	0,6877 1,098	0,8319	850,90 0,0001	1,4211 0,2886	0,01	1,28 0,28	1,28 0,36
	s	18		-0,0659 (- 9,79 0,0001)	1,6946 (18,96 0,0001)	1,7682	0,0008	0,0752	0,6877 1,103	0,8319	850,90 0,0001	1,4211 0,2886	0,02	1,29 0,26	1,25 0,37
1972 - 1981	s·1	3		-0,0493 (-10,70 0,0001)	1,4790 (23,69 0,0001)	1,4728	0,0126	0,0602	0,6738 1,110	0,8255	1225,1 0,0001	1,4305 0,2847	0,01	1,41 0,22	1,43 0,28
	s√T	14	521	-0,0493 (-10,69 0,0001)	1,4784 (23,68 0,0001)	1,4730	0,0039	0,0573	0,6737 1,111	0,8254	1224,7 0,0001	1,4304 0,2848	0,02	1,42 0,21	1,39 0,31
	s	22		-0,0493 (-10,69 0,0001)	1,4786 (23,68 0,0001)	1,4730	0,0011	0,0564	0,6738 1,110	0,8254	1224,7 0,0001	1,4304 0,2848	0,02	1,91 0,09	1,38 0,31

Tabelle 18a: Schätzergebnisse des aus kurz- und langfristigem Zinssatz bestehenden stochastischen Differentialgleichungssystems (M1-M6, gesamter Untersuchungszeitraum)

1) Der obere Wert gibt den t-Wert für die Nullhypothese (Parameter=o) an, der Wert darunter bezeichnet die Wahrscheinlichkeit, einen größeren Wert als $|t|$ zu erhalten, wenn die Nullhypothese zutrifft.

2) S bezeichnet die gewichtete Varianz der Störungen des Systems.

3) Isolierte Schätzung.

4) Der obere Wert gibt den F-Wert an, das Verhältnis von erklärter zu unerklärter Varianz. Der untere Wert gibt die Wahrscheinlichkeit an, einen größeren Wert als F zu erhalten, wenn die Nullhypothese zutrifft, d.h. alle Regressionsparameter Null sind.

5) DW bezeichnet den Durbin-Watson-d-Koeffizienten, $\rho_{i,i+1}$ die Autokorrelation erster Ordnung der Störgrößen.

Untersuchungsperiode	Momentan-std.abw. (1)	Gleichungssystem	Beobachtungsanzahl	α (t-Test)[1]	β (t-Test)	σ_1	s	ρ	R^2 S[2]	kurzfristiger Zinssatz[3] R_1^2	F-Test[4]	DW[5] $\rho_{i,i+1}$	langfristiger Zinssatz[3] R_2^2	F-Test	DW $\rho_{i,i+1}$
	s·1	8		-0,1071 (- 7,11) (0,0001)	2,2497 (11,90) (0,0001)	2,0450	0,0104	0,1535	0,7942 1,659	0,9308	678,87 0,0001	2,0647 -0,0329	0,02	1,19 0,31	1,22 0,39
1972 - 1973	s·$\bar{1}$	9	103	-0,1069 (- 7,09) (0,0001)	2,2454 (11,87) (0,0001)	2,0448	0,0029	0,1350	0,7893 1,708	0,9308	679,01 0,0001	2,0651 -0,0330	0,10	2,11 0,07	1,17 0,40
	s	17		-0,1072 (- 7,10) (0,0001)	2,2471 (11,80) (0,0001)	2,0448	0,0008	0,1379	0,7865 1,732	0,9308	679,03 0,0001	2,0652 -0,0330	0,10	2,26 0,05	1,16 -0,41
	s·1	4		-0,0104 (- 2,01) (0,0474)	0,3125 (3,76) (0,0003)	0,4777	0,0097	0,1159	0,1585 1,038	0,2854	20,17 0,0001	2,1554 -0,0851	0,02	0,86 0,43	1,23 0,38
1974 - 1975	s·$\bar{1}$	16	103	-0,0101 (- 1,95) (0,0535)	0,3062 (3,70) (0,0004)	0,4777	0,0030	0,1294	0,1525 1,050	0,2854	20,17 0,0001	2,1554 -0,0851	0,02	0,83 0,48	1,26 0,37
	s	20		-0,0104 (- 2,01) (0,0475)	0,3124 (3,76) (0,0003)	0,4777	0,0009	0,1231	0,1586 1,038	0,2854	20,17 0,0001	2,1554 -0,0851	0,02	0,86 0,4267	1,25 0,37
	s·1	5		-0,0147 (- 9,93) (0,0001)	0,4785 (16,67) (0,0001)	0,1872	0,0088	0,1416	0,6607 1,324	0,8419	271,57 0,0001	1,6118 0,1744	0,06	1,46 0,22	1,45 0,28
1976 - 1977	s·$\bar{1}$	13	104	-0,0147 (- 9,92) (0,0001)	0,4784 (16,67) (0,0001)	0,1872	0,0023	0,1452	0,6600 1,330	0,8419	271,57 0,0001	1,6118 0,1744	0,06	1,25 0,29	1,43 0,28
	s	22		-0,0146 (- 9,91) (0,0001)	0,4781 (16,64) (0,0001)	0,1872	0,0006	0,1109	0,6580 1,332	0,8419	271,57 0,0001	1,6118 0,1744	0,06	1,32 0,26	1,39 0,30
	s·1	3		-0,0060 (- 3,61) (0,0005)	0,2746 (5,29) (0,0001)	0,1710	0,0098	-0,0235	0,1913 1,054	0,2877	20,40 0,0001	2,2824 -0,1530	0,90	2,01 0,08	1,54 0,19
1978 - 1979	s·$\bar{1}$	16	103	-0,0060 (- 3,61) (0,0005)	0,2741 (5,30) (0,0001)	0,1710	0,0026	-0,0858	0,1770 1,057	0,2877	20,40 0,0001	2.2824 -0,1530	0,08	3,04 0,03	1,40 0,27
	s	19		-0,0060 (- 3,59) (0,0005)	0,2736 (5,28) (0,0001)	0,1710	0,0007	-0,0567	0,2017 1,059	0,2877	20,40 0,0001	2,28 -0,1530	0,12	2,11 0,06	1,45 0,24
	s·1	8		-0,0041 (- 3,75) (0,0003)	0,3504 (4,50) (0,0001)	0,0870	0,0190	0,2548	0,1179 1,033	0,1667	10,10 0,0001	1,9704 -0,0041	0,08	4,14 0,02	1,59 0,21
1980 - 1981	s·$\bar{1}$	9	103	-0,0040 (3,55) (0,0006)	0,3351 (4,20) (0,0001)	0,0870	0,0054	0,2184	0,1199 1,061	0,1667	10,10 0,0001	1.9704 -0,0041	0,14	3,19 0,01	1,61 0,19
	s	19		-0,0039 (- 3,45) (0,0008)	0,3236 (4,04) (0,0001)	0,0880	0,0019	0,3223	0,1325 1,044	0,1489	8,83 0,0003	2,00 - 0,018	0,11	2,07 0,06	1,51 0,24

Tabelle 18b: Schätzergebnisse des aus kurz- und langfristigem Zinssatz bestehenden stochastischen Differentialgleichungssystems (Zweijahreszeiträume)

1) Der obere Wert gibt den t-Wert für die Nullhypothese (Parameter=o) an, der Wert darunter bezeichnet die Wahrscheinlichkeit, einen größeren Wert als $|t|$ zu erhalten, wenn die Nullhypothese zutrifft.

2) S bezeichnet die gewichtete Varianz der Störungen des Systems.

3) Isolierte Schätzung.

4) Der obere Wert gibt den F-Wert an, das Verhältnis von erklärter zu unerklärter Varianz. Der untere Wert gibt die Wahrscheinlichkeit an, einen größeren Wert als F zu erhalten, wenn die Nullhypothese zutrifft, d.h. alle Regressionsparameter Null sind.

5) DW bezeichnet den Durbin-Watson-d-Koeffizienten, $\rho_{i,i+1}$ die Autokorrelation erster Ordnung der Störgrößen.

Untersuchungsperiode	Momentan-std.abw. (1)	Gleichungssystem	Beobachtungsanzahl	α (t-Test)[1]	β (t-Test)	σ_1	s	ρ	R^2 S[2]	kurzfristiger Zinssatz[3]			langfristiger Zinssatz[3]		
										R_1^2	F-Test[4]	$DW_{i,i+1}$[5]	R_2^2	F-Test	$DW_{i,i+1}$
	s·1	2		-0,0107 (- 1,60) (0,1153)	0,3450 (3,12) (0,0031)	0,5335	0,0094	0,1882	0,2842 1,059	0,4034	16,57 0,0001	2,3920 -0,1968	0,06	1,43 0,25	1,28 0,34
1972	s√T	12	52	-0,0107 (- 1,60) (0,1154)	0,3448 (3,11) (0,0031)	0,5335	0,0026	0,1922	0,2852 1,060	0,4034	16,57 0,0001	2,3920 -0,1968	0,06	0,99 0,41	1,28 0,34
	s	20		-0,0107 (- 1,60) (0,1154)	0,3447 (3,11) (0,0031)	0,5335	0,0007	0,1924	0,2847 1,059	0,4036	16,58 0,0001	2,3915 -0,1966	0,06	1,45 0,25	1,24 0,34
	s·1	8		-0,1354 (- 4,34) (0,0001)	2,6139 (6,82) (0,0001)	2,6714	0,0103	0,1256	0,8156 1,728	0,9393	379,03 0,0001	2,2529 -0,1268	0,17	5,01 0,01	1,12 0,44
1973	s√T	15	52	-0,1351 (- 4,33) (0,0001)	2,6114 (6,81) (0,0001)	2,6714	0,0031	0,1213	0,8076 1,783	0,9393	379,03 0,0001	2,2529 -0,1268	0,17	5,09 0,01	1,11 0,44
	s	24		-0,1354 (- 4,34) (0,0001)	2,6131 (6,82) (0,0001)	2,6714	0,0009	0,1173	0,8154 1,728	0,9393	379,03 0,0001	2,2529 -0,1268	0,18	5,24 0,01	1,10 0,45
	s·1	1		-0,0035 (- 0,86) (0,3933)	0,2805 (2,94) (0,0050)	0,2519	0,0111	0,3880	0,1322 1,061	0,2292	7,28 0,0017	2,0286 -0,0407	0,09	2,54 0,09	1,22 0,38
1974	s√T	12	52	-0,0035 (- 0,86) (0,3924)	0,2809 (2,94) (0,0049)	0,2519	0,0034	0,3757	0,1323 1,059	0,2292	7,28 0,0017	2,0286 -0,0407	0,10	1,81 0,16	1,25 0,37
	s	20		-0,0034 (- 0,85) (0,3977)	0,2790 (2,93) (0,0052)	0,2519	0,0011	0,3937	0,1302 1,061	0,2292	7,28 0,0017	2,0286 -0,0407	0,09	2,47 0,10	1,25 0,37
	s·1	3		-0,0179 (- 1,87) (0,0670)	0,4199 (2,83) (0,0067)	0,6185	0,0047	-0,0726	0,4578 1,095	0,3078	10,89 0,0001	2,1803 -0,0912	0,56	11,53 0,0001	2,00 -0,02
1975	s√T	13	52	-0,0179 (- 1,88) (0,0662)	0,4209 (2,84) (0,0066)	0,6185	0,0013	-0,0584	0,4671 1,138	0,3078	10,89 0,0001	2,1803 -0,0912	0,60	13,94 0,0001	2,01 -0,01
	s	18		-0,0179 (- 1,87) (0,0669)	0,4201 (2,83) (0,0067)	0,6185	0,0004	-0,0632	0,5076 1,096	0,3078	10,89 0,0001	2,1803 -0,0912	0,62	12,26 0,0001	2,03 -0,02
	s·1	1		-0,0285 (- 8,43) (0,0001)	0,6902 (12,04) (0,0001)	0,2350	0,0075	0,0412	0,7492 1,083	0,8601	153,66 0,0001	1,5629 0,2090	0,04	1,17 0,32	0,82 0,59
1976	s√T	12	53	-0,0285 (- 8,43) (0,0001)	0,6903 (12,05) (0,0001)	0,2350	0,0021	0,0603	0,7490 1,088	0,8601	153,66 0,0001	1,5629 0,2090	0,05	0,88 0,46	0,83 0,58
	s	20		-0,0285 (8,43) (0,0001)	0,6902 (12,04) (0,0001)	0,2350	0,0006	0,0442	0,7492 1,083	0,8601	153,66 0,0001	1,5629 0,2090	0,04	1,15 0,33	0,81 0,60

Tabelle 18c: Schätzergebnisse des aus kurz- und langfristigem Zinssatz bestehenden stochastischen Differentialgleichungssystems (Einjahreszeiträume)

---

1) Der obere Wert gibt den t-Wert für die Nullhypothese (Parameter=o) an, der Wert darunter bezeichnet die Wahrscheinlichkeit, einen größeren Wert als $|t|$ zu erhalten, wenn die Nullhypothese zutrifft.

2) S bezeichnet die gewichtete Varianz der Störungen des Systems.

3) Isolierte Schätzung.

4) Der obere Wert gibt den F-Wert an, das Verhältnis von erklärter zu unerklärter Varianz. Der untere Wert gibt die Wahrscheinlichkeit an, einen größeren Wert als F zu erhalten, wenn die Nullhypothese zutrifft, d.h. alle Regressionsparameter Null sind.

5) DW bezeichnet den Durbin-Watson-d-Koeffizienten, $\rho_{i,i+1}$ die Autokorrelation erster Ordnung der Störgrößen.

Untersuchungsperiode	Momentan-std.abw. (1)	Gleichungssystem	Beobachtungsanzahl	α (t-Test)[1]	β (t-Test)	σ_1	s	ρ	R^2 S[2]	kurzfristiger Zinssatz[3] R_1^2	F-Test[4]	DW[5] $\rho_{i,i+1}$	langfristiger Zinssatz[3] R_2^2	F-Test	DW $\rho_{i,i+1}$
1977	s·1	6	52	−0,2333 (−10,52 0,0001)	0,9765 (11,68 0,0001)	0,1023	0,0082	0,1554	0,6263 1,142	0,7551	75,54 0,0001	1,7215 0,1283	0,35	5,02 0,0009	1,77 0,11
	s√1	14		−0,0233 (−10,52 0,0001)	0,9765 (11,68 0,0001)	0,1023	0,0021	0,1509	0,6284 1,144	0,7551	75,54 0,0001	1,7215 0,1283	0,37	4,46 0,0013	1,81 0,09
	s	22		−0,0233 (−10,52 0,0001)	0,9764 (11,68 0,0001)	0,1023	0,0005	0,1518	0,6316 1,142	0,7551	75,54 0,0001	1,7215 0,1283	0,39	5,81 0,0003	1,76 0,12
1978	s·1	3	52	−0,0094 (− 3,46 0,0011)	0,3722 (4,63 0,0001)	0,2073	0,0082	−0,1511	0,2660 1,081	0,3652	14,09 0,0001	1,7530 −0,0839	0,09	0,93 0,47	1,86 −0,06
	s√1	14		−0,0094 (− 3,46 0,0011)	0,3721 (4,63 0,0001)	0,2073	0,0020	−0,1320	0,2637 1,081	0,3652	14,09 0,0001	1,7530 −0,0839	0,09	0,79 0,59	1,85 −0,05
	s	22		−0,0094 (− 3,46 0,0011)	0,3722 (4,63 0,0001)	0,2073	0,0005	−0,1508	0,2633 1,081	0,3652	14,09 0,0001	1,7530 −0,0839	0,08	0,85 0,52	1,84 −0,05
1979	s·1	8	52	−0,0010 (− 0,55 0,5822)	0,0948 (1,37 0,1779)	0,1142	0,0107	−0,0170	0,1059 1,071	0,0846	2,27 0,1145	1,8137 −0,0789	0,16	4,58 0,02	1,25 0,37
	s√1	16		−0,0010 (− 0,55 0,5824)	0,0948 (1,37 0,1779)	0,1142	0,0028	−0,0169	0,1027 1,093	0,0846	2,27 0,1145	1,8137 −0,0789	0,18	3,63 0,02	1,31 0,34
	s	23		−0,0010 (− 0,54 0,5936)	0,0934 (1,35 0,1846)	0,1142	0,0008	−0,0165	0,0914 1,068	0,0846	2,27 0,1145	1,8137 −0,0789	0,13	7,45 0,01	1,24 0,37
1980	s·1	3	52	−0,0029 (2,90 0,0055)	0,3969 (4,43 0,0001)	0,0680	0,0133	−0,0783	0,3160 1,158	0,3526	13,35 0,0001	1,7544 0,0754	0,35	5,01 0,0010	1,93 0,02
	s√1	14		0,0029 (2,90 0,0055)	0,3969 (4,43 0,0001)	0,0680	0,0038	−0,0786	0,3134 1,164	0,3526	13,35 0,0001	1,7544 0,0754	0,35	4,11 0,002	1,94 0,01
	s	22		0,0029 (2,90 0,0055)	0,3970 (4,43 0,0001)	0,0680	0,0011	−0,0646	0,3122 1,158	0,3526	13,35 0,0001	1,7544 0,0754	0,35	4,94 0,0011	1,96 +0,01
1981	s·1	2	52	0,0085 (3,11 0,0031)	0,4900 (3,14 0,0030)	0,0945	0,0203	0,3631	0,1926 1,071	0,1883	5,68 0,0060	1,8554 0,0647	0,19	2,80 0,04	1,61 0,19
	s√1	12		0,0085 (3,14 0,0028)	0,4938 (3,18 0,0026)	0,0945	0,0060	0,3682	0,1844 1,061	0,1883	5,68 0,0060	1.8554 0,0647	0,19	3,82 0,02	1,58 0,21
	s	19		0,0081 (2,84 0,0066)	0,4522 (2,82 0,0068)	0,0969	0,0022	0,4260	0,2086 1,077	0,1471	4,22 0,0203	1,9041 0,0395	0,25	2,52 0,03	1,54 0,22

<u>Tabelle 18c:</u> Schätzergebnisse des aus kurz- und langfristigem Zinssatz bestehenden stochastischen Differentialgleichungssystems (Fortsetzung)

---

1) Der obere Wert gibt den t-Wert für die Nullhypothese (Parameter=o) an, der Wert darunter bezeichnet die Wahrscheinlichkeit, einen größeren Wert als $|t|$ zu erhalten, wenn die Nullhypothese zutrifft.

2) S bezeichnet die gewichtete Varianz der Störungen des Systems.

3) Isolierte Schätzung.

4) Der obere Wert gibt den F-Wert an, das Verhältnis von erklärter zu unerklärter Varianz. Der untere Wert gibt die Wahrscheinlichkeit an, einen größeren Wert als F zu erhalten, wenn die Nullhypothese zutrifft, d.h. alle Regressionsparameter Null sind.

5) DW bezeichnet den Durbin-Watson-d-Koeffizienten, $\rho_{i,i+1}$ die Autokorrelation erster Ordnung der Störgrößen.

Dabei bewirken unterschiedliche Annahmen bezüglich der Momentanvarianz des langfristigen Zinssatzes größere Schwankungen der Schätzwerte des kurzfristigen Zinssatzes als unterschiedliche Hypothesen bezüglich des Driftes von l. Die Schwankungen zwischen den Schätzwerten bei unterschiedlichem Drift des langfristigen Zinssatzes, aber gleicher Momentanvarianz, sind kleiner als 1 ‰. Bei unterschiedlicher Momentanvarianz sind sie kleiner als 1 %[1].

Die Schätzwerte des kurzfristigen Zinssatzes schwanken mit den verschiedenen Untersuchungsperioden stark. Bei der Dreiteilung des Untersuchungszeitraumes steigt der Parameter α von -0,0889 im ersten Drittel über -0,0109 auf -0,0005 im dritten Drittel, während der Parameter β von 2,016 über 0,360 auf 0,137 fällt[2]. Ein negativer Parameter α und ein positiver Parameter β bedeuten, daß die stochastische Differentialgleichung des um den langfristigen Zinssatz schwankenden kurzfristigen Zinssatzes für r=l einen negativen Drift besitzt, der langfristige Zinssatz also um eine "Liquiditätsprämie" in Höhe von $-\alpha$ den kurzfristigen Zinssatz übersteigt. Es liegt eine normale Zinsstruktur (gemittelt über die jeweilige Teilperiode) vor. Die im Zeitablauf gegen Null steigenden Werte von α lassen sich durch die im Zeitablauf für die einzelnen Teilperioden geringer werdende Differenz zwischen kurz- und langfristigem Zinssatz erklären. Die Abnahme des Parameters β, der die "Geschwindigkeit der Annäherung" des kurzfristigen an den langfristigen Zinssatz steuert, kann durch die Änderung der Schwankungen des kurzfristigen Zinssatzes motiviert werden: Die sehr starken, innerhalb eines sehr kurzen Zeitintervalles auftretenden Schwankungen verändern sich im Zeitablauf in Richtung geringerer Schwankungen in einem größeren Zeitintervall (vgl. Abbildung 27, S. 172). Der Parameter σ_1

---

1) Bei den nicht für die Bewertungsgleichung verwendeten Schätzungen einzelner Jahre treten auch größere Schwankungen auf.

2) Damit ist die im Dritten Teil/A/I/1, S. 118-125, aufgestellte Forderung nach positiven Parametern α und β nicht erfüllt. Ein für einen kurzfristigen Zinssatz von Null auftretender negativer Drift μ^r wäre erst bei einem Absinken des langfristigen Zinssatzes auf unter 4,5% gegeben (unter Verwendung der Schätzer des ersten Drittels). Dies ist jedoch im gesamten Untersuchungszeitraum nicht der Fall.

nimmt, wie aus dem Kurvenverlauf des kurzfristigen Zinssatzes zu erwarten ist, ebenfalls im Zeitablauf ab. Auch auf Basis von Zwei- und Einjahreszeiträumen lassen sich diese Veränderungen, zumindest tendenziell, beobachten.

Bei dem Vergleich der Schätzwerte der einzelnen Teilzeiträume fällt deren starke Variation auf. Diese muß nicht ausschließlich durch eine Instabilität der Schätzwerte im Zeitablauf begründet sein, sondern kann ihren Grund in der Stichprobenvariation haben. Die Stichprobenvariation bewirkt nämlich, daß im Regelfall selbst bei gleichen "wahren" Parameterwerten für die Teilzeiträume unterschiedliche Schätzwerte ermittelt werden. Aufgrund der tendenziell monotonen Veränderung der Parameter des kurzfristigen Zinssatzes muß die Konstanz der Parameterwerte sowie Homoskedastizität, konstante Fehlervarianz, jedoch bezweifelt werden.

Mittels des t-Tests wird die Signifikanz der geschätzten Parameter untersucht[1)]. Dabei zeigt sich, daß bei einer (Zwei-)Drittelung des Untersuchungszeitraumes der Parameter β immer mit 99,9 %iger Wahrscheinlichkeit signifikant ist. Für den Parameter α trifft dies bis auf das letzte Drittel des Untersuchungszeitraumes ebenfalls zu.

Neben der Signifikanz der einzelnen Parameter wird auch die Signifikanz der gesamten Regressionsgleichung des kurzfristigen Zinssatzes mittels des F-Tests ermittelt. Zudem wird auch das Bestimmtheitsmaß R_1^2 der Gleichung des kurzfristigen Zinssatzes berechnet. Die unterschiedlichen Annahmen hinsichtlich der Momentanvarianz und des Driftes des langfristigen Zinssatzes haben praktisch keine Auswirkungen auf Bestimmtheitsmaß und Signifikanzniveau des F-Tests. Für die einzelnen Untersuchungsperioden lassen sich jedoch erhebliche Unterschiede feststellen. In den für die Bewertungsgleichung relevanten Schätzzeiträumen kann ein Abnehmen

---

1) Zu den durchgeführten Tests vgl. Stange, 1971, S. 196-205.

des Bestimmtheitsmaßes von 0,91 für das erste Drittel auf 0,24 für das letzte Drittel beobachtet werden. Der F-Test zeigt, daß die Nullhypothese mit 99,99 %iger Wahrscheinlichkeit für diese Schätzzeiträume verworfen werden kann. Dies deutet zusammen mit dem Bestimmtheitsmaß R_1^2 darauf hin, daß zusätzlich zu den bereits berücksichtigten erklärenden Variablen weitere Einflußgrößen notwendig sind, um die Modellspezifikation, insbesondere im zweiten und dritten Drittel, zu verbessern.

Wenn die Regressionsgleichung des kurzfristigen Zinssatzes richtig spezifiziert ist, dürfen aufeinanderfolgende Störterme nicht korreliert sein. Eine Autokorrelation der Störgrößen deutet entweder auf eine falsch gewählte funktionale Form des stochastischen Prozesses und der zugehörigen diskreten Approximation hin oder auf die Nichtberücksichtigung weiterer relevanter Einflußgrößen[1]. Die berechneten Varianzen und die auf diesen aufbauenden Tests führen bei Autokorrelation der Störgrößen zu nicht sachgerecht angewandten Methoden. Deswegen werden die Autokorrelationen erster Ordnung berechnet. Diese schwanken mit den unterschiedlichen Differentialgleichungssystemen kaum, aber sehr stark mit den verschiedenen Untersuchungsperioden. Mittels der Durbin-Watson-d-Statistik wird die Signifikanz der berechneten Autokorrelationen getestet. Dabei ergibt sich keine Signifikanz der gefundenen Autokorrelationen bei einer Irrtumswahrscheinlichkeit von 1 %, außer für den gesamten Untersuchungszeitraum und für die aus den ersten beiden Dritteln bestehende Untersuchungsperiode.

2. Langfristiger Zinssatz

Die Schätzwerte der verschiedenen Regressionskoeffizienten des langfristigen Zinssatzes sind für die Lösung der partiellen Differentialgleichung nicht erforderlich, da diese den Drift der stochastischen Differentialgleichung des lang-

1) Vgl. dazu Wheelwright/Makridakis, 1980, S. 158.

fristigen Zinssatzes determinieren und somit nicht explizit in die Bewertungsgleichung für Tilgungsanleihen eingehen. Nur die Standardabweichung der Störgröße, der Parameter s, beeinflußt die Bewertungsgleichung für Tilgungsanleihen.

Wie bei den Parametern des kurzfristigen Zinssatzes sind auch die Schwankungen der Standardabweichung s für Differentialgleichungssysteme mit gleichem Momentanvarianzansatz und unterschiedlichem Drift des langfristigen Zinssatzes weit geringer als zwischen Differentialgleichungssystemen mit unterschiedlichem Momentanvarianzansatz aber gleichem Driftterm für den langfristigen Zinssatz. Die Parameter s bei den Ansätzen sl, $s\sqrt{l}$ und s für die Momentanstandardabweichung des langfristigen Zinssatzes unterscheiden sich bei gleichen Untersuchungsperioden erwartungsgemäß ungefähr um den Faktor l bzw. $\sqrt{l}$. Im Vergleich zu dem Parameter σ_1 des kurzfristigen Zinssatzes ist der Parameter s des langfristigen Zinssatzes erwartungsgemäß weit geringer (vgl. Abbildung 27, S. 172). Die Schwankungen der Parameter s von Differentialgleichungssystemen mit gleichem Momentanvarianzansatz zwischen den Schätzungen verschiedener Untersuchungsperioden sind geringer als die Schwankungen bei Differentialgleichungssystemen mit verschiedenem Momentanvarianzansatz und gleicher Untersuchungsperiode.

Untersuchungen des Bestimmtheitsmaßes der Gleichung des langfristigen Zinssatzes zeigen, daß der durch die Regression erklärte Schwankungsanteil gering ist. Dies trifft für alle Differentialgleichungssysteme und Untersuchungsperioden zu. Die durchgeführten F-Tests deuten auf eine geringe Signifikanz hin. Für das zweite und letzte Drittel des Untersuchungszeitraumes sind die Ergebnisse etwas besser. Dort sind die Regressionsgleichungen des langfristigen Zinssatzes mit einer Wahrscheinlichkeit von 95 % signifikant[1]. Im Vergleich

---

1) Eine Ausnahme davon bilden die Differentialgleichungssysteme mit zum Quadrat des langfristigen Zinssatzes proportionalen Momentanvarianzterm im ersten Drittel des Untersuchungszeitraumes.

zur Regressionsgleichung des kurzfristigen Zinssatzes ist die Modellspezifikation des langfristigen Zinssatzes jedoch deutlich schlechter.

Aufeinanderfolgende Störglieder der Regressionsgleichung des langfristigen Zinssatzes sind sehr stark positiv korreliert. Die Durbin-Watson-d-Statistik bestätigt für alle für die Bewertungsgleichung der Tilgungsanleihen relevanten Schätzperioden die Signifikanz der berechneten positiven Autokorrelationen erster Ordnung meistens mit einer Irrtumswahrscheinlichkeit von 1 %, zumindest aber mit 5 %. Das bedeutet, daß der formale Ansatz des langfristigen Zinssatzes falsch spezifiziert ist oder weitere relevante Einflußgrößen berücksichtigt werden müssen. Dies gilt für alle Ansätze (unterschiedlicher Drift und Momentanvarianzterm) des langfristigen Zinssatzes.

Aufgrund der signifikanten positiven Autokorrelation erster Ordnung müssen die Ergebnisse des F-Tests und die Werte für das Bestimmtheitsmaß relativiert werden. Die vorhandene Autokorrelation führt zu einer nicht sachgerechten Anwendung der Methoden. Die Schätzer der Regressionsgleichungen sind jedoch erwartungstreu, wenn die vorhandene Autokorrelation für alle Untersuchungsperioden dieselbe ist[1)].

3. Gesamtes Gleichungssystem

Die Charakterisierung des Zusammenhangs zwischen dem kurz- und langfristigen Zinssatz erfolgt mittels der Korrelation ρ. Die Beurteilung der Güte des gesamten Gleichungssystems basiert auf dem gewichteten Bestimmtheitsmaß R^2 und der gewichteten Varianz S der Fehler des Systems[2)].

Die Schwankungen des Korrelationskoeffizienten ρ sind bei Variation des Driftes des langfristigen Zinssatzes geringer als bei Variation des Momentanvarianzterms. Die Differenzen

---

1) Vgl. dazu Wheelwright/Makridakis, 1980, S. 158.

2) Die Gewichtung erfolgt mit der Fehlerkovarianzmatrix.

zwischen Korrelationskoeffizienten bei variierendem Momentanvarianzterm sind in den ersten beiden Dritteln des Untersuchungszeitraumes kleiner als 10 %, im letzten Drittel sind sie größer. Die Korrelationskoeffizienten der verschiedenen Differentialgleichungssysteme weisen im Zeitablauf ein analoges Verhalten auf. In den für die Bewertung relevanten Schätzzeiträumen fällt die Korrelation von leicht positiven Werten im ersten Drittel auf nahe Null im zweiten Drittel, um im dritten Drittel dann wieder leicht positive Werte anzunehmen.

Das gewichtete Bestimmtheitsmaß für das gesamte Gleichungssystem unterscheidet sich für die verschiedenen Differentialgleichungssysteme bei gleichen Untersuchungszeiträumen nur minimal. Die Gleichung des kurzfristigen Zinssatzes ist nämlich in allen Differentialgleichungssystemen gleich und determiniert fast ausschließlich die Höhe des Bestimmtheitsmaßes, wohingegen die unterschiedlichen Ansätze für den langfristigen Zinssatz nur zufällig richtig bzw. nicht ausreichend spezifiziert sind und somit kaum etwas zum gewichteten Bestimmtheitsmaß des Gleichungssystems beitragen. Aufgrund der signifikant positiven Autokorrelation der Störgrößen des langfristigen Zinssatzes und der daraus resultierenden, in der Regel falschen Varianzschätzung ist auch das gewichtete, im Zeitablauf tendenziell fallende Bestimmtheitsmaß des gesamten Gleichungssystems mit Vorbehalt zu betrachten.

Eine Reihung der verschiedenen untersuchten Gleichungssysteme ist aufgrund der geringen Erklärungskraft und der vorhandenen Autokorrelation der Gleichung des langfristigen Zinssatzes nicht möglich. Keines der verschiedenen untersuchten Differentialgleichungssysteme ist eindeutig besser als ein anderes, sie unterscheiden sich nur minimal. Bei einem zum Quadrat des langfristigen Zinssatzes proportionalen Momentanvarianzterm scheint in der Mehrzahl der Untersuchungsperioden die Annahme eines in r und l quadratischen Marktpreises des langfristigen Risikos den anderen

Annahmen überlegen zu sein, bei einem zum langfristigen Zinssatz proportionalen Momentanvarianzterm zeigt ein nur vom langfristigen Zinssatz abhängender Drift des langfristigen Zinssatzes gegenüber den anderen Drifthypothesen leichte Vorteile. Bei einem konstanten Momentanvarianzansatz ist keine Aussage möglich.

II. Kurzfristiger Zinssatz des vereinfachten Bewertungsansatzes

Bei der dem vereinfachten Bewertungsmodell zugrundeliegenden Gleichung des kurzfristigen Zinssatzes[1] müssen die Parameter η, ν und σ_2 ermittelt werden. Dies geschieht, wie im Dritten Teil/A/III/2 dargestellt, mittels der Methode der kleinsten Quadrate. Als Schätzzeitraum dienen neben den für die Bewertung relevanten Perioden[2] der gesamte Untersuchungszeitraum sowie die Ein- und Zweijahreszeiträume. Für diese Untersuchungsperioden werden die Parameter der diskreten Approximationen der drei verschiedenen stochastischen Differentialgleichungen[3] in den Tabellen 19 dargestellt.

Von den Parametern der drei verschiedenen Approximationsansätze schwanken η und σ_2 stärker als ν. Dies gilt für alle Schätzperioden, wobei jedoch mit kleiner werdenden Untersuchungsperioden sich die Unterschiede verringern. Der Parameter η, ein Maß für die Anpassungsgeschwindigkeit an den "durchschnittlichen kurzfristigen Zinssatz", ist in den für die Bewertungsgleichung relevanten Schätzzeiträumen (Drittel bzw. Zweidrittel des Untersuchungszeitraumes) im Fall einer zinssatzproportionalen Momentanstandardabweichung größer als bei den anderen beiden Ansätzen. Im Fall des Ansatzes einer konstanten Momentanstandardabweichung ist er am geringsten. Dies gilt mit Ausnahmen auch für die kürzeren

1) Vgl. dazu Gleichungen (179) bis (181), S. 132.

2) Vgl. dazu Tabelle 16, S. 173.

3) Vgl. dazu Gleichungen (147) bis (149), S. 127.

Untersuchungs-periode	Beobach-tungsanzahl	Momentan-std.abw.	η [1]	ν	σ_2	t-Test [2] η	t-Test [2] $\eta\nu$	R^2	F-Test [3]	$\rho_{i,i+1}$ [4]	DW [5]
1/1972 - 4/1975 (1.Drittel)	173	$\sigma_2 \cdot r$	1,3298 (0,2379)	0,0565	2,9045	- 5,5899 0,0001	24,1414 0,0001	*0,7732*	*582,80* *0,0001*	0,1637	1,6724
		$\sigma_2\sqrt{r}$	0,7687 (0,0898)	0,0720	0,2265	- 8,5565 0,0001	12,2588 0,0001	0,4582	144,60 0,0001	0,1503	1,6976
		σ_2	0,4624 (0,0644)	0,0721	0,0352	- 7,1820 0,0001	6,2346 0,0001	0,2317	51,58 0,0001	-0,0887	2,1760
5/1975 - 8/1978 (2.Drittel)	174	$\sigma_2 \cdot r$	0,5453 (0,0482)	0,0368	0,3336	-11,3262 0,0001	14,4518 0,0001	*0,5484*	*208,86* *0,0001*	-0,0412	2,0818
		$\sigma_2\sqrt{r}$	0,4649 (0,0497)	0,0373	0,0399	- 9,3543 0,0001	9,7722 0,0001	0,3555	94,89 0,0001	0,0106	1,9774
		σ_2	0,3442 (0,0554)	0,0372	0,0058	- 6,2091 0,0001	6,0065 0,0001	0,1831	38,55 0,0001	0,0048	1,9892
9/1978 - 12/1981 (3.Drittel)	174	$\sigma_2 \cdot r$	0,0897 (0,0215)	0,0770	0,1531	- 4,1753 0,0001	6,0112 0,0001	*0,1736*	*36,13* *0,0001*	-0,1589	2,3143
		$\sigma_2\sqrt{r}$	0,0578 (0,0216)	0,0844	0,0339	- 2,6768 0,0082	3,2122 0,016	0,0519	9,42 0,0025	-0,2295	2,4576
		σ_2	0,0607 (0,0249)	0,0841	0,0090	- 2,4357 0,0159	2,4836 0,0140	0,0333	5,93 0,0159	-0,2313	2.4617
1/1972 - 8/1978 (1. u. 2. Drittel)	347	$\sigma_2 \cdot r$	1,6484 (0,1359)	0,0434	2,2104	-12,1227 0,0001	31,2339 0,0001	*0,7387*	*975,52* *0,0001*	0,1869	1,6259
		$\sigma_2\sqrt{r}$	0,7285 (0,0675)	0,0547	0,1788	-10,7884 0,0001	13,5738 0,0001	0,3418	179,14 0,0001	0,1475	1,7041
		σ_2	0,3432 (0,0406)	0,0546	0,0261	- 8,4484 0,0001	7,1390 0,0001	0,1714	71,38 0,0001	-0,1422	2,2840
1972 - 1981	521	$\sigma_2 \cdot r$	1,4172 (0,0937)	0,0491	1,8592	-15,1198 0,0001	36.8032 0,0001	*0,7230*	*1354,48* *0,0001*	0,2005	1,5987
		$\sigma_2\sqrt{r}$	0,5395 (0,0454)	0,0626	0,1524	-11,8956 0,0001	14,7716 0,0001	0,2909	212,89 0,0001	0,1007	1,7979
		σ_2	0,2452 (0,0289)	0,0629	0,0224	- 8,4983 0,0001	7,5135 0,0001	0,1222	72,22 0,0001	-0,1925	2,3844

Tabelle 19a: Schätzergebnisse der stochastischen Differentialgleichung des kurzfristigen Zinssatzes im vereinfachten Bewertungsansatz (M1-M6, gesamter Untersuchungszeitraum)

---

1) Der Wert in Klammern bezeichnet die Standardabweichung.

2) Der obere Wert ist der t-Wert, darunter steht die zugehörige Wahrscheinlichkeit.

3) Der obere Wert ist der F-Wert, darunter steht die zugehörige Wahrscheinlichkeit.

4) Autokorrelation erster Ordnung der Störgrößen.

5) Durbin-Watson-d-Koeffizient.

Untersuchungs-periode	Beobach-tungsanzahl	Momentan-std.abw.	η 1)	ν	σ_2	t-Test 2) η	t-Test 2) $\eta\nu$	R^2	F-Test 3)	$\rho_{i,i+1}$ 4)	DW 5)
1972 - 1973	104	$\sigma_2 \cdot r$	1,4710 (0,3909)	0,0517	3,6961	- 3,7631 0,0003	18,9158 0,0001	0,7782	357,81 0,0001	-0,1623	1,6751
		$\sigma_2 \sqrt{r}$	0,8478 (0,1351)	0,0696	0,2813	- 6,2737 0,0001	10,0139 0,0001	0,4817	94,81 0,0001	0,1669	1,6644
		σ_2	0,4979 (0,0855)	0,0699	0,0431	- 5,8225 0,0001	4,7882 0,0001	0,2495	33,90 0,0001	-0,0793	2,1559
1974 - 1975	104	$\sigma_2 \cdot r$	0,2374 (0,0729)	0,0592	0,4958	- 3,2579 0,0015	5,7513 0,0001	0,2449	33,80 0,0001	-0,0936	2,1752
		$\sigma_2 \sqrt{r}$	0,2048 (0,0556)	0,0615	0,0765	- 3,6797 0,0004	4,2400 0,0001	0,1462	17,47 0,0001	-0,0696	2,1001
		σ_2	0,1656 (0,0546)	0,0611	0,0157	- 3,0354 0,0030	2,6785 0,0086	0,0828	9,21 0,0030	-0,0896	2,1056
1976 - 1977	105	$\sigma_2 \cdot r$	0,6267 (0,0345)	0,0383	0,1909	-18,1696 0,0001	23,1458 0,0001	0,8387	535,73 0,0001	0,1589	1,6171
		$\sigma_2 \sqrt{r}$	0,5297 (0,0533)	0,0388	0,0308	- 9,9408 0,0001	10,3385 0,0001	0,5078	106,26 0,0001	0,1178	1,6971
		σ_2	0,3441 (0,0739)	0,0387	0,0050	- 4,6581 0,0001	4,5676 0,0001	0,1740	21,70 0,0001	0,0554	1,7972
1978 - 1979	104	$\sigma_2 \cdot r$	0,1834 (0,0463)	0,0453	0,1837	- 3,9600 0,0001	4,9603 0,0001	0,1943	24,60 0,0001	-0,1312	2,2365
		$\sigma_2 \sqrt{r}$	0,0866 (0,0445)	0,0520	0,0341	- 1,9463 0,0544	2,4133 0,0176	0,0481	5,15 0,0254	-0,2531	2,4718
		σ_2	0,0262 (0,0397)	0,0685	0,0068	- 0,6594 0,5111	0,9428 0,3480	0,0042	0,43 0,5111	-0,3262	2,6068
1980 - 1981	104	$\sigma_2 \cdot r$	0,1977 (0,0655)	0,0962	0,0920	- 3,0158 0,0032	3,1075 0,0024	0,0865	9,66 0,0024	-0,0492	2,0391
		$\sigma_2 \sqrt{r}$	0,2083 (0,0651)	0,0961	0,0290	- 3,2010 0,0018	3,2310 0,0017	0,0924	10,39 0,0017	-0,0640	2,0672
		σ_2	0,2444 (0,0648)	0,0961	0,0093	- 3,7713 0,0003	3,7294 0,0003	0,1224	14,22 0,0003	-0,0658	2,0727

Tabelle 19b: Schätzergebnisse der stochastischen Differentialgleichung des kurzfristigen Zinssatzes im vereinfachten Bewertungsansatz (Zweijahreszeitraum)

---

1) Der Wert in Klammern bezeichnet die Standardabweichung.

2) Der obere Wert ist der t-Wert, darunter steht die zugehörige Wahrscheinlichkeit.

3) Der obere Wert ist der F-Wert, darunter steht die zugehörige Wahrscheinlichkeit.

4) Autokorrelation erster Ordnung der Störgrößen.

5) Durbin-Watson-d-Koeffizient.

Untersuchungsperiode	Beobachtungsanzahl	Momentanstd.abw.	η[1]	ν	σ_2	t-Test[2] η	t-Test[2] $\eta\nu$	R^2	F-Test[3]	$\rho_{i,i+1}$[4]	DW[5]
1972	52	$\sigma_2 \cdot r$	0,3649 (0,1131)	0,0434	0,5458	- 3,2258 0,0022	5,7688 0,0001	0,3996	33,28 0,0001	-0,2193	2,4379
		$\sigma_2\sqrt{r}$	0,3445 (0,0869)	0,0440	0,0640	- 3,9620 0,0002	4,6518 0,0001	0,2922	20,64 0,0001	0,0194	1,9586
		σ_2	0,2132 (0,0900)	0,0446	0,0102	- 2,3704 0,0217	2,3066 0,0253	0,1010	5,62 0,0217	0,0218	1,9535
1973	52	$\sigma_2 \cdot r$	0,8318 (0,7093)	0,0944	4,8430	- 1,1728 0,2464	14,5120 0,0001	0,8081	210,60 0,0001	0,1251	1,7495
		$\sigma_2\sqrt{r}$	0,8165 (0,1744)	0,0957	0,3364	- 4,6808 0,0001	9,4259 0,0001	0,6219	82,23 0,0001	0,0971	1,8027
		σ_2	0,7275 (0,1356)	0,0958	0,0559	- 5,3642 0,0001	4,6258 0,0001	0,3653	28,77 0,0001	-0,0096	2,0116
1974	52	$\sigma_2 \cdot r$	0,3063 (0,0970)	0,0853	0,2584	- 3,1571 0,0027	3,7566 0,0005	0,2201	14,11 0,0005	-0,0504	2,0342
		$\sigma_2\sqrt{r}$	0,3608 (0,1039)	0,0841	0,0632	- 3,4725 0,0011	3,6208 0,0007	0,2051	12,90 0,0007	-0,0134	1,9349
		σ_2	0,4190 (0,1152)	0,0841	0,0166	- 3,6360 0,0007	3,5308 0,0009	0,2091	13,22 0,0007	0,0177	1,8565
1975	52	$\sigma_2 \cdot r$	0,3935 (0,1452)	0,0413	0,6418	- 2,7093 0,0092	4,4480 0,0001	0,2835	19,78 0,0001	-0,0972	2,1935
		$\sigma_2\sqrt{r}$	0,4218 (0,1111)	0,0406	0,0814	- 3,7986 0,0004	4,2161 0,0001	0,2588	17,46 0,0001	-0,0259	2,0476
		σ_2	0,3543 (0,1002)	0,0403	0,0126	- 3,5367 0,0009	3,1284 0,0029	0,2001	12,51 0,0009	-0,0071	2,0073
1976	53	$\sigma_2 \cdot r$	0,6476 (0,0527)	0,0368	0,2397	-12,2784 0,0001	17,6912 0,0001	0,8599	312,98 0,0001	0,2126	1,5529
		$\sigma_2\sqrt{r}$	0,5251 (0,0754)	0,0378	0,0379	- 6,9611 0,0001	7,5113 0,0001	0,5212	55,52 0,0001	0,1650	1,6349
		σ_2	0,2945 (0,1051)	0,0380	0,0060	- 2,8024 0,0072	2,7826 0,0075	0,1334	7,85 0,0072	0,1076	1,7320

Tabelle 19c: Schätzergebnisse der stochastischen Differentialgleichung des kurzfristigen Zinssatzes im vereinfachten Bewertungsansatz (Einjahreszeitraum)

1) Der Wert in Klammern bezeichnet die Standardabweichung.

2) Der obere Wert ist der t-Wert, darunter steht die zugehörige Wahrscheinlichkeit.

3) Der obere Wert ist der F-Wert, darunter steht die zugehörige Wahrscheinlichkeit.

4) Autokorrelation erster Ordnung der Störgrößen.

5) Durbin-Watson-d-Koeffizient.

Untersuchungs-periode	Beobach-tungsanzahl	Momentan-std.abw.	η [1]	ν	σ_2	t-Test [2] η	t-Test [2] $\eta\nu$	R^2	F-Test [3]	$\rho_{i,i+1}$ [4]	DW [5]
1977	52	$\sigma_2 \cdot r$	0,7945 (0,0756)	0,0398	0,1150	-10,5147 0,0001	10,8692 0,0001	*0,7026*	*118,14* *0,0001*	0,1349	1,6809
		$\sigma_2\sqrt{r}$	0,6756 (0,0956)	0,0399	0,0211	- 7,0654 0,0001	7,0690 0,0001	0,5011	50,23 0,0001	0,0667	1,7785
		σ_2	0,5184 (0,1113)	0,0398	0,0038	- 4,6559 0,0001	4,5572 0,0001	0,3024	21,68 0,0001	0,0071	1,8602
1978	52	$\sigma_2 \cdot r$	0,4302 (0,0928)	0,0340	0,2120	- 4,6344 0,0001	5,3199 0,0001	*0,3614*	*28,30* *0,0001*	-0,0850	1,7319
		$\sigma_2\sqrt{r}$	0,5351 (0,1279)	0,0335	0,0346	- 4,1843 0,0001	4,3853 0,0001	0,2722	18,70 0,0001	-0,0362	1,5941
		σ_2	0,6652 (0,1782)	0,0333	0,0058	- 3,7324 0,0005	3,7718 0,0004	0,2179	13,93 0,0005	0,0113	1,4904
1979	52	$\sigma_2 \cdot r$	0,0525 (0,0577)	0,0710	0,1198	- 0,9098 0,3673	1,2806 0,2063	*0,0318*	*1,64* *0,2063*	-0,1269	1,8435
		$\sigma_2\sqrt{r}$	0,0372 (0,0602)	0,0785	0,0289	- 0,6182 0,5392	0,8850 0,3804	0,0118	0,60 0,4430	-0,1161	1,7893
		σ_2	0,0226 (0,0637)	0,0925	0,0071	- 0,3544 0,7245	0,5537 0,5823	0,0025	0,13 0,7245	-0,1130	1,7669
1980	52	$\sigma_2 \cdot r$	0,5910 (0,1140)	0,0859	0,0694	- 5,1818 0,0001	5,2106 0,0001	*0,3519*	*27,15* *0,0001*	0,0695	1,7678
		$\sigma_2\sqrt{r}$	0,5594 (0,1156)	0,0859	0,0199	- 4,8410 0,0001	4,8350 0,0001	0,3192	23,44 0,0001	0,0703	1,7369
		σ_2	0,5355 (0,1172)	0,0859	0,0057	- 4,5705 0,0001	4,5349 0,0001	0,2947	20,89 0,0001	0,0773	1,6893
1981	52	$\sigma_2 \cdot r$	0,3295 (0,1263)	0,1070	0,1001	- 2,6100 0,0119	2,6815 0,0099	0,1257	7,19 0,0099	0,0231	1,9337
		$\sigma_2\sqrt{r}$	0,4051 (0,1246)	0,1066	0,0328	- 3,2513 0,0021	3,2865 0,0019	0,1764	10,71 0,0019	0,0108	1,9569
		σ_2	0,4952 (0,1199)	0,1065	0,0108	- 4,1291 0,0001	4,1160 0,0001	*0,2543*	*17,05* *0,0001*	0,0200	1,9364

Tabelle 19c: Schätzergebnisse der stochastischen Differentialgleichung des kurzfristigen Zinssatzes im vereinfachten Bewertungsansatz (Fortsetzung)

---

1) Der Wert in Klammern bezeichnet die Standardabweichung.

2) Der obere Wert ist der t-Wert, darunter steht die zugehörige Wahrscheinlichkeit.

3) Der obere Wert ist der F-Wert, darunter steht die zugehörige Wahrscheinlichkeit.

4) Autokorrelation erster Ordnung der Störgrößen.

5) Durbin-Watson-d-Koeffizient.

Untersuchungsperioden. Geringere Unterschiede des Parameters ν zwischen den verschiedenen Approximationsansätzen lassen sich dadurch erklären, daß der Parameter ν in allen drei Ansätzen den "durchschnittlichen kurzfristigen Zinssatz" darstellt und demzufolge nicht so stark schwankt. Die Parameter σ_2 der verschiedenen Approximationsansätze unterscheiden sich näherungsweise um den Faktor r bzw $\sqrt{r}$[1].

In den für die Bewertung relevanten Schätzperioden nehmen die Parameter η und σ_2 für alle drei Approximationsansätze im Zeitablauf ab. Die Abnahme des Parameters σ_2 erscheint durch eine Verringerung der Schwankungen des kurzfristigen Zinssatzes zwischen 1972 und 1981 plausibel (vgl. Abbildung 27, S. 172). Auch wenn aus den unterschiedlichen Werten der Standardabweichungen der Störgrößen der einzelnen Approximationsansätze für verschiedene Untersuchungsperioden aufgrund der Stichprobenvariation nicht direkt die Homoskedastizität verneint werden kann, deutet doch die im Zeitablauf bei allen Modellen beobachtbare tendenziell abnehmende Standardabweichung eher auf Heteroskedastizität hin. Der Parameter ν folgt dem Verlauf der Kurve des kurzfristigen Zinssatzes. Im ersten Drittel des gesamten Untersuchungszeitraumes ist er höher als im zweiten, und im dritten Drittel ist er am höchsten.

Die mit dem t-Test überprüfte Parametersignifikanz weist den Parameter η in allen für die Bewertungsgleichung relevanten Schätzzeiträumen mit einer Wahrscheinlichkeit von 98 % als signifikant von Null verschieden aus. Im Fall einer zum Zinssatz proportionalen Standardabweichung gilt diese Aussage sogar mit einer Wahrscheinlichkeit von 99,9 %. Bei kleineren Schätzzeiträumen kann von Signifikanz erst bei größeren Irrtumswahrscheinlichkeiten gesprochen werden. Die Signifikanz des Parameters ν kann nicht direkt getestet werden, da kein zugehöriger Regressor bzw. keine zugehörige Konstante in den Approximationsgleichungen enthalten ist.

---

1) Näherungsweise ν bzw. $\sqrt{\nu}$.

Dies geschieht deswegen auf dem Umweg über das Produkt $\eta\nu$. Auch hierfür gelten dieselben Aussagen wie beim Parameter η.

Eine Berechnung des Bestimmtheitsmaßes der verschiedenen Approximationsgleichungen und der durchgeführten F-Tests bezüglich der Signifikanz der gesamten Approximationsgleichungen lassen in den für die Bewertung relevanten Schätzzeiträumen sowie in den meisten anderen kleineren Schätzzeiträumen eine eindeutige Reihung der verschiedenen Approximationsgleichungen im Hinblick auf ihre Güte zu. Der Ansatz mit einer zum Quadrat des Zinssatzes proportionalen Momentanvarianz ist der beste, der mit konstanter Momentanvarianz der schlechteste. Für alle drei Ansätze gilt jedoch, daß ihr Bestimmtheitsmaß im Zeitablauf, zumindest tendenziell, abnimmt. Insbesondere für das letzte Drittel ist das Bestimmtheitsmaß klein. Der Signifikanzgrad, mit dem die gesamten Regressionsgleichungen signifikant von Null verschieden sind, beläuft sich in allen für die Bewertung relevanten Schätzperioden auf höchsten 2 %.

Die Störgrößen aufeinanderfolgender Beobachtungen müssen unkorreliert sein. Eine Berechnung der Autokorrelation erster Ordnung zeigt, daß dies nicht der Fall ist. Während in den ersten beiden Dritteln der Ansatz mit der zinssatzproportionalen Momentanstandardabweichung eine betragsmäßig größere Autokorrelation als die beiden anderen Ansätze aufweist, ist es im letzten Drittel umgekehrt. Auf eine uneinheitliche Autokorrelation der verschiedenen Approximationsansätze im ersten Drittel folgt eine sehr geringe Autokorrelation aller Ansätze im zweiten und eine stark negative Autokorrelation im dritten Drittel. Die berechneten Durbin-Watson-d-Koeffizienten weisen jedoch in den meisten Schätzperioden mit einem Signifikanzgrad von 1 % auf keine von Null signifikant verschiedene Autokorrelationen hin. Für das letzte Drittel[1)] gilt diese Aussage nur für das Modell mit dem zum Quadrat des Zinssatzes proportionalen Momentanvarianzansatz.

---

1) Und den Zweijahreszeitraum 1978/79.

D. Ermittlung des Marktpreises des kurzfristigen Risikos

Der als konstant unterstellte Marktpreis des kurzfristigen Risikos wird mittels quadratischer Regression so bestimmt, daß die Summe der quadrierten Abweichungen zwischen den tatsächlichen Kurswerten eines Referenzportefeuilles und den mit der Bewertungsgleichung ermittelten Kursen minimal wird[1]. Es wird dabei ein aus gesamtfälligen Wertpapieren bestehendes Referenzportefeuille gewählt und kein einzelnes Wertpapier. Dies geschieht zur Ausschaltung möglicher Einflüsse von Kupon und Restlaufzeit.

Bei der Ermittlung des Marktpreises eines Wertpapieres mit der Bewertungsgleichung werden die im vorherigen Abschnitt für die einzelnen Untersuchungsperioden ermittelten Parameter der der Bewertungsgleichung zugrundeliegenden stochastischen Prozesse verwendet. Diese dort ermittelten Parameter sind aber im Regelfall nicht die tatsächlichen Drift- und Momentanvarianzparameter, sondern nur deren Schätzwerte. Sie weichen somit um einen Schätzfehler von den "wahren" Parameterwerten ab. Wenn aber statt der "wahren" Parameterwerte nur deren Schätzwerte verwendet werden, kann dies zu einer nicht erwartungstreuen Schätzung des Marktpreises des kurzfristigen Risikos führen. Durch die Bewertung eines Portefeuilles mit unterschiedlichen Restlaufzeiten und Nominalverzinsungen wird versucht, diesen Fehler zu verringern[2].

---

1) Vgl. dazu Dritter Teil/B, S. 136-140.

2) Diese Vorgehensweise der Bewertung eines ganzen Portefeuilles anstatt einzelner Wertpapiere wird auch von Brennan/Schwartz bei der Ermittlung des Marktpreises des kurzfristigen Risikos im Rahmen eines zeitstetigen Bewertungsansatzes für gesamtfällige festverzinsliche Wertpapiere in ihren Untersuchungen des kanadischen und des US-amerikanischen Kapitalmarktes gewählt (vgl. dazu Brennan/Schwartz, 1979b, S. 145-149, und 1982a, S. 307f.).

I. Monotonietests

Die Ermittlung des Marktpreises für das kurzfristige Risiko mittels einer quadratischen Regression erfordert[1], daß alle Wertpapiere des Referenzportefeuilles unabhängig von ihrem Nominalzins und ihrer Restlaufzeit für alle (vernünftigen) kurz- und langfristigen Zinssätze r und l dieselbe Art der Monotonie aufweisen. Da jedoch für die Bewertungsgleichungen (63) und (80)[2] mit den zugehörigen Anfangsbedingungen keine analytisch geschlossene Lösung existiert, ist ein exakter mathematischer Beweis des Monotonieverhaltens des Wertpapierkurses äußerst schwierig. Es wird hier deshalb so vorgegangen, daß für verschiedene Werte der unabhängigen Variablen l, r, τ, c und λ der Wertpapierkurs ermittelt wird, indem die Bewertungsgleichungen und zugehörigen Anfangsbedingungen numerisch gelöst werden[3].

Die ausgewählten langfristigen Zinssätze schwanken zwischen 5,6 % und 11 %. Alle langfristigen Zinssätze des Untersuchungszeitraumes liegen in diesem Bereich. Der für den kurzfristigen Zinssatz gewählte relevante Bereich liegt zwischen 0,7 % und 17 %. Es liegen im gesamten Untersuchungszeitraum nur 11 kurzfristige Zinssätze außerhalb dieses Intervalls[4]. Die für die Marktpreisschätzung des kurzfristigen Risikos verwandten Restlaufzeiten liegen zwischen 1/2 Jahr und 9 1/2 Jahren. Wertpapiere mit kürzeren bzw. längeren Restlaufzeiten befinden sich nicht im Referenzportefeuille. Der gewählte Nominalzins beträgt 6 % p.a. Die meisten festverzinslichen Wertpapiere - sowohl des Referenzportefeuilles als auch der zu bewertenden Tilgungsanleihen - sind mit diesem Zinssatz ausgestattet.

---

1) Vgl. dazu Dritter Teil/B/II, S. 138-140.

2) Vgl. dazu S. 110 und S. 117.

3) Vgl. dazu Dritter Teil/C, S. 141-169.

4) Von den kurzfristigen Zinssätzen sind 5 kleiner als 0,7 %, 6 sind größer als 17 %.

Als zu untersuchender Schwankungsbereich für den Marktpreis des kurzfristigen Risikos dient das Intervall [-2;0][1], bei ausschließlicher Berücksichtigung des kurzfristigen Zinssatzes als Einflußgröße wird für λ das Untersuchungsintervall [-2,4; 0] gewählt[2]. Sind die Marktteilnehmer nicht risikoneutral[3], sondern risikoaversiv, so kann vermutet werden, daß der Marktpreis für das kurzfristige Risiko negativ ist. Der Marktpreis für das kurzfristige Risiko, das Verhältnis von momentaner Überrendite zu nicht erwarteter Veränderung des Wertpapierkurses eines nur vom kurzfristigen Zinssatz abhängenden Wertpapieres[4], ist negativ, da die nicht erwartete Veränderung des Wertpapierkurses, $\sigma^{br}/_b$ bzw. $\sigma^{r}/_b$, negativ ist[5]. Denn diese beiden Produktterme enthalten neben anderen, ausschließlich nichtnegativen Faktoren auch die Ableitung $\partial b/\partial r$. Von dieser kann vermutet werden, daß sie negativ ist[6]. Wächst nämlich der kurzfristige Zinssatz über alle Maßen, strebt der nichtnegative Wertpapierkurs gegen Null[7].

---

1) Die von Brennan/Schwartz durchgeführte Ermittlung des Marktpreises für das kurzfristige Risiko ergab Werte zwischen -0,674 und -0,216 (vgl. dazu Brennan/Schwartz, 1982a, S. 317).

2) Das Intervall wird vergrößert, da die für die einzelnen Modellansätze ermittelten Marktpreise des kurzfristigen Risikos teilweise zwischen -2,4 und -2,0 liegen.

3) Sind alle Marktteilnehmer risikoneutral, so ist der Marktpreis für das kurzfristige Risiko identisch Null. Die Erwartungswerte der Momentanrenditen aller Wertpapiere sind identisch und stimmen mit der risikolosen Momentanverzinsung überein.

4) Vgl. dazu die Gleichungen (52) und (79), (S. 105 und S. 117).

5) Vom Zähler des Marktpreises des kurzfristigen Risikos wird angenommen, daß er positiv ist. Eine bei risikoaversiven Investoren mit monoton wachsender Nutzenfunktion sinnvolle Unterstellung.

6) Auch in der von Vasicek ermittelten geschlossenen Lösung eines nur vom kurzfristigen Zinssatz abhängigen gesamtfälligen Wertpapieres gilt: $\partial b/\partial r<0$ (vgl. dazu Vasicek, 1977, S. 185, Gleichung (27)). Der von Vasicek ermittelte Wertpapierkurs fällt monoton in q, dem von Vasicek definierten Marktpreis für das kurzfristige Risiko. Dieser scheinbare Widerspruch zu dem Ergebnis der hier vorgenommenen Untersuchung für negative Marktpreise hebt sich jedoch wieder auf, wenn berücksichtigt wird, daß über Gleichung (10) und (14) des Vasicek-Aufsatzes (vgl. dazu Vasicek, 1977, S. 180f.) der von Vasicek definierte Marktpreis für das kurzfristige Risiko das Negative des hier definierten Marktpreises ist.

7) Vgl. dazu die im Dritten Teil/C/I in den Tabellen 11, S. 147, und 12, S. 148, definierten Ränder für $\hat{r}=0$, d.h. $r=\infty$.

Bei der Ermittlung des Marktpreises für das kurzfristige Risiko werden unterschiedliche Parameter der zugrundeliegenden stochastischen Prozesse verwendet[1]. Die Parameter des zugrundeliegenden stochastischen Prozesses stammen aus dem ersten, zweiten oder dritten Drittel oder aus den ersten beiden Dritteln des Untersuchungszeitraumes. Diese vier verschiedenen Möglichkeiten lassen sich jeweils mit drei weiteren kombinieren, und zwar aufgrund der drei verschiedenen Differentialgleichungen für die unterschiedlichen Momentanvarianzansätze des langfristigen Zinssatzes[2] bzw. des kurzfristigen Zinssatzes im vereinfachten Bewertungsansatz[3]. Es müssen also sowohl für die auf dem kurz- und langfristigen als auch für die nur auf dem kurzfristigen Zinssatz basierenden Bewertungsgleichungen insgesamt zwölf verschiedene Differentialgleichungen für unterschiedliche Marktpreise des kurzfristigen Risikos gelöst werden.

1. Kurz- und langfristiger Zinssatz als Einflußfaktoren

Die Abhängigkeit des Wertpapierkurses vom Marktpreis des kurzfristigen Risikos wird zunächst für die vier verschiedenen Schätzperioden der Parameter des stochastischen Prozesses der Zinssätze für jeden Momentanvarianzansatz des langfristigen Zinssatzes vorgestellt. Dann werden die verschiedenen Momentanvarianzansätze untereinander für die einzelnen Schätzperioden verglichen.

Wird das Verhalten des Wertpapierkurses der Modelle mit dem zum Quadrat des langfristigen Zinssatzes proportionalen Momentanvarianzterm für verschiedene Marktpreise des kurzfristigen Risikos untersucht, so ergeben sich in Abhängigkeit der gewählten Parameter des zugrundeliegenden stochastischen Prozesses unterschiedliche Ergebnisse.

---

1) Vgl. dazu Tabelle 16, S. 173.

2) Vgl. dazu Gleichungen (190) bis (192) in Tabelle 9, S. 144.

3) Vgl. dazu Gleichungen (194) bis (196) in Tabelle 10, S. 146.

Werden die stochastischen Prozeßparameter des zweiten oder dritten Drittels des Untersuchungszeitraumes bei der Ermittlung des Verhaltens des Wertpapierkurses in Abhängigkeit vom Marktpreis des kurzfristigen Risikos verwendet, so wächst der Wertpapierkurs für den Bereich der gewählten Zinssätze, Restlaufzeiten und des Marktpreises des kurzfristigen Risikos streng monoton mit dem Marktpreis des kurzfristigen Risikos (vgl. Tabellen 20 und Abbildungen 31). Bei Verwendung der Prozeßparameter des ersten bzw. des ersten und zweiten Drittels des Untersuchungszeitraumes geht das streng monoton wachsende Verhalten des Wertpapierkurses in λ_1 mit steigender Restlaufzeit verloren (vgl. Tabellen 21 und Abbildungen 32).

Bei Verwendung der Prozeßparameter des zweiten Drittels des Untersuchungszeitraumes zeigt sich, daß die Differenz zwischen zwei Wertpapierkursen mit den Marktpreisen des kurzfristigen Risikos von λ_1=o bzw. λ_1=2,0 sowohl mit steigendem kurzfristigem Zinssatz als auch mit zunehmender Restlaufzeit wächst (vgl. Abbildung 33).

Werden statt der Prozeßparameter des zweiten die des dritten Drittels des Untersuchungszeitraumes verwendet, so ergeben sich keine grundsätzlichen Abweichungen zu dem dort Gesagten. Das Ansteigen des Wertpapierkurses mit steigendem Marktpreis des kurzfristigen Risikos ist etwas schwächer als bei Berücksichtigung der Prozeßparameter des zweiten Drittels des Untersuchungszeitraumes.

Die Ermittlung des Wertpapierkurses unter Berücksichtigung der Parameter des stochastischen Prozesses des ersten Drittels des Untersuchungszeitraumes zeigt für Restlaufzeiten bis zu knapp fünf Jahren einen im Untersuchungsbereich mit dem Marktpreis des kurzfristigen Risikos streng monoton wachsenden Wertpapierkurs. Für längere Restlaufzeiten wird der Wertpapierkurs für kleine Marktpreise des kurzfristigen Risikos sehr stark positiv, fällt dann sehr stark bis zu

ZWEITES DRITTEL - s·1

l		Restlaufzeit T = 0,9615 Jahre					Restlaufzeit T = 3,4615 Jahre				
	r	1,68 %	5,61 %	8,86 %	12,02 %	16,83 %	1,68 %	5,61 %	8,86 %	12,02 %	16,83 %
5,61 %	λ_1=-2,0	103,41	99,27	96,04	93,08	89,01	102,79	85,07	73,50	64,34	53,57
	λ_1=-1,2	103,67	100,02	97,17	94,54	90,92	108,40	96,27	87,65	80,31	71,05
	λ_1=-0,8	103,79	100,35	97,67	95,19	91,77	110,32	100,20	92,84	86,43	78,16
	λ_1=-0,4	103,90	100,66	98,13	95,78	92,56	111,82	103,32	97,01	91,44	84,11
	λ_1= 0	104,00	100,94	98,55	96,34	93,28	113,01	105,79	100,35	95,49	89,03
6,89 %	λ_1=-2,0	103,18	99,05	95,83	92,87	88,82	99,22	82,35	71,30	62,54	52,21
	λ_1=-1,2	103,46	99,82	96,97	94,35	90,75	105,61	93,94	85,63	78,55	69,59
	λ_1=-0,8	103,59	100,16	97,48	95,00	91,60	107,83	98,08	90,95	84,75	76,72
	λ_1=-0,4	103,70	100,47	97,95	95,61	92,39	109,59	101,37	95,25	89,84	82,72
	λ_1= 0	103,81	100,77	98,38	96,17	93,12	111,01	104,00	98,72	93,99	87,69
8,14 %	λ_1=-2,0	102,95	98,84	95,63	92,67	88,63	95,81	79,75	69,20	60,81	50,90
	λ_1=-1,2	103,25	99,62	96,78	94,17	90,57	102,90	91,69	83,67	76,84	68,17
	λ_1=-0,8	103,39	99,97	97,30	94,83	91,43	105,41	96,00	89,11	83,10	75,31
	λ_1=-0,4	103,51	100,29	97,77	95,44	92,22	107,41	99,46	93,53	88,27	81,35
	λ_1= 0	103,63	100,59	98,21	96,00	92,96	109,04	102,25	97,12	92,52	86,38
9,44 %	λ_1=-2,0	102,72	98,61	95,41	92,47	88,43	92,37	77,12	67,08	59,07	49,58
	λ_1=-1,2	103,04	99,42	96,58	93,97	90,39	100,13	89,37	81,67	75,08	66,71
	λ_1=-0,8	103,18	99,77	97,10	94,64	91,25	102,91	93,86	87,21	81,40	73,86
	λ_1=-0,4	103,31	100,10	97,58	95,26	92,05	105,16	97,49	91,75	86,65	79,94
	λ_1= 0	103,43	100,40	98,03	95,83	92,79	106,99	100,42	95,45	90,98	85,01
10,99 %	λ_1=-2,0	102,45	98,36	95,16	92,23	88,20	88,49	74,17	64,69	57,10	48,09
	λ_1=-1,2	102,79	99,18	96,36	93,75	90,17	96,97	86,73	79,38	73,08	65,05
	λ_1=-0,8	102,94	99,54	96,88	94,43	91,05	100,05	91,40	85,03	79,46	72,20
	λ_1=-0,4	103,08	99,88	97,37	95,05	91,86	102,56	95,21	89,69	84,79	78,31
	λ_1= 0	103,21	100,19	97,82	95,63	92,60	104,61	98,31	93,51	89,20	83,44

		Restlaufzeit T = 6,1538 Jahre					Restlaufzeit T = 8,6538 Jahre				
5,61 %	λ_1=-2,0	84,67	59,49	46,88	38,50	30,01	62,95	42,58	33,64	28,02	22,51
	λ_1=-1,2	106,26	89,04	77,73	68,70	57,98	100,09	82,25	70,85	61,94	51,58
	λ_1=-0,8	112,74	99,30	89,85	81,89	71,92	112,10	98,36	88,64	80,44	70,20
	λ_1=-0,4	117,34	106,75	99,01	92,25	83,50	120,27	109,72	101,88	94,97	85,94
	λ_1= 0	120,63	112,12	105,73	100,04	92,51	125,87	117,53	111,15	105,40	97,71
6,89 %	λ_1=-2,0	75,37	54,40	43,55	36,20	28,61	52,95	38,09	30,98	26,30	21,54
	λ_1=-1,2	98,52	83,31	73,19	65,02	55,23	88,13	73,90	64,49	56,97	48,05
	λ_1=-0,8	105,97	93,90	85,32	78,04	68,85	101,14	89,84	81,64	74,60	65,67
	λ_1=-0,4	111,40	101,79	94,70	88,47	80,34	110,47	101,63	94,92	88,91	80,96
	λ_1= 0	115,42	107,61	101,71	96,43	89,40	117,14	110,03	104,51	99,47	92,66
8,14 %	λ_1=-2,0	67,71	50,07	40,66	34,16	27,34	46,09	34,70	28,87	24,88	20,71
	λ_1=-1,2	91,52	78,09	69,02	61,63	52,68	78,37	66,90	59,06	52,67	44,94
	λ_1=-0,8	99,68	88,86	81,08	74,42	65,96	91,63	82,33	75,41	69,36	61,56
	λ_1=-0,4	105,78	97,08	90,58	84,85	77,32	101,58	94,24	88,51	83,31	76,34
	λ_1= 0	110,37	103,25	97,82	92,93	86,38	108,90	102,95	98,23	93,85	87,85
9,44 %	λ_1=-2,0	60,92	46,12	37,99	32,25	26,14	40,76	31,88	27,05	23,63	19,95
	λ_1=-1,2	84,82	73,05	64,97	58,31	50,18	69,80	60,60	54,11	48,69	42,02
	λ_1=-0,8	93,48	83,86	76,86	70,81	63,07	82,82	75,29	69,51	64,37	57,62
	λ_1=-0,4	100,11	93,32	86,43	81,18	74,26	92,99	87,03	82,25	77,82	71,78
	λ_1= 0	105,19	98,77	93,82	89,34	83,29	100,65	95,85	91,91	88,19	83,01
10,99 %	λ_1=-2,0	54,11	42,07	35,20	30,24	24,86	35,92	29,18	25,26	22,37	19,16
	λ_1=-1,2	77,63	67,59	60,56	54,69	47,43	61,25	54,20	49,01	44,56	38,96
	λ_1=-0,8	86,64	78,34	72,19	66,81	59,85	73,66	67,88	63,26	59,04	53,37
	λ_1=-0,4	93,74	86,95	81,74	77,05	70,80	83,71	79,20	75,41	71,80	66,76
	λ_1= 0	99,25	93,65	89,26	85,23	79,75	91,43	87,88	84,82	81,84	77,56

Tabelle 20a: Kurse einer gesamtfälligen Anleihe für verschiedene Marktpreise des kurzfristigen Risikos (Prozeßparameter: zweites Drittel; Momentanstandardabweichung: s·1)

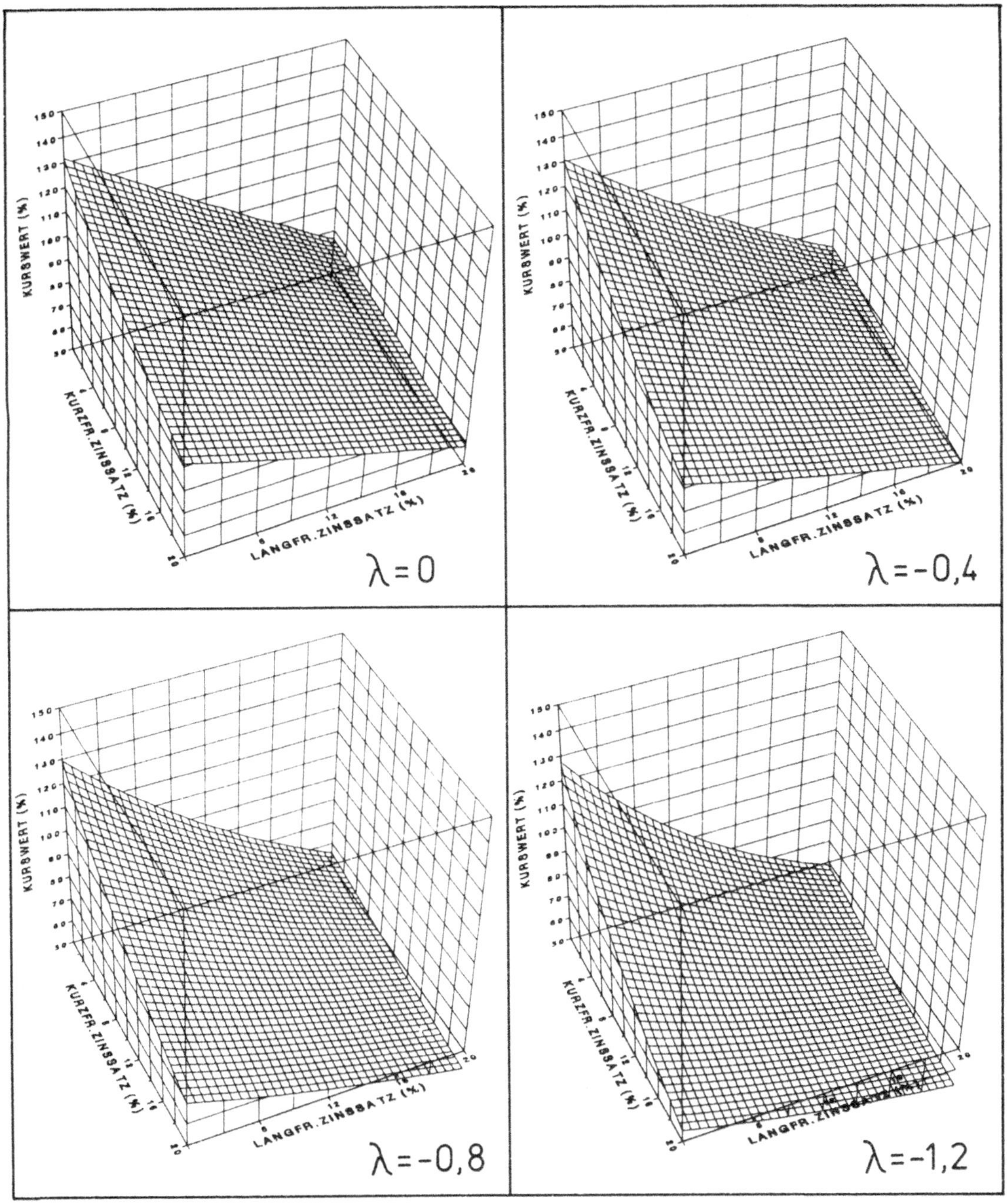

Abbildung 31a: Kurse einer gesamtfälligen Anleihe für verschiedene Marktpreise des kurzfristigen Risikos (Prozeßparameter: zweites Drittel; Momentanstandardabweichung: s·1; Restlaufzeit: T = 6,15 Jahre)

DRITTES DRITTEL - s·1											
l \ r		Restlaufzeit T = 0,9615 Jahre					Restlaufzeit T = 3,4615 Jahre				
		1,68 %	5,61 %	8,86 %	12,02 %	16,83 %	1,68 %	5,61 %	8,86 %	12,02 %	16,83 %
5,61 %	$\lambda_1=-2,0$	103,65	99,78	96,76	93,98	90,15	107,60	92,49	81,99	73,24	62,44
	$\lambda_1=-1,2$	103,76	100,09	97,23	94,59	90,96	109,62	96,89	87,78	80,01	70,15
	$\lambda_1=-0,8$	103,81	100,24	97,46	94,88	91,34	110,47	98,76	90,29	82,98	73,62
	$\lambda_1=-0,4$	103,86	100,38	97,67	95,16	91,71	111,23	100,43	92,56	85,70	76,83
	$\lambda_1=0$	103,91	100,52	97,88	95,43	92,06	111,92	101,94	94,61	88,17	79,79
6,89 %	$\lambda_1=-2,0$	103,57	99,70	96,68	93,90	90,08	106,35	91,48	81,14	72,51	61,87
	$\lambda_1=-1,2$	103,68	100,02	97,16	94,52	90,89	108,50	95,96	86,98	79,30	69,58
	$\lambda_1=-0,8$	103,73	100,17	97,38	94,81	91,27	109,41	97,87	89,51	82,29	73,05
	$\lambda_1=-0,4$	103,78	100,31	97,60	95,09	91,64	110,22	99,58	91,80	85,02	76,26
	$\lambda_1=0$	103,83	100,45	97,81	95,36	92,00	110,95	101,12	93,87	87,52	79,23
8,14 %	$\lambda_1=-2,0$	103,48	99,62	96,61	93,83	90,01	105,10	90,48	80,29	71,80	61,30
	$\lambda_1=-1,2$	103,59	99,94	97,08	94,45	90,82	107,37	95,03	86,17	78,60	69,00
	$\lambda_1=-0,8$	103,65	100,09	97,31	94,74	91,20	108,34	96,97	88,72	81,60	72,47
	$\lambda_1=-0,4$	103,70	100,24	97,53	95,02	91,57	109,21	98,72	91,04	84,35	75,69
	$\lambda_1=0$	103,75	100,38	97,74	95,30	91,93	109,99	100,29	93,14	86,86	78,66
9,44 %	$\lambda_1=-2,0$	103,39	99,54	96,53	93,75	89,94	103,79	89,43	79,41	71,05	60,71
	$\lambda_1=-1,2$	103,51	99,86	97,01	94,37	90,75	106,19	94,05	85,33	77,87	68,40
	$\lambda_1=-0,8$	103,57	100,01	97,23	94,67	91,13	107,22	96,03	87,90	80,88	71,87
	$\lambda_1=-0,4$	103,62	100,16	97,45	94,95	91,50	108,14	97,82	90,24	83,64	75,09
	$\lambda_1=0$	103,67	100,30	97,66	95,22	91,86	108,97	99,42	92,36	86,16	78,07
10,99 %	$\lambda_1=-2,0$	103,29	99,44	96,44	93,66	89,85	102,25	88,20	78,38	70,18	60,02
	$\lambda_1=-1,2$	103,42	99,77	96,92	94,29	90,67	104,80	92,91	84,35	77,01	67,70
	$\lambda_1=-0,8$	103,47	99,92	97,15	94,58	91,05	105,89	94,93	86,94	80,04	71,17
	$\lambda_1=-0,4$	103,53	100,07	97,37	94,87	91,43	106,87	96,75	89,31	82,81	74,40
	$\lambda_1=0$	103,58	100,21	97,58	95,14	91,79	107,76	98,40	91,46	85,35	77,38

		Restlaufzeit T = 6,1538 Jahre					Restlaufzeit T = 8,6538 Jahre				
5,61 %	$\lambda_1=-2,0$	101,87	76,64	61,79	51,01	39,43	89,07	60,64	46,46	37,31	28,43
	$\lambda_1=-1,2$	109,77	89,68	76,54	66,16	54,01	105,40	81,73	67,26	56,45	44,50
	$\lambda_1=-0,8$	112,83	95,00	82,91	73,07	61,19	111,57	90,73	77,15	66,46	54,02
	$\lambda_1=-0,4$	115,42	99,56	88,53	79,33	67,94	116,63	98,40	85,97	75,80	63,49
	$\lambda_1=0$	117,61	103,48	93,44	84,91	74,14	120,78	104,82	93,59	84,13	72,34
6,89 %	$\lambda_1=-2,0$	97,93	74,14	60,03	49,74	38,62	82,63	57,44	44,55	36,11	27,80
	$\lambda_1=-1,2$	106,31	87,20	74,63	64,66	52,95	99,29	77,86	64,55	54,49	43,26
	$\lambda_1=-0,8$	109,60	92,58	80,99	71,51	60,04	105,76	86,77	74,21	64,22	52,51
	$\lambda_1=-0,4$	112,39	97,24	86,63	77,75	66,74	111,15	94,47	82,91	73,38	61,76
	$\lambda_1=0$	114,78	101,23	91,57	83,33	72,89	115,62	100,95	90,49	81,60	70,45
8,14 %	$\lambda_1=-2,0$	94,08	71,70	58,32	48,50	37,84	76,74	54,47	42,78	34,98	27,19
	$\lambda_1=-1,2$	102,88	84,75	72,75	63,18	51,90	93,39	74,15	61,94	52,60	42,06
	$\lambda_1=-0,8$	106,36	90,18	79,08	69,97	58,90	100,05	82,90	71,34	62,04	51,03
	$\lambda_1=-0,4$	109,34	94,90	84,72	76,17	65,53	105,64	90,54	79,88	70,99	60,05
	$\lambda_1=0$	111,90	98,98	89,69	81,74	71,65	110,32	97,06	87,38	79,08	68,56
9,44 %	$\lambda_1=-2,0$	90,12	69,20	56,56	47,23	37,04	71,05	51,57	41,02	33,86	26,59
	$\lambda_1=-1,2$	99,27	82,19	70,79	61,65	50,82	87,37	70,37	59,29	50,67	40,84
	$\lambda_1=-0,8$	102,92	87,65	77,08	68,36	57,72	94,04	78,89	68,38	59,79	49,51
	$\lambda_1=-0,4$	106,07	92,42	82,71	74,52	64,27	99,70	86,40	76,71	68,50	58,27
	$\lambda_1=0$	108,78	96,57	87,69	80,06	70,33	104,45	92,85	84,07	76,41	66,58
10,99 %	$\lambda_1=-2,0$	85,57	66,35	54,56	45,78	36,13	64,88	48,39	39,08	32,61	25,91
	$\lambda_1=-1,2$	95,00	79,22	68,52	59,88	49,57	80,51	66,09	56,28	48,49	39,46
	$\lambda_1=-0,8$	98,80	84,67	74,75	66,49	56,35	86,99	74,25	64,97	57,22	47,76
	$\lambda_1=-0,4$	102,10	89,47	80,35	72,58	62,80	92,52	81,48	73,00	65,60	56,22
	$\lambda_1=0$	104,94	93,66	85,32	78,08	68,79	97,14	87,71	80,11	73,26	64,27

Tabelle 20b: Kurse einer gesamtfälligen Anleihe für verschiedene Marktpreise des kurzfristigen Risikos (Prozeßparameter: drittes Drittel; Momentanstandardabweichung: s·1)

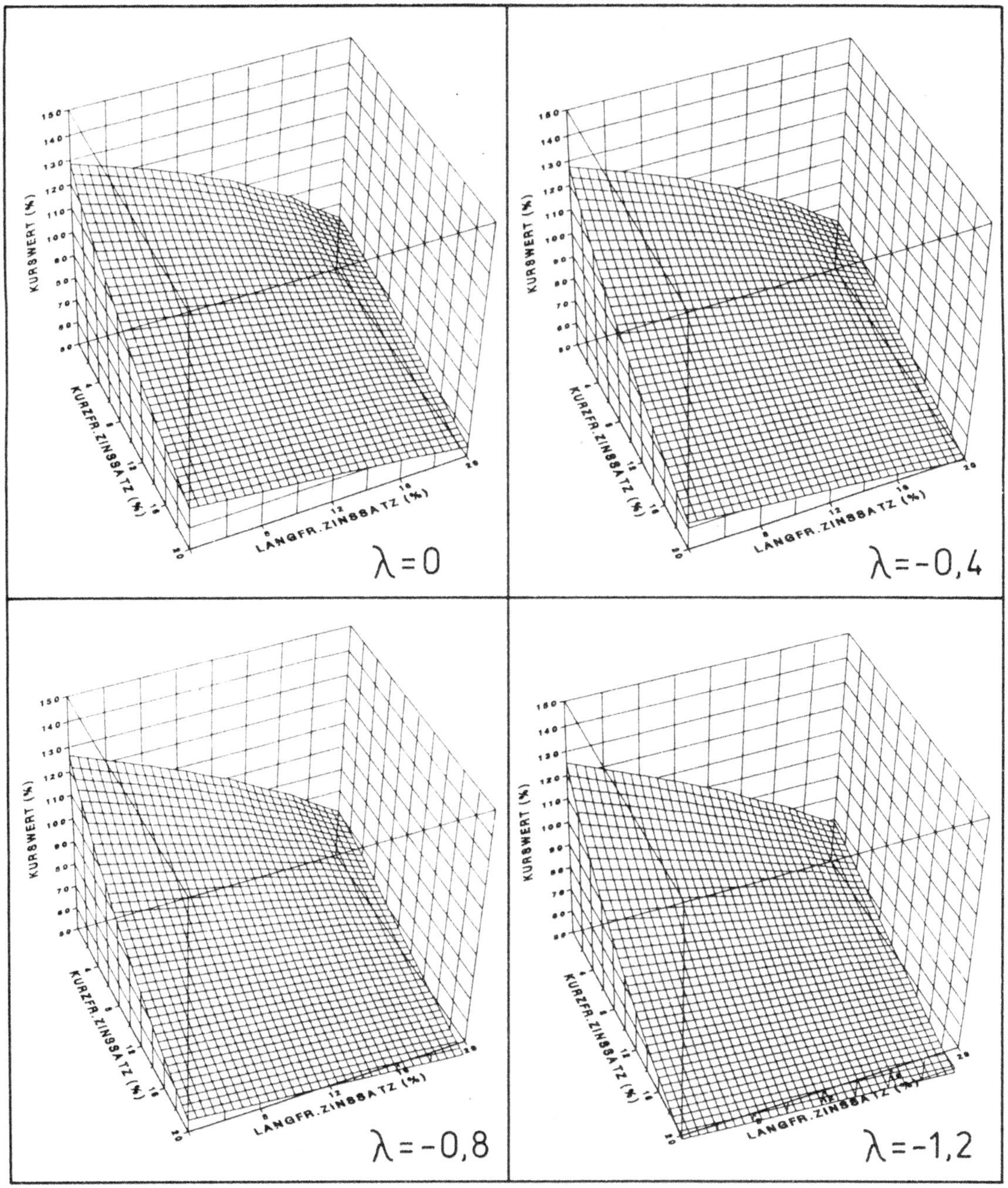

Abbildung 31b: Kurse einer gesamtfälligen Anleihe für verschiedene Marktpreise des kurzfristigen Risikos (Prozeßparameter: drittes Drittel; Momentanstandardabweichung: s·1; Restlaufzeit: T = 6,15 Jahre)

ERSTES DRITTEL - s·1

l \ r	λ	Restlaufzeit T = 0,9615 Jahre 1,68 %	5,61 %	8,86 %	12,02 %	16,83 %	Restlaufzeit T = 3,4615 Jahre 1,68 %	5,61 %	8,86 %	12,02 %	16,83 %
5,61 %	λ_1=-2,0	100,18	93,34	88,77	84,96	80,18	72,94	63,85	59,00	55,38	51,20
	λ_1=-1,2	102,93	99,45	96,91	94,68	91,74	103,72	98,69	95,36	92,57	89,03
	λ_1=-0,8	103,63	101,05	99,13	97,42	95,13	110,17	106,85	104,49	102,42	99,72
	λ_1=-0,4	104,10	102,13	100,63	99,28	97,46	113,53	111,23	109,52	107,98	105,93
	λ_1= 0	104,42	102,87	101,67	100,58	99,09	115,38	113,68	112,37	111,17	109,55
6,89 %	λ_1=-2,0	98,23	91,66	87,24	83,56	78,92	60,81	54,43	50,78	47,97	44,65
	λ_1=-1,2	101,75	98,37	95,89	93,70	90,82	94,80	90,70	87,90	85,52	82,47
	λ_1=-0,8	102,67	100,16	98,28	96,59	94,35	103,52	100,66	98,58	96,76	94,35
	λ_1=-0,4	103,30	101,37	99,90	98,58	96,79	108,52	106,45	104,90	103,51	101,64
	λ_1= 0	103,75	102,22	101,04	99,97	98,50	111,47	109,89	108,68	107,57	106,07
8,14 %	λ_1=-2,0	96,38	90,06	85,79	82,22	77,71	52,93	48,03	45,11	42,82	40,06
	λ_1=-1,2	100,62	97,32	94,90	92,76	89,93	87,72	84,25	81,84	79,78	77,10
	λ_1=-0,8	101,75	99,29	97,45	95,80	93,59	97,85	95,33	93,49	91,85	89,69
	λ_1=-0,4	102,54	100,64	99,20	97,89	96,14	104,01	102,14	100,73	99,46	97,74
	λ_1= 0	103,10	101,59	100,43	99,37	97,93	107,81	106,35	105,23	104,20	102,80
9,44 %	λ_1=-2,0	94,52	88,44	84,32	80,86	76,48	46,74	42,87	40,50	38,60	36,29
	λ_1=-1,2	99,47	96,26	93,89	91,80	89,03	81,44	78,49	76,40	74,59	72,24
	λ_1=-0,8	100,81	98,41	96,60	94,99	92,82	92,58	90,36	88,71	87,25	85,31
	λ_1=-0,4	101,75	99,89	98,48	97,20	95,47	99,68	97,99	96,70	95,54	93,97
	λ_1= 0	102,43	100,95	99,81	98,76	97,34	104,20	102,85	101,81	100,86	99,56
10,99 %	λ_1=-2,0	92,44	86,63	82,66	79,33	75,10	41,02	38,02	36,12	34,57	32,66
	λ_1=-1,2	98,17	95,05	92,74	90,70	88,00	75,06	72,59	70,80	69,26	67,23
	λ_1=-0,8	99,75	97,41	95,64	94,06	91,95	87,03	85,09	83,65	82,37	80,65
	λ_1=-0,4	100,86	99,04	97,66	96,40	94,71	94,99	93,48	92,32	91,28	89,87
	λ_1= 0	101,67	100,21	99,09	98,07	96,67	100,19	98,97	98,02	97,15	95,97

l	λ	Restlaufzeit T = 6,1538 Jahre 1,68 %	5,61 %	8,86 %	12,02 %	16,83 %	Restlaufzeit T = 8,6538 Jahre 1,68 %	5,61 %	8,86 %	12,02 %	16,83 %
5,61 %	λ_1=-2,0	>154,00	>154,00	>154,00	>154,00	>154,00	>154,00	>154,00	>154,00	>154,00	>154,00
	λ_1=-1,2	103,40	105,42	109,42	114,70	124,00	>154,00	>154,00	>154,00	>154,00	>154,00
	λ_1=-0,8	114,36	112,20	110,85	109,83	108,71	120,22	131,51	147,17	>154,00	>154,00
	λ_1=-0,4	121,05	119,11	117,67	116,38	114,68	125,67	124,28	123,33	122,58	121,71
	λ_1= 0	124,92	123,35	122,14	121,04	119,54	131,45	130,09	129,03	128,06	126,75
6,89 %	λ_1=-2,0	>154,00	>154,00	>154,00	>154,00	>154,00	>154,00	>154,00	>154,00	>154,00	>154,00
	λ_1=-1,2	88,56	88,62	89,74	91,49	94,82	>154,00	>154,00	>154,00	>154,00	>154,00
	λ_1=-0,8	102,29	100,50	99,27	98,26	97,01	104,84	110,78	118,62	128,29	145,02
	λ_1=-0,4	111,35	109,75	108,54	107,45	106,00	112,06	110,98	110,21	109,57	108,77
	λ_1= 0	117,00	115,66	114,63	113,68	112,38	119,61	118,56	117,73	116,97	115,93
8,14 %	λ_1=-2,0	128,12	148,88	>154,00	>154,00	>154,00	>154,00	>154,00	>154,00	>154,00	>154,00
	λ_1=-1,2	77,94	77,50	77,76	78,39	79,79	>154,00	>154,00	>154,00	>154,00	>154,00
	λ_1=-0,8	92,82	91,34	90,29	89,38	88,24	92,86	96,54	101,23	106,95	116,81
	λ_1=-0,4	103,14	101,80	100,79	99,87	98,63	101,06	100,24	99,63	99,11	98,45
	λ_1= 0	109,89	108,75	107,86	107,04	105,92	109,39	108,57	107,93	107,33	106,52
9,44 %	λ_1=-2,0	86,63	>154,00	>154,00	>154,00	>154,00	>154,00	>154,00	>154,00	>154,00	>154,00
	λ_1=-1,2	69,25	68,64	68,50	68,60	69,05	>154,00	>154,00	>154,00	>154,00	>154,00
	λ_1=-0,8	84,54	83,33	82,44	81,66	80,65	82,66	85,01	87,92	91,43	97,43
	λ_1=-0,4	95,59	94,49	93,64	92,87	91,82	91,32	90,71	90,26	89,86	89,34
	λ_1= 0	103,08	102,12	101,36	100,67	99,72	99,88	99,28	98,80	98,35	97,73
10,99 %	λ_1=-2,0	60,33	100,62	141,60	>154,00	>154,00	>154,00	>154,00	>154,00	>154,00	>154,00
	λ_1=-1,2	60,99	60,35	60,03	59,86	59,78	>154,00	>154,00	>154,00	>154,00	>154,00
	λ_1=-0,8	76,25	75,30	74,59	73,95	73,11	72,72	74,16	75,88	77,92	81,38
	λ_1=-0,4	87,73	86,85	86,17	85,55	84,71	81,51	81,10	80,79	80,52	80,15
	λ_1= 0	95,74	94,96	94,35	93,78	93,01	89,93	89,53	89,21	88,91	88,49

Tabelle 21a: Kurse einer gesamtfälligen Anleihe für verschiedene Marktpreise des kurzfristigen Risikos (Prozeßparameter: erstes Drittel; Momentanstandardabweichung: s·1)

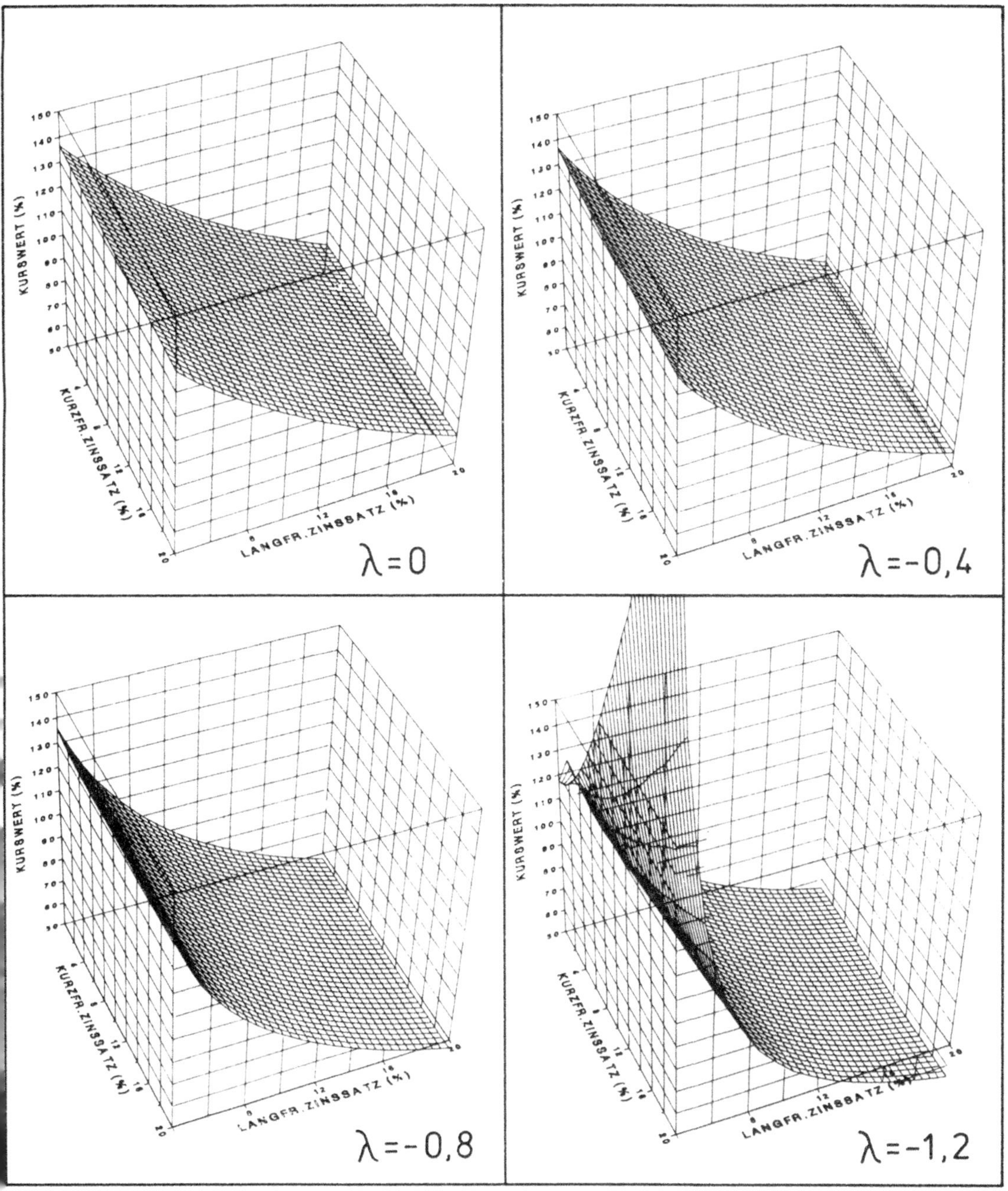

Abbildung 32a: Kurse einer gesamtfälligen Anleihe für verschiedene Marktpreise des kurzfristigen Risikos (Prozeßparameter: erstes Drittel; Momentanstandardabweichung: s·1; Restlaufzeit: T = 6,15 Jahre)

ERSTES UND ZWEITES DRITTEL - s.1

l \ r		Restlaufzeit T = 0,9615 Jahre					Restlaufzeit T = 3,4615 Jahre				
		1,68 %	5,61 %	8,86 %	12,02 %	16,83 %	1,68 %	5,61 %	8,86 %	12,02 %	16,83 %
5,61 %	$\lambda_1 = -2,0$	99,18	91,64	86,63	82,49	77,33	61,97	52,75	47,96	44,44	40,43
	$\lambda_1 = -1,2$	102,37	98,48	95,65	93,17	89,90	98,00	91,99	88,10	84,89	80,87
	$\lambda_1 = -0,8$	103,19	100,32	98,17	96,26	93,71	106,75	102,73	99,91	97,47	94,31
	$\lambda_1 = -0,4$	103,75	101,55	99,89	98,39	96,36	111,43	108,70	106,68	104,88	102,49
	$\lambda_1 = 0$	104,14	102,42	101,09	99,87	98,23	113,99	112,01	110,50	109,13	107,27
6,89 %	$\lambda_1 = -2,0$	97,44	90,14	85,28	81,26	76,23	52,43	45,73	42,04	39,25	36,01
	$\lambda_1 = -1,2$	101,31	97,50	94,73	92,29	89,08	89,74	84,79	81,50	78,75	75,26
	$\lambda_1 = -0,8$	102,33	99,51	97,40	95,52	93,01	100,44	96,95	94,46	92,30	89,47
	$\lambda_1 = -0,4$	103,04	100,87	99,23	97,75	95,76	106,67	104,21	102,37	100,73	98,54
	$\lambda_1 = 0$	103,54	101,83	100,52	99,33	97,70	110,30	108,46	107,06	105,78	104,05
8,14 %	$\lambda_1 = -2,0$	95,76	88,70	83,99	80,07	75,17	46,00	40,76	37,75	35,44	32,72
	$\lambda_1 = -1,2$	100,28	96,56	93,83	91,44	88,29	83,11	78,90	76,05	73,64	70,57
	$\lambda_1 = -0,8$	101,50	98,72	96,65	94,80	92,33	95,02	91,94	89,71	87,77	85,21
	$\lambda_1 = -0,4$	102,34	100,21	98,60	97,14	95,18	102,38	100,13	98,45	96,94	94,93
	λ_1 0	102,95	101,27	99,97	98,79	97,19	106,84	105,14	103,83	102,64	101,02
9,44 %	$\lambda_1 = -2,0$	94,07	87,25	82,67	78,87	74,09	40,88	36,69	34,20	32,26	29,94
	$\lambda_1 = -1,2$	99,23	95,59	92,92	90,57	87,47	77,21	73,60	71,12	69,00	66,28
	$\lambda_1 = -0,8$	100,64	97,92	95,89	94,07	91,64	89,96	87,23	85,24	83,49	81,18
	$\lambda_1 = -0,4$	101,63	99,54	97,95	96,51	94,58	98,23	96,19	94,65	93,27	91,41
	$\lambda_1 = 0$	102,34	100,68	99,41	98,24	96,66	103,41	101,83	100,62	99,51	98,00
10,99 %	$\lambda_1 = -2,0$	92,16	85,60	81,19	77,50	72,87	36,10	32,80	30,78	29,18	27,23
	$\lambda_1 = -1,2$	98,04	94,49	91,88	89,58	86,55	71,19	68,15	66,02	64,20	61,83
	$\lambda_1 = -0,8$	99,67	97,01	95,02	93,23	90,85	84,61	82,22	80,47	78,92	76,86
	$\lambda_1 = -0,4$	100,82	98,77	97,20	95,79	93,89	93,71	91,88	90,49	89,24	87,56
	$\lambda_1 = 0$	101,65	100,02	98,76	97,61	96,06	99,60	98,16	97,04	96,02	94,64

		Restlaufzeit T = 6,1538 Jahre					Restlaufzeit T = 8,6538 Jahre				
5,61 %	$\lambda_1 = -2,0$	66,42	130,73	>154,00	>154,00	>154,00	>154,00	>154,00	>154,00	>154,00	>154,00
	$\lambda_1 = -1,2$	92,13	89,13	87,65	86,77	86,09	151,55	>154,00	>154,00	>154,00	>154,00
	$\lambda_1 = -0,8$	108,13	105,11	103,01	101,23	98,95	109,84	110,56	112,43	115,05	119,86
	$\lambda_1 = -0,4$	117,34	115,00	113,25	111,70	109,62	120,94	119,09	117,72	116,51	114,94
	$\lambda_1 = 0$	122,51	120,69	119,28	118,01	116,27	128,38	126,77	125,53	124,39	122,84
6,89 %	$\lambda_1 = -2,0$	45,22	68,33	93,14	120,01	>154,00	>154,00	>154,00	>154,00	>154,00	>154,00
	$\lambda_1 = -1,2$	78,99	76,45	74,93	73,79	72,52	119,62	>154,00	>154,00	>154,00	>154,00
	$\lambda_1 = -0,8$	96,81	94,39	92,66	91,15	89,18	95,18	95,19	95,84	96,89	98,94
	$\lambda_1 = -0,4$	108,17	106,22	104,75	103,43	101,66	108,13	106,70	105,63	104,66	103,38
	$\lambda_1 = 0$	115,06	113,49	112,28	111,17	109,66	117,29	116,03	115,04	114,12	112,87
8,14 %	$\lambda_1 = -2,0$	35,41	46,36	58,30	71,34	91,66	>154,00	>154,00	>154,00	>154,00	>154,00
	$\lambda_1 = -1,2$	69,64	67,54	66,20	65,12	63,82	98,42	141,74	>154,00	>154,00	>154,00
	$\lambda_1 = -0,8$	87,87	85,89	84,45	83,17	81,50	84,16	83,98	84,22	84,70	85,73
	$\lambda_1 = -0,4$	100,35	98,71	97,47	96,34	94,82	97,69	96,59	95,75	94,99	93,96
	$\lambda_1 = 0$	108,32	106,97	105,91	104,95	103,64	107,59	106,60	105,82	105,09	104,10
9,44 %	$\lambda_1 = -2,0$	29,05	34,12	39,85	46,19	56,17	>154,00	>154,00	>154,00	>154,00	>154,00
	$\lambda_1 = -1,2$	61,98	60,26	59,10	58,13	56,92	82,22	108,68	136,25	>154,00	>154,00
	$\lambda_1 = -0,8$	80,04	78,43	77,23	76,16	74,74	74,91	74,68	74,72	74,92	75,42
	$\lambda_1 = -0,4$	93,11	91,75	90,71	89,76	88,47	88,40	87,57	86,93	86,34	85,54
	$\lambda_1 = 0$	101,83	100,68	99,78	98,95	97,82	98,50	97,75	97,16	96,60	95,83
10,99 %	$\lambda_1 = -2,0$	24,08	25,92	28,21	30,84	35,08	>154,00	>154,00	>154,00	>154,00	>154,00
	$\lambda_1 = -1,2$	54,70	53,33	52,36	51,54	50,48	67,80	82,99	98,52	115,39	114,99
	$\lambda_1 = -0,8$	72,20	70,93	69,97	69,11	67,94	65,98	65,76	65,70	65,74	65,92
	$\lambda_1 = -0,4$	85,54	84,45	83,61	82,84	81,78	78,99	78,42	77,96	77,54	76,96
	$\lambda_1 = 0$	94,79	93,85	93,11	92,43	91,49	88,90	88,39	87,98	87,60	87,06

Tabelle 21b: Kurse einer gesamtfälligen Anleihe für verschiedene Marktpreise des kurzfristigen Risikos (Prozeßparameter: erstes und zweites Drittel; Momentanstandardabweichung: s•1)

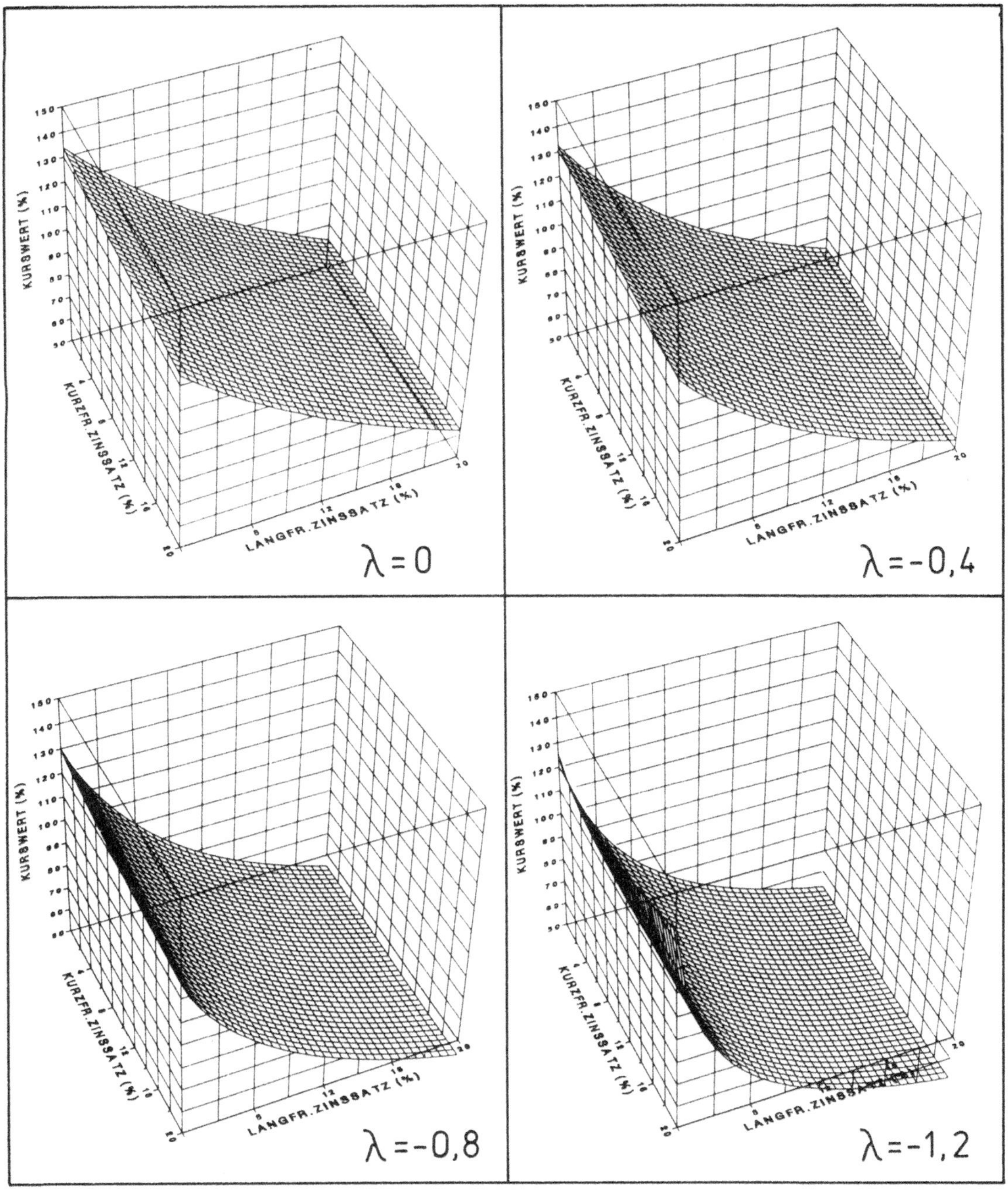

Abbildung 32b: Kurse einer gesamtfälligen Anleihe für verschiedene Marktpreise des kurzfristigen Risikos (Prozeßparameter: erstes und zweites Drittel; Momentanstandardabweichung: s•1; Restlaufzeit: T = 6,15 Jahre)

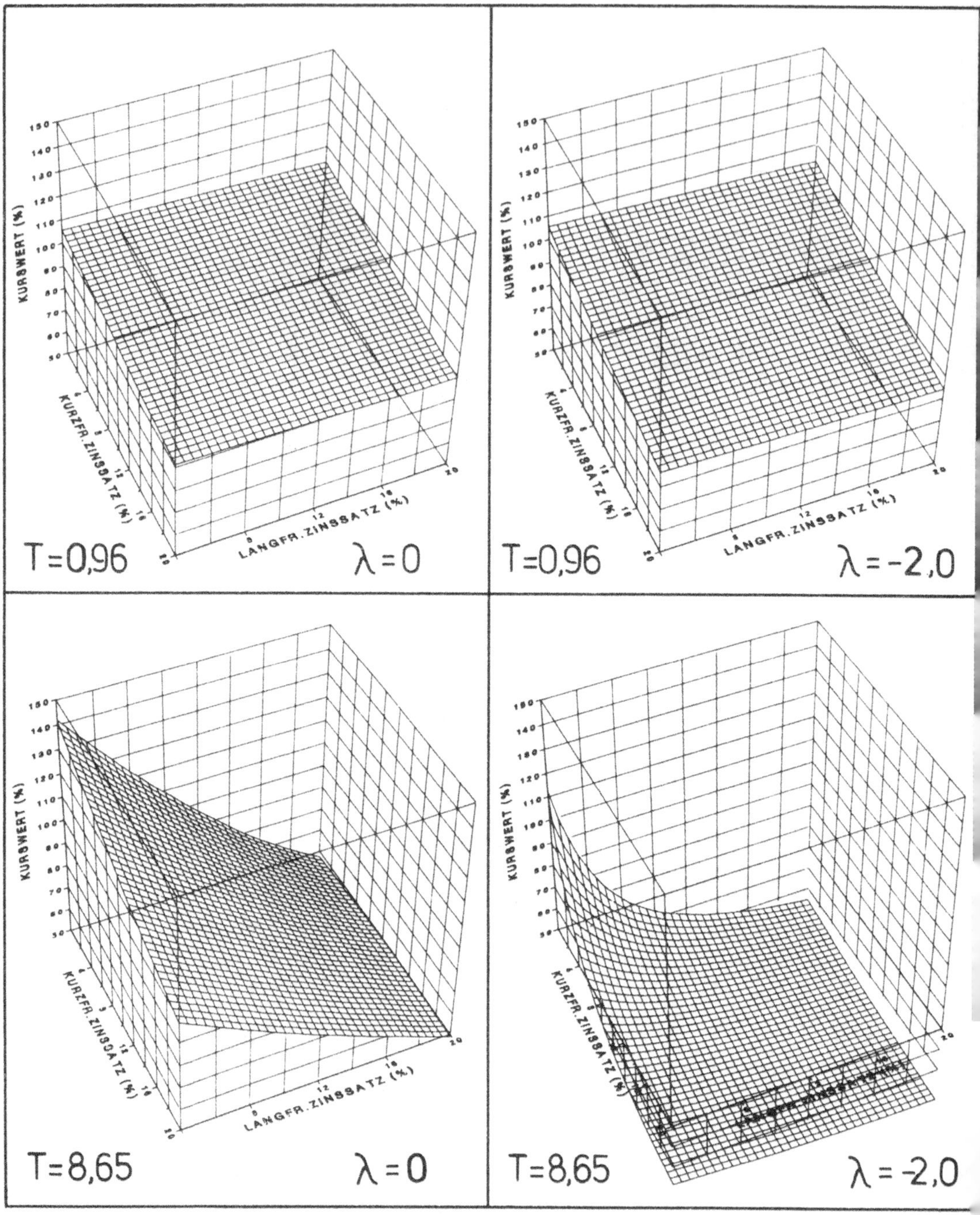

Abbildung 33: Wertpapierkurse eines gesamtfälligen festverzinslichen Wertpapieres bei einem Marktpreis λ_1 des kurzfristigen Risikos von 0 bzw. -2,0 und einer Restlaufzeit T von 0,96 bzw. 8,65 Jahren

einem Marktpreis λ_1^* des kurzfristigen Risikos, um danach wieder das schon für kürzere Restlaufzeiten beobachtbare monoton steigende Verhalten zu zeigen. Mit zunehmender Restlaufzeit wird der Marktpreis λ_1^* größer. Bei einer Restlaufzeit von ungefähr 8,5 Jahren liegt der Marktpreis λ_1^* zwischen -1,2 und -0,8, je nach Höhe des kurz- und langfristigen Zinssatzes. Der Marktpreis λ_1^* fällt mit steigendem langfristigem und kurzfristigem Zinssatz.

Werden für die Bewertungsgleichung des festverzinslichen Wertpapieres die Parameter des stochastischen Prozesses für das <u>erste und zweite</u> Drittel des Untersuchungszeitraumes verwendet, so können tendenziell die gleichen Aussagen über das Verhalten des Wertpapierkurses getroffen werden wie bei Verwendung der Prozeßparameter für das erste Drittel des Untersuchungszeitraumes. Das im Untersuchungsbereich beobachtbare monoton steigende Verhalten des Wertpapierkurses mit dem Marktpreis des kurzfristigen Risikos geht allerdings erst bei Restlaufzeiten von mehr als 5 1/2 Jahren verloren.

Wird das Monotonieverhalten für die Bewertungsansätze mit <u>zinssatzproportionalem</u> oder <u>konstantem Momentanvarianzterm</u> des zugrundeliegenden stochastischen Prozesses des langfristigen Zinssatzes untersucht, so ergeben sich die "gleichen" Ergebnisse wie bei Berücksichtigung eines zum Quadrat des langfristigen Zinssatzes proportionalen Momentanvarianzterms[1].

Bei Verwendung der Prozeßparameter des <u>dritten</u> Drittels unterscheiden sich die für unterschiedliche Momentanvarianzterme des langfristigen Zinssatzes berechneten Wertpapierkurse nur minimal voneinander[2]. Unter Berücksichtigung der Parameter des stochastischen Prozesses für das <u>zweite</u> Drittel des Untersuchungszeitraumes sind die mit steigender

1) Vgl. dazu Anhang IV/2.

2) Die auftretenden Schwankungen sind kleiner als 0,02 Prozentpunkte.

Restlaufzeit zunehmenden Abweichungen zwischen den Wertpapierkursen unterschiedlicher Bewertungsansätze etwas größer[1]. Diese geringen Wertpapierkursunterschiede für verschiedene Momentanvarianzansätze des langfristigen Zinssatzes gelten auch bei Benutzung der Prozeßparameter des ersten sowie des ersten und zweiten Drittels des Untersuchungszeitraumes für kürzere Restlaufzeiten. Erst bei "irrelevanten" Marktpreisen für das kurzfristige Risiko[2] treten größere Wertpapierkursschwankungen auf.

2. Vereinfachter Bewertungsansatz

Bei ausschließlicher Berücksichtigung des kurzfristigen Zinssatzes als Einflußgröße zeigen die Ansätze mit zum Quadrat des kurzfristigen Zinssatzes proportionalen, mit zum kurzfristigen Zinssatz proportionalen und teilweise auch mit konstantem Momentanvarianzansatz ein streng monoton steigendes Verhalten des Wertpapierkurses als Funktion des Marktpreises des kurzfristigen Risikos (vgl. Tabellen 22).

Die Ansätze mit zum Quadrat des kurzfristigen Zinssatzes und zum kurzfristigen Zinssatz proportionalen Momentanvarianzterm unterscheiden sich grundsätzlich nicht in ihrem Monotonieverhalten bezüglich des Marktpreises des kurzfristigen Risikos und weisen beide einen mit dem kurzfristigen Zinssatz fallenden Wertpapierkurs auf. Mit steigender Restlaufzeit nimmt der Einfluß des Marktpreises des kurzfristigen Risikos zu. Für unterschiedliche Marktpreise des kurzfristigen Risikos wachsen mit größer werdender Restlaufzeit die Wertpapierkursdifferenzen. Dies gilt unabhängig davon, ob für die Schätzung der Parameter des stochastischen Prozesses das erste, zweite oder dritte Drittel oder die ersten beiden Drittel des Untersuchungszeitraumes verwandt werden.

---

1) Die Wertpapierschwankungen sind kleiner als 0,4 Prozentpunkte.

2) Marktpreise unterhalb von λ_1^* bei genügend langen Restlaufzeiten.

r / Restlaufzeit		Prozeßparameter: 1. Drittel					Prozeßparameter: 2. Drittel				
		1,68 %	5,61 %	8,14 %	12,02 %	16,83 %	1,68 %	5,61 %	8,14 %	12,02 %	16,83 %
0,9615 Jahre	$\lambda=-2,4$	77,21	67,25	63,02	58,07	53,50	102,71	98,68	96,24	92,72	88,72
	$\lambda=-2,0$	85,81	77,62	73,89	69,36	65,02	102,88	99,09	96,80	93,48	98,70
	$\lambda=-1,2$	96,60	92,00	89,64	86,56	83,38	103,17	99,82	97,79	94,83	91,45
	$\lambda=-0,8$	99,48	96,22	94,45	92,07	89,54	103,30	100,14	98,23	95,43	92,23
	$\lambda=-0,4$	101,32	99,00	97,70	95,89	93,92	103,41	100,44	98,63	95,99	92,96
	$\lambda=0$	102,47	100,80	99,83	98,45	96,93	103,52	100,71	99,00	96,50	93,63
3,4615 Jahre	$\lambda=-2,4$	17,29	14,89	13,92	12,82	11,82	95,87	80,32	72,22	62,00	52,16
	$\lambda=-2,0$	31,20	27,62	26,09	24,28	22,60	99,74	86,64	79,53	70,23	60,89
	$\lambda=-1,2$	71,41	67,20	65,13	62,50	59,86	105,28	95,99	90,68	83,38	75,61
	$\lambda=-0,8$	88,26	84,80	82,99	80,60	78,11	107,25	99,36	94,77	88,37	81,42
	$\lambda=-0,4$	99,63	97,05	95,63	93,68	91,59	108,84	102,07	98,09	92,47	86,28
	$\lambda=0$	106,47	104,59	103,52	102,00	100,33	110,14	104,27	100,79	95,83	90,31
6,1538 Jahre	$\lambda=-2,4$	10,52	09,31	08,80	08,22	07,67	69,98	51,26	43,33	34,74	27,72
	$\lambda=-2,0$	17,13	15,38	14,62	13,72	12,87	83,09	65,90	57,70	48,02	39,36
	$\lambda=-1,2$	54,49	51,33	49,77	47,79	45,80	101,68	89,68	83,09	74,39	65,52
	$\lambda=-0,8$	78,81	75,73	74,13	72,00	69,78	107,67	97,86	92,28	84,66	76,60
	$\lambda=-0,4$	97,93	95,40	94,00	92,09	90,03	112,15	104,03	99,31	92,73	85,58
	$\lambda=0$	110,29	108,34	107,23	105,66	103,93	115,55	108,71	104,67	98,97	92,67
8,6538 Jahre	$\lambda=-2,4$	09,97	08,85	08,39	07,84	07,34	48,07	35,03	29,98	24,74	20,54
	$\lambda=-2,0$	14,35	12,97	12,36	11,64	10,95	65,51	50,34	43,63	36,10	29,67
	$\lambda=-1,2$	45,29	42,70	41,43	39,80	38,16	96,44	83,90	77,17	68,42	59,69
	$\lambda=-0,8$	72,32	69,50	68,03	66,09	64,06	106,79	96,43	90,60	82,69	74,40
	$\lambda=-0,4$	96,60	94,10	92,73	90,84	88,81	114,34	105,75	100,77	93,86	86,39
	$\lambda=0$	113,47	111,47	110,33	108,71	106,93	119,90	112,65	108,38	102,35	95,70
		Prozeßparameter: 3. Drittel					Prozeßparameter: 1. u. 2. Drittel				
0,9615 Jahre	$\lambda=-2,4$	103,36	99,25	96,76	93,17	89,09	86,40	76,41	71,80	66,22	60,89
	$\lambda=-2,0$	103,43	99,43	97,02	93,52	98,55	92,12	84,34	80,51	75,68	70,89
	$\lambda=-1,2$	103,55	99,78	97,50	94,19	90,42	98,89	94,67	92,36	89,24	85,92
	$\lambda=-0,8$	103,60	99,94	97,73	94,51	90,83	100,70	97,64	95,90	93,48	90,85
	$\lambda=-0,4$	103,66	100,10	97,94	94,81	91,23	101,91	99,65	98,34	96,47	94,39
	$\lambda=0$	103,71	100,25	98,16	95,10	91,61	102,72	101,02	100,00	98,55	96,90
3,4615 Jahre	$\lambda=-2,4$	104,56	86,14	76,52	64,38	52,79	21,65	18,24	16,85	15,28	13,86
	$\lambda=-2,0$	105,99	89,17	80,19	68,65	57,36	37,60	32,77	30,67	28,19	25,88
	$\lambda=-1,2$	108,38	94,34	86,59	76,32	65,86	77,52	72,62	70,14	66,95	63,70
	$\lambda=-0,8$	109,37	96,53	89,34	79,70	69,73	92,26	88,46	86,41	83,65	80,73
	$\lambda=-0,4$	110,25	98,48	91,82	82,78	73,32	101,69	98,94	97,37	95,20	92,81
	$\lambda=0$	111,03	100,22	94,05	85,60	76,63	107,28	105,27	104,09	102,42	100,53
6,1538 Jahre	$\lambda=-2,4$	90,09	58,61	46,28	34,08	25,22	12,33	10,80	10,15	09,39	08,69
	$\lambda=-2,0$	96,41	67,26	54,76	41,46	31,03	20,33	18,05	17,03	15,82	14,68
	$\lambda=-1,2$	106,31	82,70	71,17	57,49	45,32	61,07	57,26	55,34	52,85	50,31
	$\lambda=-0,8$	110,10	89,15	78,46	65,26	52,96	84,28	80,82	78,95	76,43	73,77
	$\lambda=-0,4$	113,25	94,74	84,95	72,48	60,40	101,14	98,40	96,84	94,68	92,31
	$\lambda=0$	115,89	99,51	90,62	79,01	67,39	111,62	109,53	108,30	106,55	104,59
8,6538 Jahre	$\lambda=-2,4$	66,31	37,68	29,64	22,93	18,49	11,50	10,14	09,55	08,87	08,23
	$\lambda=-2,0$	78,21	47,35	37,10	27,91	21,67	16,62	14,89	14,11	13,17	12,28
	$\lambda=-1,8$	98,74	70,05	57,70	44,46	33,93	51,63	48,47	46,86	44,78	42,67
	$\lambda=-0,8$	106,68	80,87	68,75	54,81	42,83	78,62	75,40	73,66	71,32	68,85
	$\lambda=-0,4$	113,15	90,44	79,06	65,24	52,59	100,71	97,98	96,43	94,27	91,91
	$\lambda=0$	118,38	98,56	88,17	75,01	62,35	115,26	113,10	111,83	110,03	108,00

Tabelle 22a: Kurse einer gesamtfälligen Anleihe für verschiedene Marktpreise des kurzfristigen Risikos im vereinfachten Bewertungsansatz (Momentanstandardabweichung: $\sigma_2 r$)

Restlaufzeit \ r	λ	Prozeßparameter: 1. Drittel 1,68 %	5,61 %	8,14 %	12,02 %	16,83 %	Prozeßparameter: 2. Drittel 1,68 %	5,61 %	8,14 %	12,02 %	16,83 %
0,9615 Jahre	λ=-2,4	97,86	94,01	91,90	88,98	85,78	102,97	99,75	97,84	95,09	91,97
	λ=-2,0	98,80	95,17	93,14	90,33	87,21	103,08	99,91	98,02	95,30	92,20
	λ=-1,2	100,47	97,28	95,44	92,84	89,91	103,29	100,21	98,37	95,70	92,65
	λ=-0,8	101,18	98,22	96,48	93,99	91,17	103,38	100,36	98,55	95,90	92,87
	λ=-0,4	101,83	99,09	97,45	95,08	92,37	103,48	100,51	98,72	96,10	93,09
	λ= 0	102,39	99,88	98,35	96,10	93,50	103,57	100,66	98,88	96,29	93,31
3,4615 Jahre	λ=-2,4	59,86	53,98	51,07	47,35	43,57	103,68	95,67	91,25	85,23	78,79
	λ=-2,0	67,89	61,87	58,81	54,83	50,73	104,96	97,18	92,84	86,89	80,49
	λ=-1,2	83,62	77,88	74,77	70,58	66,11	107,32	100,04	95,88	90,10	83,80
	λ=-0,8	90,73	85,39	82,41	78,28	73,80	108,40	101,38	97,33	91,64	85,40
	λ=-0,4	97,00	92,20	89,41	85,47	81,11	109,42	102,66	98,71	93,13	86,97
	λ= 0	102,27	98,08	95,55	91,89	87,75	110,38	103,89	100,04	94,58	88,50
6,1538 Jahre	λ=-2,4	32,31	29,13	27,58	25,61	23,64	99,08	89,56	84,48	77,71	70,64
	λ=-2,0	41,10	37,26	35,34	32,86	30,35	102,28	92,95	87,90	81,10	73,95
	λ=-1,2	64,18	59,37	56,80	53,36	49,73	108,22	99,42	94,49	87,73	80,50
	λ=-0,8	77,06	72,14	69,42	65,68	61,65	110,94	102,44	97,61	90,92	83,70
	λ=-0,4	89,42	84,70	81,98	78,14	73,91	113,49	105,32	100,59	94,00	86,81
	λ= 0	100,30	96,00	93,41	89,69	85,47	115,84	108,03	103,43	96,95	89,82
8,6538 Jahre	λ=-2,4	24,06	22,00	20,98	19,68	18,35	93,82	84,27	79,22	72,55	65,65
	λ=-2,0	30,50	27,90	26,59	24,89	23,16	98,72	89,19	84,08	77,26	70,13
	λ=-1,2	52,50	48,64	46,58	43,82	40,90	108,01	98,79	93,66	86,66	79,21
	λ=-0,8	67,58	63,29	60,91	57,65	54,13	112,32	103,33	98,24	91,24	83,70
	λ=-0,4	83,57	79,15	76,60	73,02	69,06	116,38	107,67	102,65	95,67	88,09
	λ= 0	98,59	94,35	91,80	88,13	83,97	120,14	111,76	106,84	99,93	92,34

Restlaufzeit	λ	Prozeßparameter: 3. Drittel					Prozeßparameter: 1. u. 2. Drittel				
0,9615 Jahre	λ=-2,4	103,23	99,37	97,10	93,84	90,16	99,63	95,91	93,85	90,98	87,82
	λ=-2,0	103,32	99,53	97,28	94,05	90,39	100,31	96,77	94,79	92,01	88,91
	λ=-1,2	103,51	99,83	97,63	94,45	90,84	101,50	98,35	96,53	93,93	91,00
	λ=-0,8	103,60	99,98	97,80	94,65	91,06	102,03	99,07	97,33	94,82	91,98
	λ=-0,4	103,69	100,12	97,97	94,84	91,28	102,50	99,74	98,08	95,67	92,92
	λ= 0	103,78	100,26	98,13	95,04	91,49	102,93	100,35	98,78	96,47	93,82
3,4615 Jahre	λ=-2,4	103,69	89,70	82,52	73,25	63,93	72,24	65,38	61,95	57,52	53,00
	λ=-2,0	105,24	91,61	84,50	75,24	65,87	79,01	72,19	68,70	64,13	59,39
	λ=-1,2	108,11	95,27	88,36	79,19	69,75	91,60	85,35	81,96	77,36	72,44
	λ=-0,8	109,42	97,02	90,23	81,13	71,69	97,11	91,34	88,10	83,63	78,77
	λ=-0,4	110,64	98,71	92,05	83,04	73,62	101,91	96,71	93,69	89,44	84,72
	λ= 0	111,77	100,33	93,82	84,92	75,53	105,94	101,36	98,60	94,64	91,50
6,1538 Jahre	λ=-2,4	92,44	71,88	62,68	51,93	42,29	45,08	40,40	38,11	35,21	32,30
	λ=-2,0	97,22	76,58	67,09	55,85	45,62	54,83	49,55	46,90	43,48	40,00
	λ=-1,2	106,28	86,07	76,23	64,18	52,89	77,08	71,18	68,02	63,80	59,34
	λ=-0,8	110,44	90,76	80,86	68,53	56,78	88,27	82,47	79,25	74,84	70,09
	λ=-0,4	114,30	95,34	85,47	72,95	60,80	98,53	93,09	89,95	85,55	80,70
	λ= 0	117,82	99,73	90,00	77,39	64,93	107,29	102,39	99,46	95,23	90,47
8,6538 Jahre	λ=-2,4	76,79	56,02	47,64	38,55	30,98	33,32	30,13	28,57	26,57	24,56
	λ=-2,0	84,41	62,30	53,08	42,90	34,31	42,09	38,20	36,25	33,73	31,16
	λ=-1,2	100,09	76,31	65,63	53,32	42,56	66,78	61,66	58,92	55,27	51,41
	λ=-0,8	107,72	83,81	72,58	59,33	47,48	81,28	75,90	72,92	68,83	64,44
	λ=-0,4	114,94	91,39	79,80	65,77	52,90	95,53	90,21	87,15	82,85	78,12
	λ= 0	121,56	98,85	87,13	72,52	58,76	108,22	103,25	100,27	95,98	91,15

Tabelle 22b: Kurse einer gesamtfälligen Anleihe für verschiedene Marktpreise des kurzfristigen Risikos im vereinfachten Bewertungsansatz (Momentanstandardabweichung: $\sigma_2\sqrt{r}$)

Restlaufzeit	r	Prozeßparameter: 1. Drittel 1,68 %	5,61 %	8,14 %	12,02 %	16,83 %	Prozeßparameter: 2. Drittel 1,68 %	5,61 %	8,14 %	12,02 %	16,83 %
0,9615 Jahre	λ=-2,4	99,58	96,79	95,08	92,58	89,71	103,07	100,02	98,16	95,44	92,32
	λ=-2,0	100,12	97,32	95,60	93,09	90,21	103,17	100,11	98,25	95,53	92,41
	λ=-1,2	101,20	98,40	96,66	94,12	91,21	103,37	100,30	98,44	95,71	92,58
	λ=-0,8	101,75	98,94	97,19	94,64	91,71	103,47	100,39	98,53	95,80	92,67
	λ=-0,4	102,25	99,48	97,73	95,17	92,21	103,56	100,49	98,62	95,89	92,76
	λ= 0	102,85	100,03	98,27	95,69	92,72	103,66	100,58	98,71	95,98	92,84
3,4615 Jahre	λ=-2,4	79,58	75,00	72,27	68,39	64,08	105,42	98,25	94,02	88,06	81,51
	λ=-2,0	83,25	78,47	75,60	71,53	67,00	106,33	99,09	94,83	88,81	82,20
	λ=-1,2	90,99	85,95	82,79	78,30	73,31	108,17	100,79	96,46	90,33	83,59
	λ=-0,8	94,76	89,95	86,67	81,96	76,72	109,11	101,65	97,28	91,10	84,30
	λ=-0,4	97,13	93,99	90,69	85,80	80,31	110,06	102,53	98,11	91,88	85,02
	λ= 0	97,19	97,76	94,75	89,79	84,07	111,01	103,41	98,95	92,66	85,74
6,1538 Jahre	λ=-2,4	58,60	54,92	52,74	49,66	46,27	103,93	95,39	90,42	83,52	76,07
	λ=-2,0	64,09	60,03	57,62	54,21	50,46	105,97	97,25	92,18	85,13	77,52
	λ=-1,2	76,95	72,22	69,25	65,06	60,44	110,20	101,09	95,82	88,47	80,52
	λ=-0,8	83,70	79,38	76,15	71,50	66,37	112,40	103,08	97,69	90,19	82,07
	λ=-0,4	84,48	86,35	83,46	78,60	73,00	114,65	105,17	99,60	91,95	83,66
	λ= 0	44,40	85,80	87,88	85,14	79,89	116,95	107,21	101,57	93,75	85,28
8,6538 Jahre	λ=-2,4	46,74	43,87	42,17	39,78	37,14	101,58	92,78	87,70	80,68	73,13
	λ=-2,0	52,40	49,12	47,18	44,43	41,41	104,60	95,52	90,27	83,02	75,22
	λ=-1,2	66,96	62,82	60,23	56,57	52,54	110,98	101,28	95,70	87,95	79,63
	λ=-0,8	75,40	71,61	68,67	64,44	59,77	114,36	104,32	98,54	90,55	81,95
	λ=-0,4	71,42	79,56	77,58	73,35	68,17	117,87	107.48	101,50	93,24	84,36
	λ= 0	0	40,53	64,58	73,76	73,54	121,52	110,78	104,59	96,04	86,86
		Prozeßparameter: 3. Drittel					Prozeßparameter: 1. u. 2. Drittel				
0,9615 Jahre	λ=-2,4	102,78	99,30	97,20	94,13	90,63	100,82	97,83	96,01	93,35	90,30
	λ=-2,0	102,94	99,46	97,35	94,28	90,77	101,24	98,25	96,42	93,75	90,68
	λ=-1,2	103,27	99,78	97,66	94,58	91,06	102,09	99,08	97,24	94,54	91,45
	λ=-0,8	103,44	99,94	97,82	94,74	91,21	102,52	99,50	97,65	94,95	91,84
	λ=-0,4	103,60	100,10	97,98	94,89	91,35	102,96	99,92	98,06	95,35	92,23
	λ= 0	103,77	100,26	98,13	95,04	91,50	103,40	100,35	98,48	95,75	92,62
3,4615 Jahre	λ=-2,4	100,44	90,26	84,47	76,56	68,20	86,47	80,65	77,23	72,40	67,09
	λ=-2,0	102,22	91,86	85,95	77,89	69,37	89,80	83,74	80,18	75,15	69,62
	λ=-1,2	105,90	95,14	89,00	80,63	71,77	96,81	90,33	86,46	81,01	75,01
	λ=-0,8	107,80	96,83	90,58	82,04	73,01	100,39	93,84	89,81	84,13	77,89
	λ=-0,4	109,73	98,55	92,18	83,47	74,28	103,88	97,47	93,30	87,39	80,88
	λ= 0	111,71	100,30	93,81	84,94	75,57	106,85	101,16	96,92	90,79	84,01
6,1538 Jahre	λ=-2,4	88,49	75,46	68,44	59,32	50,28	67,29	62,03	58,98	54,72	50,11
	λ=-2,0	92,69	78,95	71,54	61,92	52,40	72,93	67,17	63,82	59,16	54,11
	λ=-1,2	101,86	86,54	78,29	67,59	57,00	85,99	79,16	75,12	69,51	63,43
	λ=-0,8	106,84	90,68	81,96	70,67	59,51	93,25	86,12	81,70	75,54	68,86
	λ=-0,4	112,12	95,06	85,86	73,94	62,16	100,04	93,65	88,93	82,20	74,88
	λ= 0	117,70	99,69	89,98	77,40	64,97	101,85	100,79	96,42	89,41	81,49
8,6538 Jahre	λ=-2,4	75,40	62,66	56,03	47,70	39,76	54,73	50,44	47,96	44,51	40,78
	λ=-2,0	81,22	67,23	59,96	50,84	42,17	61,01	56,13	53,30	49,37	45,13
	λ=-1,2	94,84	77,92	69,15	58,19	47,81	76,94	70,63	66,91	61,76	56,21
	λ=-0,8	102,80	84,17	74,52	62,47	51,09	86,65	79,81	75,55	69,62	63,24
	λ=-0,4	111,62	91,10	80,48	67,22	54,72	95,68	90,18	85,53	78,80	71,48
	λ= 0	121,39	98,80	87,10	72,50	58,75	98,54	97,81	94,94	88,61	80,76

Tabelle 22c: Kurse einer gesamtfälligen Anleihe für verschiedene Marktpreise des kurzfristigen Risikos im vereinfachten Bewertungsansatz (Momentanstandardabweichung: σ_2)

Bei konstantem Momentanvarianzansatz gilt das oben Gesagte nur bei Verwendung der für das zweite bzw. dritte Drittel des Untersuchungszeitraumes geschätzten Parameter. Werden dagegen die aus dem ersten bzw. die aus den ersten beiden Dritteln des Untersuchungszeitraumes geschätzten Prozeßparameter berücksichtigt, so kann ein mit dem Marktpreis des kurzfristigen Risikos streng monoton wachsender Wertpapierkurs nur für Restlaufzeiten unterhalb von sechs Jahren beobachtet werden. Bei längeren Restlaufzeiten steigt der Wertpapierkurs zunächst streng monoton, um ab einem Marktpreis λ^{E*} des kurzfristigen Risikos nahe Null dann wieder zu fallen. Mit steigender Restlaufzeit sinkt der Marktpreis λ^{E*} des kurzfristigen Risikos.

II. Marktpreisschätzung

1. Kurz- und langfristiger Zinssatz als Einflußfaktoren

Für die einzelnen Modellvarianten M1 bis M6, die die verschiedenen geschätzten Parameter des stochastischen Prozesses zur Bewertung des Referenzportefeuilles verwenden, ergeben sich unterschiedliche Marktpreise für das kurzfristige Risiko (vgl. Tabelle 23). Die Schwankungen der Marktpreise für das kurzfristige Risiko sind zwischen den unterschiedlichen Modellvarianten M1 bis M6 bei gleichem Momentanvarianzterm des langfristigen Zinssatzes größer als bei den einzelnen Modellvarianten mit unterschiedlichem Momentanvarianzterm.

Die geringen Marktpreisschwankungen des kurzfristigen Risikos der einzelnen Modellvarianten M1 bis M6 bei verschiedenen Momentanvarianzansätzen für den langfristigen Zinssatz lassen sich durch die bis auf den Parameter s nahezu gleichen anderen, in die partielle Differentialgleichung eingehenden Parameter des stochastischen Prozesses erklären. Insbesondere der Term $\mu^r - \lambda_1 \cdot \sigma^r$, der einzige in dem der

Modell-variante[1]	Monotonie[2] erfüllt	Monotonie[2] nicht erfüllt	Beobachtungs-anzahl	Marktpreis λ_1 für das kurzfristige Risiko $s \cdot l$[3]	$s \cdot \sqrt{l}$[3]	s[3]
M1		x	1557	-0,728 (31,914)[4]	-0,743 (28,895)	-0,755 (25,382)
M2		x	3123	-0,637 (7,256)	-0,637 (7,221)	-0,638 (7,221)
M3		x	1566	-0,676 (2,969)	-0,675 (2,912)	-0,675 (2,874)
M4	x		1566	-0,153 (19,080)	-0,153 (19,074)	-0,153 (19,080)
M5	x		1566	-0,793 (6,692)	-0,788 (6,641)	-0,788 (6,648)
M6	x		1566	-0,508 (12,024)	-0,507 (11,897)	-0,506 (11,897)

Tabelle 23: Marktpreise des kurzfristigen Risikos

Marktpreis λ_1 des kurzfristigen Risikos in der partiellen Differentialgleichung auftritt[5], unterscheidet sich für die verschiedenen Momentanvarianzansätze der einzelnen Modellvarianten nur minimal. Das zu bewertende Referenzportefeuille ist für unterschiedliche Momentanvarianzterme einer Modellvariante dasselbe. Unterschiedliche Modellvarianten eines Momentanvarianzansatzes des langfristigen Zinssatzes können sich dagegen sowohl im Referenzportefeuille als auch in den Parametern des stochastischen Prozesses unterscheiden.

In bezug auf die (normierte) Summe der Fehlerquadrate unterscheiden sich die verschiedenen Momentanvarianzansätze für den langfristigen Zinssatz der einzelnen Modellvarianten M1 bis M6 ebenfalls nur sehr wenig. In allen Fällen ist die (normierte) Summe der Fehlerquadrate bei der zum Quadrat

---

1) Vgl. dazu Tabelle 16, S. 173.

2) Monotonie des Wertpapierkurses mit sich änderndem Marktpreis des kurzfristigen Risikos.

3) Momentanstandardabweichung des langfristigen Zinssatzes.

4) Werte in Klammern geben die mit der Beobachtungsanzahl normierte Summe aller Fehlerquadrate an (Dimension: {Prozentpunkte}^{2}).

5) Vgl. dazu Gleichung (63), S. 110.

des langfristigen Zinssatzes proportionalen Momentanvarianz etwas größer als in den beiden anderen Fällen[1].

Die geschätzten Marktpreise des kurzfristigen Risikos der einzelnen Modellvarianten M1 bis M6 sind im Zeitablauf nicht konstant. Während die für das zweite Drittel geschätzten Marktpreise kleiner als -0,7 sind[2], schwanken die Marktpreise des dritten Drittels zwischen -0,68 und -0,15[3].

Der Einfluß unterschiedlicher Parameter des stochastischen Prozesses auf den Marktpreis des kurzfristigen Risikos derselben Untersuchungsperiode[4] ist tendenziell größer als bei der Verwendung derselben stochastischen Prozeßparameter für die Ermittlung der Marktpreise λ_1 unterschiedlicher Untersuchungsperioden[5].

Wird die (normierte) Summe der Fehlerquadrate betrachtet, so ist bei der Bestimmung des Marktpreises λ_1 des kurzfristigen Risikos für das zweite Drittel des Untersuchungszeitraumes der Modellvariante M5 der Vorzug gegenüber der Variante M1 zu geben, da die normierte Summe der Fehlerquadrate[6] sich zirka auf ein Viertel reduziert. Bei der Variante M5 werden die Prozeßparameter derselben Untersuchungsperiode verwendet, bei der Modellvariante M1 die des ersten Drittels des Untersuchungszeitraumes. Auch die Monotonieeigenschaft des Wertpapierkurses in Abhängigkeit des Marktpreises des kurzfristigen Risikos ist für den gesamten Untersuchungsbereich $\lambda_1 \in [-2;0]$ nur für die Modellvariante M5 erfüllt, nicht für M1.

---

1) Bei der Modellvariante M4 ist die (normierte) Summe der Fehlerquadrate bei konstanter Momentanvarianz des langfristigen Zinssatzes genauso groß wie bei der zum Quadrat des langfristigen Zinssatzes proportionalen Momentanvarianz.

2) Vgl. die Modellvarianten M1 und M5.

3) Vgl. die Modellvarianten M3, M4 und M6.

4) Dazu gehören die Modellvarianten M1 und M5 (λ_1: 2. Drittel) bzw. M3, M4 und M6 (λ_1: 3. Drittel).

5) Dazu gehören die Modellvarianten M2 und M3 (stochastische Prozeßparameter: 1. und 2. Drittel) bzw. M5 und M6 (stochastische Prozeßparameter: 2. Drittel).

6) Die Vergleichbarkeit ist aufgrund der Betrachtung desselben Referenzportefeuilles in derselben Untersuchungsperiode gewährleistet.

Für die Marktpreisschätzung des kurzfristigen Risikos im dritten Drittel des Untersuchungszeitraumes werden entweder die aus den ersten beiden Dritteln des Untersuchungszeitraumes (Modellvariante M3), dem zweiten (Modellvariante M6) oder dem dritten Drittel (Modellvariante M4) geschätzten Parameter des stochastischen Prozesses verwendet. Dabei zeigt sich, daß die Verwendung der Prozeßparameter des letzten Drittels zu einer höheren (normierten) Summe der Fehlerquadrate führt als bei Verwendung der Prozeßparameter des zweiten bzw. der ersten beiden Drittel. Der Modellansatz M3 ist, gemessen an der Summe der Fehlerquadrate, den anderen beiden Ansätzen, M4 und M6, eindeutig überlegen. Ein Grund dafür kann in dem im Zeitablauf stark abnehmenden Erklärungsgehalt der die jeweiligen Prozeßparameter beinhaltenden stochastischen Prozesse gesehen werden. Im Ansatz M3 ist allerdings die erforderliche Monotonieeigenschaft des Wertpapierkurses verletzt. Es könnte also noch ein weiterer Marktpreis des kurzfristigen Risikos mit noch kleinerer Summe der Fehlerquadrate existieren.

Werden die, gemessen an der Summe der Fehlerquadrate, jeweils besten Modellvarianten zur Bestimmung des Marktpreises des kurzfristigen Risikos für die einzelnen Teilperioden miteinander verglichen[1], so läßt sich erkennen, daß die Marktpreisermittlung des kurzfristigen Risikos für die ersten beiden Drittel (Variante M2) zu einer näherungsweise gleich großen normierten Summe der Fehlerquadrate führt wie bei Bestimmung des Marktpreises des kurzfristigen Risikos ausschließlich für das zweite Drittel (Variante M5). Der Modellansatz M3, Schätzung des Marktpreises des kurzfristigen Risikos für das dritte Drittel mit den aus den ersten beiden Dritteln stammenden Prozeßparametern, weist eine noch geringere Summe der Fehlerquadrate auf.

Insgesamt stellt sich die Verwendung von Prozeßparametern einer längeren Untersuchungsperiode als günstig dar, genauso

---

1) Die Modellvarianten M2, M3 und M5.

wie die Verwendung von Prozeßparametern des ersten und zweiten Drittels, und zwar unabhängig von der dann verletzten Monotonieeigenschaft des Wertpapierkurses bezüglich des Marktpreises des kurzfristigen Risikos. Bei diesen Ansätzen schwankt der Marktpreis des kurzfristigen Risikos nur noch zwischen -0,63 und -0,80.

2. Vereinfachter Bewertungsansatz

Der Marktpreis des kurzfristigen Risikos λ^E schwankt im Fall des vereinfachten Bewertungsmodells[1] zwischen -2,4 und -0,1 (vgl. Tabelle 24). Er schwankt damit stärker als bei der zusätzlichen Berücksichtigung des langfristigen Zinssatzes als Einflußfaktor. Auch zwischen den einzelnen Modellvarianten mit unterschiedlichem Momentanvarianzansatz des kurzfristigen Zinssatzes treten stärkere Schwankungen auf. Der Term $\lambda^E - \mu^r \cdot \sigma^r$ der partiellen Differentialgleichung (80), der den Marktpreis des kurzfristigen Risikos enthält, wird durch den unterschiedlichen Momentanvarianzansatz des kurzfristigen Zinssatzes direkt verändert.

Eine eindeutige Entscheidung, welche Modellvariante, gemessen an der Summe der Fehlerquadrate, den anderen vorzuziehen ist, und zwar unabhängig vom gewählten Momentanvarianzansatz, ist nicht möglich. Bei der Ermittlung des Marktpreises λ^E für das zweite Drittel des Untersuchungszeitraumes ist bei zinssatzunabhängiger Momentanvarianz die Modellvariante M5 der Variante M1 überlegen[2]; ansonsten ist M1 besser. Die (normierte) Summe der Fehlerquadrate ist im Fall der zinssatzunabhängigen Momentanvarianz[3] deutlich höher als bei zinssatzproportionaler Momentanvarianz oder Momentanstandardabweichung. Bei zinssatzproportionaler Momentanvarianz ist die Summe der Fehlerquadrate am kleinsten.

---

1) Vgl. dazu Gleichungen (79) und (80), S. 117.

2) Dies kann durch die eventuell nicht exakte Ermittlung des Marktpreises des kurzfristigen Risikos aufgrund fehlender Monotonieeigenschaft des Wertpapierkurses begründet sein.

3) Bei Ermittlung des Marktpreises λ^E für das zweite Drittel.

Modell-variante[1)]	Beobachtungs-anzahl	Marktpreis λ^E für das kurzfristige Risiko		
		$\sigma_2 \cdot r$[2)]	$\sigma_2 \cdot \sqrt{r}$[2)]	σ_2[2)]
M1	1557	-0,428 (25,209)[3)]	-0,108 (23,121)	-0,526[4)] (101,548)
M2	3123	-0,588 (29,267)	-0,486 (27,768)	-0,527[4)] (31,633)
M3	1566	-0,515 (27,324)	-0,429 (9,700)	-0,394[4)] (6,469)
M4	1566	-0,120 (24,272)	-0,154 (29,974)	-0,238 (26,411)
M5	1566	-1,032 (31,322)	-2,132 (25,562)	-1,572 (76,924)
M6	1566	-0,967 (7,331)	-2,280 (15,262)	-2,312 (12,561)

Tabelle 24: Marktpreise des kurzfristigen Risikos im vereinfachten Bewertungsansatz

Auch bei der Marktpreisbestimmung des kurzfristigen Risikos für das dritte Drittel des Untersuchungszeitraumes ergibt sich kein einheitliches Bild. Während bei zinssatzproportionaler Momentanstandardabweichung die Modellvariante M6 deutlich besser ist als M3 und M4, ist bei einem anderen Momentanvarianzansatz die Variante M3 überlegen. Der Ansatz einer konstanten Momentanvarianz führt zur geringsten Summe der Fehlerquadrate.

Unabhängig vom gewählten Momentanvarianzterm ist die Summe der Fehlerquadrate bei Marktpreisschätzungen λ^E im dritten Drittel (im Mittel) deutlich kleiner als im zweiten Drittel.

Die Schätzung des Marktpreises λ^E für das erste und zweite Drittel des Untersuchungszeitraumes führt unter Berücksichtigung der Beobachtungsanzahl bei zinssatzproportionaler Momen-

1) Vgl. dazu Tabelle 16, S. 173.

2) Momentanstandardabweichung des kurzfristigen Zinssatzes.

3) Werte in Klammern geben die mit der Beobachtungsanzahl normierte Summe aller Fehlerquadrate an (Dimension: $\{\text{Prozentpunkte}\}^2$).

4) Diese Modellansätze zeigen kein eindeutig monotones Verhalten des Wertpapierkurses mit sich änderndem Marktpreis des kurzfristigen Risikos.

tanvarianz bzw. Momentanstandardabweichung näherungsweise zur gleichen Summe der Fehlerquadrate wie bei ausschließlicher Bewertung des Referenzportefeuilles im zweiten Drittel. Für den Fall der konstanten Momentanvarianz ist sie sogar eindeutig kleiner.

Während bei Ermittlung des Marktpreises λ^E im zweiten bzw. in den ersten beiden Dritteln des Untersuchungszeitraumes der zinssatzproportionale Momentanvarianzansatz mit einem Marktpreis des kurzfristigen Risikos von -0,108 bzw. -0,486 den anderen Ansätzen, gemessen an der (normierten) Summe der Fehlerquadrate, überlegen ist, erweist sich im dritten Drittel ein Ansatz mit konstanter Momentanvarianz und einem Marktpreis für das kurzfristige Risiko von -0,394 als am günstigsten. Die einzelnen Varianten mit der geringsten (normierten) Summe der Fehlerquadrate sind jedoch schlechter als die jeweils entsprechenden besten Modellvarianten, die sich unter Berücksichtigung des langfristigen Zinssatzes als Einflußgröße ergeben.

E. Bewertungsmodell

I. Kurz- und langfristiger Zinssatz als Einflußfaktoren

1. Auswahl der besten Modellvariation

Unter Verwendung der für die drei verschiedenen Momentanvarianzansätze des langfristigen Zinssatzes geschätzten Parameter des stochastischen Prozesses[1] sowie der Marktpreise des kurzfristigen Risikos[2] werden für die Modellvarianten M1 bis M6 die Kurse aller ausstehenden Tilgungsanleihen berechnet. Die berechneten Kurse werden den tatsächlichen Kursen gegenübergestellt. Die Abweichungen zwischen tatsächlichen und berechneten Kursen werden untersucht (vgl. Tabellen 25).

Eine Analyse der Abweichung[3] zeigt, daß zwischen den einzelnen Modellvarianten M1 bis M6 mit unterschiedlichem Momentanvarianzansatz des langfristigen Zinssatzes nur minimale Unterschiede bestehen. Diese geringen Unterschiede ergeben sich nicht nur bei einer kumulierten Betrachtung aller Tilgungsanleihen, sondern auch bei einer isolierten Betrachtung der Tilgungsanleihen mit mindestens noch zwei ausstehenden Serien - "eigentliche Tilgungsanleihen" - und mit nur noch einer ausstehenden Serie - "gesamtfällige Anleihen". Auch für die einzelnen Abweichungen der verschiedenen Tilgungsanleihen in den jeweiligen Beobachtungszeitpunkten gilt dies (vgl. Tabelle 26). Die geringen Unterschiede zwischen den Abweichungen einer Tilgungsanleihe bei verschiedenem Momentanvarianzansatz des langfristigen Zinssatzes sind darauf zurückzuführen, daß die Parameter α, β und σ_1 des stochastischen Prozesses sowie die Marktpreise λ_1 des kurzfristigen Risikos für die unterschiedlichen Momentanvarianzansätze des langfristigen Zinssatzes bei ähnlicher Differentialgleichungsstruktur nahezu identisch sind[4]. Nur bei

---

1) Vgl. Tabelle 18a, S. 184.

2) Vgl. Tabelle 23, S. 221.

3) In diesem Abschnitt wird - falls nicht ausdrücklich anders erwähnt - unter Abweichung immer die Differenz zwischen tatsächlichen und berechneten Kursen einer Tilgungsanleihe verstanden.

4) Vgl. Tabelle 9, S. 144.

Modellvariante	$\sigma^1 = s \cdot 1$ M1	M2	M3	M4	M5	M6
	Alle Tilgungsanleihen[1]					
Durchschnittliche Abweichung	- 1,05	- 0,37	0,05	- 0,73	0,64	- 0,61
Standardabweichung der Abweichung	1,60	0,91	0,91	1,98	2,04	1,73
Durchschnittliche absolute Abweichung	1,15	0,68	0,65	1,46	1,49	1,26
Standardabweichung der absoluten Abweichung	1,11	0,71	0,63	1,53	1,53	1,33
Spannweite	- 7,72/ 3,54	- 5,07/ 4,15	- 4,27/ 4,88	-13,89/ 13,04	- 8,25/ 16,46	-11,13/ 10,96
Absolute Abweichung ≤ 1 Prozentpunkt	58,02 %	77,02 %	78,10 %	53,24 %	48,27 %	57,37 %
Absolute Abweichung ≤ 2 Prozentpunkte	82,16 %	94,53 %	96,18 %	71,05 %	73,29 %	77,81 %
Absolute Abweichung ≤ 3 Prozentpunkte	92,84 %	98,27 %	99,11 %	86,09 %	86,90 %	90,07 %
Absolute Abweichung ≤ 4 Prozentpunkte	98,13 %	99,77 %	99,65 %	93,88 %	93,30 %	96,24 %
Wurzel aus der Summe der quadrierten Abweichungen (n = 2594)	81,37	49,95	46,15	107,62	108,87	93,36
	Tilgungsanleihen mit mindestens zwei ausstehenden Serien					
Durchschnittliche Abweichung	- 1,19	- 0,41	0,07	- 0,78	0,80	- 0,65
Standardabweichung der Abweichung	1,23	0,96	0,96	2,12	2,15	1,85
Durchschnittliche absolute Abweichung	1,29	0,75	0,71	1,62	1,67	1,40
Standardabweichung der absoluten Abweichung	1,13	0,73	0,65	1,58	1,57	1,37
Spannweite	- 7,72/ 3,54	- 5,07/ 4,15	- 4,27/ 4,88	-13,89/ 13,04	- 8,25/ 16,46	-11,13/ 10,96
Absolute Abweichung ≤ 1 Prozentpunkt	52,18 %	74,05 %	75,53 %	47,65 %	41,33 %	52,31 %
Absolute Abweichung ≤ 2 Prozentpunkte	79,34 %	93,73 %	95,65 %	66,84 %	69,17 %	74,59 %
Absolute Abweichung ≤ 3 Prozentpunkte	91,71 %	97,99 %	98,97 %	83,92 %	84,85 %	88,53 %
Absolute Abweichung ≤ 4 Prozentpunkte	97,80 %	99,73 %	99,59 %	92,97 %	92,25 %	95,65 %
Wurzel aus der Summe der quadrierten Abweichungen (n = 2231)	80,82	49,31	45,32	106,63	108,20	92,35
	Tilgungsanleihen mit nur noch einer ausstehenden Serie					
Durchschnittliche Abweichung	- 0,20	- 0,07	- 0,09	- 0,40	- 0,28	- 0,37
Standardabweichung der Abweichung	0,46	0,41	0,45	0,65	0,57	0,61
Durchschnittliche absolute Abweichung	0,31	0,24	0,27	0,48	0,38	0,45
Standardabweichung der absoluten Abweichung	0,40	0,34	0,37	0,60	0,51	0,56
Spannweite	- 3,07/ 1,38	- 2,60/ 2,06	- 2,43/ 2,35	- 5,28/ 2,37	- 4,75/ 2,85	- 4,93/ 2,26
Absolute Abweichung ≤ 1 Prozentpunkt	93,92 %	95,32 %	93,93 %	87,60 %	90,91 %	88,44 %
Absolute Abweichung ≤ 2 Prozentpunkte	99,43 %	99,45 %	99,45 %	96,98 %	98,62 %	97,53 %
Absolute Abweichung ≤ 3 Prozentpunkte	99,73 %	100,00 %	100,00 %	99,46 %	99,45 %	99,46 %
Absolute Abweichung ≤ 4 Prozentpunkte	100,00 %	100,00 %	100,00 %	99,46 %	99,73 %	99,73 %
Wurzel aus der Summe der quadrierten Abweichungen (n = 363)	9,53	7,96	8,71	14,54	12,09	13,68

Tabelle 25a: Abweichungen zwischen tatsächlichen und berechneten Kursen der Modellvarianten M1 bis M6 bei zum langfristigen Zinssatz proportionalen Momentanstandardabweichungsansatz

1) Vgl. dazu Anhang I.

Modellvariante	$\sigma^1 = s \cdot \sqrt{T}$					
	M1	M2	M3	M4	M5	M6
	Alle Tilgungsanleihen[1]					
Durchschnittliche Abweichung	- 0,92	- 0,37	0,07	- 0,73	0,66	- 0,60
Standardabweichung der Abweichung	1,19	0,91	0,91	1,98	2,02	1,72
Durchschnittliche absolute Abweichung	1,04	0,68	0,64	1,45	1,49	1,26
Standardabweichung der absoluten Abweichung	1,08	0,70	0,63	1,53	1,52	1,32
Spannweite	- 7,86/ 3,70	- 5,05/ 4,15	- 4,29/ 4,61	-13,88/ 13,04	- 8,22/ 16,39	-11,06/ 10,98
Absolute Abweichung ≤ 1 Prozentpunkt	63,80 %	77,14 %	78,45 %	53,16 %	48,46 %	57,21 %
Absolute Abweichung ≤ 2 Prozentpunkte	84,98 %	94,60 %	96,15 %	71,13 %	73,52 %	77,95 %
Absolute Abweichung ≤ 3 Prozentpunkte	93,79 %	98,22 %	99,08 %	85,97 %	87,02 %	90,17 %
Absolute Abweichung ≤ 4 Prozentpunkte	98,30 %	99,80 %	99,66 %	93,87 %	93,30 %	96,34 %
Wurzel aus der Summe der quadrierten Abweichungen (n = 2594)	76,43	49,89	45,84	107,59	108,38	92,87
	Tilgungsanleihen mit mindestens zwei ausstehenden Serien					
Durchschnittliche Abweichung	- 1,04	- 0,41	0,08	- 0,74	0,81	- 0,63
Standardabweichung der Abweichung	1,23	0,96	0,95	0,21	2,13	1,84
Durchschnittliche absolute Abweichung	1,16	0,75	0,71	1,61	1,67	1,39
Standardabweichung der absoluten Abweichung	1,11	0,73	0,64	1,58	1,56	1,36
Spannweite	- 7,86/ 3,70	- 5,05/ 4,15	- 4,29/ 4,61	-13,88/ 13,04	- 8,22/ 16,39	-11,06/ 10,98
Absolute Abweichung ≤ 1 Prozentpunkt	58,98 %	74,27 %	75,75 %	47,60 %	41,64 %	52,18 %
Absolute Abweichung ≤ 2 Prozentpunkte	82,51 %	93,81 %	95,61 %	66,92 %	69,43 %	74,77 %
Absolute Abweichung ≤ 3 Prozentpunkte	92,82 %	97,93 %	98,93 %	83,78 %	84,98 %	88,66 %
Absolute Abweichung ≤ 4 Prozentpunkte	98,02 %	99,77 %	99,60 %	92,97 %	92,24 %	95,79 %
Wurzel aus der Summe der quadrierten Abweichungen (n = 2231)	75,86	49,25	45,15	106,60	107,70	91,87
	Tilgungsanleihen mit nur noch einer ausstehenden Serie					
Durchschnittliche Abweichung	- 0,18	- 0,08	- 0,04	- 0,40	- 0,28	- 0,37
Standardabweichung der Abweichung	0,45	0,41	0,41	0,65	0,57	0,61
Durchschnittliche absolute Abweichung	0,30	0,24	0,23	0,47	0,39	0,45
Standardabweichung der absoluten Abweichung	0,39	0,34	0,34	0,60	0,50	0,56
Spannweite	- 3,02/ 1,47	- 2,59/ 2,06	- 2,43/ 2,34	- 5,28/ 2,37	- 4,74/ 2,85	- 4,92/ 2,27
Absolute Abweichung ≤ 1 Prozentpunkt	93,39 %	94,77 %	95,04 %	87,33 %	90,36 %	88,16 %
Absolute Abweichung ≤ 2 Prozentpunkte	99,45 %	99,45 %	99,44 %	96,97 %	98,62 %	97,53 %
Absolute Abweichung ≤ 3 Prozentpunkte	99,73 %	100,00 %	100,00 %	99,45 %	99,45 %	99,46 %
Absolute Abweichung ≤ 4 Prozentpunkte	100,00 %	100,00 %	100,00 %	99,45 %	99,73 %	99,74 %
Wurzel aus der Summe der quadrierten Abweichungen (n = 363)	9,28	7,94	7,90	14,54	12,08	13,61

Tabelle 25b: Abweichungen zwischen tatsächlichen und berechneten Kursen der Modellvarianten M1 bis M6 bei zum langfristigen Zinssatz proportionalen Momentanvarianzansatz

1) Vgl. dazu Anhang I.

Modellvariante	$\sigma^1 = s$ M1	M2	M3	M4	M5	M6
	Alle Tilgungsanleihen[1]					
Durchschnittliche Abweichung	- 0,80	- 0,36	0,05	- 0,73	0,64	- 0,60
Standardabweichung der Abweichung	1,18	0,91	0,90	1,98	2,03	1,72
Durchschnittliche absolute Abweichung	0,96	0,68	0,64	1,45	1,49	1,26
Standardabweichung der absoluten Abweichung	1,05	0,70	0,63	1,53	1,52	1,32
Spannweite	- 7,90/ 3,85	- 5,04/ 4,17	- 4,28/ 4,86	-13,88/ 13,04	- 8,21/ 16,39	-11,06/ 10,97
Absolute Abweichung ≤ 1 Prozentpunkt	66,92 %	77,41 %	78,45 %	53,16 %	48,46 %	57,25 %
Absolute Abweichung ≤ 2 Prozentpunkte	86,50 %	94,68 %	96,15 %	71,13 %	73,52 %	77,95 %
Absolute Abweichung ≤ 3 Prozentpunkte	95,25 %	98,19 %	99,12 %	86,09 %	87,02 %	90,28 %
Absolute Abweichung ≤ 4 Prozentpunkte	98,45 %	99,81 %	99,66 %	93,88 %	93,30 %	96,30 %
Wurzel aus der Summe der quadrierten Abweichungen (n = 2594)	72,37	49,63	45,83	107,57	108,37	92,86
	Tilgungsanleihen mit mindestens zwei ausstehenden Serien					
Durchschnittliche Abweichung	- 0,90	- 0,40	0,06	- 0,78	0,79	- 0,63
Standardabweichung der Abweichung	1,22	0,96	0,95	2,12	2,14	1,84
Durchschnittliche absolute Abweichung	1,07	0,75	0,71	1,61	1,67	1,39
Standardabweichung der absoluten Abweichung	1,08	0,72	0,64	1,58	1,56	1,36
Spannweite	- 7,90/ 3,85	- 5,04/ 4,17	- 4,28/ 4,86	-13,88/ 13,04	- 8,21/ 16,39	-11,06/ 10,97
Absolute Abweichung ≤ 1 Prozentpunkt	62,58 %	74,59 %	75,75 %	47,60 %	41,64 %	52,22 %
Absolute Abweichung ≤ 2 Prozentpunkte	84,41 %	93,91 %	95,61 %	66,92 %	69,43 %	74,76 %
Absolute Abweichung ≤ 3 Prozentpunkte	94,50 %	97,90 %	98,97 %	83,95 %	84,98 %	88,79 %
Absolute Abweichung ≤ 4 Prozentpunkte	98,22 %	99,78 %	99,59 %	93,01 %	92,24 %	95,73 %
Wurzel aus der Summe der quadrierten Abweichungen (n = 2231)	71,80	48,99	45,14	106,58	107,70	91,85
	Tilgungsanleihen mit nur noch einer ausstehenden Serie					
Durchschnittliche Abweichung	- 0,16	- 0,08	- 0,02	- 0,40	- 0,28	- 0,37
Standardabweichung der Abweichung	0,45	0,41	0,41	0,65	0,57	0,61
Durchschnittliche absolute Abweichung	0,29	0,24	0,23	0,47	0,39	0,45
Standardabweichung der absoluten Abweichung	0,38	0,34	0,34	0,60	0,50	0,56
Spannweite	- 2,97/ 1,56	- 2,50/ 2,07	- 2,43/ 2,34	- 5,28/ 2,37	- 4,74/ 2,85	- 4,92/ 2,26
Absolute Abweichung ≤ 1 Prozentpunkt	93,66 %	94,77 %	95,04 %	87,33 %	90,36 %	88,16 %
Absolute Abweichung ≤ 2 Prozentpunkte	99,44 %	99,45 %	99,44 %	96,97 %	98,62 %	97,53 %
Absolute Abweichung ≤ 3 Prozentpunkte	100,00 %	100,00 %	100,00 %	99,45 %	99,45 %	99,46 %
Absolute Abweichung ≤ 4 Prozentpunkte	100,00 %	100,00 %	100,00 %	99,45 %	99,73 %	99,73 %
Wurzel aus der Summe der quadrierten Abweichungen (n = 363)	9,08	7,94	7,90	14,54	12,07	13,64

Tabelle 25c: Abweichungen zwischen tatsächlichen und berechneten Kursen der Modellvarianten M1 bis M6 bei konstantem Momentanvarianzansatz des langfristigen Zinssatzes

1) Vgl. dazu Anhang I.

Bewertungs-zeitpunkte[1)]	Kurz-fristiger Zinssatz	Lang-fristiger Zinssatz	Tatsächlicher Kurs	Tatsächlicher minus berechneter Kurs s·1[2)]	s√I[2)]	s[2)]
348	3,45[3)]	6,35[3)]	101,05[4)]	-1,56[4)]	-1,58[4)]	-1,58[4)]
349	3,48	6,35	101,40	-1,21	-1,22	-1,22
350	3,48	6,35	101,55	-1,05	-1,06	-1,06
351	3,53	6,35	101,55	-0,98	-1,00	-1,00
352	3,53	6,35	101,55	-0,97	-0,99	-0,99
353	3,40	6,36	101,55	-1,01	-1,03	-1,03
354	3,15	6,39	101,50	-1,14	-1,16	-1,16
355	3,00	6,39	101,50	-1,26	-1,27	-1,27
356	3,00	6,40	101,45	-1,26	-1,27	-1,27
357	3,25	6,40	101,35	-1,15	-1,16	-1,16
358	1,00	6,46	100,90	-3,23	-3,24	-3,24
359	1,70	6,47	100,70	-2,79	-2,81	-2,80
360	3,55	6,47	100,65	-1,37	-1,39	-1,39
361	3,50	6,50	100,65	-1,30	-1,31	-1,31
362	3,55	6,58	100,60	-1,03	-1,04	-1,04
363	3,45	6,59	100,60	-1,05	-1,07	-1,07
364	3,00	6,60	100,60	-1,35	-1,36	-1,36
365	6,25	6,60	100,70	1,08	1,07	1,07
366	3,00	6,60	100,70	-1,24	-1,25	-1,25
367	3,18	6,63	100,70	-1,02	-1,03	-1,03
368	3,55	6,66	100,65	-0,69	-0,70	-0,70
369	2,95	6,81	100,25	-1,05	-1,06	-1,06
370	3,78	6,90	100,25	-0,14	-0,15	-0,15
371	3,78	7,15	100,25	0,66	0,65	0,65
372	3,65	7,24	99,75	0,37	0,35	0,35
373	3,90	7,40	99,50	0,76	0,75	0,75
374	4,05	7,31	99,50	0,58	0,57	0,57
375	4,30	7,45	99,35	1,01	0,99	0,99
376	4,15	7,45	99,35	0,90	0,88	0,88
377	4,45	7,45	99,30	1,02	1,01	1,01
378	5,15	7,45	99,20	1,36	1,35	1,35
379	5,40	7,43	99,00	1,22	1,21	1,21
380	5,25	7,47	98,70	0,94	0,93	0,93
381	5,10	7,47	98,40	0,53	0,52	0,52
382	5,05	7,66	97,10	-0,29	-0,31	-0,31
383	5,18	7,86	97,10	0,28	0,27	0,27
384	5,10	7,95	97,10	0,46	0,44	0,44
385	5,05	8,09	97,10	0,75	0,74	0,74
386	5,30	8,04	96,70	0,33	0,32	0,32
387	5,60	8,07	96,55	0,39	0,38	0,38
388	5,60	8,15	96,55	0,55	0,53	0,53
389	5,55	8,06	96,50	0,22	0,21	0,21
390	5,55	8,09	96,50	0,26	0,25	0,25
391	5,73	8,10	96,50	0,37	0,36	0,36
392	5,60	8,09	96,65	0,39	0,37	0,37
393	5,80	8,06	96,65	0,41	0,40	0,40
394	6,00	7,82	96,95	0,22	0,20	0,20
395	5,75	7,68	96,95	-0,28	-0,29	-0,29
396	6,10	7,55	96,95	-0,42	-0,43	-0,43
397	6,20	7,42	96,95	-0,70	-0,71	-0,71
398	6,40	7,49	96,95	-0,45	-0,46	-0,46
399	6,30	7,53	96,95	-0,42	-0,44	-0,44
400	7,75	7,54	96,95	0,36	0,35	0,35
401	7,00	7,54	96,95	-0,06	-0,08	-0,08
402	6,90	7,53	96,90	-0,24	-0,25	-0,25
403	6,00	7,53	*****************ZIEHUNG*****************			
404	6,05	7,53	95,65	-0,82	-0,84	-0,84
405	8,50	7,56	95,55	0,75	0,73	0,73
406	8,28	7,63	95,60	0,87	0,85	0,85
407	8,30	7,70	95,50	0,99	0,97	0,97
408	8,25	7,89	93,80	-0,16	-0,18	-0,18
409	8,00	7,93	93,80	-0,23	-0,25	-0,25
410	7,90	7,93	93,80	-0,31	-0,33	-0,33
411	6,90	7,92	93,80	-1,05	-1,07	-1,07
412	8,10	7,93	94,15	0,09	0,07	0,07
413	8,05	7,85	94,30	-0,06	-0,08	-0,08
414	8,88	7,81	94,70	0,71	0,69	0,69
415	8,38	7,81	94,70	0,37	0,35	0,35
416	9,38	7,80	94,70	0,95	0,93	0,93
417	10,75	7,80	94,90	1,91	1,89	1,89
418	8,10	7,84	94,90	0,39	0,37	0,37
419	8,60	7,94	94,80	0,85	0,83	0,83
420	8,60	7,93	94,30	0,31	0,29	0,29
421	8,15	7,92	94,30	-0,03	-0,05	-0,05
422	8,60	7,94	94,30	0,28	0,26	0,26
423	8,40	8,10	94,30	0,56	0,54	0,54
424	8,30	8,34	93,60	0,38	0,36	0,36
425	7,50	8,48	93,20	-0,17	-0,19	-0,19
426	8,25	8,76	92,05	-0,17	-0,19	-0,19
427	8,73	9,10	91,45	0,38	0,36	0,36
428	8,55	9,09	91,50	0,22	0,21	0,21
429	8,58	9,32	91,30	0,56	0,54	0,54
430	8,53	9,41	90,60	-0,01	-0,03	-0,03

Tabelle 26: Gegenüberstellung von tatsächlichen und für die verschiedenen Momentanvarianzansätze des langfristigen Zinssatzes berechneten Kursen einer 6 %-Tilgungsanleihe der Bundesrepublik Deutschland (Wertpapier-Kenn-Nr. 110 025[5)], Modellvariante M3)

1) Der Bewertungszeitraum von September 1978 bis Dezember 1981 umfaßt 174 Wochen, die 348. bis zur 521. Woche des gesamten Untersuchungszeitraumes.

2) Die verschiedenen Momentanstandardabweichungen des langfristigen Zinssatzes.

3) In Prozent.

4) In Prozentpunkte.

5) Vgl. dazu Anhang I.

Bewertungs-zeitpunkte	Kurz-fristiger Zinssatz	Lang-fristiger Zinssatz	Tatsäch-licher Kurs	Tatsächlicher minus berechneter Kurs		
				$s \cdot l$	$s\sqrt{l}$	s
431	9,25	9,40	90,65	0,38	0,36	0,36
432	8,85	9,26	90,90	0,00	-0,02	-0,02
433	8,80	8,55	91,45	-1,30	-1,32	-1,32
434	9,00	8,58	92,30	-0,29	-0,31	-0,31
435	9,95	8,64	92,10	0,18	0,16	0,16
436	9,90	8,36	92,60	-0,07	-0,09	-0,09
437	9,73	8,24	92,65	-0,42	-0,44	-0,44
438	9,50	8,24	92,90	-0,34	-0,36	-0,36
439	9,00	8,16	93,05	-0,73	-0,75	-0,75
440	9,90	8,08	93,15	-0,30	-0,32	-0,32
441	9,95	8,04	93,25	-0,29	-0,30	-0,30
442	9,80	7,76	93,65	-0,65	-0,67	-0,67
443	10,25	7,68	93,95	-0,31	-0,33	-0,33
444	10,00	7,75	94,70	0,43	0,42	0,42
445	9,78	7,72	95,00	0,51	0,50	0,50
446	9,58	7,70	95,20	0,51	0,49	0,49
447	9,55	7,69	95,25	0,50	0,48	0,48
448	9,55	7,64	95,55	0,67	0,65	0,65
449	9,18	7,66	95,55	0,44	0,43	0,43
450	7,63	7,68	95,50	-0,58	-0,59	-0,59
451	9,25	7,73	95,50	0,54	0,53	0,53
452	9,00	7,79	95,50	0,48	0,46	0,46
453	9,48	7,82	95,35	0,66	0,64	0,64
454	9,40	7,82	95,35	0,58	0,57	0,57
455	8,90	7,85	95,25	0,20	0,18	0,18
456	8,95	7,90	95,25	0,30	0,29	0,29
457	9,00	8,04	95,10	0,41	0,40	0,40
458	9,08	8,02	95,10	0,40	0,39	0,39
459	9,00	8,01	95,10	0,28	0,26	0,26
460	9,10	8,01	95,10	0,31	0,30	0,30
461	9,05	8,10	95,00	0,31	0,30	0,30
462	9,03	8,25	95,00	0,53	0,51	0,51
463	8,85	8,31	94,95	0,44	0,42	0,42
464	7,75	8,30	94,95	-0,29	-0,30	-0,30
465	6,63	8,33	94,95	-0,99	-1,00	-1,00
466	9,20	8,35	94,95	0,59	0,58	0,58
467	9,05	8,49	94,70	0,43	0,41	0,41
468	9,23	8,54	94,70	0,59	0,58	0,58
469	9,50	8,54	94,70	0,69	0,68	0,68
470	9,10	8,54	94,60	0,32	0,30	0,30
471	9,08	8,46	94,60	0,11	0,10	0,10
472	9,05	8,47	94,60	0,06	0,04	0,04
473	9,05	8,53	94,60	0,12	0,10	0,11
474	9,05	8,62	94,60	0,22	0,21	0,21
475	9,08	8,78	94,50	0,36	0,35	0,35
476	9,05	9,27	93,50	0,06	0,05	0,05
477	11,25	9,42	93,60	1,50	1,48	1,48
478	18,00	10,00	92,30	4,08	4,06	4,06
479	12,10	9,94	92,30	1,19	1,18	1,18
480	10,53	9,16	92,30	-0,80	-0,81	-0,81
481	10,50	8,93	93,00	-0,52	-0,53	-0,53
482	11,40	9,09	93,00	0,16	0,15	0,15
483	12,00	9,09	93,00	0,40	0,38	0,38
484	11,13	9,14	93,00	-0,06	-0,07	-0,07
485	11,45	9,10	92,90	-0,12	-0,13	-0,13
486	9,13	9,12	92,90	-1,36	-1,37	-1,37
487	11,00	8,69	92,80	-1,15	-1,16	-1,16
488	11,75	9,36	92,40	-0,34	-0,36	-0,36
489	11,80	9,36	92,35	-0,44	-0,46	-0,46
490	11,95	9,54	92,35	-0,24	-0,25	-0,25
491	11,75	9,78	91,90	-0,58	-0,59	-0,59
492	12,00	9,77	91,90	-0,56	-0,57	-0,57
493	11,80	9,72	91,90	-0,79	-0,80	-0,80
494	11,85	9,44	91,95	-1,12	-1,13	-1,13
495	11,95	9,45	92,10	-1,00	-1,01	-1,01
496	11,95	9,45	92,10	-1,08	-1,09	-1,09
497	11,95	9,52	91,90	-1,28	-1,29	-1,29
498	11,88	9,54	91,90	-1,38	-1,39	-1,39
499	11,93	9,58	91,80	-1,50	-1,51	-1,51
500	11,95	9,59	91,90	-1,47	-1,48	-1,48
501	12,00	9,57	91,90	-1,55	-1,56	-1,56
502	11,95	9,56	91,90	-1,67	-1,68	-1,68
503	11,98	9,54	91,90	-1,77	-1,78	-1,78
504	11,95	9,57	91,90	-1,84	-1,85	-1,85
505	12,00	9,68	92,00	-1,70	-1,71	-1,71
506	11,95	9,74	92,15	-1,60	-1,61	-1,61
507	11,95	9,67	****************ZIEHUNG****************			
508	11,95	9,46	90,00	0,07	0,05	0,05
509	12,00	9,42	90,10	0,06	0,04	0,04
510	11,00	9,17	91,80	0,66	0,64	0,64
511	11,03	9,16	91,80	0,60	0,58	0,58
512	11,00	9,18	91,80	0,56	0,55	0,55
513	11,08	9,19	91,50	0,26	0,25	0,25
514	11,00	9,54	91,55	0,83	0,81	0,81
515	10,93	9,72	91,70	1,18	1,16	1,16
516	10,60	9,79	92,10	1,42	1,40	1,40
517	10,75	9,64	93,10	2,20	2,19	2,19
518	10,55	9,47	93,25	1,87	1,86	1,86
519	10,53	9,65	93,40	2,24	2,23	2,23
520	10,50	9,64	93,10	1,84	1,82	1,82
521	10,60	9,61	92,90	1,58	1,57	1,57

Tabelle 26: Gegenüberstellung von tatsächlichen und für die verschiedenen Momentanvarianzansätze des langfristigen Zinssatzes berechneten Kursen einer 6 %-Tilgungsanleihe der Bundesrepublik Deutschland (Fortsetzung)

der Modellvariante M1 treten etwas größere Unterschiede zwischen den einzelnen Abweichungen für die verschiedenen Momentanvarianzansätze des langfristigen Zinssatzes auf, die sich allerdings durch die hier auftretenden größeren Schwankungen des Marktpreises des kurzfristigen Risikos erklären lassen.

Aufgrund der geringen Abweichungsunterschiede in den einzelnen Beobachtungszeitpunkten zwischen den einzelnen Modellvarianten mit unterschiedlichem Momentanvarianzansatz des langfristigen Zinssatzes ergibt sich keine deutliche Vorteilhaftigkeit eines Momentanvarianzansatzes gegenüber den anderen. Eine leichte Vorteilhaftigkeit des konstanten Momentanvarianzansatzes des langfristigen Zinssatzes gegenüber den anderen beiden Ansätzen läßt sich jedoch feststellen. Bei der Modellvariante M1 ist die Vorteilhaftigkeit des konstanten Momentanvarianzansatzes wegen den dort auftretenden stärker unterschiedlichen Abweichungen der einzelnen Momentanvarianzansätze des langfristigen Zinssatzes deutlicher. Bei den Modellvarianten M2 bis M6 sind die durchschnittlichen und die durchschnittlichen absoluten Abweichungen zwischen tatsächlichen und berechneten Kursen sowie die zugehörigen Standardabweichungen bei konstantem Momentanvarianzansatz nur um maximal 0,02 Prozentpunkte kleiner als bei den anderen Momentanvarianzansätzen. Wird die Wurzel aus der Summe der quadrierten Abweichungen der Modellvarianten M2 bis M6 betrachtet, so können auch hier bei dem konstanten Momentanvarianzansatz um bis zu 0,7 % geringere Werte als bei den anderen Momentanvarianzansätzen beobachtet werden.

Werden die unterschiedlichen Modellvarianten M1 bis M6 bei konstantem Momentanvarianzansatz des langfristigen Zinssatzes untereinander verglichen, so ergeben sich eindeutige Unterschiede[1]. Die Verteilungen der Abweichungen der ver-

1) Aufgrund der nur sehr geringfügig höheren Abweichungen bei den anderen Momentanvarianzansätzen des langfristigen Zinssatzes lassen sich die folgenden Überlegungen zur Ermittlung der Vorteilhaftigkeit einer Modellvariante auch auf die anderen Momentanvarianzansätze des langfristigen Zinssatzes übertragen. Die entsprechenden Daten der anderen Momentanvarianzansätze des langfristigen Zinssatzes können den Tabellen 25 entnommen werden.

schiedenen Modellvarianten M1 bis M6 sind in den Abbildungen 34 zusammengestellt.

Die Modellvariante M3 weist bei konstantem Momentanvarianzansatz des langfristigen Zinssatzes eine durchschnittliche Abweichung von 0,05 Prozentpunkte auf. Sie unterschätzt damit im Durchschnitt den tatsächlichen Kurswert der Tilgungsanleihe nur sehr geringfügig. Während bei der Modellvariante M5 eine durchschnittliche Unterschätzung des tatsächlichen Kurses von 0,64 Prozentpunkte beobachtet wird, führen die Modellvarianten M2, M6, M4 und M1 zu durchschnittlichen Überschätzungen des Kurses um 0,36, 0,60, 0,73 und 0,80 Prozentpunkte. Auch die berechneten Standardabweichungen der durchschnittlichen Abweichungen der einzelnen Modellvarianten sind bei M3 mit 0,9 Prozentpunkte am geringsten. Die Modellvariante M2 weist eine um 0,01 Prozentpunkte höhere Standardabweichung auf. Die entsprechenden Standardabweichungen von M1, M6, M4 und M5 sind jedoch mit 1,18, 1,72, 1,98 und 2,03 Prozentpunkte deutlich größer.

Eine Untersuchung der durchschnittlichen absoluten Abweichungen und ihrer Standardabweichungen ergibt ebenfalls eine deutliche Überlegenheit der Modellvariante M3 gefolgt von M2, M1, M6, M5 und M4.

Auch die Spannweite aller auftretenden Abweichungen ist mit Werten zwischen -4,28 und 4,86 Prozentpunkte bei der Modellvariante M3 geringfügig kleiner als bei M2. Sie ist jedoch deutlich kleiner als bei den Modellvarianten M1, M6, M5 und M4. Gemessen an der Summe der quadrierten Abweichungen bzw. der Wurzel aus dieser Summe, ergibt sich folgende Vorteilhaftigkeitsreihenfolge der Modellvarianten: M3 vor M2 und dann mit deutlichem Abstand M1, M6, M4 sowie M5. Bei der Modellvariante M3 sind 78,45 % (96,15 %; 99,12 %) aller beobachteten absoluten Abweichungen kleiner als 1 (2; 3) Prozentpunkt(e). Die Häufigkeitsverteilungen der durchschnittlichen absoluten Abweichungen anderer Modellvarianten sind schlechter.

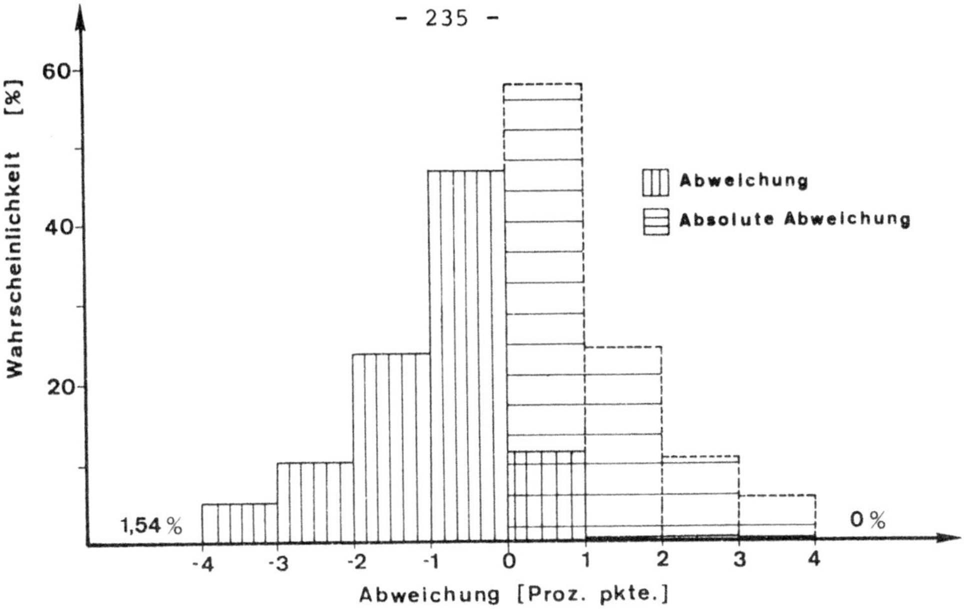

Abbildung 34a: Häufigkeitsverteilung der (absoluten) Abweichungen zwischen tatsächlichen und berechneten Kursen der Modellvariante M1 bei konstantem Momentanvarianzansatz des langfristigen Zinssatzes[1)]

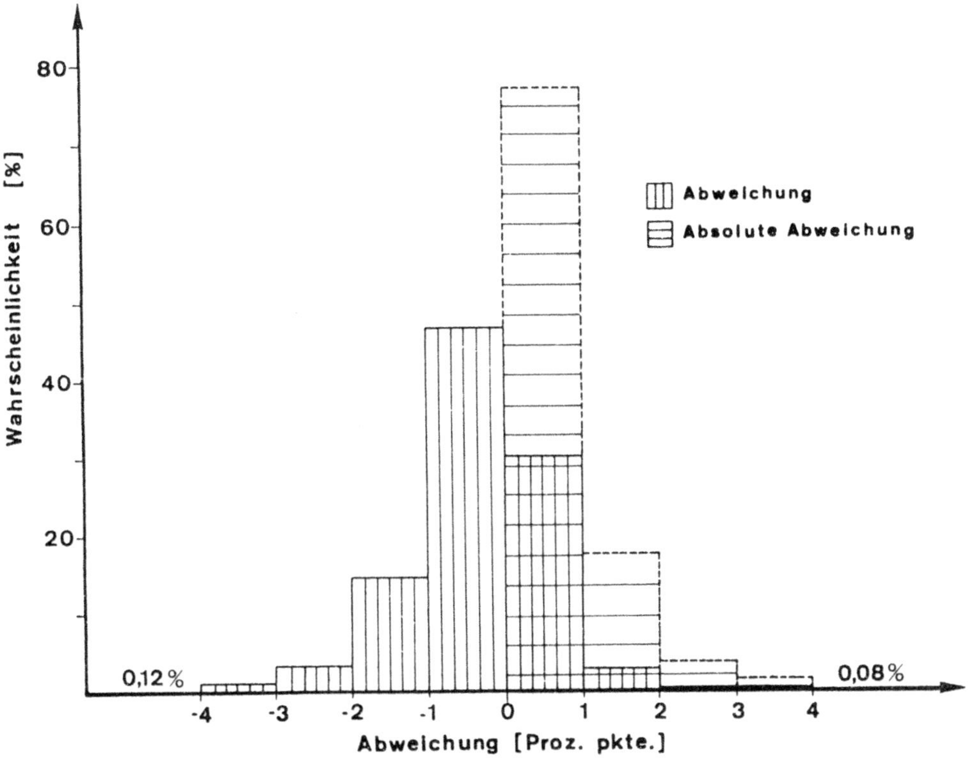

Abbildung 34b: Häufigkeitsverteilung der (absoluten) Abweichungen zwischen tatsächlichen und berechneten Kursen der Modellvariante M2 bei konstantem Momentanvarianzansatz des langfristigen Zinssatzes

---

1) Die Häufigkeitsverteilungen der Abweichungen bei anderen Momentanvarianzansätzen des langfristigen Zinssatzes unterscheiden sich im Rahmen der Zeichengenauigkeit nicht von der hier eingezeichneten.

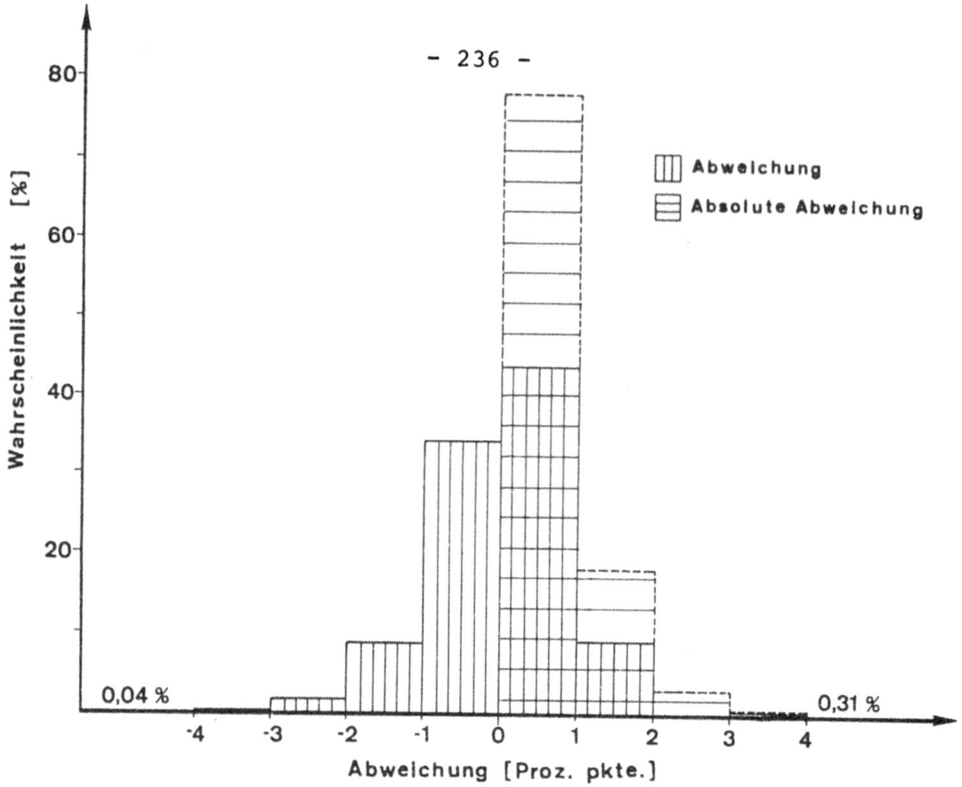

Abbildung 34c: Häufigkeitsverteilung der (absoluten) Abweichungen zwischen tatsächlichen und berechneten Kursen der Modellvariante M3 bei konstantem Momentanvarianzansatz des langfristigen Zinssatzes

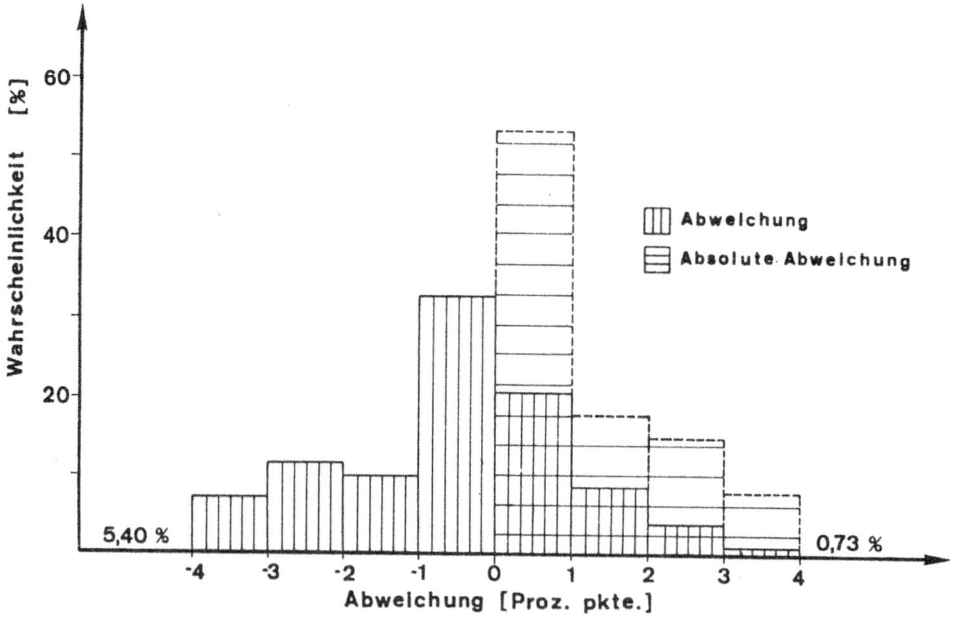

Abbildung 34d: Häufigkeitsverteilung der (absoluten) Abweichungen zwischen tatsächlichen und berechneten Kursen der Modellvariante M4 bei konstantem Momentanvarianzansatz des langfristigen Zinssatzes

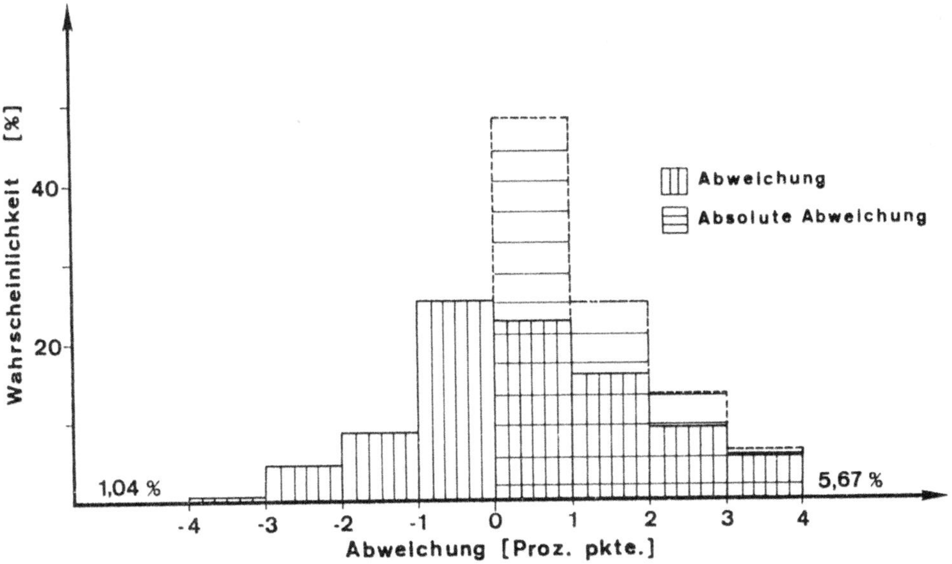

Abbildung 34e: Häufigkeitsverteilung der (absoluten) Abweichungen zwischen tatsächlichen und berechneten Kursen der Modellvariante M5 bei konstantem Momentanvarianzansatz des langfristigen Zinssatzes

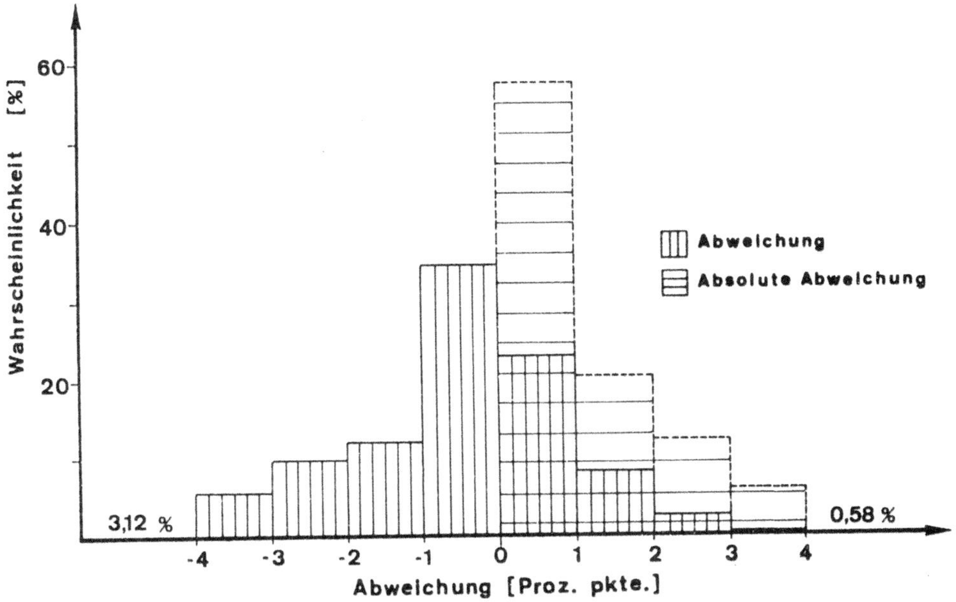

Abbildung 34f: Häufigkeitsverteilung der (absoluten) Abweichungen zwischen tatsächlichen und berechneten Kursen der Modellvariante M6 bei konstantem Momentanvarianzansatz des langfristigen Zinssatzes

Auf Basis aller untersuchten Kriterien ergibt sich somit eine eindeutige Vorteilhaftigkeit von Modellvariante M3 gegenüber den anderen Modellvarianten. Es folgt dann mit nicht allzu großem Abstand die Modellvariante M2. Ein deutlicher Abstand besteht zu den Modellvarianten M1, M6, M4 und M5.

Die gefundene Vorteilhaftigkeit von Modellvariante M3 gegenüber M2 und den anderen Modellvarianten stützt sich auf die Betrachtung aller untersuchten Tilgungsanleihen. Werden nur die Tilgungsanleihen berücksichtigt, die mindestens noch zwei ausstehende Serien besitzen, so ändert sich nichts an der Vorteilhaftigkeit von M3 gegenüber M2 und den anderen Modellvarianten. Dies gilt auch bei ausschließlicher Betrachtung derjenigen Tilgungsanleihen, die nur noch eine ausstehende Serie besitzen, also im Beobachtungszeitraum gesamtfällig sind (vgl. Tabellen 25).

Die Überlegenheit der Modellvariante M3, die für die Schätzung der Parameter des stochastischen Prozesses die Daten der ersten beiden Drittel des Untersuchungszeitraumes verwendet und für die Schätzung des Marktpreises des kurzfristigen Risikos die des letzten Drittels, zeichnet sich schon bei der Ermittlung des Marktpreises des kurzfristigen Risikos ab. Dort ergibt sich bereits für die Modellvariante M3 die mit Abstand geringste normierte Summe der quadrierten Abweichungen zwischen tatsächlichen und berechneten Kursen[1]. Die gegenüber der Modellvariante M3 etwas schlechtere Variante M2 stützt sich für die Schätzung der Prozeßparameter wie die Variante M3 auf die ersten beiden Drittel des Untersuchungszeitraumes; für die Marktpreisschätzung des kurzfristigen Risikos werden ebenfalls die ersten beiden Drittel des Untersuchungszeitraumes verwendet.

Die Modellvariante M2 greift somit im Gegensatz zu der Variante M3 bezüglich der Ermittlung der Parameter des stochastischen Prozesses und des Marktpreises des kurzfristigen Risikos

---

1) Vgl. dazu Tabelle 23, S. 221.

nur auf vergangene Zeiträume zurück und besitzt damit "Prognosecharakter". Von einem reinen Prognoseansatz kann jedoch nicht gesprochen werden, da der aktuelle kurz- und langfristige Zinssatz im Bewertungszeitpunkt benötigt wird.

Ein längerer Schätzzeitraum für die Ermittlung der Parameter des stochastischen Prozesses wie in den Modellvarianten M2 und M3 ist also einem kürzeren Schätzzeitraum wie in den Modellvarianten M1, M4, M5 und M6 vorzuziehen. Dies gilt selbst gegenüber einem kürzeren Schätzzeitraum, der mit dem Bewertungszeitraum identisch ist (Modellvariante M4). Unter Beachtung eines möglichst großen Schätzzeitraumes für die Ermittlung der Parameter des stochastischen Prozesses ist die Übereinstimmung von eigentlichem Bewertungszeitraum der Tilgungsanleihen und Ermittlungszeitraum des Marktpreises des kurzfristigen Risikos vorteilhaft.

Die beste gefundene Modellvariation unter Berücksichtigung des kurz- und langfristigen Zinssatzes als Einflußfaktoren - Modellvariante M3 bei konstantem Momentanvarianzansatz des langfristigen Zinssatzes - wird im folgenden mit "MB2" bezeichnet.

2. Modellvariation MB2

Die Ergebnisse der Bewertung der einzelnen Tilgungsanleihen mit Modellvariation MB2 sind in den Abbildungen 35 und in der Tabelle 27 dargestellt.

Eine Betrachtung des errechneten Kurses der einzelnen Tilgungsanleihen zeigt, daß dieser zu bestimmten Zeitpunkten sich abrupt ändert, ohne daß eine ähnliche Veränderung des tatsächlichen Kurses beobachtet werden kann. Auffällig ist dabei, daß diese "Ausreißer" bei allen Tilgungsanleihen immer zu denselben Beobachtungszeitpunkten auftreten.

Ein kurzfristiges abruptes Ansteigen des berechneten Kurses - ohne vergleichbare Änderung des tatsächlichen Kurses -

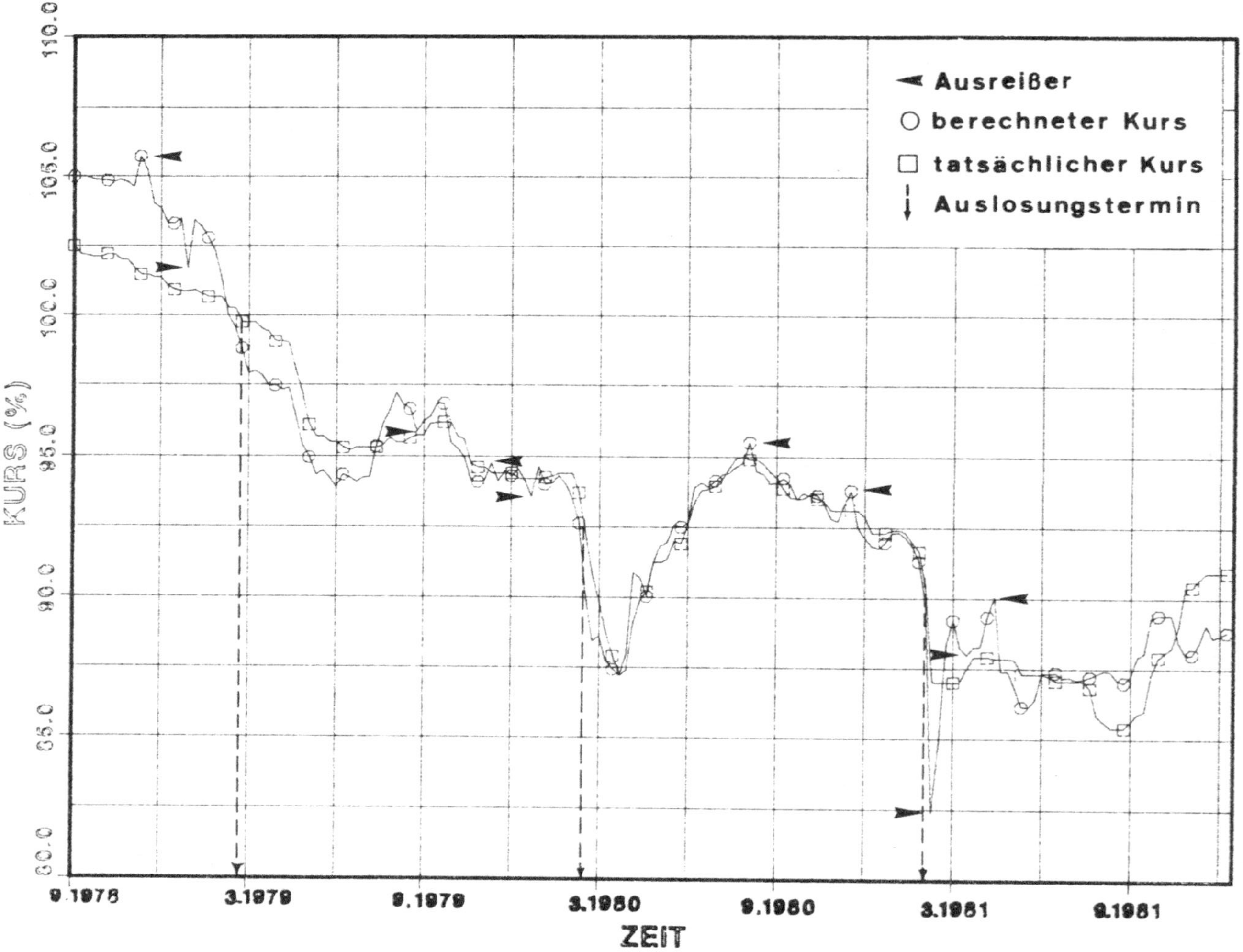

Abbildung 35a: Tatsächlicher und berechneter Kurs der 6,5 %-Tilgungsanleihe der Deutschen Bundespost von 1968 (Wertpapier-Kenn-Nr. 116 019)[1)]

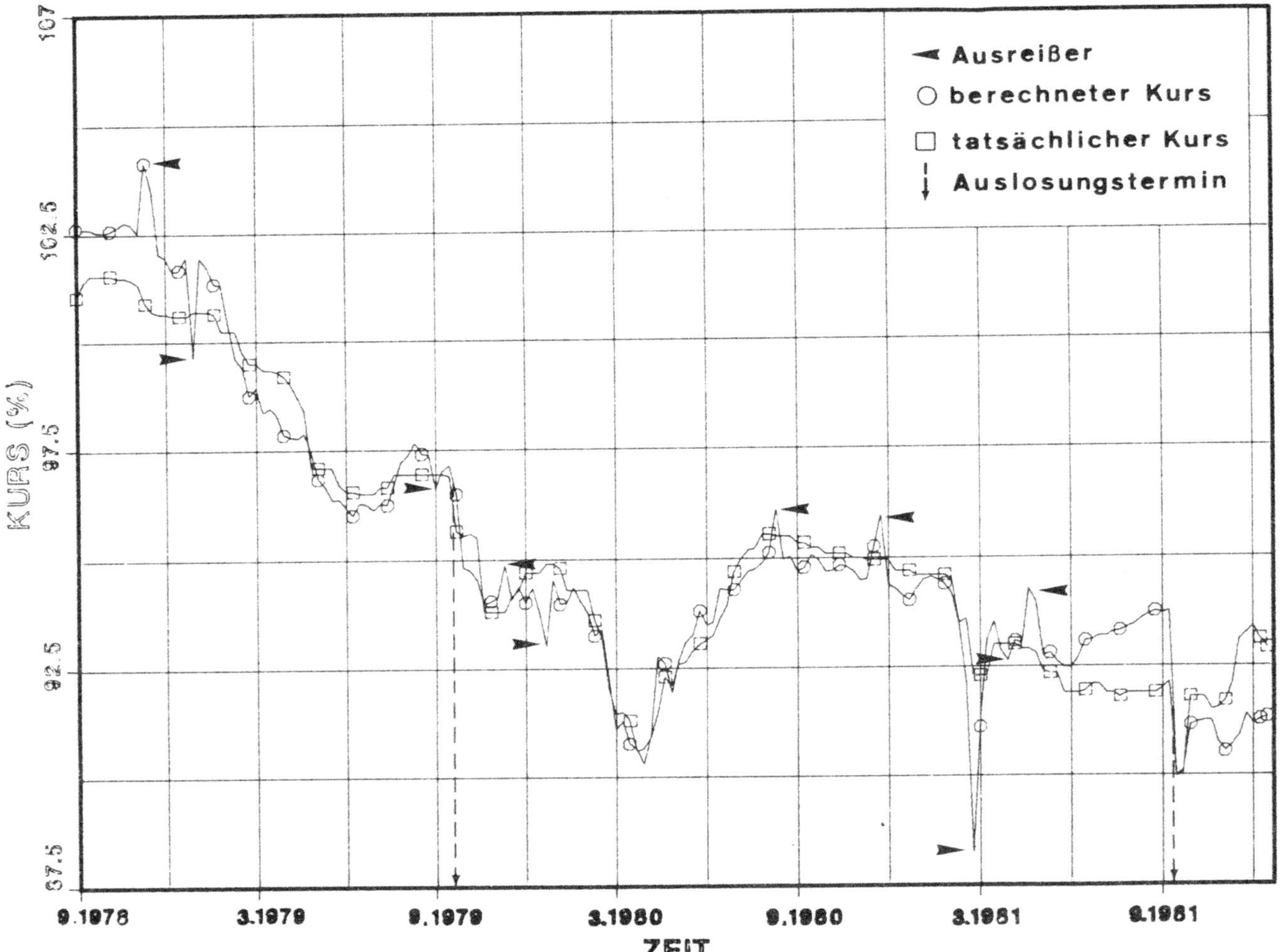

Abbildung 35b: Tatsächlicher und berechneter Kurs der 6 %-Tilgungsanleihe der Bundesrepublik Deutschland von 1964 (Wertpapier-Kenn-Nr. 110 025)[1]

---

1) Vgl. dazu Anhang I.

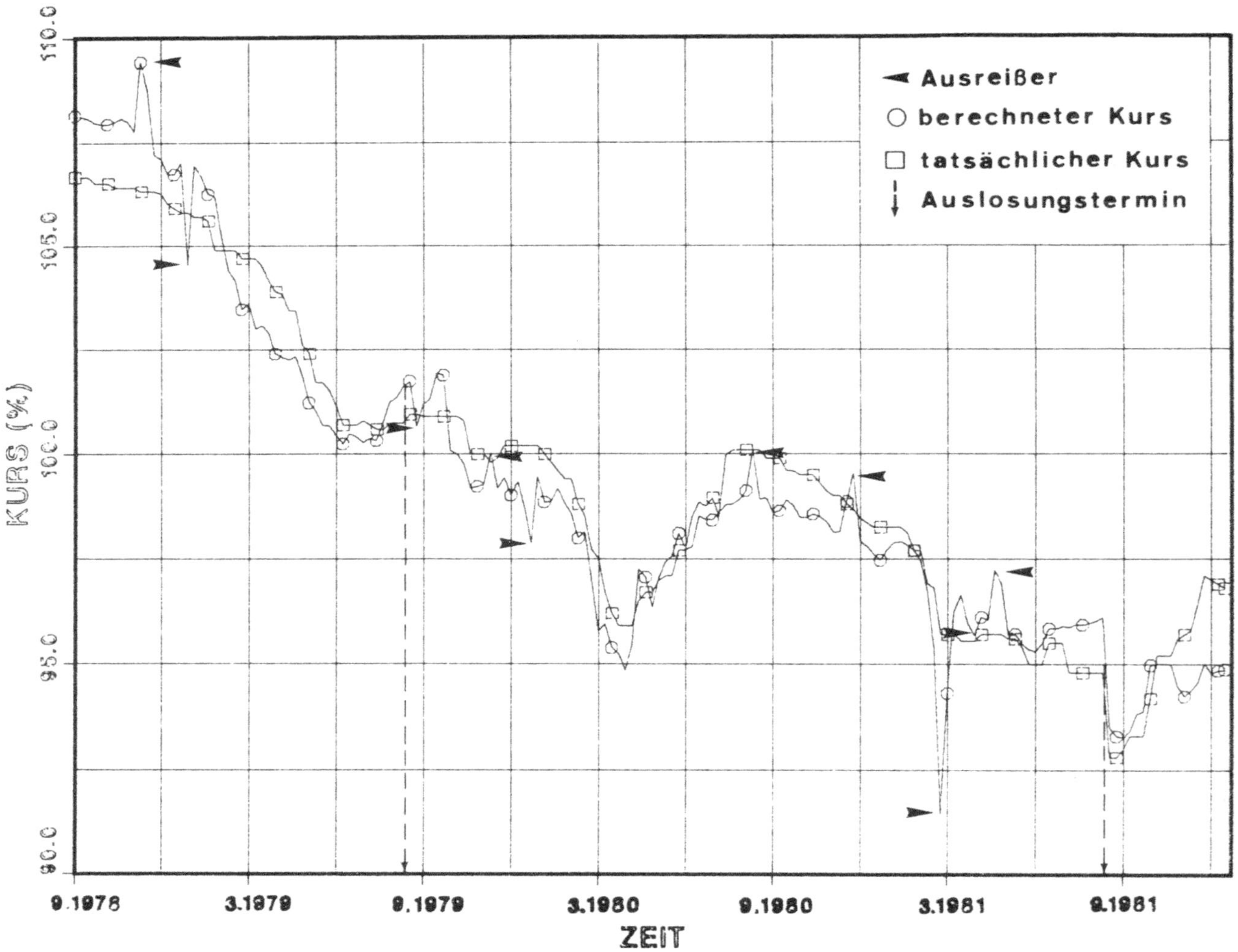

Abbildung 35c: Tatsächlicher und berechneter Kurs der 8 %-Tilgungsanleihe der Deutschen Bundespost von 1972 (Wertpapier-Kenn-Nr. 116 031)[1]

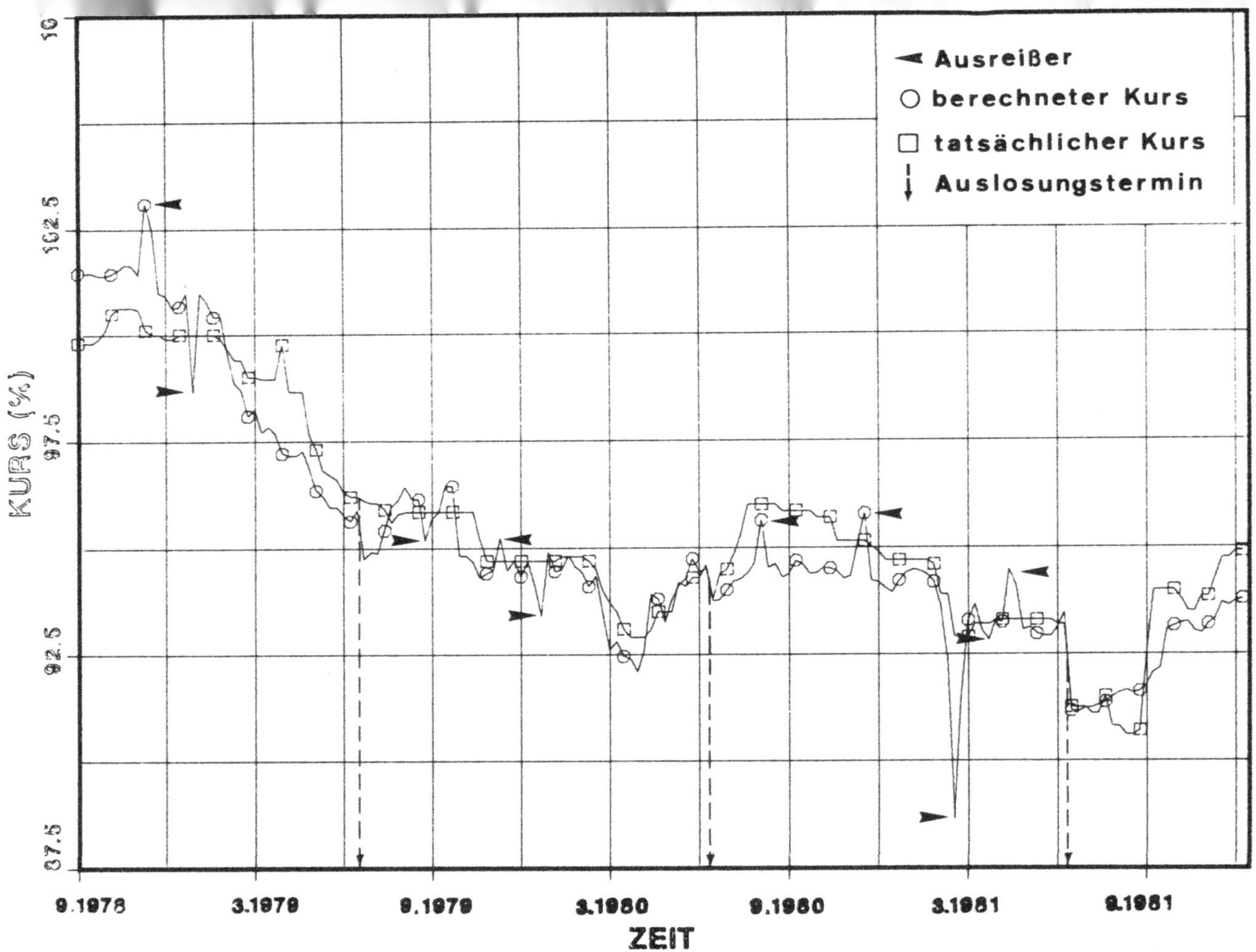

Abbildung 35d: Tatsächlicher und berechneter Kurs der 5,5 %-Tilgungsanleihe der Deutschen Bundespost von 1958 (Wertpapier-Kenn-Nr. 116 003)[1)]

1) Vgl. dazu Anhang I.

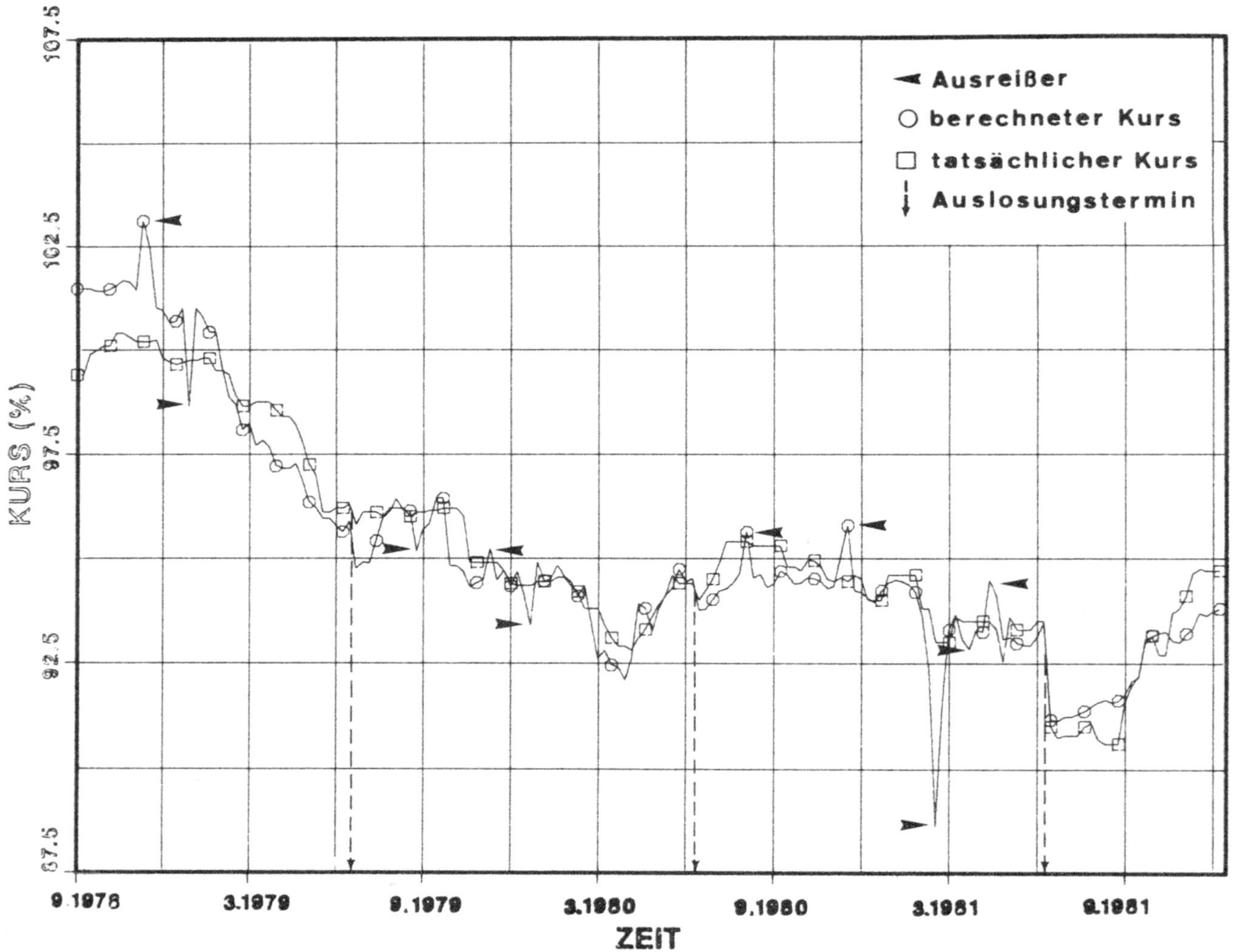

Abbildung 35e: Tatsächlicher und berechneter Kurs der 5,5 %-Tilgungsanleihe der Deutschen Bundesbahn von 1958 (Wertpapier-Kenn-Nr. 115 004)[1)]

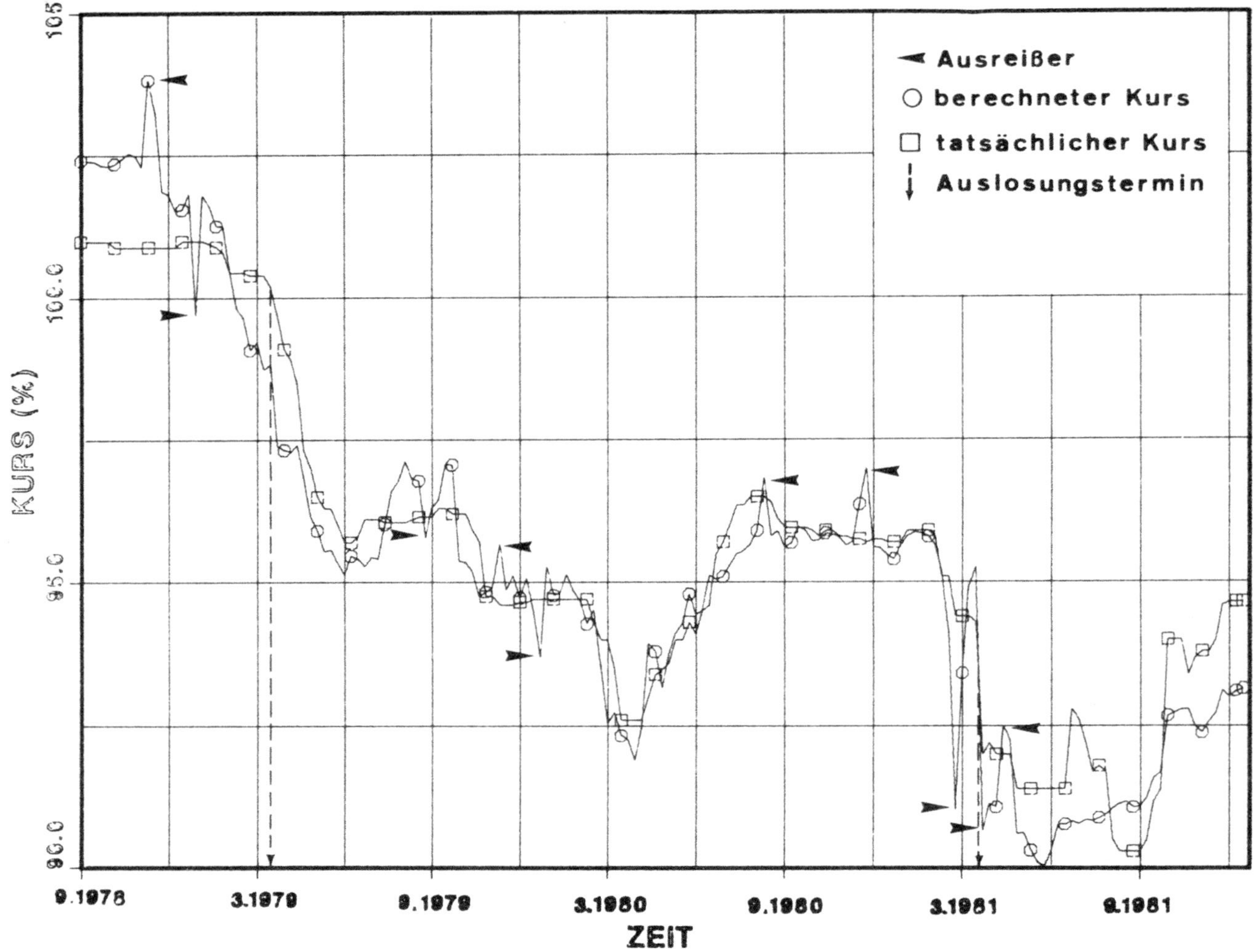

Abbildung 35f: Tatsächlicher und berechneter Kurs der 6 %-Tilgungsanleihe der Deutschen Bundespost von 1963 (Wertpapier-Kenn-Nr. 116 010)[1)]

1) Vgl. dazu Anhang I.

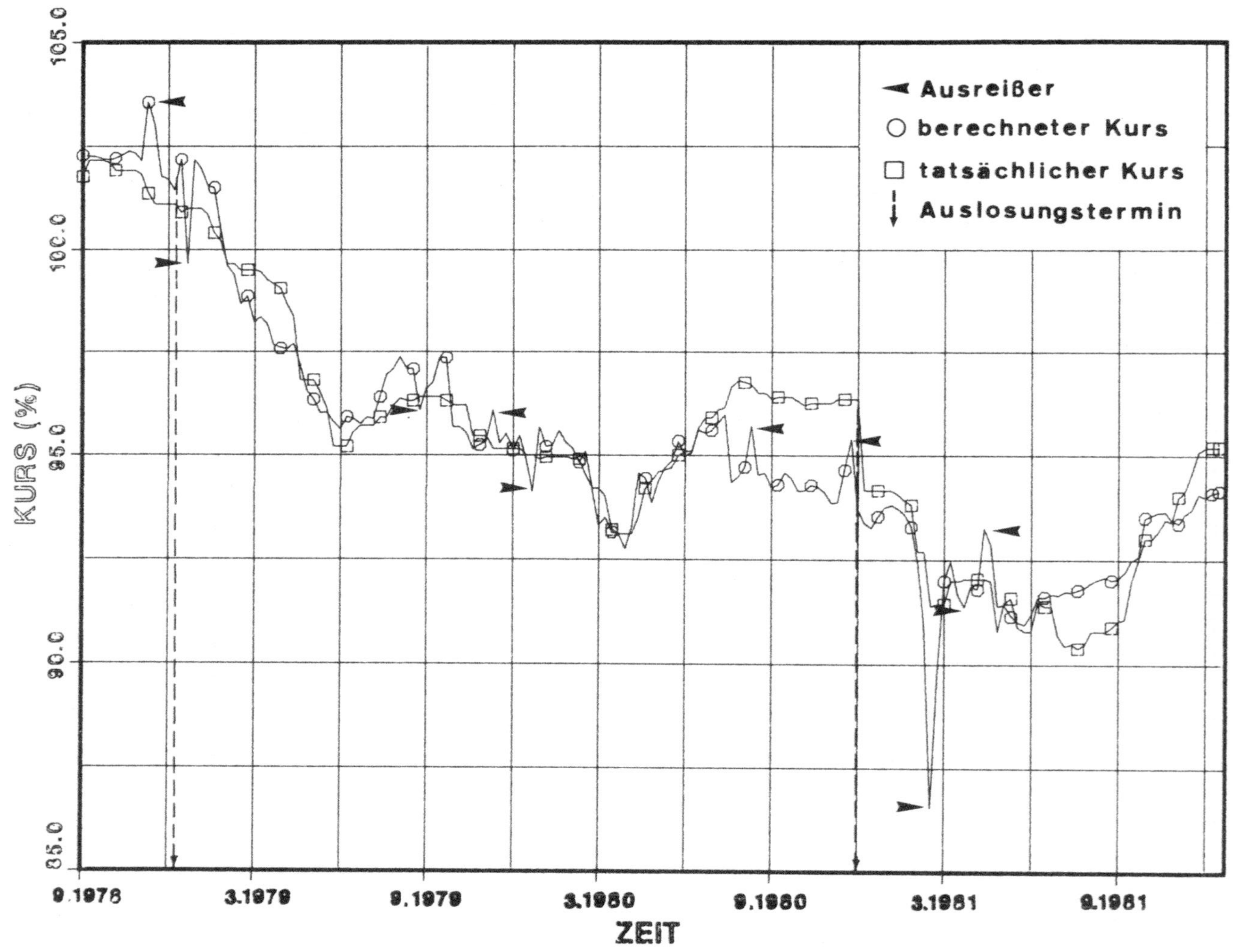

<u>Abbildung 35g:</u> Tatsächlicher und berechneter Kurs der 6 %-Tilgungsanleihe der Bundesrepublik Deutschland von 1963 (Wertpapier-Kenn-Nr. 110 011)[1)]

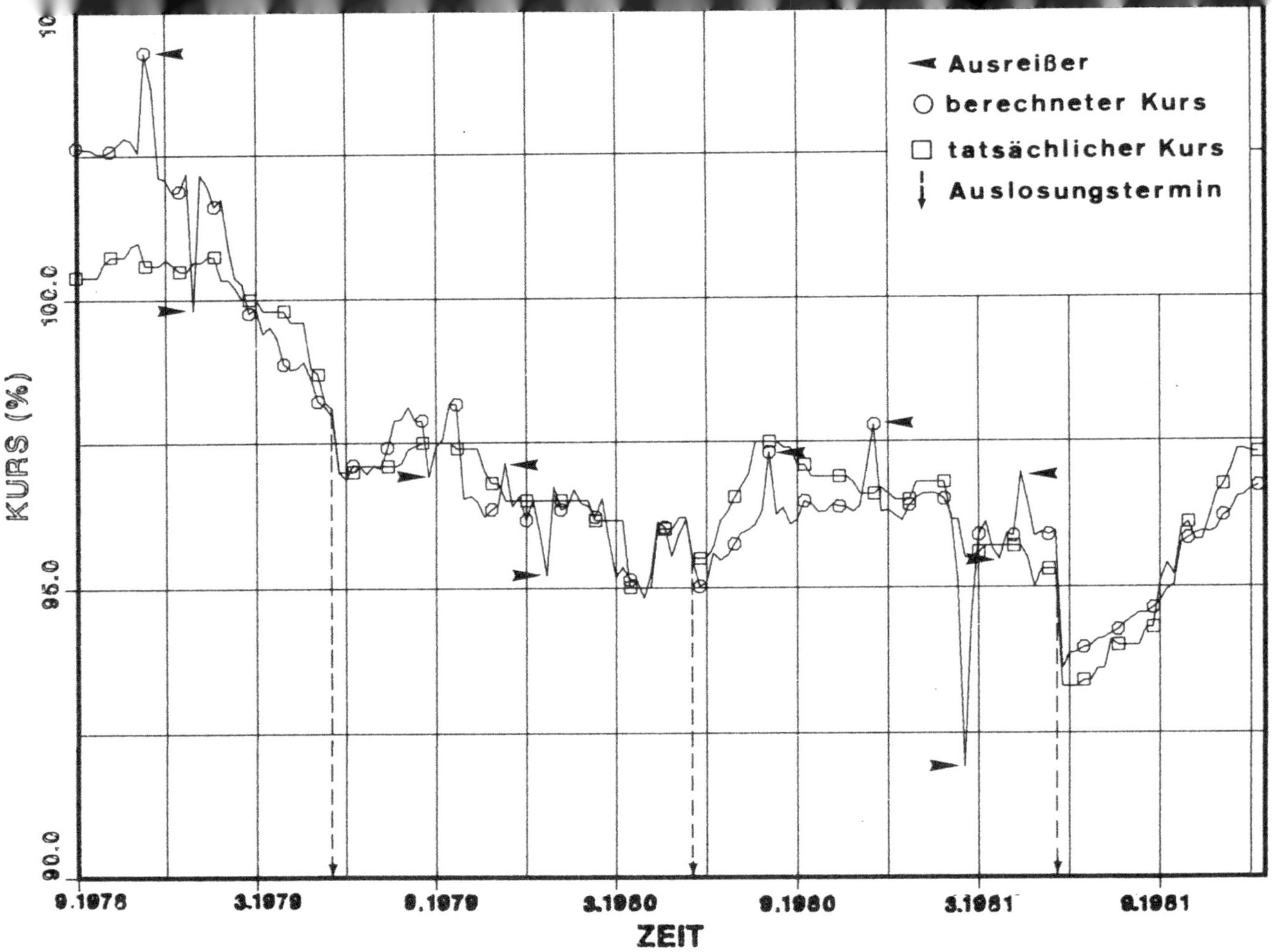

Abbildung 35h: Tatsächlicher und berechneter Kurs der 6 %-Tilgungsanleihe der Deutschen Bundesbahn von 1962 (Wertpapier-Kenn-Nr. 115 013)[1)]

1) Vgl. dazu Anhang I.

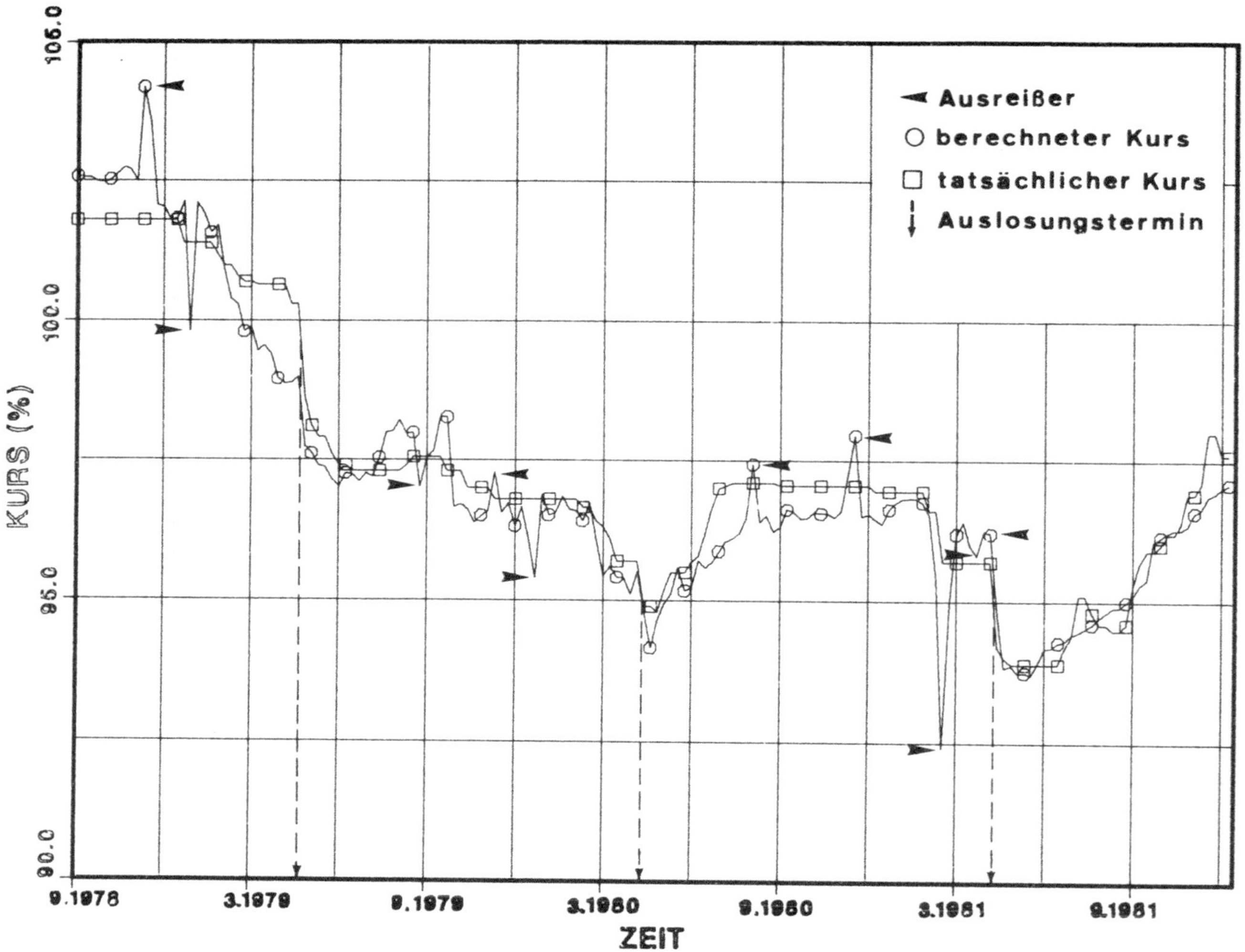

Abbildung 35i: Tatsächlicher und berechneter Kurs der 6 %-Tilgungsanleihe der Deutschen Bundespost von 1962 (Wertpapier-Kenn-Nr. 116 008)[1])

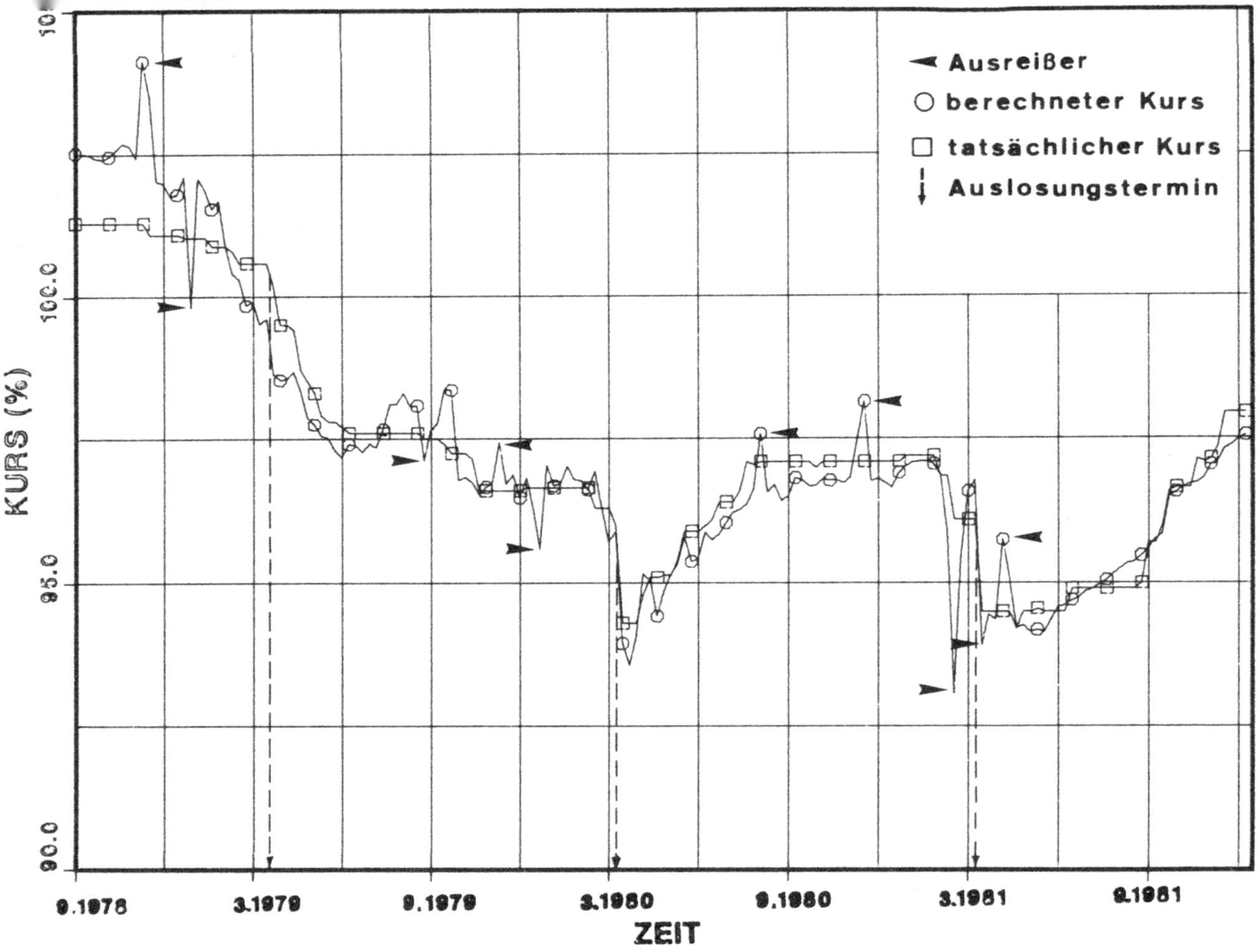

Abbildung 35j: Tatsächlicher und berechneter Kurs der 6 %-Tilgungsanleihe der Bundesrepublik Deutschland von 1962 (Wertpapier-Kenn-Nr. 110 004)[1)]

1) Vgl. dazu Anhang I.

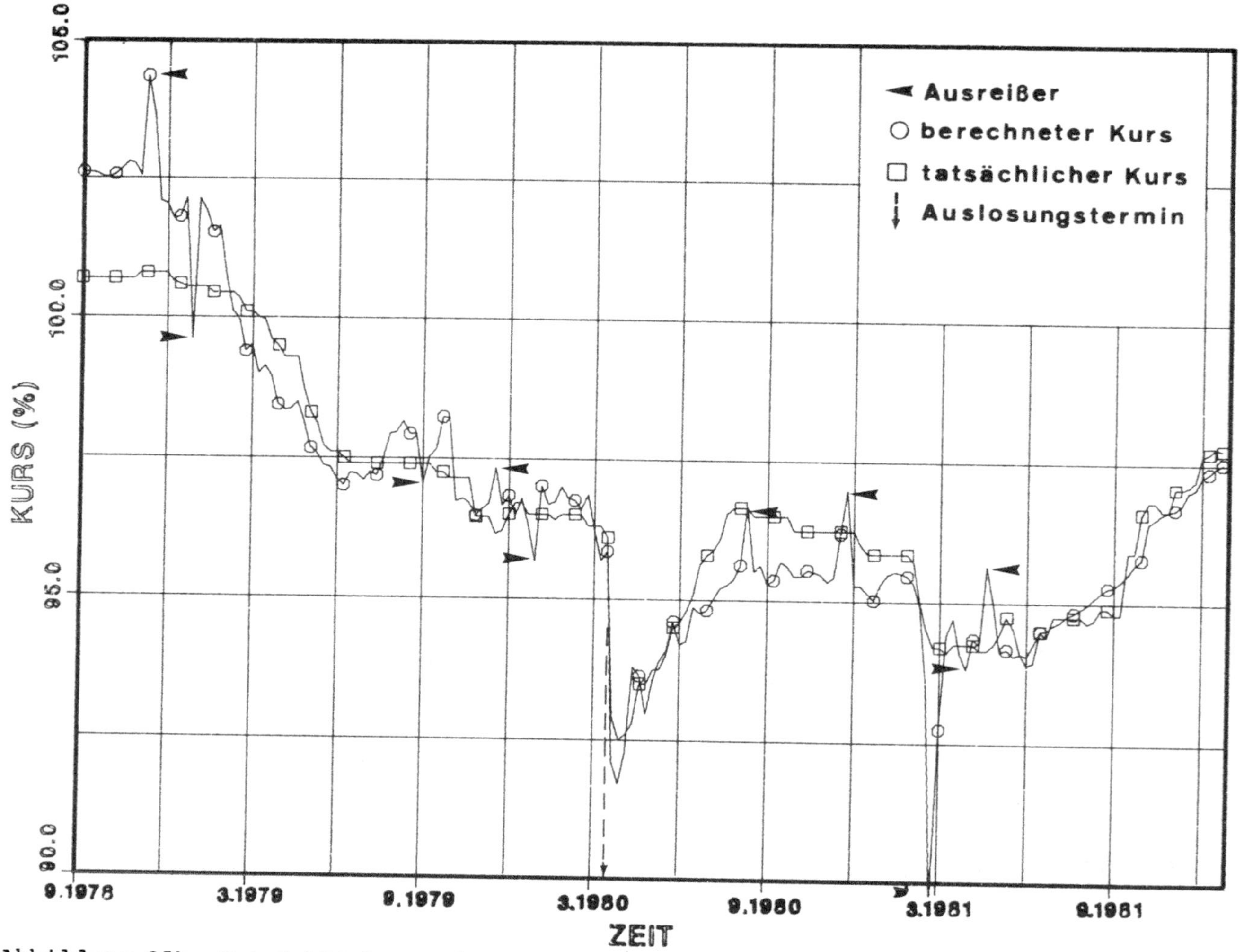

Abbildung 35k: Tatsächlicher und berechneter Kurs der 6 %-Tilgungsanleihe der Bundesrepublik Deutschland von 1963 (Wertpapier-Kenn-Nr. 110 022)[1]

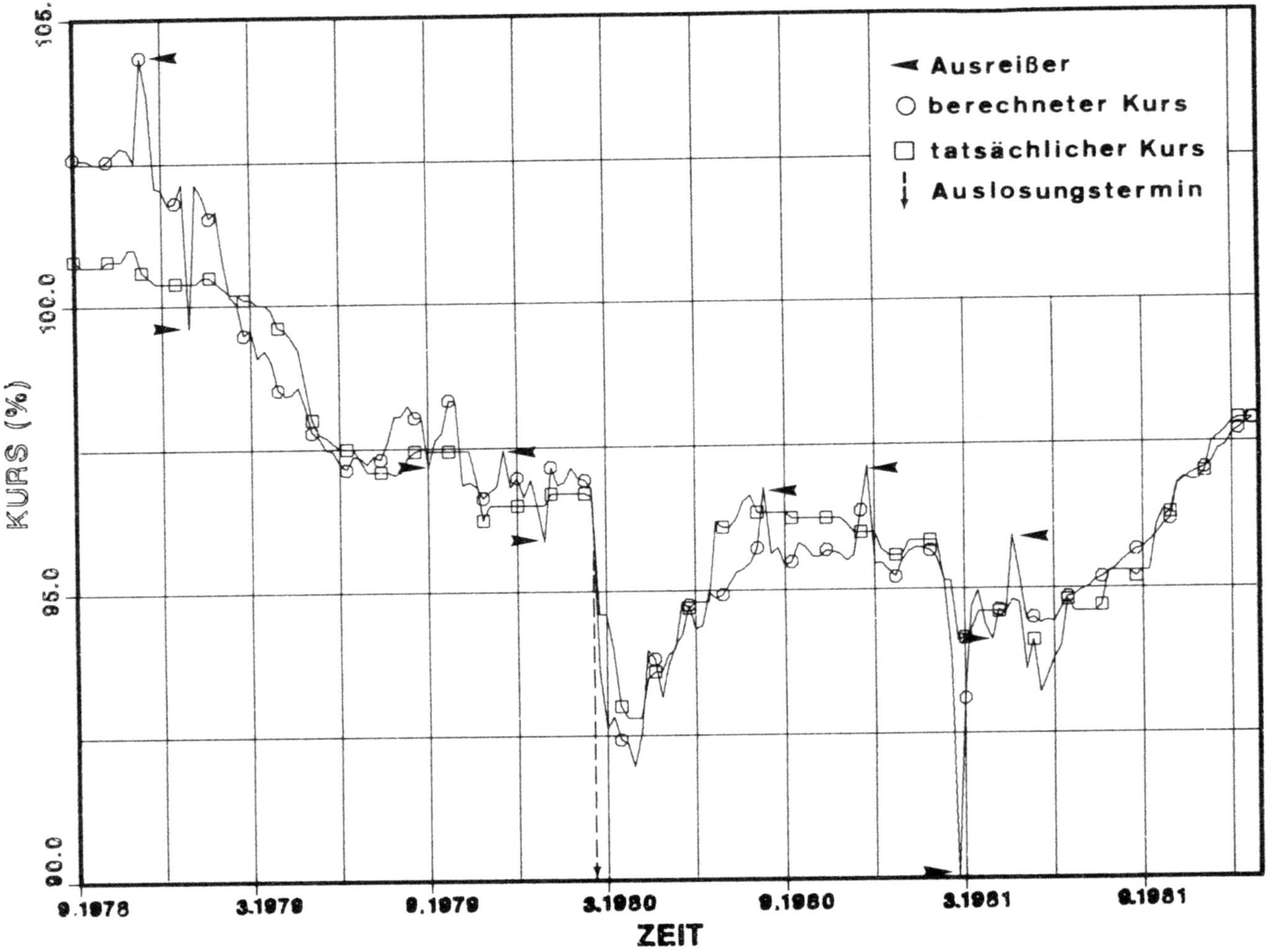

Abbildung 351: Tatsächlicher und berechneter Kurs der 6 %-Tilgungsanleihe der Deutschen Bundesbahn von 1963 (Wertpapier-Kenn-Nr. 115 016)[1]

1) Vgl. dazu Anhang I.

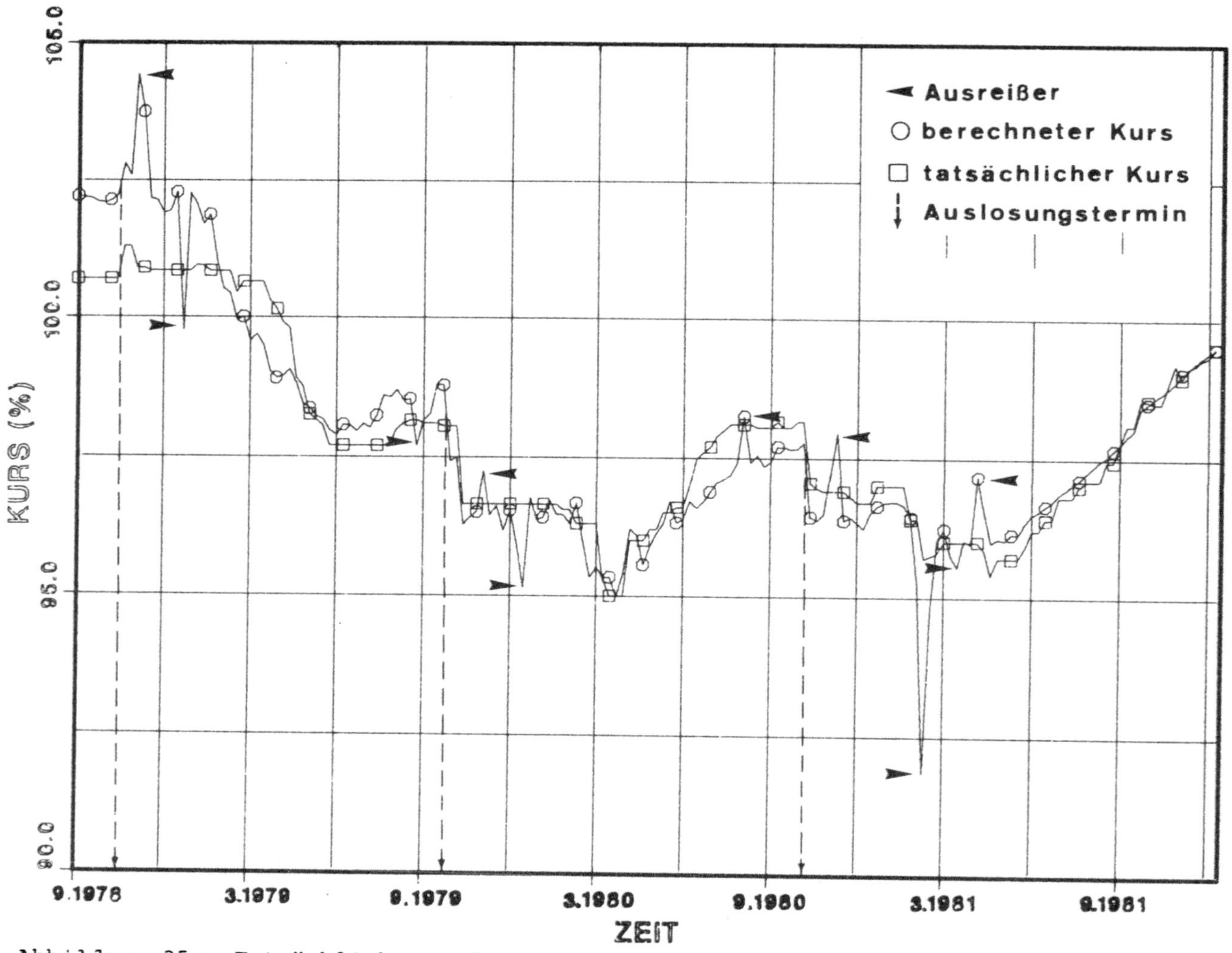

Abbildung 35m: Tatsächlicher und berechneter Kurs der 6 %-Tilgungsanleihe der Deutschen Bundesbahn von 1962 (Wertpapier-Kenn-Nr. 115 011)[1)]

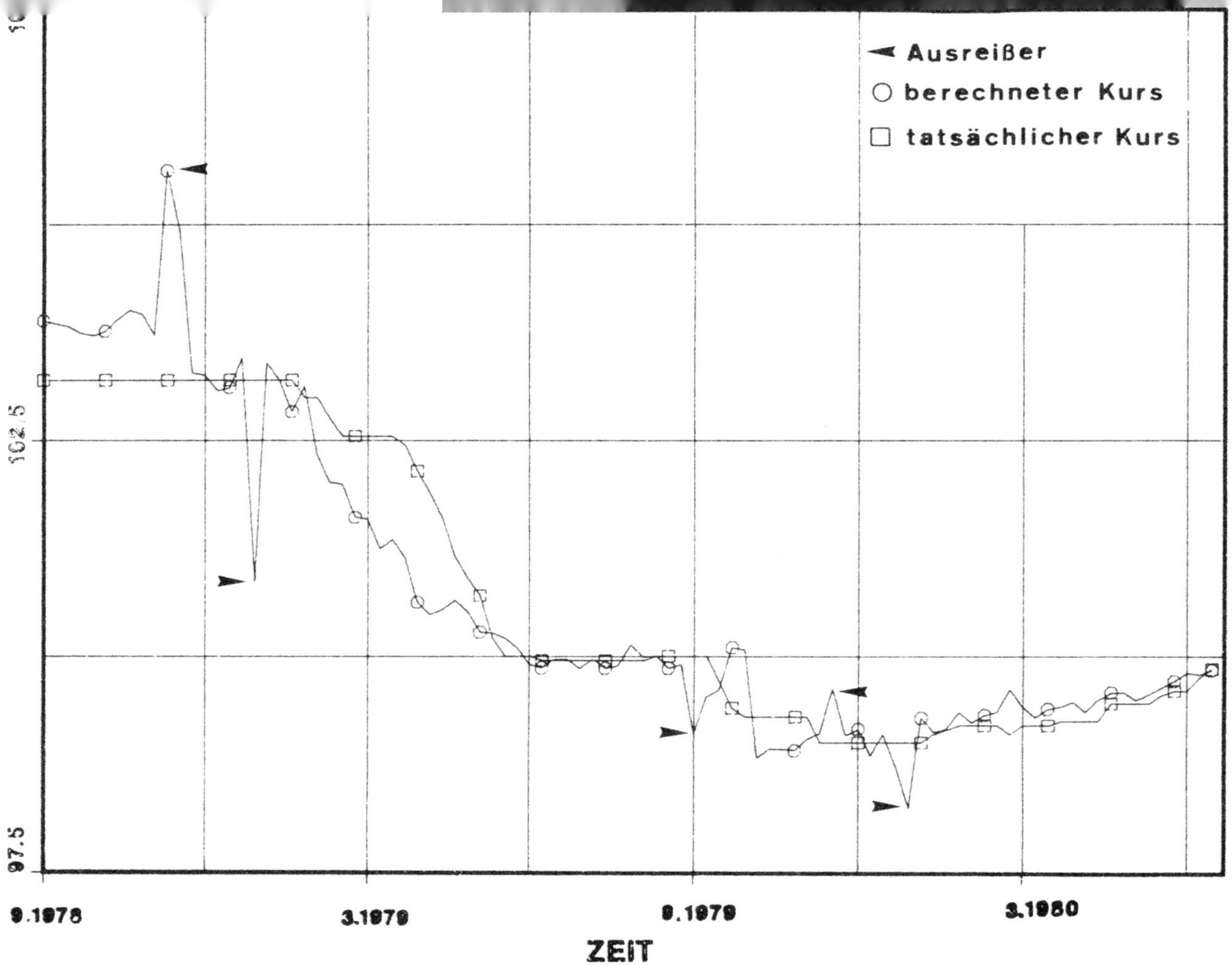

Abbildung 35n: Tatsächlicher und berechneter Kurs der 7 %-Tilgungsanleihe der Bundesrepublik Deutschland von 1965 (Wertpapier-Kenn-Nr. 110 029)[1)]

1) Vgl. dazu Anhang I.

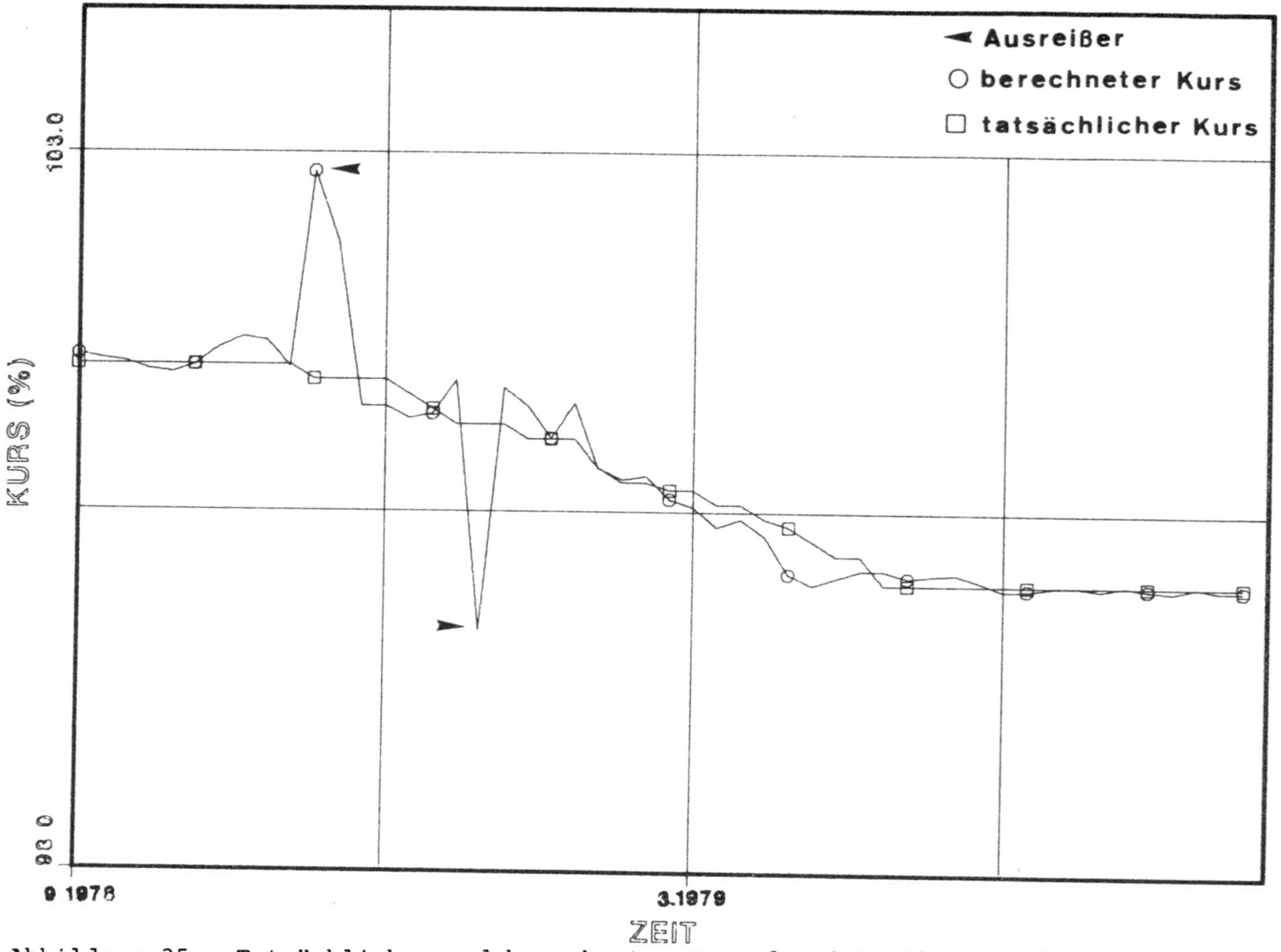

Abbildung 35o: Tatsächlicher und berechneter Kurs der 6 %-Tilgungsanleihe der Deutschen Bundespost von 1964 (Wertpapier-Kenn-Nr. 116 015)[1]

1) Vgl. dazu Anhang I.

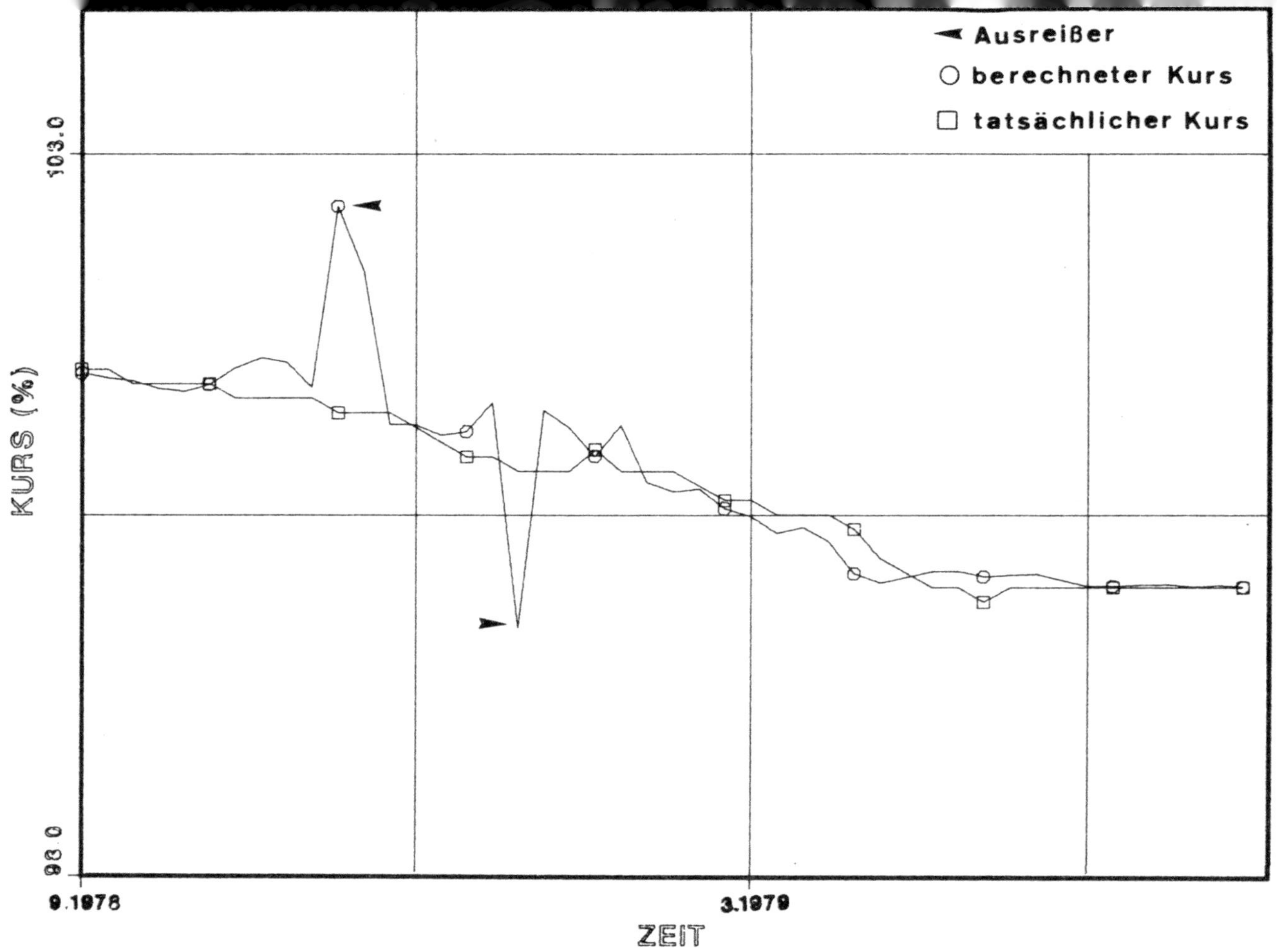

Abbildung 35p: Tatsächlicher und berechneter Kurs der 6 %-Tilgungsanleihe der Deutschen Bundesbahn von 1964 (Wertpapier-Kenn-Nr. 115 020)[1]

1) Vgl. dazu Anhang I.

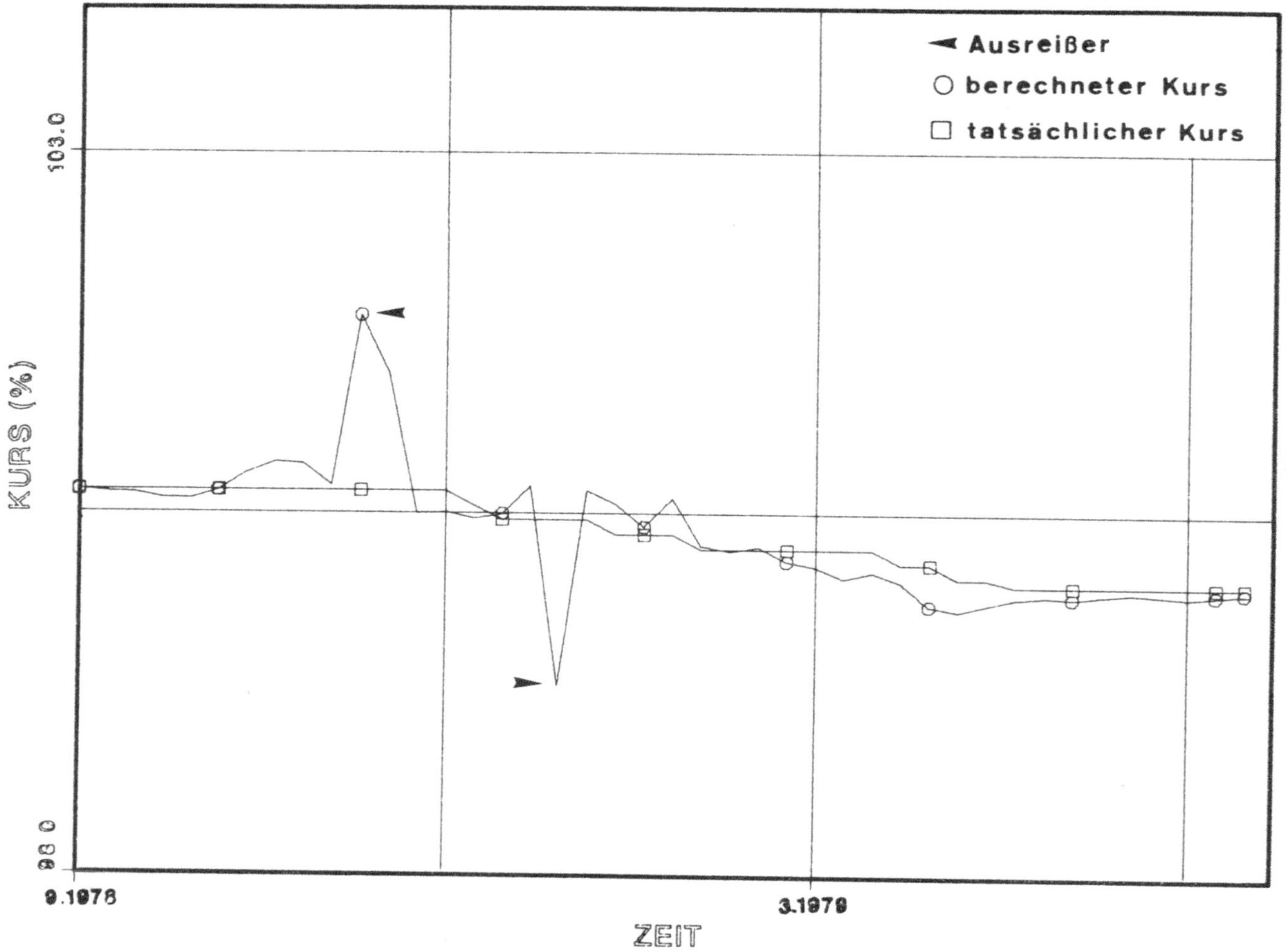

Abbildung 35g: Tatsächlicher und berechneter Kurs der 5 %-Tilgungsanlaihe der Deutschen Bundespost von 1959 (Wertpapier-Kenn-Nr. 116 004)[1)]

1) Vgl. dazu Anhang I.

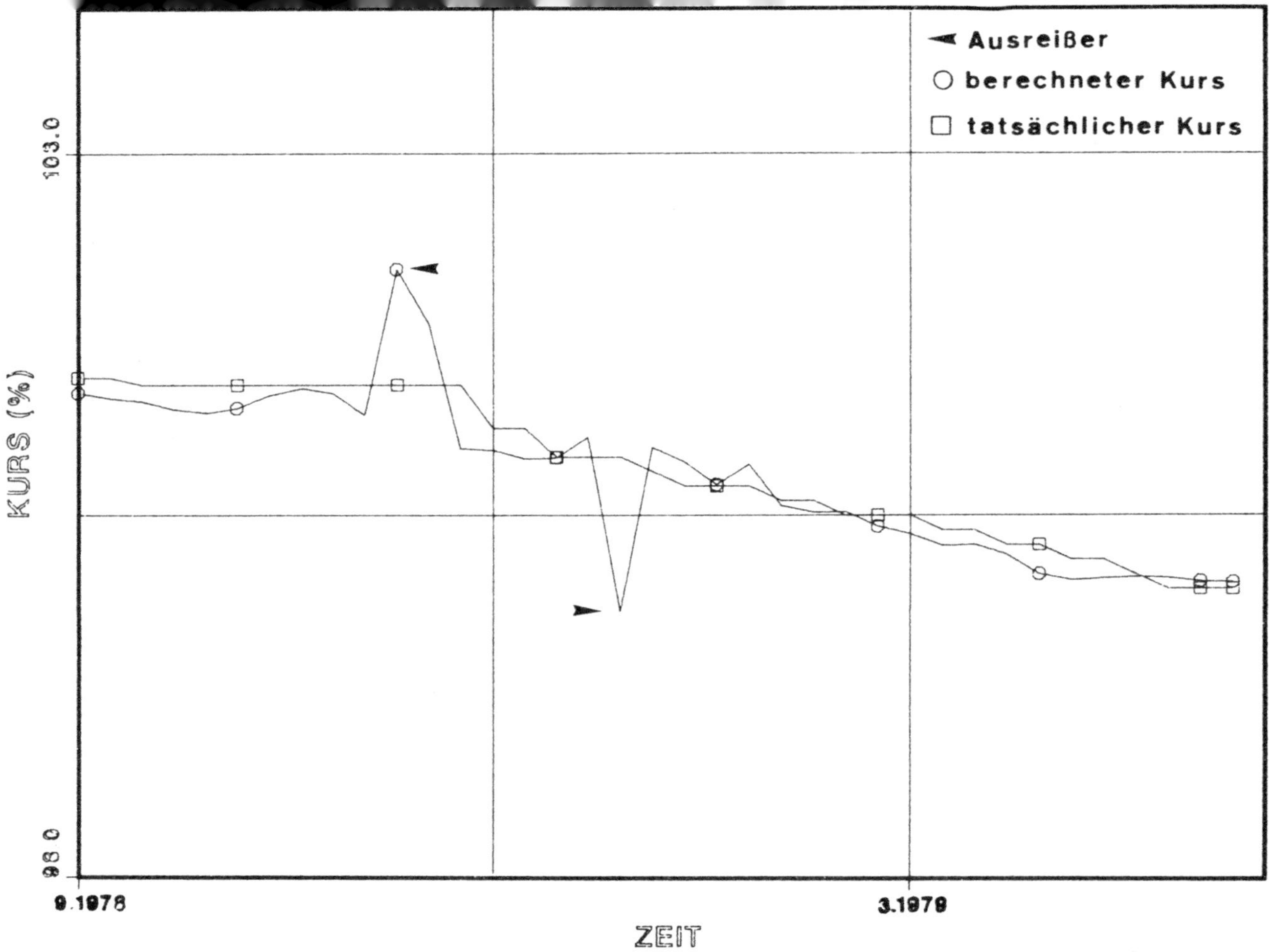

<u>Abbildung 35r:</u> Tatsächlicher und berechneter Kurs der 6 %-Tilgungsanleihe der Deutschen Bundespost von 1964 (Wertpapier-Kenn-Nr. 116 014)[1)]

1) Vgl. dazu Anhang I.

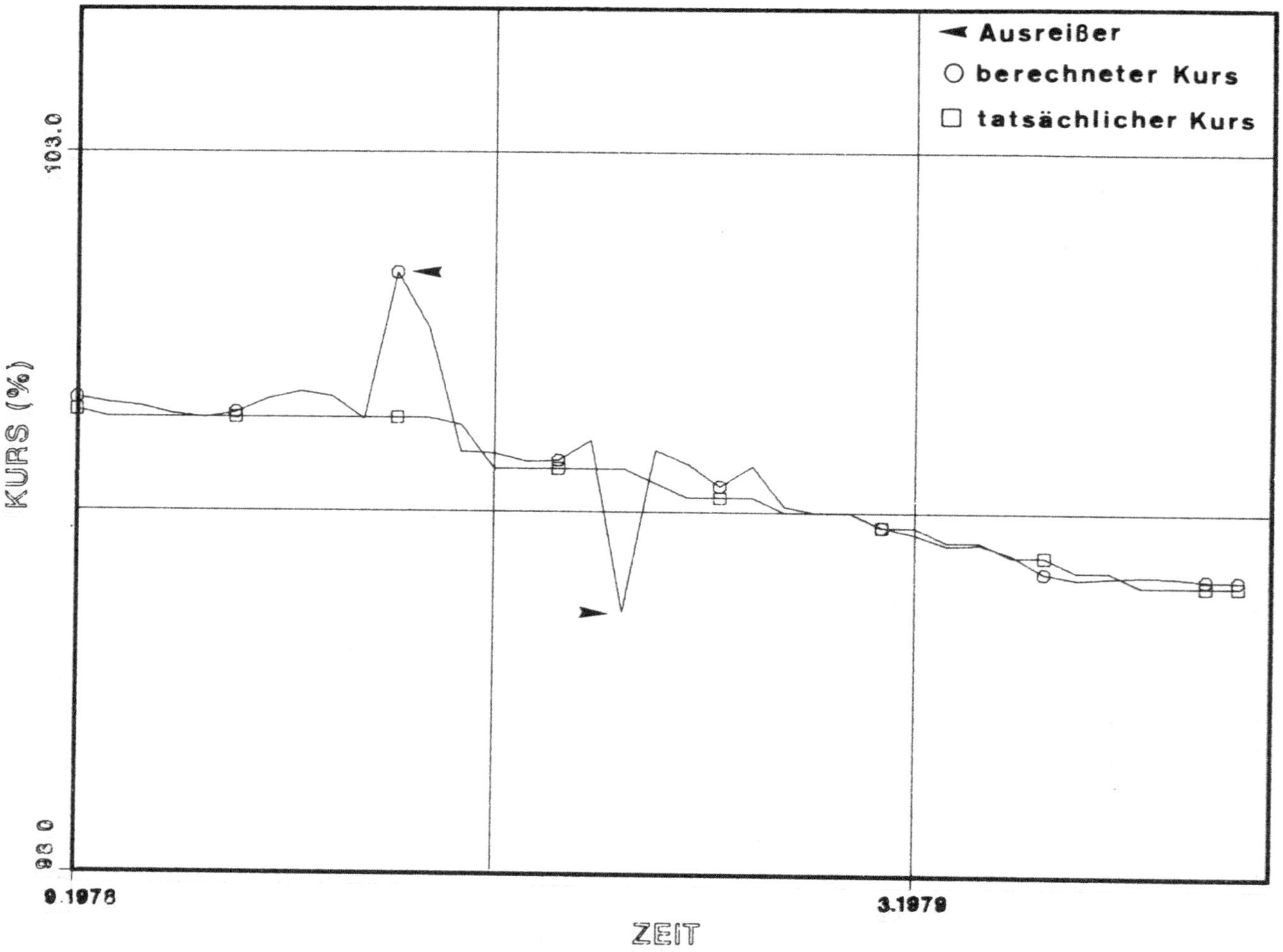

Abbildung 35s: Tatsächlicher und berechneter Kurs der 6 %-Tilgungsanleihe der Bundesrepublik Deutschland von 1964 (Wertpapier-Kenn-Nr. 110 026)[1)]

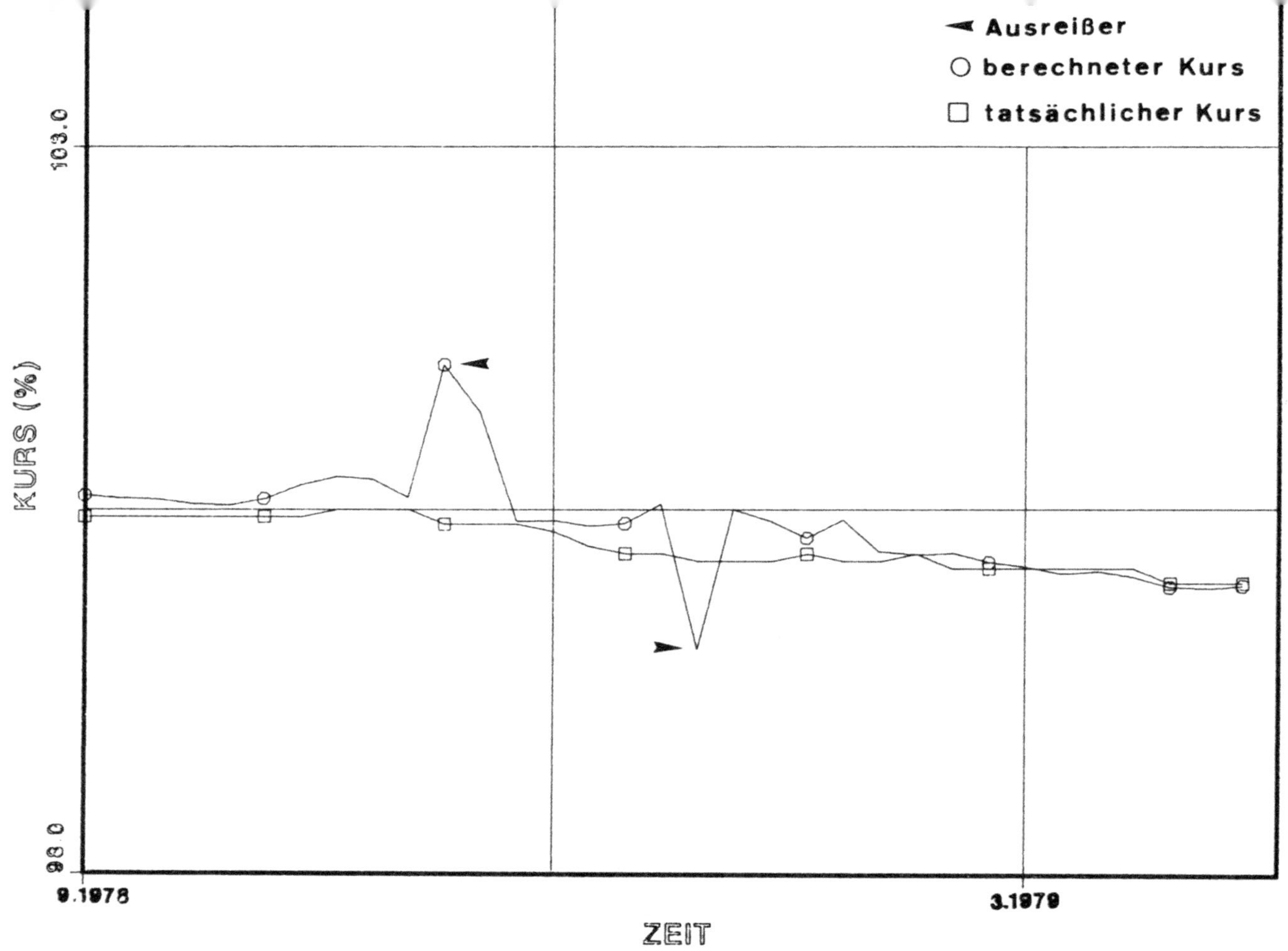

Abbildung 35t: Tatsächlicher und berechneter Kurs der 5 %-Tilgungsanleihe der Deutschen Bundesbahn von 1959 (Wertpapier-Kenn-Nr. 115 006)[1)]

1) Vgl. dazu Anhang I.

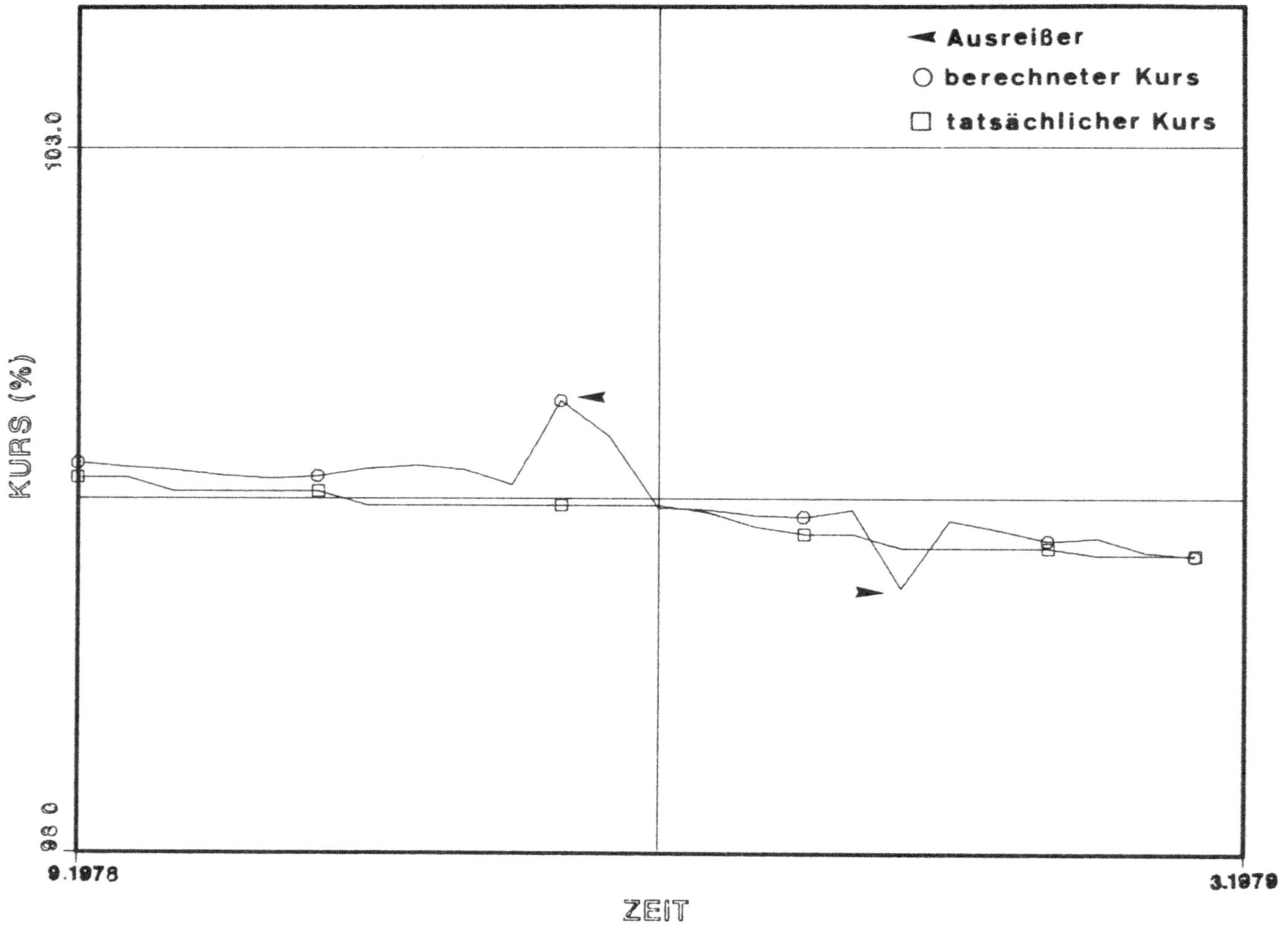

Abbildung 35u: Tatsächlicher und berechneter Kurs der 5,5 %-Tilgungsanleihe der Deutschen Bundesbahn von 1959 (Wertpapier-Kenn-Nr. 115 005)[1]

Wertpapier-Kenn-Nr. [1]	Ende der Laufzeit	Anzahl der ausstehenden Serien am 01.09.78	Anzahl der ausstehenden Serien am 31.12.81	durchschnittliche Abweichung (Standardabweichung)	durchschnittliche absolute Abweichung (Standardabweichung)	Wurzel aus der Summe der quadrierten Abweichungen (Beobachtungsanzahl)	Spannweite	Häufigkeitsverteilung der Abweichungen -5 [2] bis -4	-4 bis -3	-3 bis -2	-2 bis -1	-1 bis 0	0 bis 1	1 bis 2	2 bis 3	3 bis 4	4 bis 5
116 019	01.06.88	10	7	- 0,16 [2] (1,44)	1,10 [2] (0,95)	18,90 [2] (n=171)	-4,28/4,61 [2]	1 [3]	1	23	17	44	52	23	9		1
110 025	02.01.84	3	1	- 0,04 (0,96)	0,74 (0,61)	13,81 (n=172)	-3,24/4,06		1	1	34	43	78	12	2		1
116 031	01.12.83	3	1	0,20 (1,04)	0,87 (0,60)	12,59 (n=172)	-3,13/4,25		1	1	23	47	62	33	4		1
116 003	01.10.83	5	2	0,30 (0,92)	0,76 (0,59)	12,56 (n=171)	-3,00/4,28			2	9	40	82	36	1		1
115 005	01.10.83	5	2	0,11 (0,86)	0,65 (0,57)	11,35 (n=171)	-2,90/4,38			4	15	50	82	19			1
116 010	01.07.83	3	1	0,18 (0,93)	0,75 (0,57)	12,37 (n=172)	-2,92/3,36			2	13	55	71	29	1	1	
110 011	01.04.83	3	1	0,18 (1,04)	0,78 (0,71)	13,79 (n=172)	-2,22/4,86			1	19	65	55	19	12		1
115 013	01.09.82	4	1	- 0,07 (0,91)	0,65 (0,63)	11,81 (n=171)	-3,68/3,60		2	5	15	54	87	7		1	
116 008	01.08.82	4	1	0,19 (0,67)	0,53 (0,45)	9,07 (n=171)	-2,40/3,30			1	1	58	97	13		1	
110 004	01.07.82	4	1	0,01 (0,68)	0,49 (0,47)	8,86 (n=171)	-2,82/3,04			2	15	52	97	4		1	
110 022	01.07.82	2	1	0,01 (0,93)	0,67 (0,64)	12,19 (n=173)	-3,57/4,61		1	3	20	50	91	7			1
115 016	01.06.82	2	1	- 0,10 (0,92)	0,66 (0,65)	12,08 (n=173)	-3,74/4,13		2		22	62	75	11			1
115 011	01.02.82	3	1	- 0,03 (0,79)	0,55 (0,57)	10,34 (n=171)	-3,54/3,84		1	1	19	64	77	8		1	
110 029	01.07.80	1		0,04 (0,64)	0,44 (0,48)	6,13 (n= 94)	-2,43/2,34			1	1	54	31	6	1		
116 015	01.09.79	1		- 0,02 (0,35)	0,16 (0,31)	2,43 (n= 50)	-1,47/1,43				1	22	26	1			
115 020	01.08.79	1		- 0,06 (0,34)	0,18 (0,29)	2,28 (n= 46)	-1,43/1,09				1	26	18	1			
116 004	01.07.79	1		0,00 (0,32)	0,17 (0,26)	2,03 (n= 42)	-1,21/1,15				1	14	26	1			
116 014	01.06.79	1		0,06 (0,26)	0,17 (0,21)	1,61 (n= 37)	-0,81/1,06					11	25	1			
110 026	01.06.79	1		- 0,06 (0,27)	0,14 (0,24)	1,67 (n= 37)	-1,01/0,99				1	25	11				
115 006	01.05.79	1		- 0,14 (0,27)	0,19 (0,23)	1,70 (n= 33)	-1,09/0,61				1	24	8				
115 005	01.03.79	1		- 0,14 (0,19)	0,17 (0,17)	1,14 (n= 24)	0,74/0,28					21	3				

Tabelle 27: Ergebnisse aller bewerteten Tilgungsanleihen der Modellvariation MB2

1) Vgl. dazu Anhang I.

2) In Prozentpunkte.

3) Anzahl der Wertpapiere.

läßt sich Mitte November 1978[1], Mitte November 1979[2], Mitte August 1980[3], Ende November 1980[4] und Ende April 1981[5] feststellen. Ein gegenteiliges Verhalten des berechneten Kurses fällt Ende Dezember 1978[6], Ende August 1979[7], Ende Dezember 1979[8], Ende Februar 1981[9] und Ende März/Anfang April 1981[10] auf.

Da diese Ausreißer für alle Tilgungsanleihen unabhängig von der jeweiligen Restlaufzeit, der Anzahl der ausstehenden Serien und dem(den) Auslosungstermin(en) sowie der Nominalverzinsung immer zu denselben Zeitpunkten beobachtet werden, kann der Grund für ihr Auftreten nur in dem Verhalten des kurz- und langfristigen Zinssatzes in diesen Beobachtungszeitpunkten liegen. Während der langfristige Zinssatz mit seinen im ganzen Untersuchungszeitraum auftretenden kleinen Änderungen zwischen den einzelnen Beobachtungszeitpunkten keine auffälligen Veränderungen in den oben festgestellten Zeitpunkten aufweist, zeigt der kurzfristige Zinssatz in den Zeitpunkten, in denen Ausreißer auftreten, ein besonderes Verhalten. Ein abruptes Ansteigen des berechneten Kurses ist immer mit einem abrupten Absinken des kurzfristigen Zinssatzes gekoppelt. Fällt dagegen der berechnete Kurs plötzlich , so steigt der kurzfristige Zinssatz entsprechend plötzlich. Bei allen Ausreißern lassen sich Veränderungen des kurzfristigen Zinssatzes von mehr als einem Prozentpunkt zwischen den Zeitpunkten, zu denen die Ausreißer auftreten, und den benachbarten Beobachtungszeitpunkten feststellen. Die Höhe des Kurssprunges wächst dabei mit zunehmender Ver-

---

1) In der 358. und 359. Woche des Untersuchungszeitraumes.
2) In der 411. Woche des Untersuchungszeitraumes.
3) In der 450. Woche des Untersuchungszeitraumes.
4) In der 465. Woche des Untersuchungszeitraumes.
5) In der 486. Woche des Untersuchungszeitraumes.
6) In der 365. Woche des Untersuchungszeitraumes.
7) In der 400. Woche des Untersuchungszeitraumes.
8) In der 417. Woche des Untersuchungszeitraumes.
9) In der 478. Woche des Untersuchungszeitraumes.
10) In der 482. und 483. Woche des Untersuchungszeitraumes.

änderung des kurzfristigen Zinssatzes. Die beiden größten Ausreißer des berechneten Kurses nach oben treten Mitte November 1978 und Ende April 1981 auf. Zu diesen Zeitpunkten schlägt der kurzfristige Zinssatz um mehr als zwei Prozentpunkte nach unten aus (vgl. Tabelle 26). Der stärkste Einbruch des berechneten Kurses findet Ende Februar 1981 statt. Der kurzfristige Zinssatz springt hier von 9,1 % über 11,3 % auf 18,0 % und fällt anschließend wieder auf 12,1 % (vgl. Tabelle 26).

Eine Erklärung für die Sensibilität des Kurses der Tilgungsanleihen auf Zinssatzänderungen kann den Abbildungen 36 entnommen werden. Aus ihnen wird deutlich, wie der Kurs eines gesamtfälligen festverzinslichen Wertpapieres sich bei unterschiedlichen Restlaufzeiten mit variierendem kurzfristigem Zinssatz verhält. Der Wertpapierkurs fällt streng monoton mit dem kurzfristigen Zinssatz[1]. Da dies für den Kurs jeder einzelnen Serie der Tilgungsanleihe gilt, trifft dies auch für den Kurs der gesamten Tilgungsanleihe zu.

Werden die berechneten Kurse mit den tatsächlichen Kursen der einzelnen Tilgungsanleihen verglichen, so zeigt sich, daß zumindest tendenziell mit zunehmender Restlaufzeit der zu bewertenden Tilgungsanleihe die berechneten Kurse stärker von den tatsächlichen Kursen abweichen. Während die durchschnittliche absolute Abweichung zwischen tatsächlichen und berechneten Kursen derjenigen Tilgungsanleihen, die erst nach 1983 ablaufen, 0,92 Prozentpunkte beträgt, beläuft sie sich bei den im Jahr 1983 (1982) ablaufenden Tilgungsanleihen auf 0,76 (0,59) Prozentpunkte. Die durchschnittliche absolute Abweichung der im Jahr 1980 oder früher ablaufenden Tilgungsanleihen beträgt nur noch 0,23 Prozentpunkte. Auch die Wurzel aus der Summe der quadrierten Abweichungen zwischen tatsächlichen und berechneten Kursen nimmt mit kleiner werdender Restlaufzeit ab.

---

1) Bei Restlaufzeiten von mehr als 9 Jahren und einem langfristigen Zinssatz von weniger als 6 % geht diese Monotonie verloren. Aufgrund der vorliegenden Daten ist dies jedoch irrelevant.

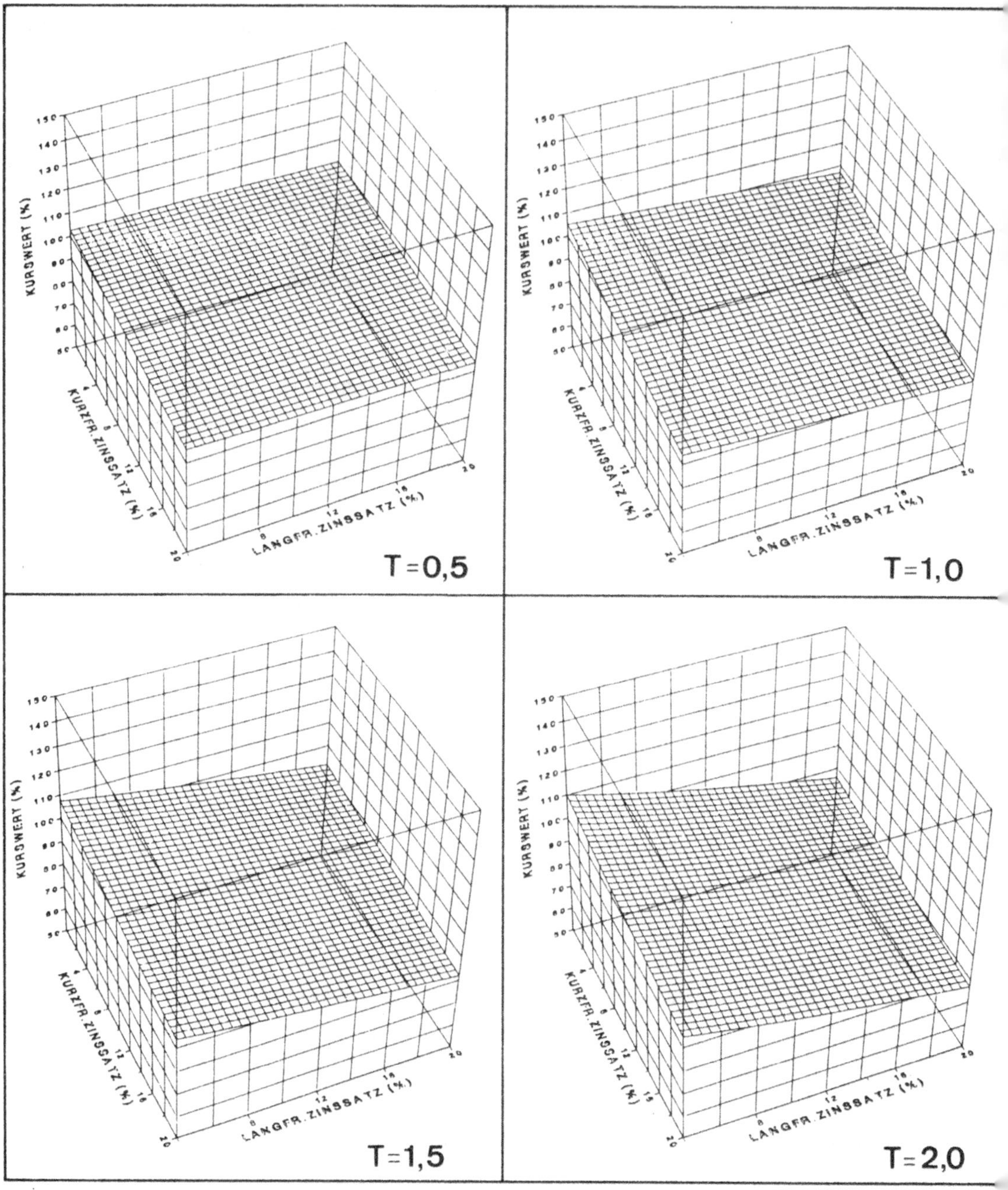

Abbildung 36a: Kurse eines mit Modellvariation MB2 bewerteten gesamtfälligen festverzinslichen Wertpapieres mit Restlaufzeiten T zwischen 1/2 Jahr und 10 Jahren
(Nominalverzinsung: 6 % p.a.)

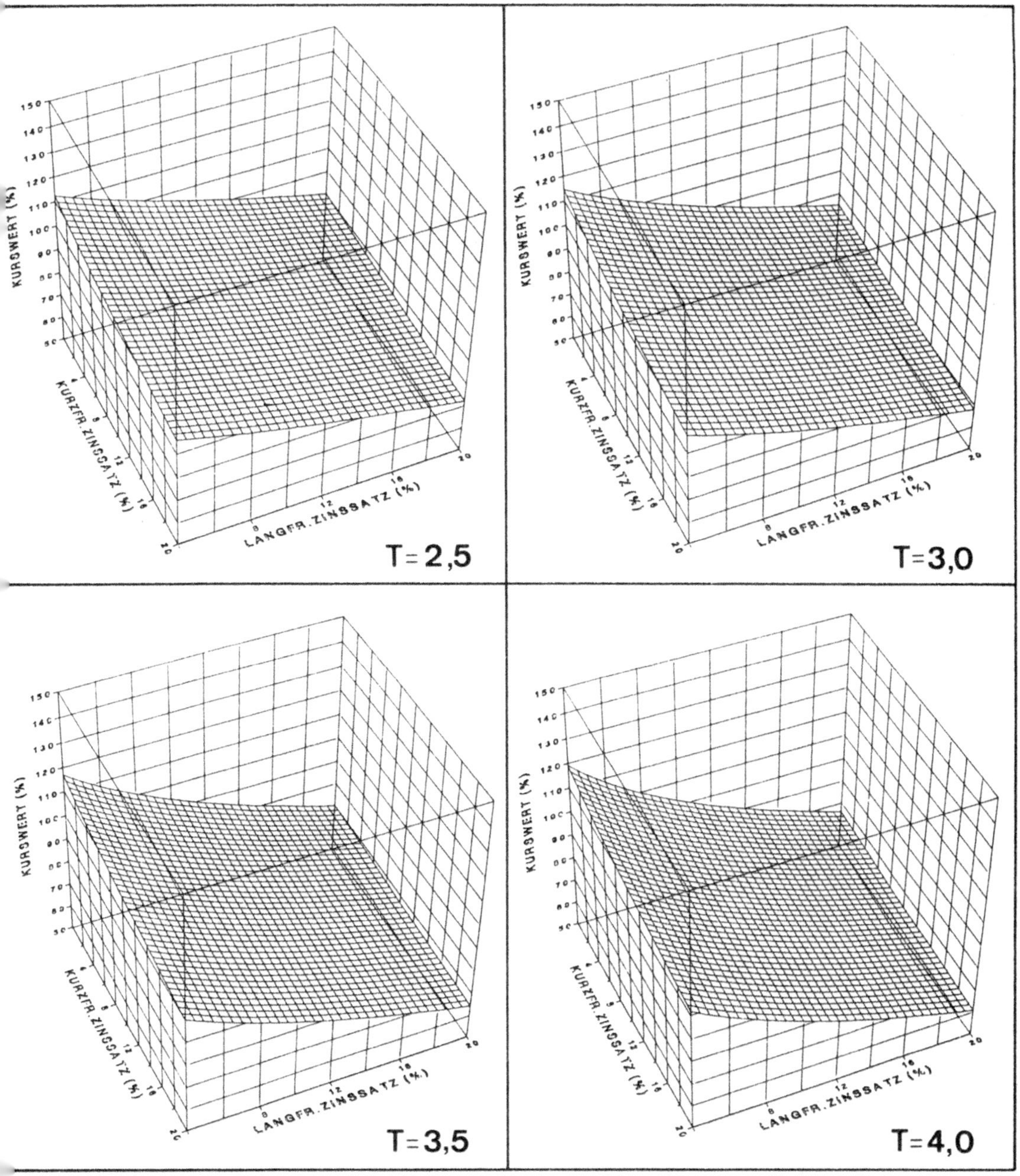

Abbildung 36b: Kurse eines mit Modellvariation MB2 bewerteten gesamtfälligen festverzinslichen Wertpapieres mit Restlaufzeiten T zwischen 1/2 Jahr und 10 Jahren (Fortsetzung)

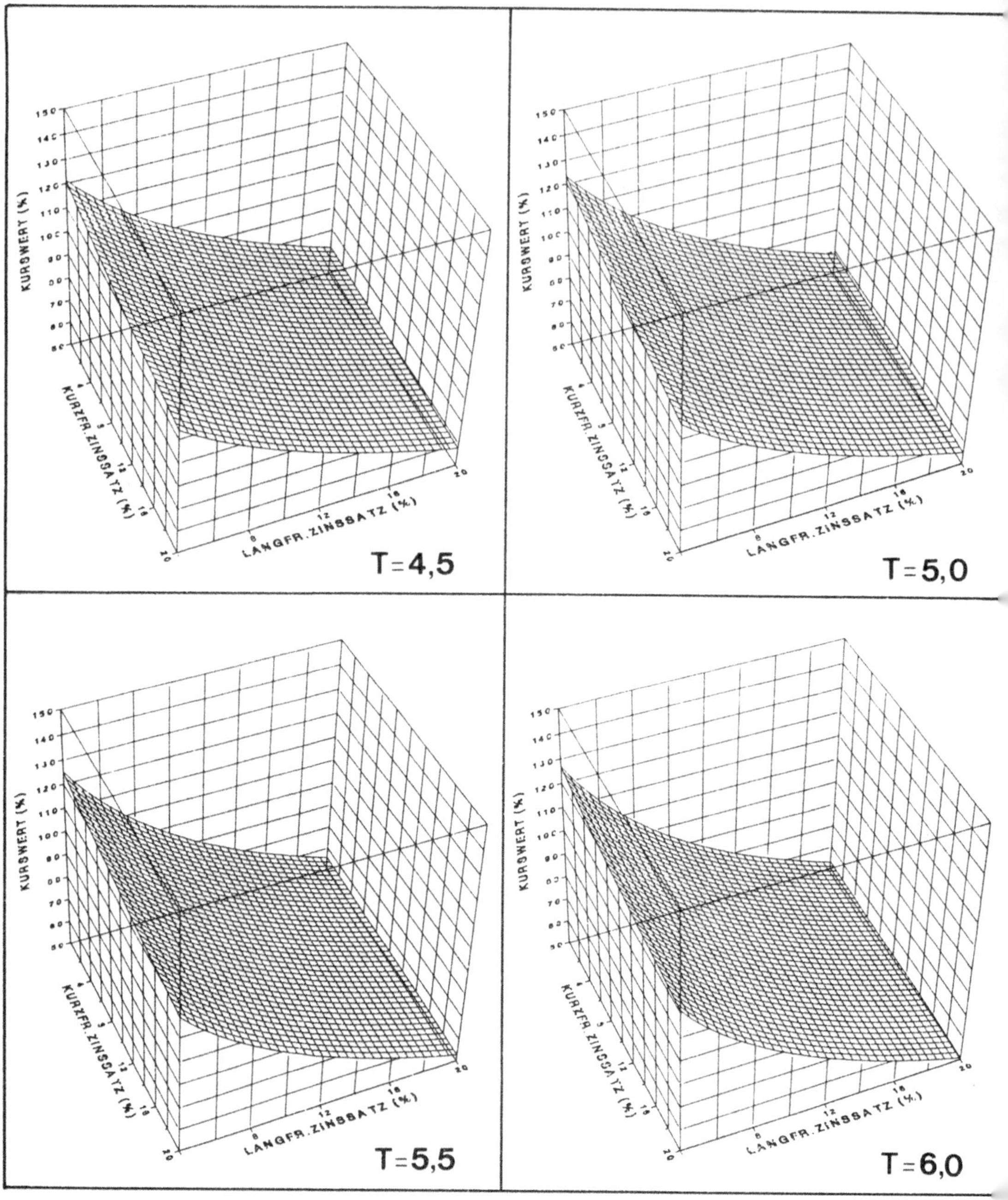

Abbildung 36c: Kurse eines mit Modellvariation MB2 bewerteten gesamtfälligen festverzinslichen Wertpapieres mit Restlaufzeiten T zwischen 1/2 Jahr und 10 Jahren (Fortsetzung)

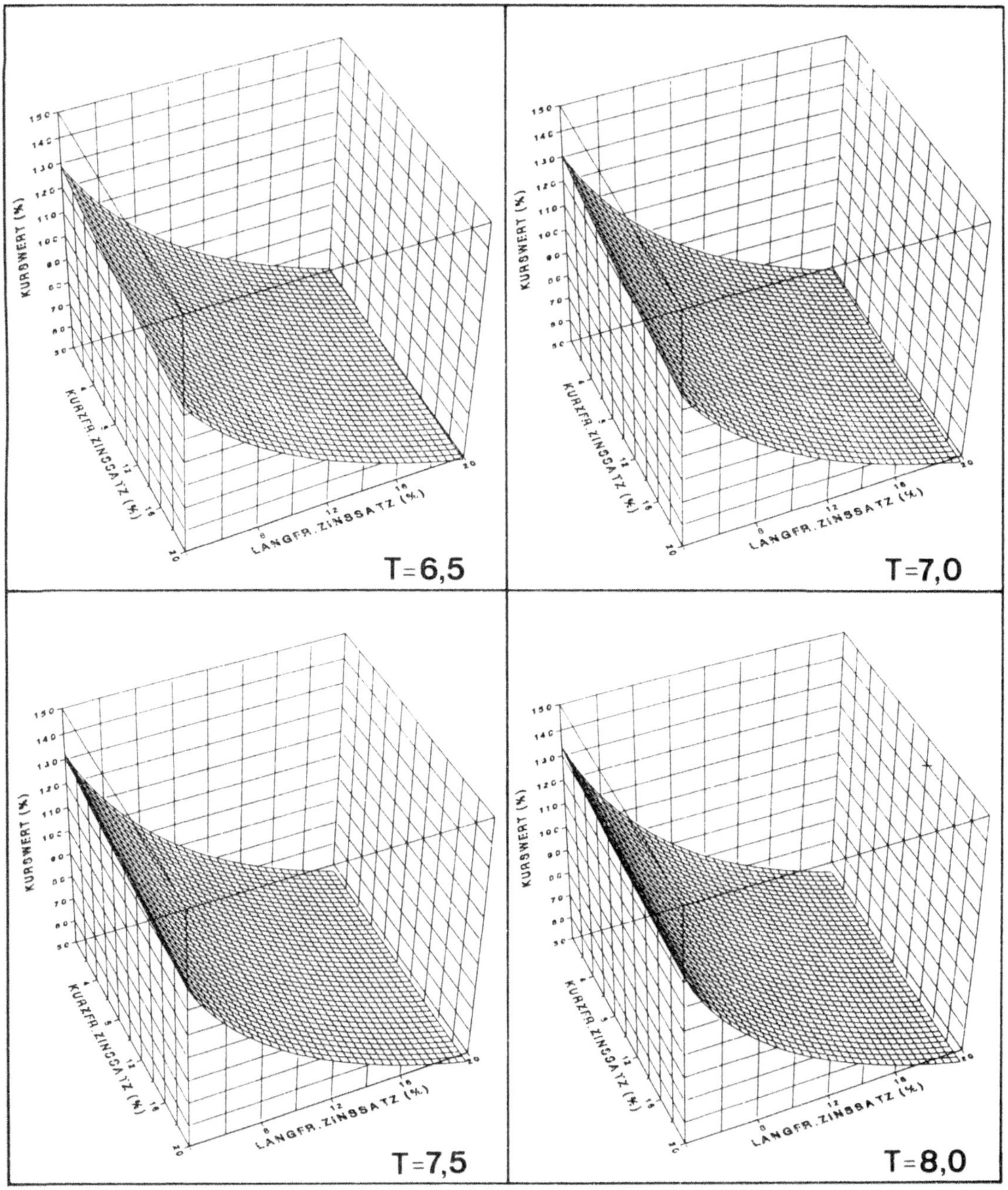

Abbildung 36d: Kurse eines mit Modellvariation MB2 bewerteten gesamtfälligen festverzinslichen Wertpapieres mit Restlaufzeiten T zwischen 1/2 Jahr und 10 Jahren
(Fortsetzung)

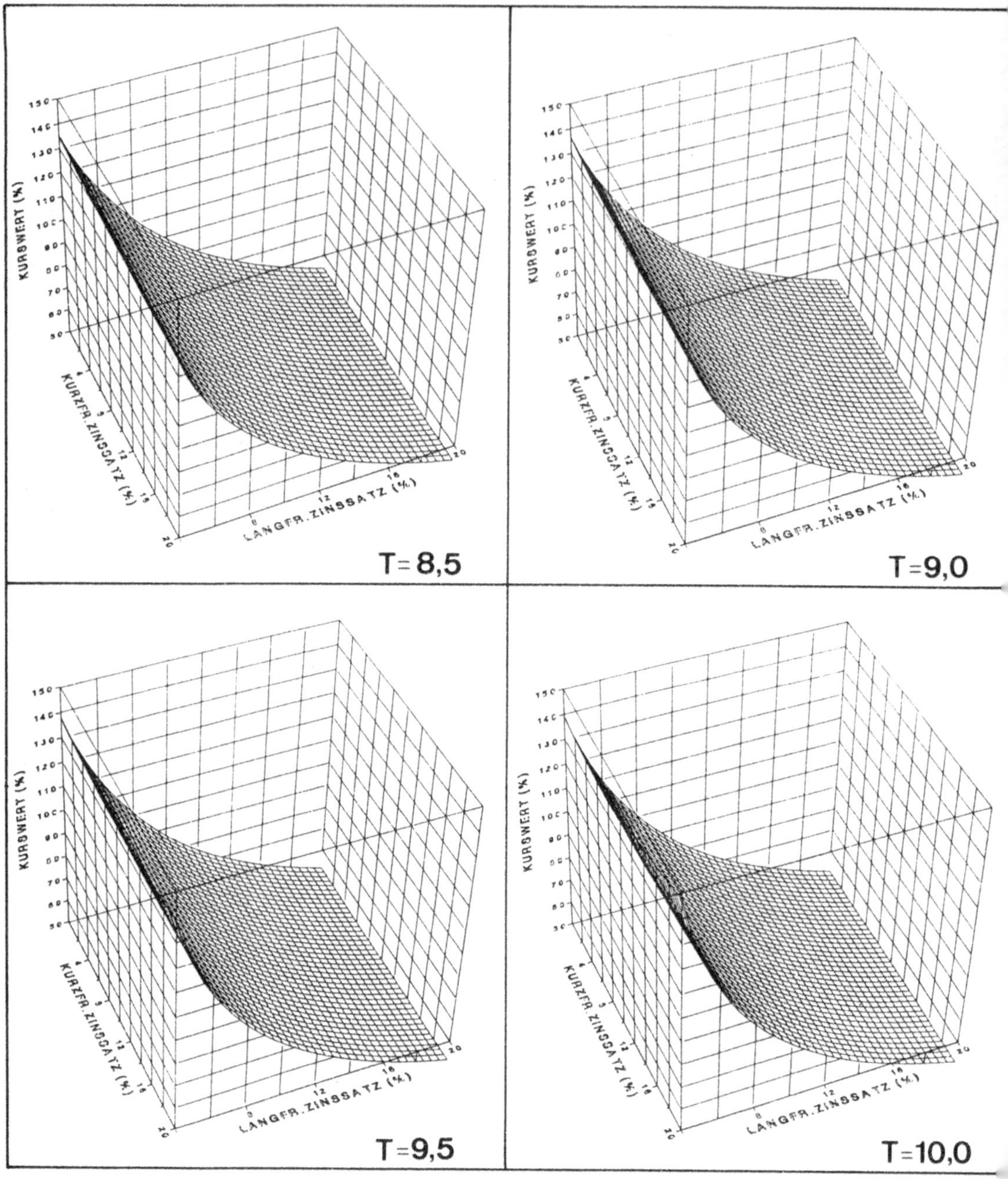

Abbildung 36e: Kurse eines mit Modellvariation MB2 bewerteten gesamtfälligen festverzinslichen Wertpapieres mit Restlaufzeiten T zwischen 1/2 Jahr und 10 Jahren (Fortsetzung)

Längere Restlaufzeiten der Tilgungsanleihen sind in der Regel jedoch auch mit einer größeren Anzahl noch ausstehender Serien verknüpft. Deswegen könnten die mit zunehmender Restlaufzeit beobachtbaren größeren Abweichungen auch durch die zunehmende Anzahl der noch ausstehenden Serien veranlaßt sein. Dies trifft jedoch nicht zu. Denn werden die Tilgungsanleihen mit den Wertpapier-Kenn-Nrn. 116 031 mit 116 003, 115 005 mit 116 010, 110 011 mit 115 013, 110 004 mit 110 022 sowie 115 016 mit 115 011 verglichen - die Paare haben jeweils ähnliche Restlaufzeiten, aber eine unterschiedliche Anzahl noch ausstehender Serien -, so läßt sich feststellen, daß die Tilgungsanleihen mit der größeren Anzahl noch ausstehender Serien kleinere Abweichungen zwischen tatsächlichen und berechneten Kursen aufweisen. Die durchschnittlichen absoluten Abweichungen der Tilgungsanleihen mit größerer Serienanzahl und vergleichbarer Restlaufzeit sind bei den obigen Tilgungsanleihepaaren zwischen 12 % und 27 % kleiner als bei kleinerer Serienanzahl. Die Wurzel aus der Summe der quadrierten Abweichungen nimmt ebenfalls mit steigender Serienanzahl ab.

Die betragsmäßige Zunahme der Abweichungen zwischen berechneten und tatsächlichen Kursen sowohl mit steigender Restlaufzeit als auch mit fallender Anzahl noch ausstehender Serien wird in Abbildung 37 verdeutlicht. Die betragsmäßige Zunahme der beobachteten Abweichungen mit steigender Restlaufzeit widerspricht den Erwartungen nicht, da für eine Restlaufzeit von Null tatsächlicher Kurs und "berechneter Kurs"[1] identisch sind. Die mit zunehmender Anzahl der noch ausstehenden Serien einer Tilgungsanleihe beobachtbare Verringerung der Abweichungen zwischen tatsächlichen und berechneten Kursen - bei ansonsten gleichen Bedingungen - kann durch die mit steigender Anzahl noch ausstehender Serien bewirkte geringere Gewichtung der berechneten Kurse (und ihrer eventuellen Fehler) einzelner Serien erklärt werden.

---

1) Für T=o wird kein Kurs berechnet, sondern durch die Anfangsbedingung vorgegeben.

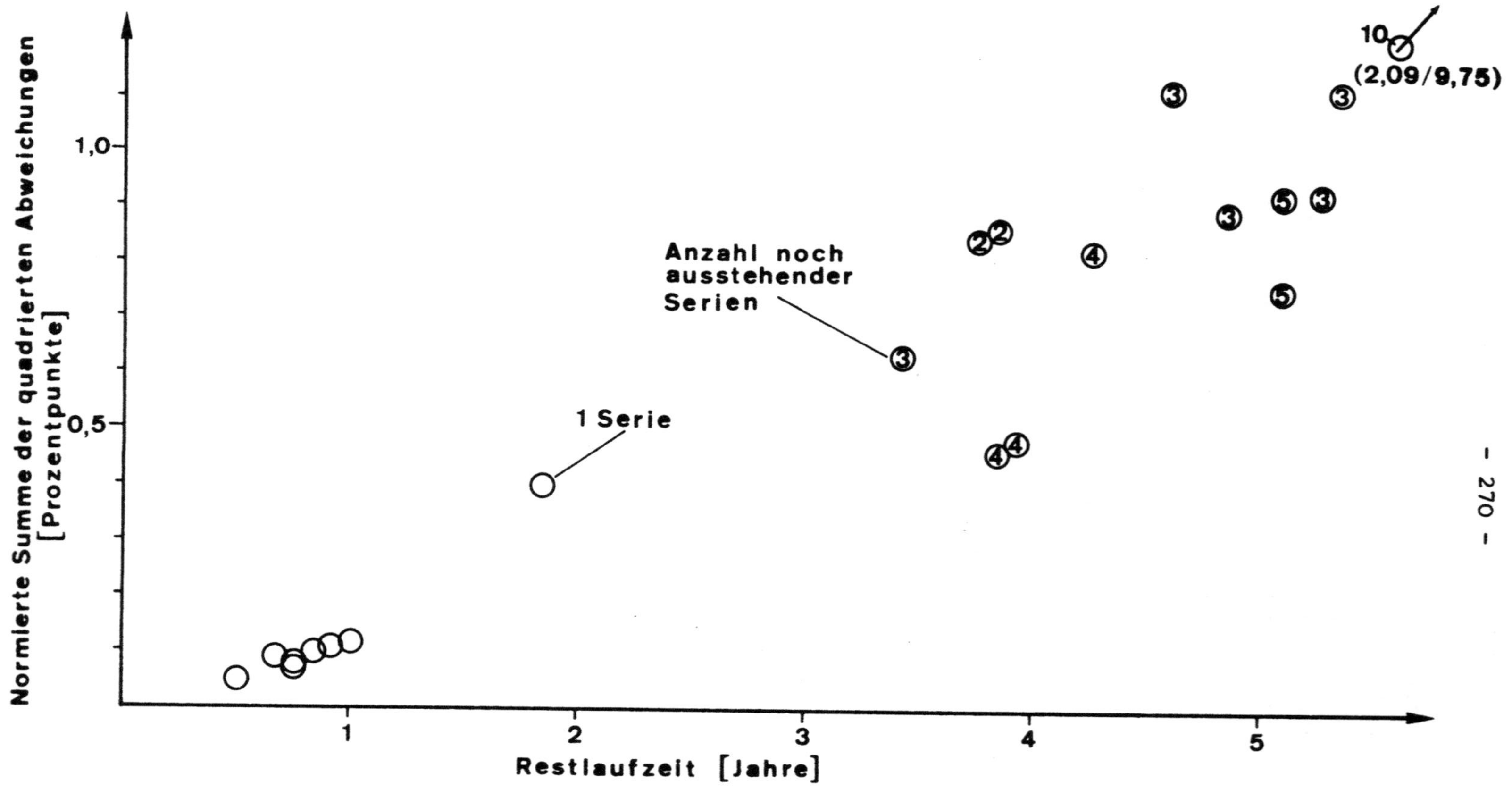

Abbildung 37: Normierte Summe der quadrierten Abweichungen zwischen tatsächlichen und mit Modellvariation MB2 berechneten Kursen der untersuchten Tilgungsanleihen im Zeitablauf in Abhängigkeit von der Restlaufzeit und der Anzahl der noch ausstehenden Serien (Bezugszeitpunkt: 1. September 1978)

Ein Vergleich der Abweichungen zwischen tatsächlichen und berechneten Kursen der Tilgungsanleihen in Abhängigkeit der jeweiligen Nominalverzinsungen ist aufgrund der geringen Anzahl der Tilgungsanleihen mit unterschiedlichen Nominalzinsen nicht möglich.

Auch ein eindeutiger Zusammenhang zwischen der Höhe des kurz- und langfristigen Zinssatzes in den einzelnen Beobachtungszeitpunkten und den Abweichungen zwischen tatsächlichen und berechneten Kursen kann nicht angegeben werden.

Das Verhalten der berechneten Kurse um die einzelnen Auslosungstermine herum macht deutlich, daß die berechneten Kurse die Kurssprünge der tatsächlichen Kurse über die jeweiligen Auslosungstermine hinweg mitvollziehen. Während in 13 Fällen die berechneten Kurse vor der Auslosung höher sind als die tatsächlichen, sind sie in 18 Fällen kleiner. Dies läßt auf kein typisches Verhalten der berechneten Kurse im Vergleich zu den tatsächlichen Kursen schließen. Auch zwischen den einzelnen Auslosungsterminen kann kein einheitliches Verhalten der Abweichungen zwischen tatsächlichen und berechneten Kursen festgestellt werden. Die betragsmäßig größten Abweichungen zwischen tatsächlichen und berechneten Kursen treten jedoch dort auf, wo der berechnete Kurs aufgrund von abrupten Änderungen des kurzfristigen Zinssatzes Ausreißer aufweist.

II. Vereinfachter Bewertungsansatz

1. Auswahl der besten Modellvariation

Mit den Modellvarianten M1 bis M6 und den drei verschiedenen Momentanvarianzansätzen des kurzfristigen Zinssatzes werden für 18 verschiedene Variationen alle ausstehenden Tilgungsanleihen bewertet. Wie bei dem Bewertungsmodell mit kurz- und langfristigem Zinssatz als Einflußfaktoren werden auch im vereinfachten Bewertungsansatz tatsächliche und berechnete

Kurse miteinander verglichen, die auftretenden Abweichungen werden analysiert (vgl. Tabellen 28).

Eine Untersuchung der Abweichungen zwischen tatsächlichen und berechneten Kursen macht deutlich, daß bei gleichen Modellvarianten mit unterschiedlichem Momentanvarianzansatz sehr starke Unterschiede in den Abweichungen zwischen tatsächlichen und berechneten Kursen in den einzelnen Beobachtungszeitpunkten auftreten. Die Unterschiede sind teilweise größer als bei unterschiedlichen Modellvarianten mit gleichem Momentanvarianzansatz. Im Gegensatz zum Bewertungsmodell mit kurz- und langfristigem Zinssatz als Einflußfaktoren unterscheiden sich nämlich im vereinfachten Bewertungsansatz die Koeffizienten der partiellen Differentialgleichung für die verschiedenen Momentanvarianzansätze des kurzfristigen Zinssatzes sehr stark voneinander. Dies ist auf die mit unterschiedlichen Momentanvarianzansätzen des kurzfristigen Zinssatzes schwankenden Parameter der stochastischen Prozesse[1] und des Marktpreises des kurzfristigen Risikos[2] zurückzuführen. Der Koeffizient $\mu^r - \lambda \cdot \sigma^r$ wird durch die unterschiedlichen Momentanvarianzansätze des kurzfristigen Zinssatzes direkt beeinflußt. Deswegen ist es im vereinfachten Bewertungsansatz nicht möglich, eine Momentanvarianzvariante des kurzfristigen Zinssatzes anzugeben, die für alle untersuchten Modellvarianten M1 bis M6 bessere Ergebnisse liefert als eine andere.

Gemessen an der Summe der quadrierten Abweichungen und den durchschnittlichen absoluten Abweichungen zwischen tatsächlichen und berechneten Kursen erweist sich unter Berücksichtigung aller Tilgungsanleihen bzw. derjenigen Tilgungsanleihen, die mindestens noch zwei ausstehende Serien im Beobachtungszeitraum besitzen, bei den Modellvarianten M2, M3 und M4 ein konstanter Momentanvarianzansatz des kurzfristigen Zinssatzes als am besten, bei den Modellvarianten

---

1) Vgl. dazu Tabelle 19a, S. 195.

2) Vgl. dazu Tabelle 24, S. 225.

Modellvariante	$\sigma^r = \sigma_2 \cdot r$ M1	M2	M3	M4	M5	M6
	Alle Tilgungsanleihen[1]					
Durchschnittliche Abweichung	- 0,30	0,60	- 0,35	- 0,80	- 0,12	- 0,40
Standardabweichung der Abweichung	1,82	1,68	1,68	2,08	1,38	1,35
Durchschnittliche absolute Abweichung	1,30	1,29	1,22	1,53	0,98	1,02
Standardabweichung der absoluten Abweichung	1,31	1,24	1,22	1,62	0,98	0,97
Spannweite	- 9,04/ 4,82	- 6,51/ 6,49	- 8,56/ 4,79	-15,58/ 14,01	- 6,06/ 10,31	- 6,81/ 9,09
Absolute Abweichung ≤ 1 Prozentpunkt	52,93 %	54,82 %	54,71 %	52,04 %	61,76 %	59,21 %
Absolute Abweichung ≤ 2 Prozentpunkte	77,68 %	75,63 %	81,58 %	69,81 %	89,05 %	86,65 %
Absolute Abweichung ≤ 3 Prozentpunkte	90,91 %	89,28 %	92,49 %	84,00 %	96,49 %	96,83 %
Absolute Abweichung ≤ 4 Prozentpunkte	96,77 %	95,45 %	97,39 %	92,86 %	98,07 %	98,30 %
Wurzel aus der Summe der quadrierten Abweichungen (n = 2594)	94,00	91,05	87,59	113,61	70,55	71,57
	Tilgungsanleihen mit mindestens zwei ausstehenden Serien					
Durchschnittliche Abweichung	- 0,43	0,61	- 0,47	- 0,87	- 0,10	- 0,42
Standardabweichung der Abweichung	1,91	1,79	1,77	2,22	1,47	1,44
Durchschnittliche absolute Abweichung	1,42	1,41	1,34	1,70	1,09	1,13
Standardabweichung der absoluten Abweichung	1,35	1,27	1,25	1,67	1,00	0,99
Spannweite	- 9,04/ 4,82	- 6,51/ 6,49	- 8,56/ 4,79	-15,58/ 14,01	- 6,06/ 10,31	- 6,81/ 9,09
Absolute Abweichung ≤ 1 Prozentpunkt	48,41 %	50,16 %	49,31 %	46,44 %	56,70 %	54,01 %
Absolute Abweichung ≤ 2 Prozentpunkte	75,12 %	72,97 %	78,62 %	65,35 %	87,41 %	84,63 %
Absolute Abweichung ≤ 3 Prozentpunkte	89,46 %	87,59 %	91,30 %	81,48 %	95,97 %	96,42 %
Absolute Abweichung ≤ 4 Prozentpunkte	96,27 %	94,77 %	96,95 %	91,79 %	97,76 %	98,08 %
Wurzel aus der Summe der quadrierten Abweichungen (n = 2231)	92,55	89,49	86,63	112,64	69,78	70,76
	Tilgungsanleihen mit nur noch einer ausstehenden Serie					
Durchschnittliche Abweichung	0,54	0,49	0,35	- 0,41	- 0,23	- 0,25
Standardabweichung der Abweichung	0,67	0,73	0,58	0,66	0,49	0,50
Durchschnittliche absolute Abweichung	0,58	0,55	0,43	0,48	0,33	0,34
Standardabweichung der absoluten Abweichung	0,64	0,69	0,53	0,61	0,98	0,44
Spannweite	- 0,63/ 4,05	- 0,72/ 4,53	- 0,76/ 3,82	- 5,42/ 2,46	- 3,99/ 2,95	- 4,04/ 2,82
Absolute Abweichung ≤ 1 Prozentpunkt	80,72 %	83,47 %	87,88 %	86,51 %	92,83 %	91,19 %
Absolute Abweichung ≤ 2 Prozentpunkte	93,39 %	92,01 %	99,73 %	97,25 %	99,16 %	99,18 %
Absolute Abweichung ≤ 3 Prozentpunkte	99,73 %	99,72 %	99,73 %	99,46 %	99,72 %	99,46 %
Absolute Abweichung ≤ 4 Prozentpunkte	99,73 %	99,72 %	100,00 %	99,46 %	100,00 %	99,74 %
Wurzel aus der Summe der quadrierten Abweichungen (n = 363)	16,44	16,76	12,94	14,78	10,39	10,70

Tabelle 28a: Abweichungen zwischen tatsächlichen und berechneten Kursen der Modellvarianten M1 bis M6 bei zum kurzfristigen Zinssatz proportionalen Momentanstandardabweichungsansatz

1) Vgl. dazu Anhang I.

Modellvariante	$\sigma^r = \sigma_2\sqrt{r}$ M1	M2	M3	M4	M5	M6
	Alle Tilgungsanleihen[1]					
Durchschnittliche Abweichung	- 0,37	0,20	- 0,14	- 0,74	0,05	0,31
Standardabweichung der Abweichung	1,35	1,30	1,24	2,22	1,26	1,33
Durchschnittliche absolute Abweichung	1,03	0,96	0,92	1,59	0,87	0,93
Standardabweichung der absoluten Abweichung	0,95	0,91	0,85	1,71	0,91	1,00
Spannweite	- 6,55/ 4,83	- 4,49/ 6,64	- 5,36/ 5,51	-16,98/ 15,34	- 4,95/ 8,27	- 4,67/ 9,08
Absolute Abweichung ≤ 1 Prozentpunkt	60,03 %	62,76 %	64,30 %	50,46 %	68,46 %	67,81 %
Absolute Abweichung ≤ 2 Prozentpunkte	87,98 %	87,70 %	89,67 %	68,38 %	90,32 %	88,70 %
Absolute Abweichung ≤ 3 Prozentpunkte	95,69 %	96,38 %	97,18 %	83,19 %	96,68 %	94,99 %
Absolute Abweichung ≤ 4 Prozentpunkte	98,35 %	98,46 %	98,99 %	91,37 %	98,45 %	98,11 %
Wurzel aus der Summe der quadrierten Abweichungen (n = 2594)	71,13	67,22	63,78	118,98	64,02	69,50
	Tilgungsanleihen mit mindestens zwei ausstehenden Serien					
Durchschnittliche Abweichung	- 0,44	0,23	- 0,17	- 0,79	0,09	0,38
Standardabweichung der Abweichung	1,43	1,39	1,33	2,37	1,34	1,41
Durchschnittliche absolute Abweichung	1,15	1,07	1,02	1,77	0,97	1,03
Standardabweichung der absoluten Abweichung	0,96	0,93	0,86	1,76	0,93	1,03
Spannweite	- 6,55/ 4,83	- 4,49/ 6,64	- 5,36/ 5,51	-16,98/ 15,34	- 4,95/ 8,27	- 4,67/ 9,08
Absolute Abweichung ≤ 1 Prozentpunkt	54,06 %	57,47 %	59,12 %	44,68 %	64,19 %	63,42 %
Absolute Abweichung ≤ 2 Prozentpunkte	86,06 %	85,75 %	88,03 %	63,90 %	88,89 %	86,99 %
Absolute Abweichung ≤ 3 Prozentpunkte	95,02 %	95,84 %	96,77 %	80,53 %	96,24 %	94,26 %
Absolute Abweichung ≤ 4 Prozentpunkte	98,07 %	98,21 %	98,84 %	90,04 %	98,21 %	97,80 %
Wurzel aus der Summe der quadrierten Abweichungen (n = 2231)	70,66	66,66	63,26	118,01	63,36	68,92
	Tilgungsanleihen mit nur noch einer ausstehenden Serie					
Durchschnittliche Abweichung	0,06	0,05	0,01	- 0,42	- 0,16	- 0,13
Standardabweichung der Abweichung	0,43	0,45	0,43	0,68	0,46	0,45
Durchschnittliche absolute Abweichung	0,28	0,28	0,26	0,49	0,27	0,26
Standardabweichung der absoluten Abweichung	0,34	0,36	0,34	0,62	0,40	0,39
Spannweite	- 1,43/ 3,24	- 1,80/ 3,51	- 1,97/ 3,30	- 5,59/ 2,47	- 3,51/ 3,14	- 3,41/ 3,28
Absolute Abweichung ≤ 1 Prozentpunkt	96,69 %	95,32 %	96,14 %	85,95 %	94,76 %	94,76 %
Absolute Abweichung ≤ 2 Prozentpunkte	99,72 %	99,72 %	99,72 %	95,87 %	99,17 %	99,17 %
Absolute Abweichung ≤ 3 Prozentpunkte	99,72 %	99,72 %	99,72 %	99,46 %	99,45 %	99,45 %
Absolute Abweichung ≤ 4 Prozentpunkte	100,00 %	100,00 %	100,00 %	99,46 %	100,00 %	100,00 %
Wurzel aus der Summe der quadrierten Abweichungen (n = 363)	8,30	8,59	8,14	15,17	9,20	9,00

Tabelle 28b: Abweichungen zwischen tatsächlichen und berechneten Kursen der Modellvarianten M1 bis M6 beim zum kurzfristigen Zinssatz proportionalen Momentanvarianzansatz

1) Vgl. dazu Anhang I.

Modellvariante	$\sigma^r = \sigma_2$ M1	M2	M3	M4	M5	M6
	Alle Tilgungsanleihen					
Durchschnittliche Abweichung	1,65	0,20	- 0,32	- 0,56	- 1,44	- 0,46
Standardabweichung der Abweichung	2,00	1,23	1,15	2,08	1,50	1,36
Durchschnittliche absolute Abweichung	1,81	0,87	0,87	1,50	1,59	1,07
Standardabweichung der absoluten Abweichung	1,86	0,90	0,83	1,55	1,34	0,96
Spannweite	- 1,94/ 11,57	- 3,30/ 8,25	- 4,85/ 6,93	-14,90/ 15,33	- 8,90/ 5,69	- 6,08/ 9,03
Absolute Abweichung ≤ 1 Prozentpunkt	44,22 %	68,39 %	66,00 %	50,58 %	40,90 %	53,71 %
Absolute Abweichung ≤ 2 Prozentpunkte	65,54 %	90,02 %	91,18 %	69,62 %	67,11 %	81,23 %
Absolute Abweichung ≤ 3 Prozentpunkte	79,26 %	96,80 %	97,85 %	85,35 %	86,77 %	92,57 %
Absolute Abweichung ≤ 4 Prozentpunkte	88,05 %	98,69 %	99,32 %	94,02 %	94,28 %	96,16 %
Wurzel aus der Summe der quadrierten Abweichungen (n = 2594)	132,16	63,70	61,00	109,94	105,87	73,14
	Tilgungsanleihen mit mindestens zwei ausstehenden Serien					
Durchschnittliche Abweichung	1,88	0,25	- 0,34	- 0,59	- 1,62	- 0,49
Standardabweichung der Abweichung	2,06	1,31	1,23	2,23	1,53	1,45
Durchschnittliche absolute Abweichung	2,05	0,97	0,96	1,67	1,78	1,20
Standardabweichung der absoluten Abweichung	1,89	0,92	0,84	1,59	1,34	0,96
Spannweite	- 1,94/ 11,57	- 3,30/ 8,25	- 4,85/ 6,93	-14,90/ 15,33	- 8,90/ 5,69	- 6,08/ 9,03
Absolute Abweichung ≤ 1 Prozentpunkt	36,75 %	64,10 %	61,32 %	44,60 %	33,17 %	47,42 %
Absolute Abweichung ≤ 2 Prozentpunkte	59,97 %	88,48 %	89,87 %	65,04 %	61,90 %	78,30 %
Absolute Abweichung ≤ 3 Prozentpunkte	75,93 %	96,33 %	97,54 %	83,06 %	84,71 %	91,38 %
Absolute Abweichung ≤ 4 Prozentpunkte	86,15 %	98,48 %	99,20 %	93,15 %	93,40 %	95,51 %
Wurzel aus der Summe der quadrierten Abweichungen (n = 2231)	131,68	63,15	60,34	108,99	105,21	72,46
	Tilgungsanleihen mit nur noch einer ausstehenden Serie					
Durchschnittliche Abweichung	0,21	- 0,10	- 0,17	- 0,39	- 0,32	- 0,23
Standardabweichung der Abweichung	0,56	0,42	0,44	0,65	0,53	0,47
Durchschnittliche absolute Abweichung	0,35	0,25	0,28	0,47	0,39	0,32
Standardabweichung der absoluten Abweichung	0,60	0,36	0,38	0,59	0,48	0,41
Spannweite	- 1,00/ 4,24	- 2,67/ 3,24	- 3,08/ 2,92	- 5,36/ 2,57	- 4,10/ 2,29	- 3,60/ 2,69
Absolute Abweichung ≤ 1 Prozentpunkt	90,08 %	94,76 %	94,77 %	87,33 %	88,43 %	92,29 %
Absolute Abweichung ≤ 2 Prozentpunkte	99,72 %	99,44 %	99,18 %	97,80 %	99,17 %	99,18 %
Absolute Abweichung ≤ 3 Prozentpunkte	99,72 %	99,72 %	99,74 %	99,46 %	99,45 %	99,74 %
Absolute Abweichung ≤ 4 Prozentpunkte	99,72 %	100,00 %	100,00 %	99,46 %	99,73 %	100,00 %
Wurzel aus der Summe der quadrierten Abweichungen (n = 363)	11,34	8,31	8,94	14,39	11,78	9,94

Tabelle 28c: Abweichungen zwischen tatsächlichen und berechneten Kursen der Modellvarianten M1 bis M6 bei konstantem Momentanvarianzansatz des kurzfristigen Zinssatzes

1) Vgl. dazu Anhang I.

M1, M5 und M6 ist ein Ansatz der Momentanvarianz proportional zum kurzfristigen Zinssatz am günstigsten. Ein zum kurzfristigen Zinssatz proportionaler Momentanstandardabweichungsansatz ist nie vorteilhaft. Dieses Ergebnis deutet sich bereits bei der Ermittlung des Marktpreises des kurzfristigen Risikos an[1]. Eine aufgrund der normierten Summe der Fehlerquadrate bei der Ermittlung des optimalen Marktpreises des kurzfristigen Risikos vorgenommene Reihung der unterschiedlichen Momentanvarianzansätze kommt bei den Modellvarianten M1, M3 und M5 bereits zum gleichen Ergebnis.

Werden die <u>einzelnen Modellvarianten</u> untereinander verglichen, so erweist sich - gemessen an der Summe der quadrierten Abweichungen bzw. den durchschnittlichen absoluten Abweichungen zwischen tatsächlichen und berechneten Kursen und ihren zugehörigen Standardabweichungen - die <u>Modellvariante M3 bei konstantem Momentanvarianzansatz</u> des kurzfristigen Zinssatzes als am vorteilhaftesten. Auch die Wahrscheinlichkeiten, daß bei einer Bewertung mit der Modellvariante M3 und konstantem Momentanvarianzansatz absolute Abweichungen von weniger als 2 bzw. 3 oder 4 Prozentpunkte auftreten, sind höher als bei anderen Varianten.

Die Modellvariante M2 bei ebenfalls konstantem Momentanvarianzansatz und die Modellvarianten M5 bzw. M3 bei zum kurzfristigen Zinssatz proportionalen Momentanvarianzterm sind nur geringfügig schlechter. Unter Berücksichtigung aller zu bewertenden Tilgungsanleihen sind deren durchschnittliche absolute Abweichungen gleich groß bzw. 5,7% schlechter als bei der Modellvariante M3 mit konstantem Momentanvarianzansatz. Die zugehörigen Standardabweichungen sind um 8,4%, 9,6% bzw. 2,4% höher als bei der besten Modellvariation, die Wurzeln aus der Summe der quadrierten Abweichungen sind um 4,4%, 5,0% bzw. 4,6% größer.

Die Vorteilhaftigkeit der Modellvariante M3 bei konstantem Momentanvarianzansatz ergibt sich sowohl bei Betrachtung aller

---

1) Vgl. dazu Tabelle 24, S. 225.

Tilgungsanleihen als auch bei ausschließlicher Berücksichtigung nur derjenigen Tilgungsanleihen, die mindestens noch zwei ausstehende Serien besitzen (vgl. Tabellen 28). Werden nur im Beobachtungszeitraum gesamtfällige Tilgungsanleihen der Abweichungsanalyse zugrunde gelegt, so ergibt sich ein leichter Vorteil für die Modellvariante M3 mit zum kurzfristigen Zinssatz proportionalen Momentanvarianzansatz.

Daß genauso wie bei der Verwendung des kurz- und langfristigen Zinssatzes als Einflußfaktoren die Modellvariante M3 mit konstantem Momentanvarianzansatz die beste ist, ist schon bei der Ermittlung des Marktpreises des kurzfristigen Risikos vorauszusehen. Diese Modellvariation führt dort bereits zur geringsten normierten Summe der Fehlerquadrate.[1]

Im folgenden wird die Modellvariante M3 mit konstantem Momentanvarianzansatz des kurzfristigen Zinssatzes als <u>Modellvariation "MB1"</u> bezeichnet.

2. Modellvariation MB1

Die sich ergebenden Häufigkeitsverteilungen der Abweichungen bzw. der absoluten Abweichungen zwischen tatsächlichen und berechneten Kursen bei der Bewertung aller Tilgungsanleihen der Modellvariation MB1 sind in Abbildung 38 dargestellt. Werden diese mit den Häufigkeitsverteilungen der Modellvariation MB2 verglichen[2], so fällt auf, daß die Häufigkeitsverteilungen von MB1 "flacher" verlaufen als die von MB2 und somit schlechter sind. Ein Vergleich der in den Tabellen 25c und 28c genannten Wahrscheinlichkeiten für absolute Abweichungen von weniger als 1, 2, 3 oder 4 Prozentpunkte unterstreicht die eindeutige <u>Unterlegenheit</u> von Modellvariaton MB1 gegenüber Modellvariation MB2.

---

1) Vgl. dazu Tabelle 24, S. 225.

2) Vgl. dazu Abbildung 34c, S. 236.

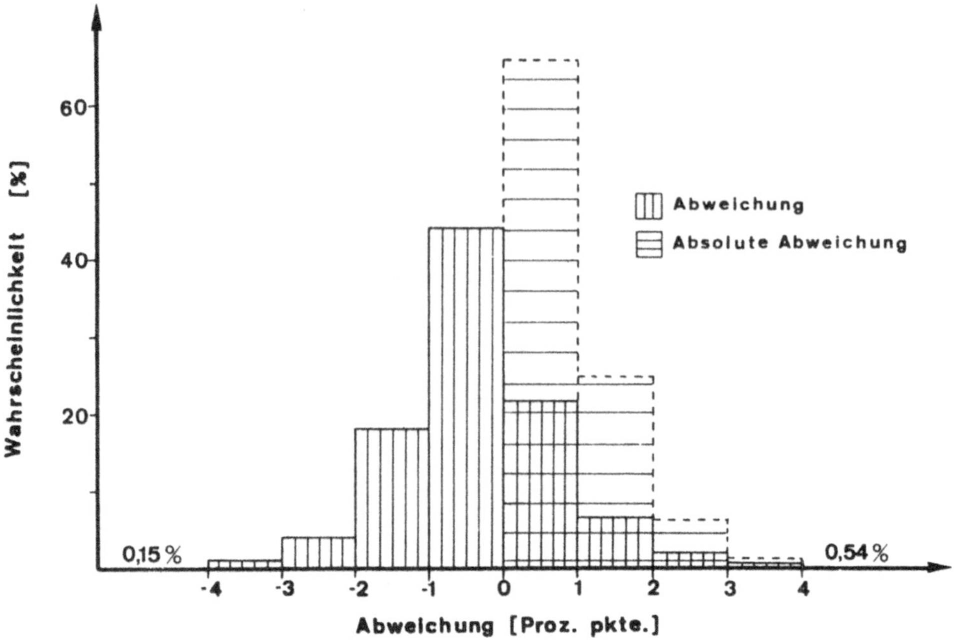

Abbildung 38: Häufigkeitsverteilung der (absoluten) Abweichungen zwischen tatsächlichen und berechneten Kursen der Modellvariation MB1

Auch die anderen Daten der Verteilung der Abweichungen von Modellvariation MB1 zeigen die Unterlegenheit gegenüber Variation MB2.
Die Wurzel aus der Summe der quadrierten Abweichungen ist bei Modellvariation MB1 um 33,1% höher als bei Variation MB2. Bezogen auf die durchschnittliche absolute Abweichung und die zugehörige Standardabweichung ergeben sich mit 0,87 bzw. 0,83 Prozentpunkte um 35,9% bzw. 31,7% schlechtere Werte als bei Variation MB2. Die Spannweite von MB1 ist ebenfalls um 28,9% größer. Die Modellvariation MB1 überschätzt die tatsächlichen Kurse um 0,32 Prozentpunkte. Die betragsmäßige durchschnittliche Überschätzung der tatsächlichen Kurse ist damit höher als die entsprechende betragsmäßige Unterschätzung der Modellvariation MB2. Auch die zugehörige Standardabweichung von MB1 ist eindeutig schlechter.

Der Vergleich von Modellvariation MB1 und MB2, der sich oben auf die Daten der für alle Tilgungsanleihen ermittelten Verteilungen der Abweichungen stützt, führt auch dann zu einer Vorteilhaftigkeit von Variation MB2 gegenüber MB1, wenn ihm die Daten der ausschließlich für Tilgungsanleihen mit mindestens noch zwei ausstehenden Serien oder der im Beobachtungszeitraum ausschließlich gesamtfälligen Tilgungsanleihen zugrunde liegen (vgl. Tabellen 25c und 28c).

Eine Betrachtung der berechneten Kurse der <u>einzelnen</u> Tilgungsanleihen im Zeitablauf zeigt, daß genauso wie bei der Modellvariation MB2 bei abrupten Veränderungen des kurzfristigen Zinssatzes der berechnete Kurs sich ebenfalls abrupt ändert. Sinkt (steigt) der kurzfristige Zinssatz plötzlich ab (an), so steigt (fällt) der berechnete Kurs sofort. Dies erklärt sich aus dem streng monotonen Verhalten des berechneten Kurses in Abhängigkeit von dem kurzfristigen Zinssatz (vgl. Abbildung 39).

Die Ergebnisse der Abweichungsanalyse für jede einzelne untersuchte Tilgungsanleihe der Modellvariation MB1 sind in Tabelle 29 zusammengefaßt.
Genauso wie bei der Modellvariation MB2 ergibt sich auch bei der Variation MB1 eine sowohl mit <u>steigender Restlaufzeit</u> als auch mit <u>sinkender Serienanzahl</u> beobachtbare tendenzielle Zunahme der Differenzen zwischen tatsächlichen und berechneten Kursen (vgl. Abbildung 40).
Die berechneten Kurse vollziehen die <u>Kurssprünge</u> der tatsächlichen Kurse über die einzelnen Auslosungstermine hinweg mit. Unmittelbar vor der Auslosung sind die berechneten Kurse in 22 von 31 Fällen größer als die tatsächlichen, die Modellvariation MB1 neigt somit unmittelbar vor der Auslosung zu einer <u>Überschätzung</u> des tatsächlichen Kurses.

Der Vergleich der bei den einzelnen Tilgungsanleihen auftretenden Abweichungen der Modellvariationen MB1 und MB2 zeigt, daß die für die Variation MB1 berechneten Abweichungen in der

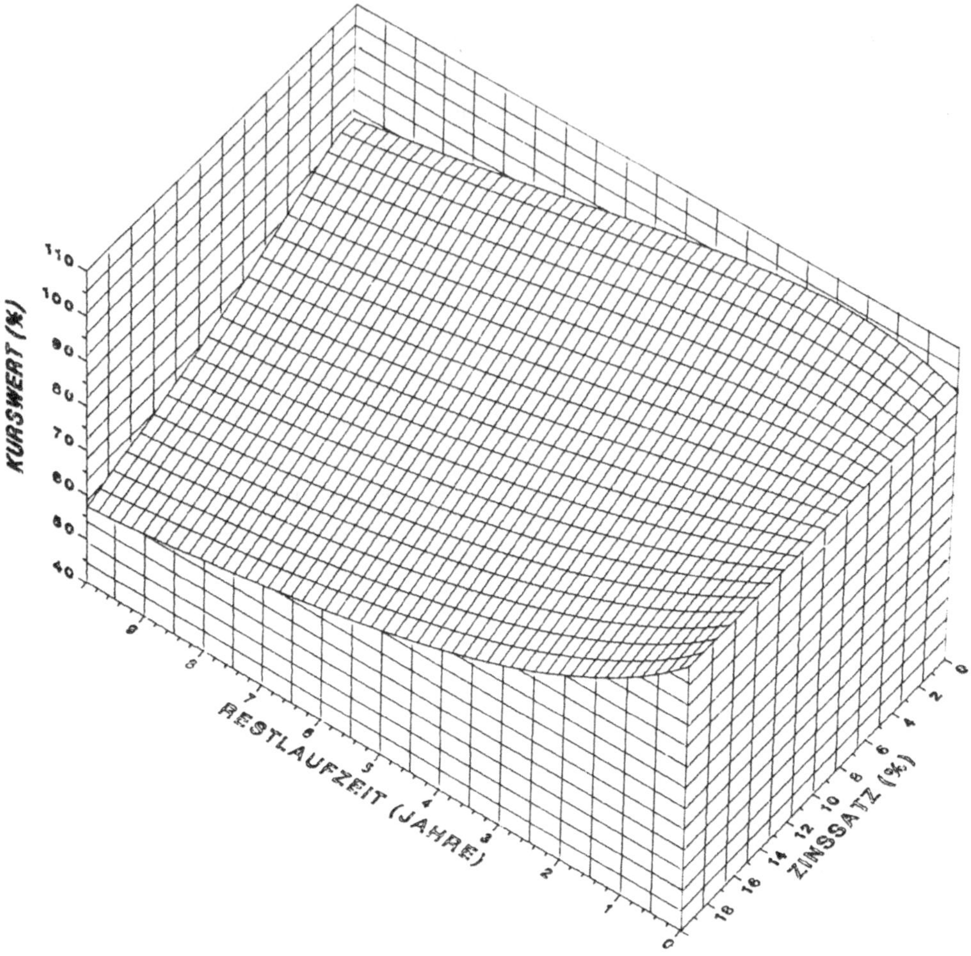

Abbildung 39: Kurse eines mit Modellvariation MB1 bewerteten gesamtfälligen festverzinslichen Wertpapiers mit einer Restlaufzeit von bis zu 10 Jahren (Nominalverzinsung: 6% p.a.)

Regel immer größer sind als die der Variation MB2. Für jede untersuchte Tilgungsanleihe ergibt sich bei der Modellvariation MB1 eine höhere durchschnittliche absolute Abweichung zwischen tatsächlichen und berechneten Kursen, und zwar um bis zu 48,6%. Die zugehörigen Standardabweichungen sind bei Modellvariation MB1 genauso wie die Spannweiten und die Summen der quadrierten Abweichungen immer größer.

Wertpapier-Kenn-Nr. 1)	Ende der Laufzeit	Anzahl der ausstehenden Serien am 01.09.78	Anzahl der ausstehenden Serien am 31.12.81	durchschnittliche Abweichung (Standardabweichung)	durchschnittliche absolute Abweichung (Standardabweichung)	Wurzel aus der Summe der quadrierten Abweichungen (Beobachtungsanzahl)	Spannweite	Häufigkeitsverteilung der Abweichungen: -5[2] bis -4	-4 bis -3	-3 bis -2	-2 bis -1	-1 bis 0	0 bis 1	1 bis 2	2 bis 3	3 bis 4	4 bis 5	5 bis 6	6 bis 7
116 019	01.06.88	10	7	- 0,24[2] (2,01)	1,61[2] (1,21)	29,34[2] (n=171)	-4,85/6,93[2]	4[3]	14	10	30	35	33	23	15	4	2		1
110 025	02.01.84	3	1	- 0,37 (1,39)	1,10 (0,92)	18,82 (n=172)	-3,51/5,34		1	22	29	57	41	16	3	1	1	1	
116 031	01.12.83	3	1	- 0,15 (1,41)	1,11 (0,87)	18,51 (n=172)	-2,93/5,50			6	45	49	39	17	13	1	1	1	
116 003	01.10.83	5	2	- 0,07 (1,19)	0,88 (0,80)	15,49 (n=171)	-2,46/5,36			5	29	67	42	18	8	1		1	
115 005	01.10.83	5	2	- 0,26 (1,14)	0,87 (0,77)	15,21 (n=171)	-2,90/5,46			7	34	73	38	12	5	1		1	
116 010	01.07.83	3	1	- 0,26 (1,15)	0,85 (0,82)	15,43 (n=172)	-2,61/4,32			12	31	59	49	17	2	1	1		
110 011	01.04.83	3	1	- 0,55 (1,32)	1,09 (0,92)	18,69 (n=172)	-3,09/6,64		1	27	34	59	35	13	1		1		1
115 013	01.09.82	4	1	- 0,49 (1,07)	0,94 (0,70)	15,32 (n=171)	-3,78/4,00		2	6	52	64	29	15	2	1			
116 008	01.08.82	4	1	- 0,23 (0,92)	0,73 (0,61)	12,38 (n=171)	-2,46/3,64			1	30	74	53	10	1	2			
110 004	01.07.82	4	1	- 0,42 (0,83)	0,72 (0,59)	12,17 (n=171)	-2,87/3,31			3	35	91	36	4	1	1			
110 022	01.07.82	2	1	- 0,39 (1,09)	0,90 (0,72)	15,21 (n=173)	-3,52/5,30		1	5	37	85	29	11	4			1	
115 016	01.06.82	2	1	- 0,52 (1,08)	0,95 (0,72)	15,66 (n=173)	-3,73/4,71		2	5	46	80	26	10	3		1		
115 011	01.02.82	3	1	- 0,45 (0,92)	0,77 (0,68)	13,36 (n=171)	-3,66/3,99		2	2	34	90	35	5	2	1			
110 029	01.07.80	1		- 0,32 (0,65)	0,51 (0,52)	6,99 (n= 94)	-3,08/2,92		1	1	5	68	18		1				
116 015	01.09.79	1		- 0,14 (0,38)	0,22 (0,34)	2,83 (n= 50)	-1,71/1,44				2	38	9	1					
115 020	01.08.79	1		- 0,16 (0,36)	0,22 (0,33)	2,63 (n= 46)	-1,63/1,08				2	40	3	1					
116 004	01.07.79	1		- 0,08 (0,34)	0,18 (0,29)	2,21 (n= 42)	-1,37/1,13				1	21	19	1					
116 014	01.06.79	1		0,00 (0,28)	0,17 (0,23)	1,67 (n= 37)	-0,93/1,04					16	20	1					
110 026	01.06.79	1		- 0,12 (0,29)	0,19 (0,25)	1,87 (n= 37)	-1,13/0,97				1	31	5						
115 006	01.05.79	1		- 0,18 (0,28)	0,22 (0,25)	1,87 (n= 33)	-1,17/0,59				1	26	6						
115 005	01.03.79	1		- 0,17 (0,20)	0,19 (0,17)	1,22 (n= 24)	-0,78/0,27					22	2						

Tabelle 29: Ergebnisse aller bewerteten Tilgungsanleihen der Modellvariation MB1

1) Vgl. dazu Anhang I.

2) In Prozentpunkte.

3) Anzahl der Abweichungen.

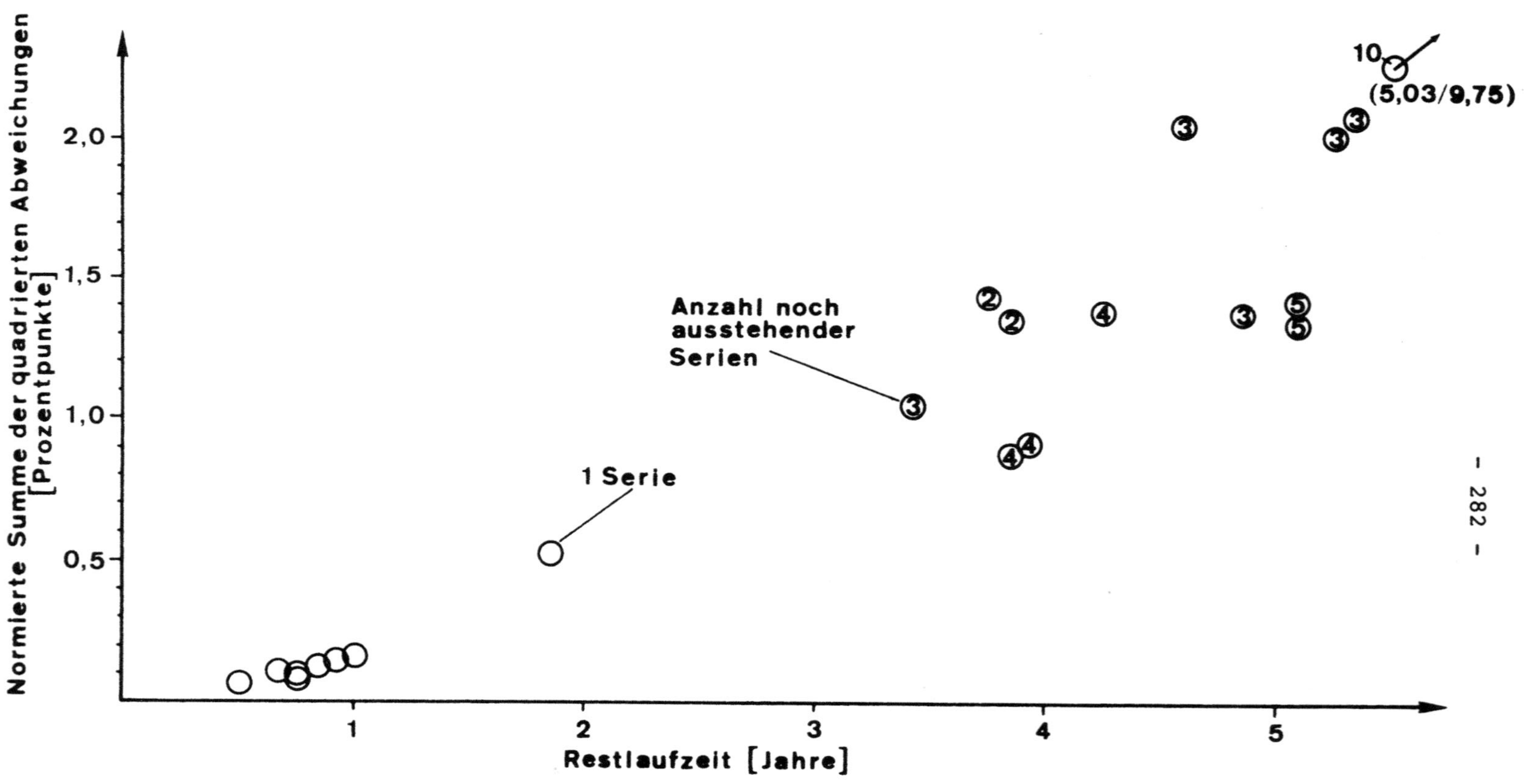

Abbildung 40: Normierte Summe der quadrierten Abweichungen zwischen tatsächlichen und mit Modellvariation MB1 berechneten Kursen der untersuchten Tilgungsanleihen im Zeitablauf in Abhängigkeit von der Restlaufzeit und der Anzahl der noch ausstehenden Serien (Bezugszeitpunkt: 1. September 1978)

Die Modellvariation MB1 ist der Modellvariation MB2 eindeutig unterlegen.

F. Zeitstetiges Bewertungsmodell und Bewertung auf Basis des Kapitalwertes

Die Beurteilung der Güte des entwickelten zeitstetigen Bewertungsansatzes für Tilgungsanleihen kann nicht nur isoliert durch den Vergleich der Modellvariationen MB1 und MB2 erfolgen, sondern sie erfordert auch einen Vergleich mit einem anderen Bewertungsansatz. Als einfacher Vergleichsansatz bietet sich dazu eine Bewertung der Tilgungsanleihen auf Basis der Kapitalwertformel an.

I. Bewertung der Tilgungsanleihen mit der Kapitalwertformel

Bei der Bewertung der Tilgungsanleihen mit der Kapitalwertformel wird so vorgegangen, daß zunächst für jede ausstehende Serie einer Tilgungsanleihe die Zahlungsreihe ermittelt, diskontiert und so der zugehörige Kapitalwert der einzelnen Serien berechnet wird. Bei der Berechnung der Kapitalwerte der einzelnen Serien werden Stückzinszahlungen berücksichtigt. Um eine Vergleichbarkeit mit dem zeitstetigen Bewertungsansatz zu gewährleisten, werden Transaktionskosten vernachlässigt. Aus den Kapitalwerten der einzelnen Serien wird dann durch Gewichtung der einzelnen Kapitalwerte mit ihren Auslosungswahrscheinlichkeiten der Kapitalwert der Tilgungsanleihe - ihr Kurs - berechnet[1].

Die Kursermittlung wird für jede der im zeitstetigen Bewertungsmodell untersuchten Tilgungsanleihen für alle 174 Beobachtungszeitpunkte zwischen September 1978 und Dezember 1981 durchgeführt. Es werden wie beim zeitstetigen Bewertungsmodell die Verteilungen der Abweichungen bzw. der absoluten Abweichungen zwischen tatsächlichen und berechneten Kursen ermittelt. Aus den Verteilungen werden - auch über alle Tilgungsanleihen und Beobachtungszeitpunkte hinweg - genau dieselben Kenngrößen wie im zeitstetigen Bewertungsansatz abgeleitet.

---

1) Dies geschieht analog zur Vorgehensweise im zeitstetigen Bewertungsmodell (vgl. dazu Gleichung (76), S. 114).

Für die Ermittlung des Kapitalwertes der einzelnen Serien und somit für die Berechnung des Kurses der einzelnen Tilgungsanleihen ist es von entscheidender Bedeutung, welcher Kalkulationszinsfuß der Kapitalwertberechnung zugrunde gelegt wird.

Um von derselben Informationsbasis wie beim zeitstetigen Bewertungsansatz auszugehen, werden zunächst für die Diskontierung der Zahlungsreihen der einzelnen Serien nur die in den einzelnen Bewertungszeitpunkten beobachtbaren kurz- und langfristigen Zinssätze bzw. Kombinationen davon verwandt. Die Bewertung der Tilgungsanleihen geschieht unter ausschließlicher Verwendung des kurzfristigen Zinssatzes (Modellvariation Mr), unter ausschließlicher Verwendung des langfristigen Zinssatzes (Modellvariation Ml), unter Verwendung des kurz- und langfristigen Zinssatzes, wobei der langfristige Zinssatz nur für die Diskontierung derjenigen Zahlungen verwendet wird, die später als 4 (3, 2) Jahre nach dem Bewertungszeitpunkt erfolgen (Modellvariation Mr41 (Mr31, Mr21)) und unter Verwendung einer aus kurz- und langfristigem Zinssatz konstruierten linearen Zinsstrukturkurve (Modellvariation Mrl). Zur Konstruktion der in den einzelnen Bewertungszeitpunkten geltenden linearen Zinsstrukturkurve wird dem jeweiligen kurzfristigen Zinssatz eine Restlaufzeit von null Jahren, dem jeweiligen langfristigen Zinssatz eine Restlaufzeit von zehn Jahren zugeordnet[1]. Die beiden so gefundenen Punkte werden durch eine Gerade, die Zinsstrukturkurve, verbunden.

Neben diesen ausschließlich auf den kurz- und langfristigen Zinssatz zurückgreifenden Bewertungen wird auch eine Kapitalwertermittlung vorgenommen, die die Zinssätze der monatlich von der Deutschen Bundesbank veröffentlichten Zinsstrukturkurve für umlaufende Bundesanleihen als Diskontierungszinssätze verwendet (Modellvariation MDB)[2]. Bei der Beurteilung des

---

1) Eigentlich stellt der verwendete langfristige Zinssatz die Rendite der gesamtfälligen Wertpapiere mit den in den einzelnen Beobachtungszeitpunkten längsten Restlaufzeiten dar. Diese schwanken im Beobachtungszeitraum zwischen zehn und fünfzehn Jahren (vgl. Abbildung 29, S. 179). Um jedoch nicht in jedem Beobachtungszeitpunkt eine andere Restlaufzeit dem entsprechenden langfristigen Zinssatz zuordnen zu müssen, wird diese Vereinfachung gewählt.

2) Vgl. dazu Deutsche Bundesbank, Statistische Beihefte, Reihe 2, Tabelle 8c.

Ergebnisses ist allerdings zu berücksichtigen, daß bei dieser Bewertung mehr Information als im zeitstetigen Bewertungsansatz verarbeitet wird. Es wird nicht nur Anfangs- und Endpunkt der Zinsstrukturkurve vorgegeben, sondern deren gesamter Verlauf.

Die Verteilungen der sich bei der Bewertung mit den einzelnen Modellvariationen ergebenden Abweichungen zwischen tatsächlichen und berechneten Kursen sind in den Abbildungen 41 zusammengestellt. Die für einen Vergleich erforderlichen Kenngrößen der Verteilungen der Abweichungen sind in Tabelle 30 zu finden.

Ein Vergleich der verschiedenen Bewertungsansätze auf Basis der Kapitalwertformel zeigt, daß die ausschließliche Verwendung des kurzfristigen Zinssatzes als Diskontierungsfaktor (Modellvariation Mr) am schlechtesten abschneidet. Nicht nur die Summe der quadrierten Abweichungen und die durchschnittliche absolute Abweichung ist hier am höchsten, sondern auch die Spannweite und der Betrag der durchschnittlichen Abweichung. Eine Anwendung des stark variierenden, teilweise sehr hohen kurzfristigen Zinssatzes als Diskontierungszinssatz aller zukünftigen Zahlungen läßt auch nichts anderes erwarten.

Eine Vorteilhaftigkeitsreihenfolge der Modellvariationen Ml, Mr41 und Mrl hängt von dem für die Entscheidung gewählten Kriterium ab. Gemessen an den durchschnittlichen absoluten Abweichungen, sind die Modellvariationen Ml und Mr41 gleich einzustufen, Mrl ist eindeutig besser. Wird die Wurzel aus der Summe der quadrierten Abweichungen als Entscheidungskriterium herangezogen, so rangiert die Modellvariation Ml vor den beiden anderen Variationen Mrl und Mr41. Eine Entscheidung auf Basis der gesamten Verteilung der absoluten Abweichungen führt zu keiner eindeutigen Dominanz einer Variation gegenüber den anderen beiden.

Die Modellvariation Mr31 ist zwar schlechter als die Variation Mr21, aber eindeutig besser als die Variationen Mrl, Mr41, Ml und Mr.

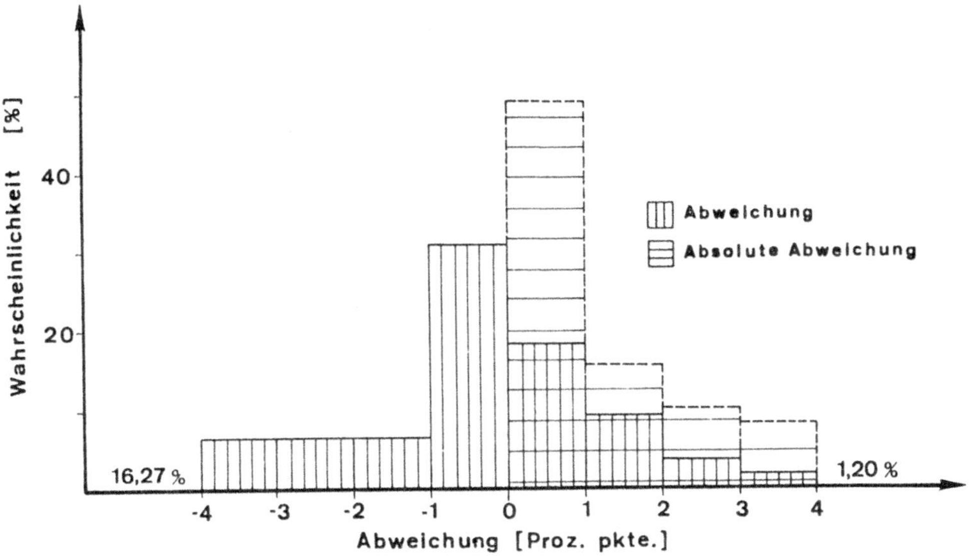

Abbildung 41a: Häufigkeitsverteilung der (absoluten) Abweichungen zwischen tatsächlichen und berechneten Kursen der Modellvariation Mr

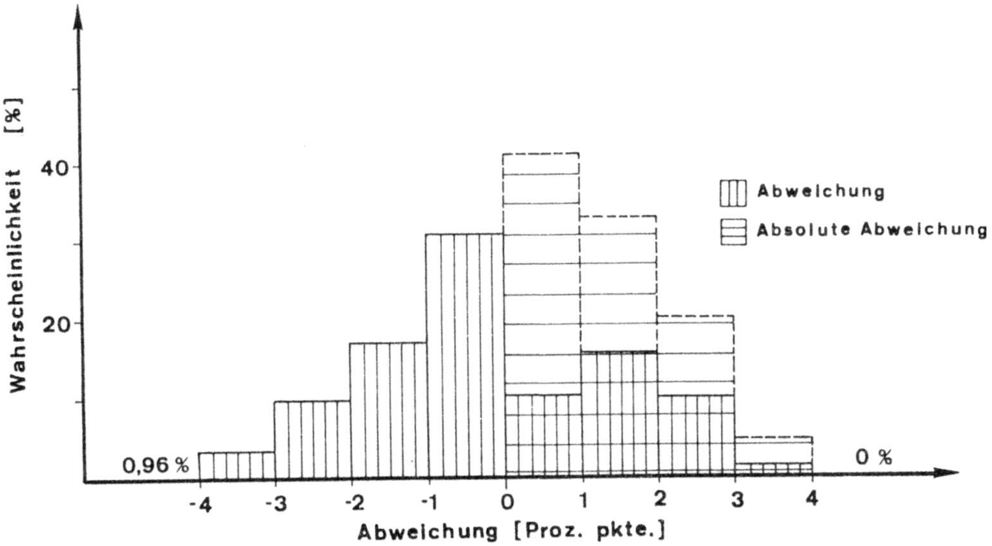

Abbildung 41b: Häufigkeitsverteilung der (absoluten) Abweichungen zwischen tatsächlichen und berechneten Kursen der Modellvariation Ml

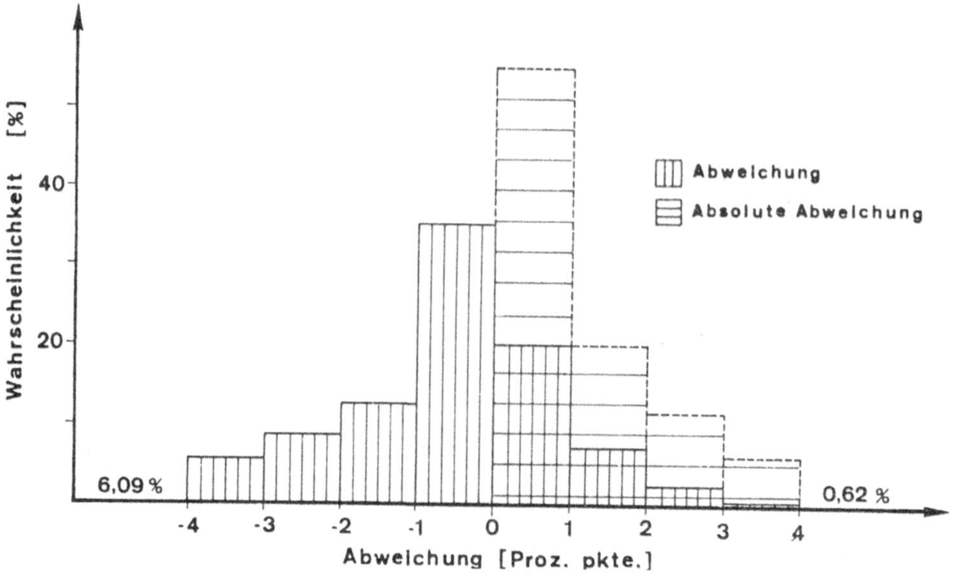

Abbildung 41c: Häufigkeitsverteilung der (absoluten) Abweichungen zwischen tatsächlichen und berechneten Kursen der Modellvariation Mr41

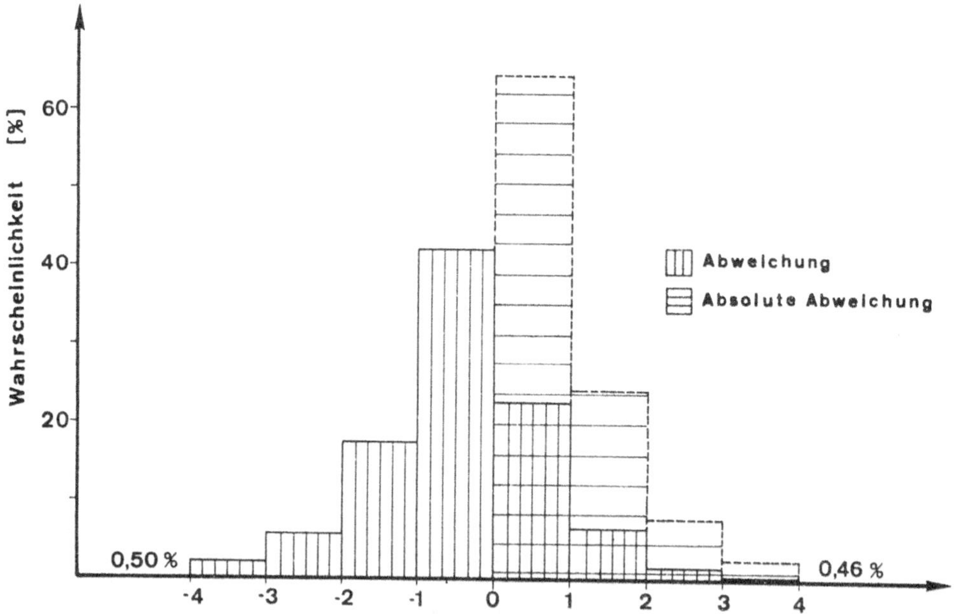

Abbildung 41d: Häufigkeitsverteilung der (absoluten) Abweichungen zwischen tatsächlichen und berechneten Kursen der Modellvariation Mr31

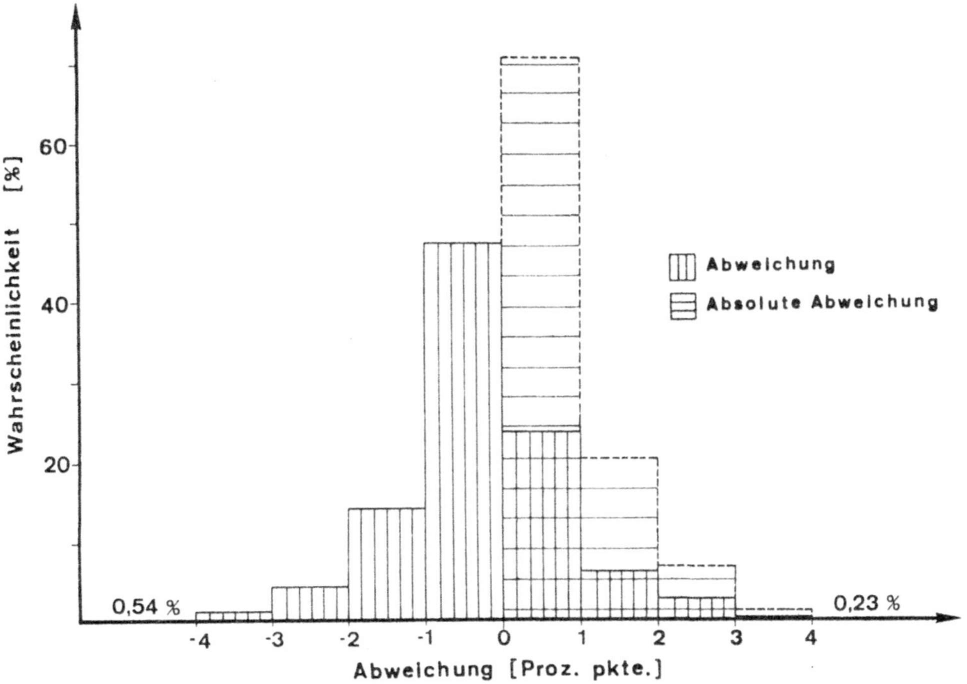

Abbildung 41e: Häufigkeitsverteilung der (absoluten) Abweichungen zwischen tatsächlichen und berechneten Kursen der Modellvariation Mr21

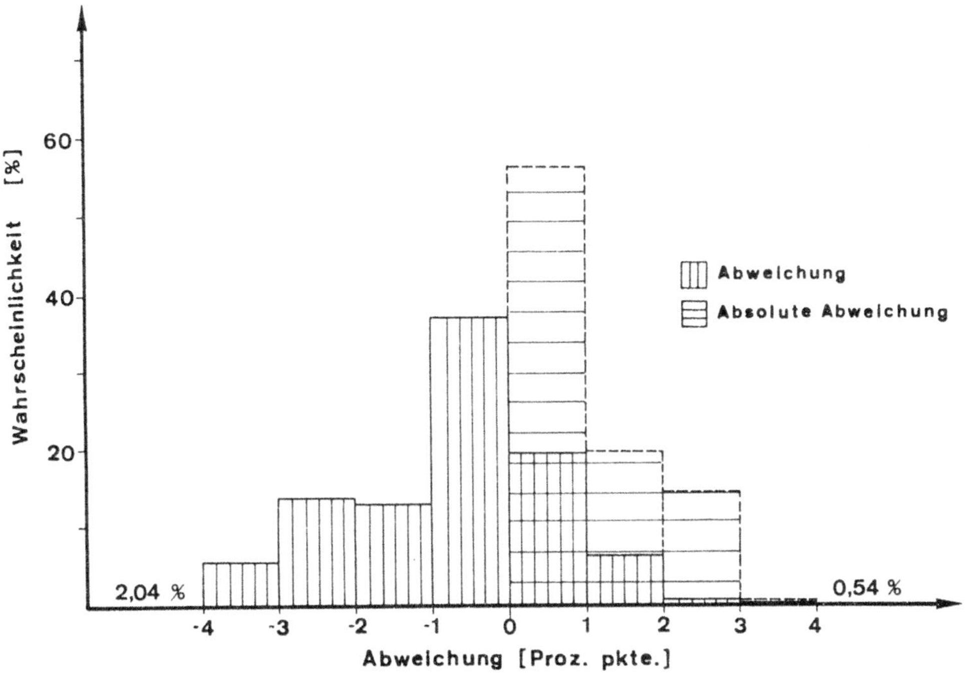

Abbildung 41f: Häufigkeitsverteilung der (absoluten) Abweichungen zwischen tatsächlichen und berechneten Kursen der Modellvariation Mrl

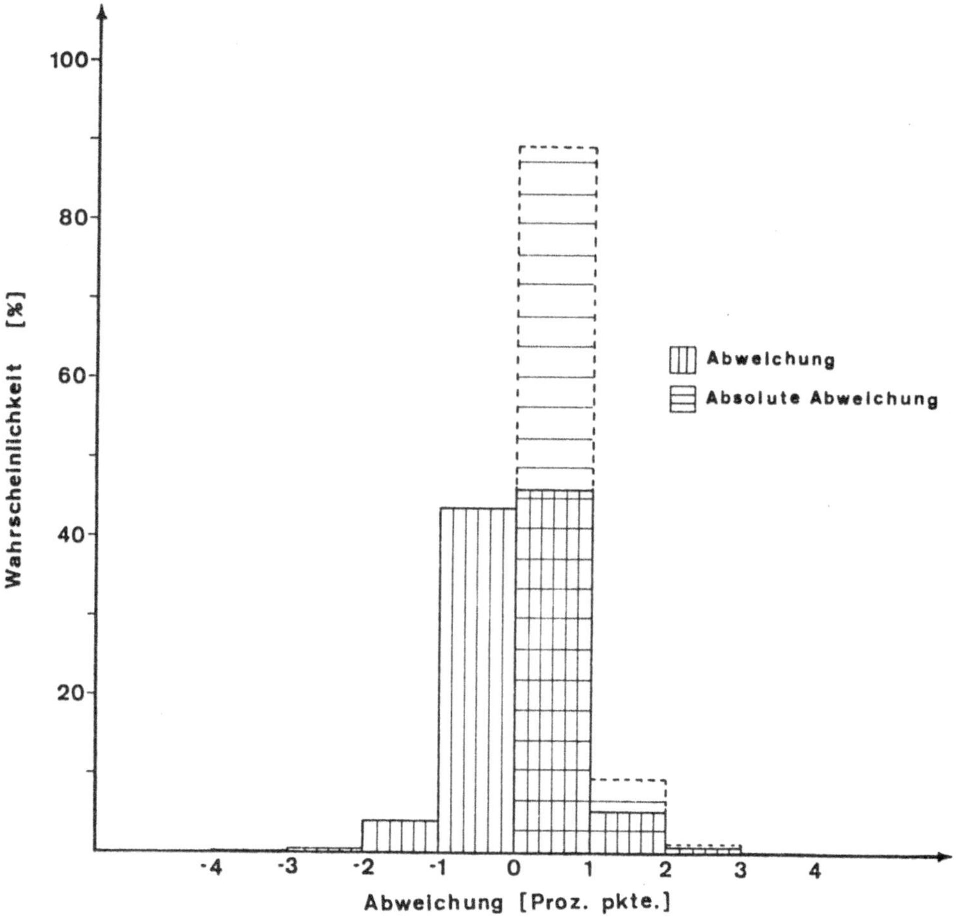

Abbildung 41g: Häufigkeitsverteilung der (absoluten) Abweichungen zwischen tatsächlichen und berechneten Kursen der Modellvariation MDB

Es kann - bezogen auf alle Tilgungsanleihen - die Dominanz der Modellvariation Mr21 gegenüber allen anderen vorgestellten Modellvariationen, die nur auf den kurz- und langfristigen Zinssatz bzw. Kombinationen davon als Diskontierungszinssatz zurückgreifen, festgestellt werden. Die durchschnittliche absolute Abweichung von Modellvariation Mr21 beträgt 0,86 Prozentpunkte, die zugehörige Standardabweichung 0,81 Prozentpunkte. Die Wurzel aus der Summe der quadrierten Abweichungen ist mit 60,11 Prozentpunkten noch um 12,2% kleiner als die von Variante Mr31. Die Modellvariation Mr21 überschätzt den tatsächlichen

Modellvariante	MDB	Ml	Mr	Mr41	Mr31	Mr21	Mrl
	Alle Tilgungsanleihen[1]						
Durchschnittliche Abweichung	0,03	- 0,23	- 1,21	- 0,78	- 0,43	- 0,33	0,82
Standardabweichung der Abweichung	0,63	1,68	2,95	1,93	1,28	1,13	1,56
Durchschnittliche absolute Abweichung	0,44	1,41	2,04	1,41	0,95	0,86	1,26
Standardabweichung der absoluten Abweichung	0,44	0,94	2,46	1,54	0,95	0,81	1,24
Spannweite	- 3,77/ 3,38	- 5,59/ 3,81	-25,42/ 17,72	-12,20/ 10,99	- 6,59/ 10,99	- 6,59/ 7,63	- 8,08/ 9,71
Absolute Abweichung ≤ 1 Prozentpunkt	89,48 %	41,18 %	49,07 %	55,43 %	64,84 %	70,77 %	56,48 %
Absolute Abweichung ≤ 2 Prozentpunkte	98,96 %	74,18 %	64,72 %	75,40 %	88,98 %	90,89 %	75,87 %
Absolute Abweichung ≤ 3 Prozentpunkte	99,89 %	94,19 %	74,86 %	87,08 %	96,54 %	97,75 %	90,68 %
Absolute Abweichung ≤ 4 Prozentpunkte	100,00 %	99,05 %	83,29 %	93,28 %	99,04 %	99,06 %	97,43 %
Wurzel aus der Summe der quadrierten Abweichungen (n = 2594)	31,93	86,42	162,55	106,21	68,50	60,11	89,78
	Tilgungsanleihen mit mindestens zwei ausstehenden Serien						
Durchschnittliche Abweichung	0,02	- 0,44	- 1,32	- 0,82	- 0,41	- 0,30	0,88
Standardabweichung der Abweichung	0,67	1,70	3,15	2,06	1,33	1,17	1,66
Durchschnittliche absolute Abweichung	0,49	1,47	2,27	0,99	1,01	0,90	1,38
Standardabweichung der absoluten Abweichung	0,46	0,96	2,56	1,98	0,96	0,84	1,27
Spannweite	- 3,77/ 3,38	- 5,59/ 3,81	-25,42/ 17,72	-12,20/ 10,99	- 6,41/ 10,99	- 4,67/ 7,63	- 8,08/ 9,71
Absolute Abweichung ≤ 1 Prozentpunkt	63,20 %	39,44 %	43,38 %	50,78 %	62,22 %	68,62 %	51,41 %
Absolute Abweichung ≤ 2 Prozentpunkte	87,81 %	71,44 %	60,01 %	72,43 %	88,71 %	90,45 %	72,34 %
Absolute Abweichung ≤ 3 Prozentpunkte	96,33 %	93,44 %	71,03 %	85,25 %	96,74 %	97,66 %	89,24 %
Absolute Abweichung ≤ 4 Prozentpunkte	98,80 %	98,86 %	79,77 %	92,29 %	99,47 %	99,18 %	97,03 %
Wurzel aus der Summe der quadrierten Abweichungen (n = 2231)	31,64	83,04	161,47	104,56	65,90	57,13	88,66
	Tilgungsanleihen mit nur noch einer ausstehenden Serie						
Durchschnittliche Abweichung	0,15	1,04	- 0,53	- 0,53	- 0,53	- 0,53	0,39
Standardabweichung der Abweichung	0,17	0,70	0,83	0,83	0,83	0,83	0,63
Durchschnittliche absolute Abweichung	0,16	1,04	0,60	0,60	0,60	0,60	0,47
Standardabweichung der absoluten Abweichung	0,16	0,70	0,78	0,78	0,78	0,78	0,58
Spannweite	- 0,48/ 1,11	- 0,54/ 3,16	- 6,59/ 2,20	- 6,59/ 2,20	- 6,59/ 2,20	- 6,59/ 2,20	- 5,04/ 2,27
Absolute Abweichung ≤ 1 Prozentpunkt	96,42 %	51,79 %	84,02 %	84,02 %	84,02 %	84,02 %	84,02 %
Absolute Abweichung ≤ 2 Prozentpunkte	99,73 %	90,91 %	93,66 %	93,66 %	93,66 %	93,66 %	97,53 %
Absolute Abweichung ≤ 3 Prozentpunkte	100,00 %	98,62 %	98,35 %	98,35 %	98,35 %	98,35 %	99,46 %
Absolute Abweichung ≤ 4 Prozentpunkte	100,00 %	100,00 %	99,45 %	99,45 %	99,45 %	99,45 %	99,73 %
Wurzel aus der Summe der quadrierten Abweichungen (n = 363)	4,32	23,94	18,69	18,69	18,69	18,69	14,17

Tabelle 30: Abweichungen zwischen tatsächlichen und den auf Basis der Kapitalwertmethode berechneten Kursen

1) Vgl. dazu Anhang I.

Kurs durchschnittlich um 0,33 Prozentpunkte, der angewandte Diskontierungszinssatz ist also durchschnittlich gesehen zu klein.

Die gefundene Dominanz von Modellvariation Mr21 bestätigt sich auch, wenn nur diejenigen Tilgungsanleihen berücksichtigt werden, die mindestens noch zwei ausstehende Serien besitzen. Bei Tilgungsanleihen mit nur noch einer ausstehenden Serie erweist sich Modellvariation Mr1 allerdings als vorteilhafter, da aufgrund ihrer kurzen Restlaufzeit die Tilgungsanleihen bei der Modellvariation Mr21 nur mit dem teilweise stark erratischen Schwankungen unterworfenen kurzfristigen Zinssatz diskontiert werden. Die Ergebnisse der Bewertung der einzelnen Tilgungsanleihen mit Modellvariation Mr21 sind in Tabelle 31 dargestellt.

Erwartungsgemäß besser als alle die Variationen, die nur den kurz- und langfristigen Zinssatz bzw. Kombinationen davon als Diskontierungszinssatz verwenden, ist die Modellvariation MDB. Die Wurzel aus der Summe der quadrierten Abweichungen und die durchschnittliche absolute Abweichung sind beinahe nur halb so groß wie bei Modellvariation Mr21. Die Spannweite der auftretenden Abweichungen ist geringer, der tatsächliche Kurs wird im Durchschnitt nur um 0,03 Prozentpunkte unterschätzt.

Diese Überlegenheit der Modellvariation MDB gilt aber nicht nur gemittelt über alle Tilgungsanleihen, über diejenigen Tilgungsanleihen, die mindestens noch zwei ausstehende Serien besitzen, oder über im Beobachtungszeitraum gesamtfällige Tilgungsanleihen, sondern, wie aus Tabelle 32 deutlich wird, auch für jede einzelne Tilgungsanleihe.

II. Vergleich der Ergebnisse

Ein Vergleich der zeitstetigen Modellvariationen MB2 und MB1 mit den auf der Kapitalwertmethode basierenden Modellen erfordert eine Gegenüberstellung der bei Bewertung mit den einzelnen Variationen auftretenden Abweichungen zwischen tatsächlichen

Wertpapier-Kenn-Nr. 1)	Ende der Laufzeit	Anzahl der ausstehenden Serien am 01.09.78	Anzahl der ausstehenden Serien am 31.12.81	durchschnittliche Abweichung (Standardabweichung)	durchschnittliche absolute Abweichung (Standardabweichung)	Wurzel aus der Summe der quadrierten Abweichungen (Beobachtungsanzahl)	Spannweite	Häufigkeitsverteilung der Abweichungen: -7[2)] bis -6	-6 bis -5	-5 bis -4	-4 bis -3	-3 bis -2	-2 bis -1	-1 bis 0	0 bis 1	1 bis 2	2 bis 3	3 bis 4	4 bis 5	5 bis 6	6 bis 7	7 bis 8
116 019	01.06.88	10	7	- 0,90[2)] (1,75)	1,51[2)] (1,26)	25,64[2)] (n=171)	-4,67/3,00[2)]			12[3)]	10	20	30	50	30	8	11					
110 025	02.01.84	3	1	- 0,51 (1,31)	1,10 (0,87)	18,37 (n=172)	-3,83/2,14				9	15	30	57	37	23	1					
116 031	01.12.83	3	1	- 0,35 (1,38)	1,09 (0,91)	18,60 (n=172)	-3,83/2,46				7	13	29	52	46	19	6					
116 003	01.10.83	5	2	- 0,20 (1,02)	0,82 (0,63)	13,51 (n=171)	-2,76/3,59					6	27	60	63	12	2	1				
115 005	01.10.83	5	2	- 0,39 (0,99)	0,83 (0,67)	13,88 (n=171)	-2,79/3,69					12	26	72	48	12		1				
116 010	01.07.83	3	1	- 0,05 (1,31)	1,11 (0,68)	17,06 (n=172)	-2,68/3,60					7	35	54	37	27	11	1				
110 011	01.04.83	3	1	- 0,18 (1,35)	1,12 (0,77)	17,86 (n=172)	-2,78/3,14					7	36	74	22	8	22	3				
115 013	01.09.82	4	1	- 0,31 (0,87)	0,66 (0,64)	12,03 (n=171)	-2,88/5,36					4	16	101	44	3	2			1		
116 008	01.08.82	4	1	- 0,11 (0,79)	0,58 (0,55)	10,41 (n=171)	-2,47/4,69					1	12	86	61	10			1			
110 004	01.07.82	4	1	- 0,23 (0,80)	0,61 (0,57)	10,89 (n=171)	-2,45/4,39					2	20	91	49	8			1			
110 022	01.07.82	2	1	- 0,14 (1,12)	0,79 (0,81)	14,67 (n=173)	-2,88/7,63					5	23	80	50	9	5					1
115 016	01.06.82	2	1	- 0,17 (1,11)	0,80 (0,78)	14,85 (n=173)	-3,08/6,83				1	2	20	94	38	11	5	1			1	
115 011	01.02.82	3	1	- 0,34 (0,81)	0,66 (0,58)	11,45 (n=171)	-2,61/4,88					2	26	93	42	7			1			
110 029	01.07.80	1		- 1,06 (1,30)	1,17 (1,20)	16,21 (n= 94)	-6,59/2,20	1	1		4	14	23	39	11		1					
116 015	01.09.79	1		- 0,42 (0,56)	0,49 (0,51)	4,94 (n= 50)	-2,60/1,30					1	2	41	5	1						
115 020	01.08.79	1		- 0,42 (0,53)	0,47 (0,48)	4,54 (n= 46)	-2,42/0,99					1	1	41	3							
116 004	01.07.79	1		- 0,33 (0,48)	0,40 (0,42)	3,73 (n= 42)	-1,99/1,00						2	29	10	1						
116 014	01.06.79	1		- 0,23 (0,36)	0,30 (0,30)	2,55 (n= 37)	-1,42/0,93						1	31	5							
110 026	01.06.79	1		- 0,31 (0,40)	0,37 (0,34)	3,02 (n= 37)	-1,61/0,95						2	31	4							
115 006	01.05.79	1		- 0,36 (0,37)	0,39 (0,33)	2,92 (n= 33)	-1,55/0,53						2	26	5							
115 005	01.03.79	1		- 0,28 (0,24)	0,30 (0,21)	1,79 (n= 24)	-0,95/0,26							23	1							

Tabelle 31: Ergebnisse aller bewerteten Tilgungsanleihen der Modellvariation Mr21

---

1) Vgl. dazu Anhang I.

2) In Prozentpunkte.

3) Anzahl der Abweichungen.

Wertpapier-Kenn-Nr. [1]	Ende der Laufzeit	Anzahl der ausstehenden Serien am 01.09.78	31.12.81	durchschnittliche Abweichung (Standardabweichung)	durchschnittliche absolute Abweichung (Standardabweichung)	Wurzel aus der Summe der quadrierten Abweichungen (Beobachtungsanzahl)	Spannweite	Häufigkeitsverteilung der Abweichungen (-4[2] -3 -2 -1 0 1 2 3 4)							
116 019	01.06.88	10	7	0,08[2] (1,15)	0,83[2] (0,80)	15,02[2] (n=171)	-3,77/3,38[2]	2	3	19	51	66	20	9	1
110 025	02.01.84	3	1	0,03 (0,72)	0,53 (0,48)	9,36 (n=172)	-2,05/2,23		1	14	50	95	11	1	
116 031	01.12.83	3	1	0,16 (0,68)	0,54 (0,45)	9,12 (n=172)	-1,67/2,09			10	57	86	18	1	
116 003	01.10.83	5	2	0,17 (0,65)	0,53 (0,41)	8,77 (n=171)	-1,57/1,91			12	49	93	17		
115 005	01.10.83	5	2	- 0,02 (0,60)	0,44 (0,40)	7,77 (n=171)	-1,52/1,90			11	78	72	10		
116 010	01.07.83	3	1	0,30 (0,87)	0,67 (0,63)	12,04 (n=172)	-1,65/2,94			6	72	54	32	8	
110 011	01.04.83	3	1	0,04 (0,67)	0,54 (0,40)	8,79 (n=172)	-1,49/2,73			9	78	71	13	1	
115 013	01.09.82	4	1	- 0,20 (0,50)	0,42 (0,33)	7,02 (n=171)	-1,44/1,59			10	112	45	4		
116 008	01.08.82	4	1	- 0,03 (0,46)	0,35 (0,29)	6,00 (n=171)	-1,09/1,67			1	94	71	5		
110 004	01.07.82	4	1	- 0,15 (0,41)	0,35 (0,26)	5,67 (n=171)	-1,11/1,02			3	115	52	1		
110 022	01.07.82	2	1	0,02 (0,50)	0,40 (0,31)	6,61 (n=173)	-1,15/1,89			2	76	90	5		
115 016	01.06.82	2	1	- 0,09 (0,50)	0,38 (0,34)	6,70 (n=173)	-1,06/2,22			2	97	71	3		
115 011	01.02.82	3	1	- 0,23 (0,42)	0,37 (0,30)	6,24 (n=171)	-1,24/1,25			5	134	30	2		
110 029	01.07.80	1		0,16 (0,32)	0,26 (0,25)	3,46 (n= 94)	-0,48/1,11				34	59	1		
116 015	01.09.79	1		0,15 (0,12)	0,16 (0,11)	1,38 (n= 50)	-0,09/0,46				4	46			
115 020	01.08.79	1		0,11 (0,11)	0,13 (0,09)	1,05 (n= 46)	-0,13/0,33				7	39			
116 004	01.07.79	1		0,15 (0,09)	0,14 (0,09)	1,10 (n= 42)	0,02/0,34					42			
116 014	01.06.79	1		0,19 (0,09)	0,19 (0,09)	1,30 (n= 37)	0,02/0,43					37			
110 026	01.06.79	1		0,12 (0,07)	0,12 (0,07)	0,84 (n= 37)	0,01/0,26					37			
115 006	01.05.79	1		0,03 (0,06)	0,05 (0,04)	0,32 (n= 33)	-0,11/0,14				13	20			
115 005	01.03.79	1		0,00 (0,04)	0,03 (0,03)	0,20 (n= 24)	-0,06/0,09				8	16			

Tabelle 32: Ergebnisse aller bewerteten Tilgungsanleihen der Modellvariation MDB

1) Vgl. dazu Anhang I.

2) In Prozentpunkte.

3) Anzahl der Abweichungen.

und berechneten Kursen. Wichtige Kenngrößen der Verteilungen der Abweichungen der einzelnen Modellvariationen sind in Tabelle 33 zusammengestellt, die Verteilungen der (absoluten) Abweichungen der jeweils besten Modellvariationen in Abbildung (43) 42.

Werden die Wurzeln aus der Summe der quadrierten Abweichungen sowie die durchschnittlichen absoluten Abweichungen aller Tilgungsanleihen betrachtet, so zeigt sich, daß die beste zeitstetige Modellvariation MB2 eindeutig besser ist als alle die Modellvariationen, die für die Kapitalwertberechnung nur den kurz- und langfristigen Zinsssatz bzw. Kombinationen aus beiden heranziehen. Die Modellvariation Mr21, das beste der auf kurz- und langfristigem Zinssatz basierenden Kapitalwertmodelle, besitzt eine 31,2% höhere Wurzel aus der Summe der quadrierten Abweichungen und eine um 34,4% höhere durchschnittliche absolute Abweichung als Variation MB2. Die für die durchschnittliche absolute Abweichung berechnete Standardabweichung ist bei Modellvariation Mr21 ebenfalls um 28,6% größer als bei Variation MB2.
Die nicht auf den langfristigen Zinssatz zurückgreifende zeitstetige Modellvariation MB1 ist, gemessen an der Wurzel aus der Summe der quadrierten Abweichungen und der durchschnittlichen absoluten Abweichung, nur minimal schlechter als die Modellvariation Mr21[1)] und ist damit aber immer noch besser als alle anderen nur auf kurz- und langfristigem Zinssatz fußenden Kapitalwertmodelle.
Die mit den Diskontierungszinssätzen aus der von der Deutschen Bundesbank ermittelten Zinsstrukturkurve arbeitende Modellvariation MDB liefert allerdings die geringste durchschnittliche absolute Abweichung und die kleinste Wurzel aus der Summe der quadrierten Abweichungen.

Während die Modellvariationen MB2 und MDB den tatsächlichen Kurs durchschnittlich um 0,05 bzw. 0,03 Prozentpunkte unter-

---

1) Die beiden Vergleichskriterien sind bei Modellvariation MB1 um 1,5% bzw. 1,2% höher als bei Variation Mr21.

Modellvariante	MB1	MB2	Mr	Mr1	M1	Mr21	MDB
	Alle Tilgungsanleihen[1]						
Durchschnittliche Abweichung	- 0,32	0,05	- 1,21	0,82	- 0,23	- 0,33	0,03
Standardabweichung der Abweichung	1,15	0,90	2,95	1,56	1,68	1,13	0,63
Durchschnittliche absolute Abweichung	0,87	0,64	2,04	1,26	1,41	0,86	0,44
Standardabweichung der absoluten Abweichung	0,83	0,63	2,46	1,24	0,94	0,81	0,44
Spannweite	- 4,85/ 6,93	- 4,28/ 4,86	-25,42/ 17,72	- 8,08/ 9,71	- 5,59/ 3,81	- 6,59/ 7,63	- 3,77 / 3,38
Absolute Abweichung ≤ 1 Prozentpunkt	66,00 %	78,45 %	49,07 %	56,48 %	41,18 %	70,77 %	89,48 %
Absolute Abweichung ≤ 2 Prozentpunkte	91,18 %	96,15 %	64,72 %	75,87 %	74,18 %	90,89 %	98,96 %
Absolute Abweichung ≤ 3 Prozentpunkte	97,85 %	99,12 %	74,86 %	90,68 %	94,19 %	97,75 %	99,89 %
Absolute Abweichung ≤ 4 Prozentpunkte	99,32 %	99,66 %	83,29 %	97,43 %	99,05 %	99,06 %	100,00 %
Wurzel aus der Summe der quadrierten Abweichungen (n = 2594)	61,00	45,83	162,55	89,78	86,42	60,11	31,93
	Tilgungsanleihen mit mindestens zwei ausstehenden Serien						
Durchschnittliche Abweichung	- 0,34	0,06	- 1,32	0,88	- 0,44	- 0,30	0,02
Standardabweichung der Abweichung	1,23	0,95	3,15	1,66	1,70	1,17	0,67
Durchschnittliche absolute Abweichung	0,96	0,71	2,27	1,38	1,47	0,90	0,49
Standardabweichung der absoluten Abweichung	0,84	0,64	2,56	1,27	0,96	0,84	0,46
Spannweite	- 4,85/ 6,93	- 4,28/ 4,86	-25,42/ 17,72	- 8,08/ 9,71	- 5,59/ 3,81	- 4,67/ 7,63	- 3,77/ 3,38
Absolute Abweichung ≤ 1 Prozentpunkt	61,32 %	75,75 %	43,38 %	51,41%	39,44 %	68,62 %	63,20 %
Absolute Abweichung ≤ 2 Prozentpunkte	89,87 %	95,61 %	60,01 %	72,34 %	71,44 %	90,45 %	87,81 %
Absolute Abweichung ≤ 3 Prozentpunkte	97,54 %	98,97 %	71,03 %	89,24 %	93,44 %	97,66 %	96,33 %
Absolute Abweichung ≤ 4 Prozentpunkte	99,20 %	99,59 %	79,77 %	97,03 %	98,86 %	99,18 %	98,80 %
Wurzel aus der Summe der quadrierten Abweichungen (n = 2231)	60,34	45,14	161,47	88,66	83,04	57,13	31,64
	Tilgungsanleihen mit nur noch einer ausstehenden Serie						
Durchschnittliche Abweichung	- 0,17	- 0,02	- 0,53	0,39	1,04	- 0,53	0,15
Standardabweichung der Abweichung	0,44	0,41	0,83	0,63	0,70	0,83	0,17
Durchschnittliche absolute Abweichung	0,28	0,23	0,60	0,47	1,04	0,60	0,16
Standardabweichung der absoluten Abweichung	0,38	0,34	0,78	0,58	0,70	0,78	0,16
Spannweite	- 3,08/ 2,92	- 2,43/ 2,34	- 6,59/ 2,20	- 5,04/ 2,27	- 0,54/ 3,16	- 6,59/ 2,20	- 0,48/ 1,11
Absolute Abweichung ≤ 1 Prozentpunkt	94,77 %	95,04 %	84,02 %	84,02 %	51,79 %	84,02 %	96,42 %
Absolute Abweichung ≤ 2 Prozentpunkte	99,18 %	99,44 %	93,66 %	97,53 %	90,91 %	93,66 %	99,73 %
Absolute Abweichung ≤ 3 Prozentpunkte	99,74 %	100,00 %	98,35 %	99,46 %	98,62 %	98,35 %	100,00 %
Absolute Abweichung ≤ 4 Prozentpunkte	100,00 %	100,00 %	99,45 %	99,73 %	100,00 %	99,45 %	100,00 %
Wurzel aus der Summe der quadrierten Abweichungen (n = 363)	8,94	7,90	18,69	14,17	23,94	18,69	4,32

Tabelle 33: Gegenüberstellung der Abweichungen zwischen tatsächlichen und berechneten Kursen der zeitstetigen und der auf der Kapitalwertmethode basierenden Modellvariationen

1) Vgl. dazu Anhang I.

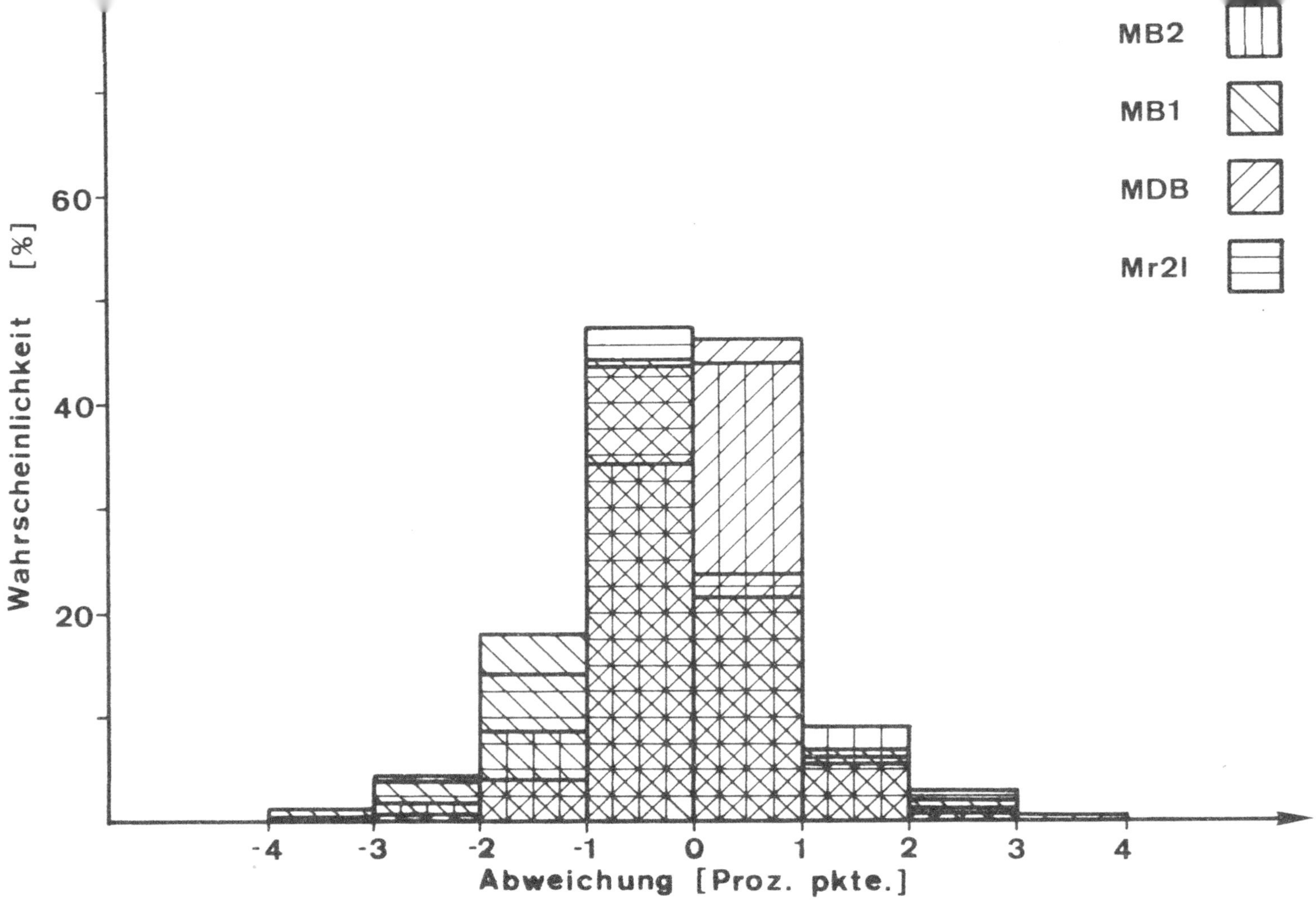

<u>Abbildung 42:</u> **Häufigkeitsverteilungen** der Abweichungen **zwischen** tatsächlichen und berechneten Kursen der Modellvariationen MB2, MB1, MDB und Mr2l

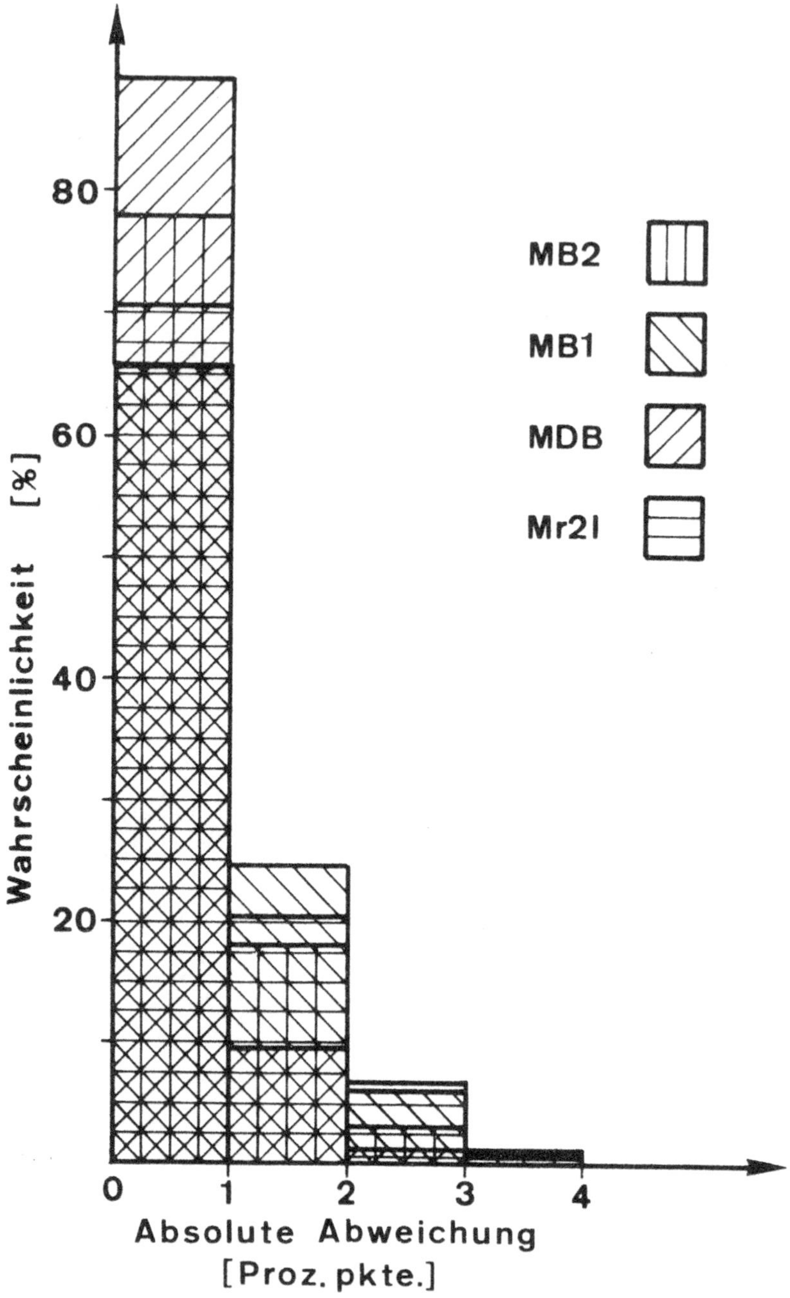

Abbildung 43: Häufigkeitsverteilungen der absoluten Abweichungen zwischen tatsächlichen und berechneten Kursen der Modellvariationen MB2, MB1, MDB und Mr21

schätzen, überschätzen ihn die Modellvariationen MB1 und Mr21 durchschnittlich um 0,32 bzw. 0,33 Prozentpunkte.

Ein Blick auf die Verteilung der absoluten Abweichungen zeigt die eindeutige Dominanz der Variation MDB über die anderen Modellvariationen. Während die Verteilung der absoluten Abweichungen von Variation MB2 die entsprechende Verteilung von Mr21 ebenfalls eindeutig dominiert - und damit auch alle anderen Verteilungen der auf der Kapitalwertmethode mit kurz- und langfristigem Zinssatz basierenden Variationen -, schneiden sich die entsprechenden Verteilungsfunktionen von Mr21 und MB1.

Die hier auf Basis der Abweichungen aller Tilgungsanleihen gefundene Vorteilhaftigkeitsreihenfolge von Modellvariation MDB vor MB2, Mr21, MB1 und allen anderen bleibt auch erhalten, wenn nur die Abweichungen derjenigen Tilgungsanleihen berücksichtigt werden, die mindestens noch zwei ausstehende Serien besitzen. Werden nur die im Beobachtungszeitraum gesamtfälligen Tilgungsanleihen untersucht, so sind die beiden zeitstetigen Modellvariationen MB1 und MB2 besser als alle mit kurz- und langfristigem Zinssatz diskontierenden Kapitalwertmodelle.

Eine Betrachtung der Verteilungen der Abweichungen der einzelnen Tilgungsanleihen[1)] ergibt ebenfalls die oben vorgefundene Vorteilhaftigkeitsreihenfolge von Modellvariation MDB vor MB2 und allen anderen Variationen. Die Überlegenheit von Modellvariation Mr21 gegenüber MB1 ist dagegen nicht für jede Tilgungsanleihe gegeben, wird aber mit zunehmender Restlaufzeit der jeweiligen Tilgungsanleihe wahrscheinlicher.

---

1) Vgl. dazu die Tabellen 27, S. 261, 29, S. 281, 31, S.293, und 32, S. 294.

ZUSAMMENFASSUNG UND AUSBLICK

Als Ergebnis der empirischen Untersuchung des in dieser Arbeit aus Sicht des Gläubigers entwickelten zeitstetigen Arbitrageansatzes zur Bewertung von insolvenzrisikofreien Tilgungsanleihen mit planmäßiger Auslosungstilgung lassen sich erwartungsgemäß Abweichungen zwischen den tatsächlich am Markt beobachtbaren Kursen von Tilgungsanleihen und den mit dem zeitstetigen Bewertungsmodell berechneten feststellen. Die auftretenden Abweichungen zwischen tatsächlichen und berechneten Kursen des auf kurz- und langfristigem Zinssatz basierenden Bewertungsansatzes sind allerdings so gering, daß sie im Mittel über dem gesamten Beobachtungszeitraum geringer sind als die sich ergebenden Abweichungen zwischen tatsächlichen und berechneten Kursen bei einer Bewertung der Tilgungsanleihen auf Basis der Kapitalwertmethode unter Verwendung des kurz- und langfristigen Zinssatzes.

Die Tatsache, daß der Erklärungsgehalt zur Beschreibung des tatsächlichen Kurses einer Tilgungsanleihe des hier entwickelten Modells geringer ist als bei einer Bewertung auf Basis der Kapitalwertmethode unter Verwendung der gesamten Zinsstrukturkurve, kann insbesondere mit den auftretenden Schwierigkeiten

(1) bei der Auswahl geeigneter Approximationen des kurz- und langfristigen Zinssatzes,
(2) bei der Bestimmung der funktionalen Form des stochastischen Prozesses der gewählten Einflußfaktoren und der Schätzung seiner Parameter sowie
(3) bei der Festlegung der funktionalen Form des modellbezogenen Marktpreises des Risikos

begründet werden und gibt Anlaß für weitere Untersuchungen.

Eine Weiterführung der in dieser Arbeit vorgenommenen Untersuchung kann nun zum einen darin bestehen, durch insbesondere die Punkte (1) bis (3) betreffende Änderungen den Erklärungsgehalt des zeitstetigen Bewertungsansatzes zu steigern. Einen ersten Hinweis für eine solche weiterführende Studie liefert die Beobachtung, daß in der Regel der Erklärungsgehalt des entwickelten Bewertungsmodells in den kleinen Zeiträumen stark abnimmt, in denen der kurzfristige Zinssatz starken Schwankungen unterworfen ist. Die Wahl einer anderen Approximation des kurzfristigen Zinssatzes anstelle des Tagesgeldzinssatzes unter Banken oder eine zuerst vorgenommene Glättung des Tagesgeldzinssatzes bieten sich an.

Zum anderen kann eine Weiterentwicklung der Arbeit in der Akzeptanz und der eventuellen Ausnutzungsmöglichkeit der gefundenen Abweichungen zwischen tatsächlichen und berechneten Kursen gesehen werden. Vielleicht lassen sich aus den beobachtbaren Abweichungen zwischen tatsächlichen und berechneten Kursen Kauf- und Verkaufsignale für Tilgungsanleihen ableiten, die es einem Gläubiger ermöglichen, eine über der Marktrendite liegende Verzinsung zu realisieren.

A N H A N G

ANHANG I

Wertpapier-Kenn Nr.	Emittent	Nominalverzinsung [%]	Zinstermine	Rückzahlungskurs [%]	Laufzeit	Tilgungstermine	Auslosungstermine zwischen 01.09.1978 und 31.12.1981	zugehörige Tilgungszeitpunkte	noch nicht getilgtes Nominalvolumen vorher	noch nicht getilgtes Nominalvolumen nachher
116 241 -116 250 (116 019)	Post [1)]	6,5	01.06.	100	1968-88	1979,80, ...,1988	27.02.1979 26.02.1980 24.02.1981	01.06.1979 01.06.1980 01.06.1981	10/10 9/10 8/10	9/10 8/10 7/10
110 181 -110 185 (110 025)	Bund [2)]	6	02.01.	100	1964-84	1976,78, ...,1984	25.09.1979 22.09.1981	02.01.1980 02.01.1982	3/5 2/5	2/5 1/5
116 106 -116 109 (116 031)	Post	8	01.12.	100	1972-83	1977,79, ...,1983	21.08.1979 25.08.1981	01.12.1979 01.12.1981	3/4 2/4	2/4 1/4
116 191 -116 205 (116 003)	Post	5,5	01.10. 01.04.	100	1958-83	1969,70, ...,1983	26.06.1979 24.06.1980 30.06.1981	01.10.1979 01.10.1980 01.10.1981	5/15 4/15 3/15	4/15 3/15 2/15
115 121 -115 135 (115 004)	Bahn [3)]	5,5	01.10. 01.04.	100	1958-83	1969,70, ...,1983	26.06.1979 24.06.1980 30.06.1981	01.10.1979 01.10.1980 01.10.1981	5/15 4/15 3/15	4/15 3/15 2/15
116 211 -116 215 (116 010)	Post	6	01.07.	100	1963-83	1975,77, ...,1983	27.03.1979 31.03.1981	01.07.1979 01.07.1981	3/5 2/5	2/5 1/5
110 161 -110 165 (110 011)	Bund	6	01.04.	100	1963-83	1975,77, ...,1983	19.12.1978 16.12.1980	01.04.1979 01.04.1981	3/5 2/5	2/5 1/5
115 221 -115 235 (115 013)	Bahn	6	01.09. 01.03.	100	1962-82	1968,69, ...,1982	29.05.1979 28.05.1980 09.06.1981	01.09.1979 01.09.1980 01.09.1981	4/15 3/15 2/15	3/15 2/15 1/15
116 161 -116 175 (116 008)	Post	6	01.08. 01.02.	100	1962-82	1968,69, ...,1982	25.04.1979 22.04.1980 28.04.1981	01.08.1979 01.08.1980 01.08.1981	4/15 3/15 2/15	3/15 2/15 1/15
110 131 -110 145 (110 004)	Bund	6	01.07. 02.01.	100	1962-82	1968,69, ...,1982	27.03.1979 25.03.1980 31.03.1981	01.07.1979 01.07.1980 01.07.1981	4/15 3/15 2/15	3/15 2/15 1/15
110 171 -110 175 (110 022)	Bund	6	01.07.	100	1963-82	1974,76, ...,1982	25.03.1980	01.07.1980	2/5	1/5
115 251 -115 255 (115 016)	Bahn	6	01.06.	100	1963-82	1974,76, ...,1982	22.02.1980	01.06.1980	2/5	1/5
115 191 -115 205 (115 011)	Bahn	6	01.02. 01.06.	100	1962-82	1968,69, ...,1982	24.10.1978 23.10.1979 28.10.1980	01.02.1979 01.02.1980 01.02.1981	4/15 3/15 2/15	3/15 2/15 1/15
110 201 -110 205 (110 029)	Bund	7	01.07.	100	1965-80	1972,74, ...,1980				
116 231 -116 235 (116 015)	Post	6	01.09.	100	1964-79	1971,73, ...,1979				
115 261 -115 265 (115 020)	Bahn	6	01.08.	100	1964-79	1971,73, ...,1979				
116 111 -116 125 (116 004)	Post	5	01.07. 02.01.	100	1959-79	1965,66 ...,1979				
116 221 -116 225 (116 014)	Post	6	01.06. 01.12.	100	1964-79	1975,76, ...,1979				
110 191 -110 195 (110 026)	Bund	6	01.06.	100	1964-79	1971,73, ...,1979				
115 141 -115 155 (115 006)	Bahn	5	01.05. 01.11.	100	1959-79	1965,66, ...,1979				
115 005	Bahn	5,5	01.03. 01.09.	100	1959-79	1965,66, ...,1979				

Tabelle A1: Alle teilfälligen Anleihen der Bundesrepublik Deutschland, der Deutschen Bundespost und der Deutschen Bundesbahn[4)], die sich zwischen September 1978 und Dezember 1981 im Umlauf befanden

1) Deutsche Bundespost.
2) Bundesrepublik Deutschland.
3) Deutsche Bundesbahn.
4) Es handelt sich dabei ausnahmslos um Ratenanleihen.

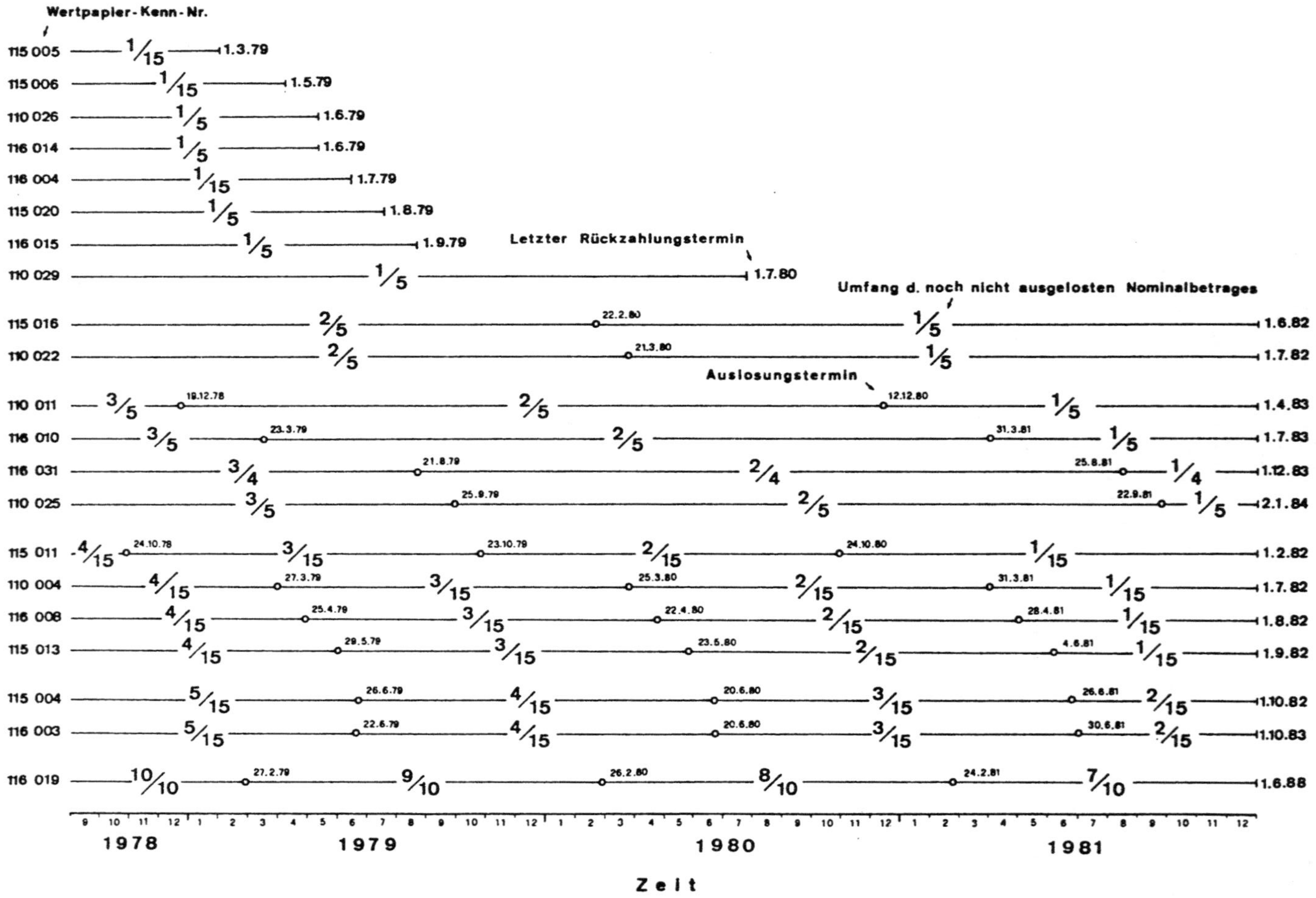

Abbildung A1: Ausstehende Volumina der Ratenanleihen aus Tabelle A1 zwischen September 1978 und Dezember 1981

ANHANG II

1. Markov-Prozeß

Ein stochastischer Prozeß $\{\tilde{X}_t(\omega),\ t\in I,\ I\subset[0,\infty)\}$[1] auf dem Wahrscheinlichkeitsraum (Ω,A,P) und dem Zustandsraum $\mathbb{R}^d$ heißt Markov-Prozeß, wenn er die folgende Markov-Eigenschaft erfüllt[2]:

Für $t_o \leqq s \leqq t < \infty$ und alle $B\in B^d$ gilt mit Wahrscheinlichkeit 1:

$$p(\tilde{X}_t(\omega)\in B \mid A(|t_o,s|)) = p(\tilde{X}_t(\omega)\in B \mid \tilde{X}_s(\omega)) \tag{2.1}$$

B^d = von den Borelschen Mengen in $\mathbb{R}^d$ erzeugte σ-Algebra und

$A(|t_o,s|)$ = kleinste σ-Unteralgebra von A bezüglich der alle Zufallsgrößen $\tilde{X}_t(\omega)$, $t_o \leqq t \leqq s$, meßbar sind.

2. Eigenschaften des stochastischen Integrals

Das stochastische Integral $\tilde{X}_t(\omega) = \int_{t_o}^{t} G(s,\omega)d\tilde{W}_s(\omega)$, $G(s,\omega)$ nicht vorgreifend und $\int_{t_o}^{t} |G(s,\omega)|^2 ds < \infty$ mit Wahrscheinlichkeit 1, besitzt die folgenden Eigenschaften[3]:

(1) $$\int_{t_o}^{t} \{aG_1(s,\omega) + bG_2(s,\omega)\}d\tilde{W}_s(\omega) = a\int_{t_o}^{t} G_1(s,\omega)d\tilde{W}_s(\omega) + b\int_{t_o}^{t} G_2(s,\omega)d\tilde{W}_s(\omega), \tag{2.2}$$

mit $a,b\in\mathbb{R}$;

(2) $$E\{\int_{t_o}^{t} G(s,\omega)d\tilde{W}_s(\omega)\} = 0; \tag{2.3}$$

---

1) Vgl. dazu Arnold, 1973, S. 43f.

2) Es gibt verschiedene Bedingungen, die mit der Markov-Eigenschaft äquivalent sind (vgl. dazu Doob, 1960, S. 80-85).

3) Die hier aufgeführten Eigenschaften setzen teilweise $\int_{t_o}^{t} E|G(s,\omega)|^2 ds < \infty$ voraus (vgl. dazu Arnold, 1973, S. 79-101.)

(3) $E\{\int_{t_o}^{t} G(s,\omega)d\tilde{W}_s(\omega) \cdot \int_{t_o}^{t} G(s,\omega)d\tilde{W}_s(\omega)\} = \int_{t_o}^{t} E\{G^2(s,\omega)\}ds;$ (2.4)

(4) $p(|\int_{t_o}^{t} G(s,\omega)d\tilde{W}_s(\omega)| > c) \leq \frac{1}{c^2}\int_{t_o}^{t} E|G(s,\omega)|^2 ds;$ (2.5)

(5) $E(\tilde{X}_t(\omega) \cdot \tilde{X}_s(\omega)) = \int_{t_o}^{\min(s,t)} E\{G^2(u,\omega)\}du;$ (2.6)

(6) $\tilde{X}_t(\omega)$ ist ein Martingal;

(7) $\tilde{X}_t(\omega)$ besitzt mit Wahrscheinlichkeit 1 stetige Realisierungen;

(8) $\tilde{X}_t(\omega)$ ist wie $G(s,\omega)$ eine nicht vorgreifende Funktion.

3. Martingal

Seien $\{\tilde{X}_t(\omega),\ t\in[t_o,T]\}$ ein auf dem Wahrscheinlichkeitsraum (Ω,A,p) definierter stochastischer Prozeß, $\{A_t\}_{t\in[t_o,T]}$ eine monoton wachsende Familie von σ-Unteralgebren von A, mit $A_s \subset A_t$ für $t_o \leq s \leq t \leq T$ und $\tilde{X}_t(\omega)$ A_t-meßbar und integrierbar für alle t, dann heißt $\{\tilde{X}_t(\omega),\ A_t\}_{t\in[t_o,T]}$ Martingal, wenn

$$E(\tilde{X}_t(\omega)|A_s) = \tilde{X}_s \qquad ,t_o \leq s \leq t \leq T, \tag{2.7}$$

mit Wahrscheinlichkeit 1 gilt[1].

Durch ein Martingal wird versucht, den Begriff "faires Spiel" abstrakt zu erfassen. Die Folge der Zufallsvariablen $\tilde{X}_1$, $\tilde{X}_2$,... kann als Gewinnfolge eines Spielers nach 1, 2,... Spielen interpretiert werden. Hat der Spieler bereits an n Spielen teilgenommen und ist der Erwartungswert seines Gewinns aus den ersten (n+1) Spielen genauso hoch wie der Gewinn nach dem n-ten Spiel,

---

1) Vgl. dazu Arnold, 1973, S. 40.

gilt also $E(\tilde{X}_{n+1}(\omega)\,|\,\tilde{X}_1,\ldots,\tilde{X}_n)=\tilde{X}_n$, dann kann ein Spiel als fair bezeichnet werden.

4. Lemma von Itô[1]

Ist der stochastische Prozeß $\{\tilde{X}_t(\omega),\ t\in[t_o,T]\}$ durch die stochastische Differentialgleichung

$$d\tilde{X}_t(\omega) = f(t,X_t)dt + g(t,X_t)d\tilde{W}_t(\omega) \tag{2.8}$$

gegeben und sei $U(t,X_t)$ eine auf $[t_o,T]\times\mathbb{R}$ definierte stetige Funktion mit den stetigen partiellen Ableitungen $\partial U/_{\partial t}$, $\partial U/_{\partial \tilde{X}}$ und $\partial^2 U/_{\partial X^2}$, dann läßt sich der stochastische Prozeß $\{\tilde{U}_t(\omega),\ t\in[t_o,T]\}$ durch die folgende stochastische Differentialgleichung darstellen:

$$d\tilde{U}_t(\omega) = \left\{ \frac{\partial U(t,X_t)}{\partial t} + f(t,X_t)\frac{\partial U(t,X_t)}{\partial X} + \frac{1}{2}g^2(t,X_t)\frac{\partial^2 U(t,X_t)}{\partial X^2} \right\} dt + g(t,X_t)\frac{\partial U(t,X_t)}{\partial X_t}d\tilde{W}_t(\omega) \tag{2.9}$$

Eine intuitive Veranschaulichung der Ableitung des Lemmas von Îto, Taylorreihenentwicklung mit Vernachlässigung der Terme höherer Ordnung als dt, findet sich im Anhang von Smith, 1979. Zum mathematischen Beweis vgl. Arnold, 1973, S. 108-112.

1) Vgl. dazu Arnold, 1973, S. 101f.

ANHANG III

1. Transformation der partiellen Differentialgleichung (63)

$$\frac{\partial b_\tau(r,l)}{\partial \tau} = \frac{1}{2}\{\sigma^r(r,l,\tau)\}^2 \frac{\partial^2 b_\tau(r,l)}{\partial r^2}$$
$$+ \sigma^r(r,l,\tau)\sigma^l(r,l,\tau)\rho\frac{\partial^2 b_\tau(r,l)}{\partial r \partial l}$$
$$+ \frac{1}{2}\{\sigma^l(r,l,\tau)\}^2\frac{\partial^2 b_\tau(r,l)}{\partial l^2}$$
$$+ \{\mu^r(r,l,\tau) - \lambda_1(r,l,\tau)\sigma^r(r,l,\tau)\}\frac{\partial b_\tau(r,l)}{\partial r}$$
$$+\left\{\frac{\{\sigma^l(r,l,\tau)\}^2}{l_\tau} + l_\tau^2 - r_\tau l_\tau\right\}\frac{\partial b_\tau(r,l)}{\partial l} - r_\tau b_\tau(r,l) + c \quad (63)$$

Es gilt: $b_\tau(r,l) = \hat{b}_\tau(\hat{r},\hat{l})$ (1.1)

Unter Berücksichtigung der Ableitungen

$$\frac{d\hat{r}}{dr} = -\bar{n}\hat{r}^2 \quad (1.2) \qquad \text{und} \qquad \frac{d\hat{l}}{dl} = -\bar{m}\hat{l}^2 \quad (1.3)$$

ergeben sich:

$$\frac{\partial b_\tau(r,l)}{\partial r} = \frac{\partial \hat{b}_\tau(\hat{r},\hat{l})}{\partial \hat{r}} \cdot \frac{d\hat{r}}{dr} = -\bar{n}\hat{r}^2\frac{\partial \hat{b}_\tau(\hat{r},\hat{l})}{\partial \hat{r}} \quad (1.4)$$

$$\frac{\partial b_\tau(r,l)}{\partial l} = \frac{\partial \hat{b}_\tau(\hat{r},\hat{l})}{\partial \hat{l}} \cdot \frac{d\hat{l}}{dl} = -\bar{m}\hat{l}^2\frac{\partial \hat{b}_\tau(\hat{r},\hat{l})}{\partial \hat{r}} \quad (1.5)$$

$$\frac{\partial^2 b_\tau(r,l)}{\partial r^2} = \frac{\partial}{\partial r}\left(\frac{\partial b_\tau(r,l)}{\partial r}\right) = \frac{\partial}{\partial r}\left(-\bar{n}\hat{r}^2\frac{\partial \hat{b}_\tau(\hat{r},\hat{l})}{\partial \hat{r}}\right)$$
$$= 2\bar{n}^2\hat{r}^3\frac{\partial \hat{b}_\tau(\hat{r},\hat{l})}{\partial \hat{r}} + \bar{n}^2\hat{r}^4\frac{\partial^2 \hat{b}_\tau(\hat{r},\hat{l})}{\partial \hat{r}^2} \quad (1.6)$$

$$\frac{\partial^2 b_\tau(r,l)}{\partial l^2} = \frac{\partial}{\partial l}\left(\frac{\partial b_\tau(r,l)}{\partial r}\right) = \frac{\partial}{\partial l} \; -\left(\bar{m}\hat{l}^2\frac{\partial \hat{b}_\tau(\hat{r},\hat{l})}{\partial \hat{l}}\right)$$

$$= 2\bar{m}^2\hat{l}^3\frac{\partial \hat{b}_\tau(\hat{r},\hat{l})}{\partial \hat{l}} + \bar{m}^2\hat{l}^4\frac{\partial^2 \hat{b}_\tau(\hat{r},\hat{l})}{\partial \hat{l}^2} \tag{1.7}$$

$$\frac{\partial^2 b_\tau(r,l)}{\partial r \partial l} = \frac{\partial}{\partial r}\left(\frac{\partial b_\tau(r,l)}{\partial l}\right) = \frac{\partial}{\partial r}\left(-\,\bar{m}\hat{l}^2\frac{\partial \hat{b}_\tau(\hat{r},\hat{l})}{\partial \hat{l}}\right)$$

$$= \bar{m}\bar{n}\hat{l}^2\hat{r}^2\frac{\partial \hat{b}_\tau(\hat{r},\hat{l})}{\partial \hat{l}\partial \hat{r}} \tag{1.8}$$

Werden diese Ableitungen in die partielle Differentialgleichung (63) eingesetzt, so ergibt sich:

$$\frac{\partial \hat{b}_\tau(\hat{r},\hat{l})}{\partial \tau} = \frac{1}{2}\{\sigma^r(\hat{r},\hat{l},\tau)\}^2\bar{n}^2\hat{r}^4\frac{\partial^2 \hat{b}_\tau(\hat{r},\hat{l})}{\partial \hat{r}^2}$$

$$+ \sigma^r(\hat{r},\hat{l},\tau)\sigma^l(\hat{r},\hat{l},\tau)\rho\bar{n}\bar{m}\hat{r}^2\hat{l}^2\frac{\partial^2 \hat{b}_\tau(\hat{r},\hat{l})}{\partial \hat{r}\partial \hat{l}}$$

$$+ \frac{1}{2}\{\sigma^l(\hat{r},\hat{l},\tau)\}^2\bar{m}^2\hat{l}^4\frac{\partial^2 \hat{b}_\tau(\hat{r},\hat{l})}{\partial \hat{l}^2}$$

$$+ \left\{\{\sigma^r(\hat{r},\hat{l},\tau)\}^2\bar{n}^2\hat{r}^3 - \bar{n}\hat{r}^2\{\mu^r(\hat{r},\hat{l},\tau) - \lambda_1(\hat{r},\hat{l},\tau)\sigma^r(\hat{r},\hat{l},\tau)\}\right\}\frac{\partial \hat{b}_\tau(\hat{r},\hat{l})}{\partial \hat{r}}$$

$$+ \left\{\{\sigma^l(\hat{r},\hat{l},\tau)\}^2\bar{m}^2\hat{l}^3 - \bar{m}\hat{l}^2\left\{\frac{\bar{m}\hat{l}\{\sigma^l(\hat{r},\hat{l},\tau)\}^2}{1-\hat{l}} + \frac{(1-\hat{l})^2}{\bar{m}^2\hat{l}^2} - \frac{(1-\hat{l})(1-\hat{r})}{\bar{n}\bar{m}\hat{r}\hat{l}}\right\}\right\}\frac{\partial \hat{b}_\tau(\hat{r},\hat{l})}{\partial \hat{l}} - \frac{1-\hat{r}}{\bar{n}\hat{r}}\hat{b}_\tau(\hat{r},\hat{l}) + c \tag{1.9}$$

2. Transformation der partiellen Differentialgleichung (80)

$$\frac{\partial b_\tau^E(r)}{\partial \tau} = \frac{1}{2}\{\sigma^r(r,\tau)\}^2 \frac{\partial^2 b_\tau^E(r)}{\partial r^2} + \{\mu^r(r,\tau) - \lambda^E(r,\tau)\sigma^r(r,\tau)\}\frac{\partial b_\tau^E(r)}{\partial r}$$

$$+ r_\tau b_\tau^E(r) + c \qquad (80)$$

Es gilt: $b_\tau^E(r) = \hat{b}_\tau^E(\hat{r})$ (2.1)

Mit den Ableitungen

$$\frac{d\hat{r}}{dr} = -\bar{n}\hat{r}^2 \qquad (2.2)$$

$$\frac{\partial b_\tau^E(r)}{\partial r} = -\bar{n}\hat{r}^2 \frac{\partial \hat{b}_\tau(\hat{r})}{\partial \hat{r}} \qquad (2.3)$$

$$\frac{\partial^2 b_\tau^E(r)}{\partial r^2} = 2\bar{n}^2\hat{r}^3 \frac{\partial \hat{b}_\tau^E(\hat{r})}{\partial \hat{r}} + \bar{n}^2\hat{r}^4 \frac{\partial^2 \hat{b}_\tau^E(\hat{r})}{\partial \hat{r}^2} \qquad (2.4)$$

und der Tatsache, daß der gesamte Definitionsbereich der partiellen Differentialgleichung transformiert wird, ergibt sich:

$$\frac{\partial \hat{b}_\tau^E(\hat{r})}{\partial \tau} = \frac{1}{2}\{\sigma^r(\hat{r},\tau)\}^2 \bar{n}^2\hat{r}^4 \frac{\partial^2 \hat{b}_\tau^E(\hat{r})}{\partial \hat{r}^2}$$

$$+ \left\{ \{\sigma^r(\hat{r},\tau)\}^2 \bar{n}^2\hat{r}^3 - \bar{n}\hat{r}^2\{\mu^r(\hat{r},\tau) - \lambda^E(\hat{r},\tau)\sigma^r(\hat{r},\tau)\} \right\}$$

$$\cdot \frac{\partial \hat{b}_\tau^E(\hat{r})}{\partial \hat{r}} + \frac{\hat{r}^{-1}}{\bar{n}\hat{r}} \hat{b}_\tau^E(\hat{r}) + c \qquad (2.5)$$

3. Ränder der transformierten partiellen Differentialgleichung

3.1 Kurz- und langfristiger Zinssatz als Einflußfaktoren

- $\sigma^1(\hat{r},\hat{l}) = \frac{s(1-\hat{l})}{\bar{m}\hat{l}}, \ \tau > o$

$$\frac{\partial \hat{b}_\tau(\hat{r},\hat{l})}{\partial \tau} = \frac{1}{2}\sigma_1^2 \hat{r}^2 (1-\hat{r})^2 \frac{\partial^2 \hat{b}_\tau(\hat{r},\hat{l})}{\partial \hat{r}^2} + \sigma_1 s \rho \hat{r}(1-\hat{r})\hat{l}(1-\hat{l})$$

$$\cdot \frac{\partial^2 \hat{b}_\tau(\hat{r},\hat{l})}{\partial \hat{r}\partial \hat{l}} + \frac{1}{2}s^2 \hat{l}^2 (1-\hat{l})^2 \frac{\partial^2 \hat{b}_\tau(\hat{r},\hat{l})}{\partial \hat{l}^2}$$

$$+ \left\{ \sigma_1^2 \hat{r}(1-\hat{r})^2 - \bar{n}\hat{r}^2\alpha + \frac{\beta \hat{r}}{\bar{m}\hat{l}}\{(1-\hat{r})\bar{m}\hat{l} - (1-\hat{l})\bar{n}\hat{r}\} \right.$$

$$\left. + \lambda_1 \sigma_1 \hat{r}(1-\hat{r}) \right\} \frac{\partial \hat{b}_\tau(\hat{r},\hat{l})}{\partial \hat{r}} + \left\{ \frac{(1-\hat{l})(1-\hat{r})\hat{l}}{\bar{n}\hat{r}} \right.$$

$$\left. - \frac{(1-\hat{l})^2}{\bar{m}} - s^2 \hat{l}^2 (1-\hat{l}) \right\} \frac{\partial \hat{b}_\tau(\hat{r},\hat{l})}{\partial \hat{l}} + \frac{\hat{r}-1}{\bar{n}\hat{r}} \hat{b}_\tau(\hat{r},\hat{l}) + c \qquad (190)$$

a) Wird Gleichung (190) mit $\bar{n}\hat{r}$ multipliziert und dann $\lim_{\hat{r}\to o,\hat{l}\to 1} \hat{b}_\tau(\hat{r},\hat{l})$ betrachtet, so ergibt sich:

$$o = o + o + o + o + o - \hat{b}_\tau(o,1) + o$$

$$\hat{b}_\tau(o,1) = o \qquad (3.1)$$

b) Wird Gleichung (190) mit $\bar{n}\hat{r}$ multipliziert und dann $\lim_{\hat{r}\to o} \hat{b}_\tau(\hat{r},\hat{l})$ betrachtet, so ergibt sich:

$$o = o + o + o + o + (1-\hat{l})\hat{l} \frac{\partial \hat{b}_\tau(o,\hat{l})}{\partial \hat{l}} - \hat{b}_\tau(o,\hat{l}) + o$$

$$\hat{b}_\tau(o,\hat{l}) = (1-\hat{l})\hat{l} \frac{\partial \hat{b}_\tau(o,\hat{l})}{\partial \hat{l}} \qquad (3.2)$$

Zusammen mit (3.1) und der Tatsache, daß $\hat{b}_\tau(\hat{r},\hat{l}) \geq o$ gilt, lautet die Lösung von (3.2):

$$\hat{b}_\tau(o,\hat{l}) = o \tag{3.3}$$

c) Wird Gleichung (190) mit $\bar{m}\hat{l}$ multipliziert und dann $\lim\limits_{\hat{l}\to o} \hat{b}_\tau(\hat{r},\hat{l})$ betrachtet, so ergibt sich:

$$o = o + o + o - \bar{n}\beta\hat{r}^2 \frac{\partial \hat{b}_\tau(\hat{r},o)}{\partial \hat{r}} + o + o + o$$

$$\frac{\partial \hat{b}_\tau(\hat{r},o)}{\partial \hat{r}} = o \tag{3.4}$$

Zusammen mit $\hat{b}_\tau(o,o) = o$ folgt daraus:

$$\hat{b}_\tau(\hat{r},o) = o \tag{3.5}$$

d) Für $\hat{r}=1$ folgt aus Gleichung (190):

$$\frac{\partial \hat{b}_\tau(1,\hat{l})}{\partial \tau} = \frac{1}{2}s^2\hat{l}^2(1-\hat{l})^2 \frac{\partial^2 \hat{b}_\tau(1,\hat{l})}{\partial \hat{l}^2} - \left\{ \bar{n}\alpha + \frac{\beta\bar{n}(1-\hat{l})}{\bar{m}\hat{l}} \right\} \frac{\partial \hat{b}_\tau(1,\hat{l})}{\partial \hat{r}}$$
$$- \left\{ \frac{(1-\hat{l})^2}{\bar{m}} + s^2\hat{l}^2(1-\hat{l}) \right\} \frac{\partial \hat{b}_\tau(1,\hat{l})}{\partial \hat{l}} + c \tag{3.6}$$

e) Für $\hat{l}=1$ folgt aus Gleichung (190):

$$\frac{\partial \hat{b}_\tau(\hat{r},1)}{\partial \tau} = \frac{1}{2}\sigma_1^2\hat{r}^2(1-\hat{r})^2 \frac{\partial^2 \hat{b}_\tau(\hat{r},1)}{\partial \hat{r}^2} + \left\{ \sigma_1^2\hat{r}(1-\hat{r})^2 - \bar{n}\hat{r}\alpha + \beta\hat{r}(1-\hat{r}) \right.$$
$$\left. + \lambda_1\sigma_1\hat{r}(1-\hat{r}) \right\} \frac{\partial \hat{b}_\tau(\hat{r},1)}{\partial \hat{r}} + \frac{\hat{r}-1}{\bar{n}\hat{r}}\hat{b}_\tau(\hat{r},1) + c \tag{3.7}$$

• $\sigma^1(\hat{r},\hat{l}) = s\sqrt{\frac{(1-\hat{l})}{\bar{m}\hat{l}}}$, $\tau > o$

$$\frac{\partial \hat{b}_\tau(\hat{r},\hat{l})}{\partial \tau} = \frac{1}{2}\sigma_1^2\hat{r}^2(1-\hat{r})^2\frac{\partial^2\hat{b}_\tau(\hat{r},\hat{l})}{\partial \hat{r}^2} + \sigma_1 s\rho\hat{r}(1-\hat{r})\sqrt{\bar{m}\hat{l}^3(1-\hat{l})}$$

$$\cdot\frac{\partial^2\hat{b}_\tau(\hat{r},\hat{l})}{\partial\hat{r}\partial\hat{l}} + \frac{1}{2}s^2\bar{m}\hat{l}^3(1-\hat{l})\frac{\partial^2\hat{b}_\tau(\hat{r},\hat{l})}{\partial\hat{l}^2}$$

$$+ \left\{\sigma_1^2\hat{r}(1-\hat{r})^2 - \bar{n}\hat{r}^2\alpha + \frac{\beta\hat{r}}{\bar{m}\hat{l}}\{(1-\hat{r})\bar{m}\hat{l} - (1-\hat{l})\bar{n}\hat{r}\}\right.$$

$$\left. + \lambda_1\sigma_1\hat{r}(1-\hat{r})\right\}\frac{\partial\hat{b}_\tau(\hat{r},\hat{l})}{\partial\hat{r}}$$

$$+ \left\{\frac{(1-\hat{l})(1-\hat{r})\hat{l}}{\bar{n}\hat{r}} - \frac{(1-\hat{l})^2}{\bar{m}} - s^2\bar{m}\hat{l}^3\right\}\frac{\partial\hat{b}_\tau(\hat{r},\hat{l})}{\partial\hat{l}}$$

$$+ \frac{\hat{r}-1}{\bar{n}\hat{r}}\hat{b}_\tau(\hat{r},\hat{l}) + c \qquad (191)$$

a) Wird Gleichung (191) mit $\bar{n}\hat{r}$ multipliziert und dann $\lim_{\hat{r}\to o,\hat{l}\to 1}\hat{b}_\tau(\hat{r},\hat{l})$ betrachtet, so ergibt sich:

$$o = o + o + o + o + o - \hat{b}_\tau(o,1) + o$$

$$\hat{b}_\tau(o,1) = o \qquad (3.8)$$

b) Wird Gleichung (191) mit $\bar{n}\hat{r}$ multipliziert und dann $\lim_{\hat{r}\to o}\hat{b}_\tau(\hat{r},\hat{l})$ betrachtet, so ergibt sich:

$$o = o + o + o + o + (1-\hat{l})\hat{l}\frac{\partial\hat{b}_\tau(o,\hat{l})}{\partial\hat{l}} - \hat{b}_\tau(o,\hat{l}) + o \qquad (3.9)$$

In Verbindung mit (3.8) und $\hat{b}_\tau(\hat{r},\hat{l}) \geq o$ ergibt sich dann:

$$\hat{b}_\tau(o,\hat{l}) = o \qquad (3.10)$$

c) Wird Gleichung (191) mit $\bar{m}\hat{l}$ multipliziert und dann $\lim_{\hat{l}\to o} \hat{b}_\tau(\hat{r},\hat{l})$ betrachtet, so ergibt sich:

$$o = o + o + o - \beta\bar{n}\hat{r}^2 \frac{\partial \hat{b}_\tau(\hat{r},o)}{\partial \hat{r}} + o + o + o$$

$$\frac{\partial \hat{b}_\tau(\hat{r},o)}{\partial \hat{r}} = o \tag{3.11}$$

Zusammen mit $\hat{b}_\tau(o,o) = o$ folgt aus (3.11):

$$\hat{b}_\tau(\hat{r},o) = o \tag{3.12}$$

d) Für $\hat{r}=1$ folgt aus Gleichung (191):

$$\frac{\partial \hat{b}_\tau(1,\hat{l})}{\partial \tau} = \frac{1}{2}s^2\bar{m}\hat{l}^3(1-\hat{l})\frac{\partial^2 \hat{b}_\tau(1,\hat{l})}{\partial \hat{l}^2} - \left\{\bar{n}\alpha + \frac{\beta\bar{n}(1-\hat{l})}{\bar{m}\hat{l}}\right\}\frac{\partial \hat{b}_\tau(1,\hat{l})}{\partial \hat{r}} - \left\{\frac{(1-\hat{l})^2}{\bar{m}} + s^2\bar{m}\hat{l}^3\right\}\frac{\partial \hat{b}_\tau(1,\hat{l})}{\partial \hat{l}} + c \tag{3.13}$$

e) Für $\hat{l}=1$ folgt aus Gleichung (191):

$$\frac{\partial \hat{b}_\tau(\hat{r},1)}{\partial \tau} = \frac{1}{2}\sigma_1^2\hat{r}^2(1-\hat{r})^2\frac{\partial^2 \hat{b}_\tau(\hat{r},1)}{\partial \hat{r}^2} + \left\{\sigma_1^2\hat{r}(1-\hat{r})^2 - \bar{n}\hat{r}^2\alpha + \beta\hat{r}(1-\hat{r}) + \lambda_1\sigma_1\hat{r}(1-\hat{r})\right\}\frac{\partial \hat{b}_\tau(\hat{r},1)}{\partial \hat{r}} - s^2\bar{m}\frac{\partial \hat{b}_\tau(\hat{r},\hat{l})}{\partial \hat{l}} + \frac{\hat{r}-1}{\bar{n}\hat{r}}\hat{b}_\tau(\hat{r},\hat{l}) + c \tag{3.14}$$

- $\sigma^1(\hat{r},\hat{l}) = s, \ \tau > o$

$$\frac{\partial \hat{b}_\tau(\hat{r},\hat{l})}{\partial \tau} = \frac{1}{2}\sigma_1^2 \hat{r}^2 (1-\hat{r})^2 \frac{\partial^2 \hat{b}_\tau(\hat{r},\hat{l})}{\partial \hat{r}^2} + \sigma_1 s \rho \hat{r}(1-\hat{r})\, \bar{m}\hat{l}^2 \cdot \frac{\partial^2 \hat{b}_\tau(\hat{r},\hat{l})}{\partial \hat{r}\partial \hat{l}} + \frac{1}{2} s^2 \bar{m}^2 \hat{l}^4 \frac{\partial^2 \hat{b}_\tau(\hat{r},\hat{l})}{\partial \hat{l}^2}$$
$$+ \left\{ \sigma_1^2 \hat{r}(1-\hat{r})^2 - \bar{n}\hat{r}^2 \alpha + \frac{\beta \hat{r}}{\bar{m}\hat{l}}\{(1-\hat{r})\bar{m}\hat{l} - (1-\hat{l})\bar{n}\hat{r}\} + \lambda_1 \sigma_1 \hat{r}(1-\hat{r}) \right\} \frac{\partial \hat{b}_\tau(\hat{r},\hat{l})}{\partial \hat{r}} + \left\{ \frac{(1-\hat{l})(1-\hat{r})\hat{l}}{\bar{n}\hat{r}} - \frac{(1-\hat{l})^2}{\bar{m}} - \frac{s^2 \bar{m}^2 \hat{l}^4}{1-\hat{l}} \right\} \frac{\partial \hat{b}_\tau(\hat{r},\hat{l})}{\partial \hat{l}} + \frac{\hat{r}-1}{\bar{n}\hat{r}} \hat{b}_\tau(\hat{r},\hat{l}) + c \qquad (192)$$

a) Wird Gleichung (192) mit $\bar{n}\hat{r}$ multipliziert und dann $\lim_{\hat{r}\to o} \hat{b}_\tau(\hat{r},\hat{l})$ betrachtet, so ergibt sich:

$$o = o + o + o + o + (1-\hat{l})\hat{l}\frac{\partial \hat{b}_\tau(o,\hat{l})}{\partial \hat{l}} - \hat{b}_\tau(o,\hat{l}) + o$$

$$\hat{b}_\tau(o,\hat{l}) = (1-\hat{l})\hat{l}\frac{\partial \hat{b}_\tau(o,\hat{l})}{\partial \hat{l}} \qquad (3.15)$$

Daraus folgt:

$$\lim_{\hat{l}\to o} \hat{b}_\tau(o,\hat{l}) = \hat{b}_\tau(o,o) = o \qquad (3.16)$$

b) Die Gleichung

$$\hat{b}_\tau(o,\hat{l}) = o \qquad (3.17)$$

löst Gleichung (3.15).

c) Wird Gleichung (192) mit $\bar{m}\hat{l}$ multipliziert und dann $\lim_{\hat{l}\to o} \hat{b}_\tau(\hat{r},\hat{l})$ betrachtet, so ergibt sich:

$$o = o + o + o - \beta\bar{n}\hat{r}^2 \frac{\partial\hat{b}_\tau(\hat{r},o)}{\partial\hat{r}} + o + o + o$$

$$\frac{\partial\hat{b}_\tau(\hat{r},o)}{\partial\hat{r}} = o \tag{3.18}$$

Zusammen mit (3.16) folgt daraus:

$$\hat{b}_\tau(\hat{r},o) = o \tag{3.19}$$

d) Für $\hat{r}=1$ folgt aus Gleichung (192):

$$\frac{\partial b_\tau(1,\hat{l})}{\partial\tau} = \frac{1}{2}s^2\bar{m}^2\hat{l}^4 \frac{\partial^2\hat{b}_\tau(1,\hat{l})}{\partial\hat{l}^2} - \left\{\bar{n}\alpha + \frac{\beta\bar{n}(1-\hat{l})}{\bar{m}\hat{l}}\right\} \frac{\partial\hat{b}_\tau(1,\hat{l})}{\partial\hat{r}}$$
$$- \left\{\frac{(1-\hat{l})^2}{\bar{m}} + \frac{s^2\bar{m}^2\hat{l}^4}{1-\hat{l}}\right\} \frac{\partial\hat{b}_\tau(1,\hat{l})}{\partial\hat{l}} + c \tag{3.20}$$

e) Für $\hat{l}=1$ folgt aus Gleichung (192) nach vorheriger Multiplikation mit $(1-\hat{l})$:

$$\frac{\partial\hat{b}_\tau(\hat{r},1)}{\partial\hat{l}} = o \tag{3.21}$$

3.2 Kurzfristiger Zinssatz als Einflußfaktor

- $\sigma^r(\hat{r}) = \sigma_2^r(\hat{r}) = \sigma_2 \frac{1-\hat{r}}{\bar{n}\hat{r}}$

$$\frac{\partial\hat{b}^E_\tau(\hat{r})}{\partial\tau} = \frac{1}{2}\sigma_2^2\hat{r}^2(1-\hat{r})^2 \frac{\partial^2\hat{b}^E_\tau(\hat{r})}{\partial\hat{r}^2}$$
$$+ \left\{\sigma_2^2\hat{r}(1-\hat{r})^2 - \eta\hat{r}\{\nu\bar{n}\hat{r} - 1 + \hat{r}\} + \lambda^E\sigma_2\hat{r}(1-\hat{r})\right\} \frac{\partial\hat{b}^E_\tau(\hat{r})}{\partial\hat{r}}$$
$$+ \frac{\hat{r}-1}{\bar{n}\hat{r}}\hat{b}^E_\tau(\hat{r}) + c \tag{194}$$

a) Wird Gleichung (194) mit $\bar{n}\hat{r}$ multipliziert und dann $\lim_{\hat{r}\to o} \hat{b}_\tau(\hat{r})$ betrachtet, so ergibt sich:

$$o = o + o - \hat{b}^E_\tau(o) + o$$

$$o = \hat{b}^E_\tau(o) \tag{3.22}$$

b) Für $\hat{r}\to 1$ folgt aus Gleichung (194):

$$\frac{\partial \hat{b}^E_\tau(1)}{\partial \tau} = -\eta\nu\bar{n}\frac{\partial \hat{b}^E_\tau(1)}{\partial \hat{r}} + c \tag{3.23}$$

- $\sigma^r(\hat{r}) = \sigma^r_3(\hat{r}) = \sigma_2\sqrt{\frac{1-\hat{r}}{\bar{n}\hat{r}}}$

$$\frac{\partial \hat{b}^E_\tau(\hat{r})}{\partial \tau} = \frac{1}{2}\sigma_2^2\bar{n}\hat{r}^3(1-\hat{r})\frac{\partial^2\hat{b}^E_\tau(\hat{r})}{\partial\hat{r}^2}$$
$$+\left\{\sigma_2^2\hat{r}^2(1-\hat{r})\bar{n} - \bar{n}\hat{r}^2\eta\nu + \eta\hat{r}(1-\hat{r}) + \lambda^E\sigma_2\sqrt{\bar{n}\hat{r}^3(1-\hat{r})}\right\}$$
$$\cdot\frac{\partial\hat{b}^E_\tau(\hat{r})}{\partial\hat{r}} + \frac{\hat{r}-1}{\bar{n}\hat{r}}\hat{b}^E_\tau(\hat{r}) + c \tag{195}$$

a) Wird Gleichung (195) mir $\bar{n}\hat{r}$ multipliziert und dann $\lim_{\hat{r}\to o} \hat{b}^E_\tau(\hat{r})$ betrachtet, so ergibt sich:

$$o = o + o - \hat{b}^E_\tau(o) + o$$

$$\hat{b}^E_\tau(o) = o \tag{3.24}$$

b) Für $\hat{r}\to 1$ folgt aus Gleichung (195):

$$\frac{\partial \hat{b}^E_\tau(1)}{\partial \tau} = -\eta\nu\bar{n}\frac{\partial \hat{b}^E_\tau(1)}{\partial \hat{r}} + c \tag{3.25}$$

• $\sigma^r(\hat{r}) = \sigma_4^r(\hat{r}) = \sigma_2$

$$\frac{\partial \hat{b}_\tau^E(\hat{r})}{\partial \tau} = \frac{1}{2}\sigma_2^2 \bar{n}^2 \hat{r}^4 \frac{\partial^2 \hat{b}_\tau^E(\hat{r})}{\partial \hat{r}^2} + \left\{ \bar{n}\hat{r}^2 \{\sigma_2^2 \bar{n}\hat{r} - \eta\nu + \lambda^E \sigma_2\} + \eta\hat{r}(1-\hat{r}) \right\} \frac{\partial \hat{b}_\tau^E(\hat{r})}{\partial \hat{r}} + \frac{\hat{r}-1}{\bar{n}\hat{r}} \hat{b}_\tau^E(\hat{r}) + c \qquad (196)$$

a) Wird Gleichung (196) mit $\bar{n}r$ multipliziert und dann $\lim_{\hat{r}\to o} \hat{b}_\tau^E(\hat{r})$ betrachtet, so ergibt sich:

$$o = o + o - \hat{b}_\tau^E(o) + o$$

$$\hat{b}_\tau^E(o) = o \qquad (3.26)$$

b) Für $\hat{r}\to 1$ folgt aus Gleichung (196):

$$\frac{\partial \hat{b}_\tau^E(1)}{\partial \tau} = \frac{1}{2}\sigma_2^2 \bar{n}^2 \frac{\partial^2 \hat{b}_\tau^E(1)}{\partial \hat{r}^2} + \left\{ \bar{n}^2 \sigma_2^2 - \eta\nu\bar{n} + \bar{n}\lambda^E \sigma_2 \right\} \frac{\partial \hat{b}_\tau^E(1)}{\partial \hat{r}} + c \qquad (3.27)$$

4. Ermittlung der tridiagonalen Gleichungssysteme

4.1 ADI-Verfahren

Die partielle Differentialgleichung:

$$\frac{\partial \hat{b}_\tau(\hat{r},\hat{l})}{\partial \tau} = a^1(\hat{r},\hat{l}) \frac{\partial^2 \hat{b}_\tau(\hat{r},\hat{l})}{\partial \hat{r}^2} + a^2(\hat{r},\hat{l}) \frac{\partial^2 \hat{b}_\tau(\hat{r},\hat{l})}{\partial \hat{r} \partial \hat{l}} + a^3(\hat{r},\hat{l}) \frac{\partial^2 \hat{b}_\tau(\hat{r},\hat{l})}{\partial \hat{l}^2} + a^4(\hat{r},\hat{l}) \frac{\partial \hat{b}_\tau(\hat{r},\hat{l})}{\partial \hat{r}} + a^5(\hat{r},\hat{l}) \frac{\partial \hat{b}_\tau(\hat{r},\hat{l})}{\partial \hat{l}} + a^6(\hat{r},\hat{l}) \hat{b}_\tau(\hat{r},\hat{l}) + a^7(\hat{r},\hat{l}) \qquad (213)$$

wird durch die folgenden Differenzengleichungen genähert:

4.1.1 1. Zeitschritt (Start vom bekannten Rand $\hat{b}_1(n,o)$, $o \leq n \leq N$)

- $m=1,\ldots,M-1;\ 1 \leq n \leq N-1$

$$\begin{aligned}
\frac{\hat{b}_1(n,m)-\hat{b}_o(n,m)}{\Delta\tau} = {} & a^1(n,m)\frac{\hat{b}_1(n+1,m)-2\hat{b}_1(n,m)+\hat{b}_1(n-1,m)}{(\Delta\hat{r})^2} \\
& + a^2(n,m)\frac{\hat{b}_1(n+1,m)-\hat{b}_1(n+1,m-1)-\hat{b}_1(n-1,m)+\hat{b}_1(n-1,m-1)}{2\Delta\hat{r}\Delta\hat{l}} \\
& + a^3(n,m)\frac{\hat{b}_o(n,m+1)-2\hat{b}_o(n,m)+\hat{b}_o(n,m-1)}{(\Delta\hat{l})^2} \\
& + a^4(n,m)\frac{\hat{b}_1(n+1,m)-\hat{b}_1(n-1,m)}{2\Delta\hat{r}} \\
& + a^5(n,m)\frac{\hat{b}_o(n,m+1)-\hat{b}_o(n,m-1)}{2\Delta\hat{l}} + a^6(n,m)\hat{b}_1(n,m) \\
& + a^7(n,m)
\end{aligned} \tag{4.1}$$

Wird Gleichung (4.1) nach den unbekannten Gitterpunktfunktionswerten aufgelöst, so ergibt sich:

$$\begin{aligned}
& \left\{\frac{a^1(n,m)}{(\Delta\hat{r})^2} - \frac{a^2(n,m)}{2\Delta\hat{r}\Delta\hat{l}} - \frac{a^4(n,m)}{2\Delta\hat{r}}\right\}\hat{b}_1(n-1,m) + \left\{a^6(n,m) - \Delta\tau^{-1} - \frac{2a^1(n,m)}{(\Delta\hat{r})^2}\right\} \\
& \quad \cdot\hat{b}_1(n,m) + \left\{\frac{a^1(n,m)}{(\Delta\hat{r})^2} + \frac{a^2(n,m)}{2\Delta\hat{r}\Delta\hat{l}} + \frac{a^4(n,m)}{2\Delta\hat{r}}\right\}\hat{b}_1(n+1,m) \\
= {} & \left\{\frac{a^5(n,m)}{2\Delta\hat{l}} - \frac{a^3(n,m)}{(\Delta\hat{l})^2}\right\}\hat{b}_o(n,m-1) + \left\{\frac{2a^3(n,m)}{(\Delta\hat{l})^2} - \Delta\tau^{-1}\right\}\hat{b}_o(n,m) \\
& - \left\{\frac{a^3(n,m)}{(\Delta\hat{l})^2} + \frac{a^5(n,m)}{2\Delta\hat{l}}\right\}\hat{b}_o(n,m+1) \\
& + \frac{a^2(n,m)}{2\Delta\hat{r}\Delta\hat{l}}\left\{\hat{b}_1(n+1,m-1) - \hat{b}_1(n-1,m-1)\right\} - a^7(n,m)
\end{aligned} \tag{4.2}$$

Für n=1,...,N-2 werden die bekannten Terme in Gleichung (4.2) durch $Q^1(n,m)$, $Q^2(n,m)$, $Q^3(n,m)$ und $W_1(n,m)$ ersetzt, so daß sich folgende Gleichung ergibt:

$$Q^1(n,m)\hat{b}_1(n-1,m) + Q^2(n,m)\hat{b}_1(n,m) + Q^3(n,m)\hat{b}_1(n+1,m) = W_1(n,m) \qquad (4.$$

Das durch (4.2) für m=1,...,M-1 beschriebene Gleichungssystem besteht aus (N-1) Gleichungen für N Unbekannte $\hat{b}_1(1,m),\dots,\hat{b}_1(N,m)$[1]. Die zu approximierende Differentialgleichung wird jedoch für n=N durch Rückwärtsdifferenzen in $\hat{r}$-Richtung dargestellt, so daß sich $\hat{b}_1(N,m)$ als Funktion von $\hat{b}_1(N-1,m)$, $\hat{b}_1(N-2,m)$ und bereits bekannten Werten darstellen läßt.

$$\begin{aligned}\frac{\hat{b}_1(N,m)-\hat{b}_o(N,m)}{\Delta\tau} = {} & a^1(N,m)\frac{\hat{b}_1(N,m)-2\hat{b}_1(N-1,m)+\hat{b}_1(N-2,m)}{(\Delta\hat{r})^2} \\ & + a^2(N,m)\frac{\hat{b}_1(N,m)-\hat{b}_1(N,m-1)-\hat{b}_1(N-1,m)+\hat{b}_1(N-1,m-1)}{\Delta\hat{r}\cdot\Delta\hat{l}} \\ & + a^3(N,m)\frac{\hat{b}_o(N,m+1)-2\hat{b}_o(N,m)+\hat{b}_o(N,m-1)}{(\Delta\hat{l})^2} \\ & + a^4(N,m)\frac{\hat{b}_1(N,m)-\hat{b}_1(N-1,m)}{\Delta\hat{r}} \\ & + a^5(N,m)\frac{\hat{b}_o(N,m+1)-\hat{b}_o(N,m-1)}{2\Delta\hat{l}} + a^6(N,m)\hat{b}_1(N,m) \\ & + a^7(N,m) \qquad (4.\end{aligned}$$

1) Der Funktionswert für n=o ist bekannt, $\hat{b}_1(o,m)=o$.

Aufgelöst nach $\hat{b}_1(N,m)$:

$$\hat{b}_1(N,m) = \frac{1}{\Delta\tau^{-1} - \frac{a^1(N,m)}{(\Delta\hat{r})^2} - \frac{a^2(N,m)}{\Delta\hat{r}\Delta\hat{l}} - \frac{a^4(N,m)}{\Delta\hat{r}} - a^6(N,m)} \cdot \Bigg\{ \frac{a^1(N,m)}{(\Delta\hat{r})^2}\hat{b}_1(N-2,m)$$

$$-2\left\{\frac{a^1(N,m)}{(\Delta\hat{r})^2} + \frac{a^2(N,m)}{2\Delta\hat{r}\Delta\hat{l}} + \frac{a^4(N,m)}{2\Delta\hat{r}}\right\}\hat{b}_1(N-1,m)$$

$$+ \left\{\frac{a^3(N,m)}{(\Delta\hat{l})^2} - \frac{a^5(N,m)}{2\Delta\hat{l}}\right\}\hat{b}_o(N,m-1) + \left\{\Delta\tau^{-1} - \frac{2a^3(N,m)}{(\Delta\hat{l})^2}\right\}\hat{b}_o(N,m)$$

$$+ \left\{\frac{a^3(N,m)}{(\Delta\hat{l})^2} + \frac{a^5(N,m)}{2\Delta\hat{l}}\right\}\hat{b}_o(N,m+1) + \frac{a^2(N,m)}{\Delta\hat{r}\Delta\hat{l}}\Bigg\{\hat{b}_1(N-1,m-1)$$

$$- \hat{b}_1(N,m-1)\Bigg\} + a^7(N,m)\Bigg\} \qquad (4.5)$$

Wird

$$S(N,m) = \frac{1}{\Delta\tau^{-1} - \frac{a^1(N,m)}{(\Delta\hat{r})^2} - \frac{a^2(N,m)}{\Delta\hat{r}\Delta\hat{l}} - \frac{a^4(N,m)}{\Delta\hat{r}} - a^6(N,m)} \qquad (4.6)$$

definiert und Gleichung (4.6) zusammen mit Gleichung (4.5) in Gleichung (4.2) eingesetzt, so ergibt sich:

$$\Bigg\{ \frac{a^1(N-1,m)}{(\Delta\hat{r})^2} - \frac{a^2(N-1,m)}{2\Delta\hat{r}\Delta\hat{l}} - \frac{a^4(N-1,m)}{2\Delta\hat{r}} + S(N,m)\cdot\frac{a^1(N,m)}{(\Delta\hat{r})^2}$$

$$\left\{\frac{a^1(N-1,m)}{(\Delta\hat{r})^2} + \frac{a^2(N-1,m)}{2\Delta\hat{r}\Delta\hat{l}} + \frac{a^4(N-1,m)}{2\Delta\hat{r}}\right\}\Bigg\}\hat{b}_1(N-2,m)$$

$$+ \Bigg\{ a^6(N-1,m) - \Delta\tau^{-1} - \frac{2a^1(N-1,m)}{(\Delta\hat{r})^2} - 2S(N,m)$$

$$\left\{\frac{a^1(N,m)}{(\Delta\hat{r})^2} + \frac{a^2(N,m)}{2\Delta\hat{r}\Delta\hat{l}} + \frac{a^4(N,m)}{2\Delta\hat{r}}\right\}$$

$$\left\{\frac{a^1(N-1,m)}{(\Delta\hat{r})^2} + \frac{a^2(N-1,m)}{2\Delta\hat{r}\Delta\hat{l}} + \frac{a^4(N-1,m)}{2\Delta\hat{r}}\right\}\Bigg\}\hat{b}_1(N-1,m)$$

$$= \left\{\frac{a^5(N-1,m)}{2\Delta\hat{l}} - \frac{a^3(N-1,m)}{(\Delta\hat{l})^2}\right\}\hat{b}_o(N-1,m-1) + \left\{\frac{2a^3(N-1,m)}{(\Delta\hat{l})^2} - \Delta\tau^{-1}\right\}\hat{b}_o(N-1,m)$$

$$- \left\{\frac{a^3(N-1,m)}{(\Delta\hat{l})^2} + \frac{a^5(N-1,m)}{2\Delta\hat{l}}\right\}\hat{b}_o(N-1,m+1)$$

$$+ \frac{a^2(N-1,m)}{2\Delta\hat{r}\Delta\hat{l}}\left\{\hat{b}_1(N,m-1) - \hat{b}_1(N-2,m-1)\right\} - a^7(N-1,m)$$

$$- S(N,m)\left\{\frac{a^1(N-1,m)}{(\Delta\hat{r})^2} + \frac{a^2(N-1,m)}{2\Delta\hat{r}\Delta\hat{l}} + \frac{a^4(N-1,m)}{2\Delta\hat{r}}\right\}\left\{\left\{\frac{a^3(N,m)}{(\Delta\hat{l})^2} - \frac{a^5(N,m)}{2\Delta\hat{l}}\right\}\right.$$

$$\hat{b}_o(N,m-1) + \left\{\Delta\tau^{-1} - \frac{2a^3(N,m)}{(\Delta\hat{l})^2}\right\}\hat{b}_o(N,m) + \left\{\frac{a^3(N,m)}{(\Delta\hat{l})^2} + \frac{a^5(N,m)}{2\Delta\hat{l}}\right\}\hat{b}_o(N,m+1)$$

$$\left. + \frac{a^2(N,m)}{\Delta\hat{r}\Delta\hat{l}}\left\{\hat{b}_1(N-1,m-1) - \hat{b}_1(N,m-1)\right\} + a^7(N,m)\right\} \qquad (4.7)$$

In Gleichung (4.7) werden die bekannten Werte durch $Q^1(N-1,m)$, $Q^2(N-1,m)$ und $W_1(N-1,m)$ ersetzt, so daß sich Gleichung (4.7) vereinfacht zu:

$$Q^1(N-1,m)\hat{b}_1(N-2,m) + Q^2(N-1,m)\hat{b}_1(N-1,m) = W_1(N-1,m) \qquad (4.8)$$

Unter Berücksichtigung von $Q^3(N-1,m)=o$ ergibt sich aus (4.3) und (4.8) ein aus (N-1) Gleichungen bestehendes tridiagonales Gleichungssystem für (N-1) Unbekannte:

$$Q^1(n,m)\hat{b}_1(n-1,m) + Q^2(n,m)\hat{b}_1(n,m) + Q^3(n,m) = W_1(n,m) \qquad (4.9)$$

für $n=1,\dots,N-1$

• m=M; $1 \leq n \leq N-1$

$$\frac{\hat{b}_1(n,M)-\hat{b}_o(n,M)}{\Delta\tau} = a^1(n,M)\frac{\hat{b}_1(n+1,M) - 2\hat{b}_1(n,M) + \hat{b}_1(n-1,M)}{(\Delta\hat{r})^2}$$

$$+ a^2(n,M)\frac{\hat{b}_1(n+1,M) - \hat{b}_1(n+1,M-1) - \hat{b}_1(n-1,M) + \hat{b}_1(n-1,M-1)}{2\Delta\hat{r}\Delta\hat{l}}$$

$$+ a^3(n,M)\frac{\hat{b}_o(n,M) - 2\hat{b}_o(n,M-1) + \hat{b}_o(n,M-2)}{(\Delta\hat{l})^2}$$

$$+ a^4(n,M)\frac{\hat{b}_1(n+1,M) - \hat{b}_1(n-1,M)}{2\Delta\hat{r}} + a^5(n,M)\frac{\hat{b}_o(n,M) - \hat{b}_o(n,M-1)}{\Delta\hat{l}}$$

$$+ a^6(n,M)\hat{b}_1(n,M) + a^7(n,M) \tag{4.10}$$

Wird Gleichung (4.10) nach den unbekannten Gitterpunktfunktionswerten aufgelöst, so ergibt sich:

$$\left\{\frac{a^1(n,M)}{(\Delta\hat{r})^2} - \frac{a^2(n,M)}{2\Delta\hat{r}\Delta\hat{l}} - \frac{a^4(n,M)}{2\Delta\hat{r}}\right\}\hat{b}_1(n-1,M) + \left\{a^6(n,M) - \Delta\tau^{-1} - \frac{2a^1(n,M)}{(\Delta\hat{r})^2}\right\}$$

$$\hat{b}_1(n,M) + \left\{\frac{a^1(n,M)}{(\Delta\hat{r})^2} + \frac{a^2(n,M)}{2\Delta\hat{r}\Delta\hat{l}} + \frac{a^4(n,M)}{2\Delta\hat{r}}\right\}\hat{b}_1(n+1,M)$$

$$= - \frac{a^3(n,M)}{(\Delta\hat{l})^2}\hat{b}_o(n,M-2) + \left\{\frac{2a^3(n,M)}{(\Delta\hat{l})^2} + \frac{a^5(n,M)}{\Delta\hat{l}}\right\}\hat{b}_o(n,M-1)$$

$$- \left\{\frac{a^5(n,M)}{\Delta\hat{l}} + \frac{a^3(n,M)}{(\Delta\hat{l})^2} + \Delta\tau^{-1}\right\}\hat{b}_o(n,M) + \frac{a^2(n,M)}{2\Delta\hat{r}\Delta\hat{l}}\left\{\hat{b}_1(n+1,M-1) - \hat{b}_1(n-1,M-1)\right\}$$

$$- a^7(n,M) \tag{4.11}$$

Für n=1,...,N-2 werden die bekannten Terme in Gleichung (4.11) durch $Q^1(n,M)$, $Q^2(n,M)$, $Q^3(n,M)$ und $W_1(n,M)$ ersetzt, so daß sich folgende Gleichung ergibt:

$$Q^1(n,M)\hat{b}_1(n-1,M) + Q^2(n,M)\hat{b}_1(n,M) + Q^3(n,M)\hat{b}_1(n+1,M) = W_1(n,M) \tag{4.12}$$

Das durch (4.11) für n=1,...,N-1 beschriebene Gleichungssystem besteht aus (N-1) Gleichungen für N Unbekannte $\hat{b}_1(1,M),\ldots,\hat{b}_1(N,M)$[1]. Die zu approximierende Differentialgleichung wird jedoch für den Eckpunkt (n=N, m=M) durch Rückwärtsableitungen in $\hat{r}$- und $\hat{l}$-Richtung dargestellt, so daß sich $\hat{b}_1(N,M)$ als Funktion von $\hat{b}_1(N-1,M), \hat{b}_1(N-2,M)$ und bereits bekannten Werten darstellen läßt.

$$\begin{aligned}\frac{\hat{b}_1(N,M)-\hat{b}_o(N,M)}{\Delta\tau} = {} & a^1(N,M)\frac{\hat{b}_1(N,M) - 2\hat{b}_1(N-1,M) + \hat{b}_1(N-2,M)}{(\Delta\hat{r})^2} \\ & + a^2(N,M)\frac{\hat{b}_1(N,M) - \hat{b}_1(N,M-1) - \hat{b}_1(N-1,M) + \hat{b}_1(N-1,M-1)}{\Delta\hat{r}\Delta\hat{l}} \\ & + a^3(N,M)\frac{\hat{b}_o(N,M) - 2\hat{b}_o(N,M-1) + \hat{b}_o(N,M-2)}{(\Delta\hat{l})^2} \\ & + a^4(N,M)\frac{\hat{b}_1(N,M) - \hat{b}_1(N-1,M)}{\Delta\hat{r}} + a^5(N,M)\frac{\hat{b}_o(N,M) - \hat{b}_o(N,M-1)}{\Delta\hat{l}} \\ & + a^6(N,M)\hat{b}_1(N,M) + a^7(N,M) \qquad (4.13)\end{aligned}$$

Wird Gleichung (4.13) nach $\hat{b}_1(N,M)$ aufgelöst, so ergibt sich:

$$\begin{aligned}\hat{b}_1(N,M) = {} & \frac{1}{\Delta\tau^{-1} - \frac{a^1(N,M)}{(\Delta\hat{r})^2} - \frac{a^2(N,M)}{\Delta\hat{r}\Delta\hat{l}} - \frac{a^4(N,M)}{\Delta\hat{r}} - a^6(N,M)} \cdot \left\{\frac{a^1(N,M)}{(\Delta\hat{r})^2}\hat{b}_1(N-2,M)\right. \\ & -2\left\{\frac{a^1(N,M)}{(\Delta\hat{r})^2} + \frac{a^2(N,M)}{2\Delta\hat{r}\Delta\hat{l}} + \frac{a^4(N,M)}{2\Delta\hat{r}}\right\}\hat{b}_1(N-1,M) + \frac{a^3(N,M)}{(\Delta\hat{l})^2}\hat{b}_o(N,M-2) \\ & - \left\{\frac{2a^3(N,M)}{(\Delta\hat{l})^2} + \frac{a^5(N,M)}{\Delta\hat{l}}\right\}\hat{b}_o(N,M-1) + \left\{\Delta\tau^{-1} + \frac{a^3(N,M)}{(\Delta\hat{l})^2} + \frac{a^5(N,M)}{\Delta\hat{l}}\right\} \\ & \left.\hat{b}_o(N,M) + \frac{a^2(N,M)}{\Delta\hat{r}\Delta\hat{l}}\left\{\hat{b}_1(N-1,M-1) - \hat{b}_1(N,M-1)\right\} + a^7(N,M)\right\} \qquad (4.14)\end{aligned}$$

---

1) Der Funktionswert für n=o ist bekannt, $\hat{b}_1(o,M)=o$.

Wird Gleichung (4.14) in Gleichung (4.11) eingesetzt, so ergibt sich:

$$\begin{aligned}
&\left\{ \frac{a^1(N-1,M)}{(\Delta\hat{r})^2} - \frac{a^2(N-1,M)}{2\Delta\hat{r}\Delta\hat{l}} - \frac{a^4(N-1,M)}{2\Delta\hat{r}} + S(N,M)\, \frac{a^1(N,M)}{(\Delta\hat{r})^2} \right. \\
&\quad \left. \left\{ \frac{a^1(N-1,M)}{(\Delta\hat{r})^2} + \frac{a^2(N-1,M)}{2\Delta\hat{r}\Delta\hat{l}} + \frac{a^4(N-1,M)}{2\Delta\hat{r}} \right\} \right\} \hat{b}_1(N-2,M) \\
&+ \left\{ a^6(N-1,M) - \Delta\tau^{-1} - \frac{2a^1(N-1,M)}{(\Delta\hat{r})^2} - 2S(N,M) \right. \\
&\quad \left\{ \frac{a^1(N,M)}{(\Delta\hat{r})^2} + \frac{a^2(N,M)}{2\Delta\hat{r}\Delta\hat{l}} + \frac{a^4(N,M)}{2\Delta\hat{r}} \right\} \\
&\quad \left. \left\{ \frac{a^1(N-1,M)}{(\Delta\hat{r})^2} + \frac{a^2(N-1,M)}{2\Delta\hat{r}\Delta\hat{l}} + \frac{a^4(N-1,M)}{2\Delta\hat{r}} \right\} \right\} \hat{b}_1(N-1,M) \\
&= - \frac{a^3(N-1,M)}{(\Delta\hat{l})^2}\, \hat{b}_o(N-1,M-2) + \left\{ \frac{2a^3(N-1,M)}{(\Delta\hat{l})^2} + \frac{a^5(N-1,M)}{\Delta\hat{l}} \right\} \hat{b}_o(N-1,M-1) \\
&\quad - \left\{ \frac{a^3(N-1,M)}{(\Delta\hat{l})^2} + \frac{a^5(N-1,M)}{\Delta\hat{l}} + \Delta\tau^{-1} \right\} \hat{b}_o(N-1,M) + \frac{a^2(N-1,M)}{2\Delta\hat{r}\Delta\hat{l}} \left\{ \hat{b}_1(N,M-1) \right. \\
&\quad \left. - \hat{b}_1(N-2,M-1) \right\} - a^7(N-1,M) - S(N,M) \left\{ \frac{a^1(N-1,M)}{\Delta\hat{r}} + \frac{a^2(N-1,M)}{2\Delta\hat{r}\Delta\hat{l}} + \frac{a^4(N-1,M)}{2\Delta\hat{r}} \right\} \\
&\quad \left\{ \frac{a^3(N,M)}{(\Delta\hat{l})^2} \hat{b}_o(N,M-2) - \left\{ \frac{2a^3(N,M)}{(\Delta\hat{l})^2} + \frac{a^5(N,M)}{\Delta\hat{l}} \right\} \hat{b}_o(N,M-1) \right. \\
&\quad + \left\{ \frac{a^3(N,M)}{(\Delta\hat{l})^2} + \frac{a^5(N,M)}{\Delta\hat{l}} + \Delta\tau^{-1} \right\} \hat{b}_o(N,M) + \frac{a^2(N,M)}{\Delta\hat{r}\Delta\hat{l}} \left\{ \hat{b}_1(N-1,M-1) \right. \\
&\quad \left. \left. - \hat{b}_1(N,M-1) \right\} + a^7(N,M) \right\}
\end{aligned} \tag{4.15}$$

In Gleichung (4,15) werden die bekannten Werte durch $Q^1(N-1,M)$, $Q^2(N-1,M)$ und $W_1(N-1,M)$ ersetzt, so daß sich Gleichung (4.15) vereinfacht zu:

$$Q^1(N-1,M)\hat{b}_1(N-2,M) + Q^2(N-1,M)\hat{b}_1(N-1,M) = W_1(N-1,M) \tag{4.16}$$

Unter Berücksichtigung von $Q^3(N-1,M)=o$ ergibt sich aus (4.12) und (4.16) ein aus (N-1) Gleichungen bestehendes tridiagonales Gleichungssystem für (N-1) Unbekannte:

$$Q^1(n,M)\hat{b}_1(n-1,M) + Q^2(N,M)\hat{b}_1(n,M) + Q^3(n,M)\hat{b}_1(n+1,M) = W_1(n,M) \qquad (4.17)$$

$$\text{für} \quad n=1,\dots,N-1$$

4.1.2 2. Zeitschritt (Start vom bekannten Rand $\hat{b}_2(o,m)$, $o \leq m \leq M$

Gegenüber dem ersten Zeitschritt werden die Einflußvariablen $\hat{r}$ und $\hat{l}$ im zweiten Zeitschritt vertauscht. Ansonsten verlaufen alle im ersten Zeitschritt angestellten Überlegungen im zweiten analog.

Das im ersten Zeitschritt für m=1,...,M ermittelte tridiagonale lineare Gleichungssystem[1)]

$$Q^1(n,m)\hat{b}_1(n-1,m) + Q^2(n,m)\hat{b}_1(n,m) + Q^3(n,m)\hat{b}_1(n+1,m) = W_1(n,m) \qquad (214)$$

$$\text{für} \quad n=1,\dots,N-1$$

wird im zweiten Zeitschritt für n=1,...,N durch das tridiagonale lineare Gleichungssystem

$$Z^1(n,m)\hat{b}_2(n,m-1) + Z^2(n,m)\hat{b}_2(n,m) + Z^3(n,m)\hat{b}_2(n,m+1) = V_2(n,m) \qquad (215)$$

$$\text{für} \quad m=1,\dots,M-1$$

ersetzt. Die Parameter des Gleichungssystems (215), $Z^1(n,m)$, $Z^2(n,m)$, $Z^3(n,m)$ und $V_2(n,m)$, erhält man dabei aus den Parametern des Gleichungssystems (214), $Q^1(n,m)$, $Q^2(n,m)$, $Q^3(n,m)$ und $W_1(n,m)$, indem die Größen n und m, $a^1(n,m)$ und $a^3(n,m)$, $a^4(n,m)$ und $a^5(n,m)$ vertauscht werden und der Index, der den Zeitschritt charakterisiert, um 1 erhöht wird.

---

1) Vgl. dazu Gleichungen (4.9) und (4.17).

4.2 Implizites Verfahren für das vereinfachte Bewertungsmodell

Für die partielle Differentialgleichung

$$\frac{\partial \hat{b}_\tau^E(\hat{r})}{\partial \tau} = a^1(\hat{r})\frac{\partial^2 \hat{b}_\tau^E(\hat{r})}{\partial \hat{r}^2} + a^4(\hat{r})\frac{\partial \hat{b}_\tau^E(\hat{r})}{\partial \hat{r}} + a^6(\hat{r})\hat{b}_\tau^E(\hat{r}) + a^7(\hat{r}) \qquad (216)$$

werden die folgenden Differenzendarstellungen gewählt:

- $k=1,\dots,K;\ 1 \leq n \leq N-1$

$$\frac{\hat{b}_k^E(n)-\hat{b}_{k-1}^E(n)}{\Delta\tau} = a^1(n)\frac{\hat{b}_k^E(n+1) - 2\hat{b}_k^E(n) + \hat{b}_k^E(n-1)}{(\Delta\hat{r})^2} + a^4(n)\frac{\hat{b}_k^E(n+1) - \hat{b}_k^E(n-1)}{2\Delta\hat{r}}$$

$$+ a^6(n)\hat{b}_k^E(n) + a^7(n) \qquad (4.18)$$

Wird Gleichung (4.18) nach den unbekannten Gitterpunktfunktionswerten aufgelöst, so ergibt sich:

$$\left\{\frac{a^1(n)}{(\Delta\hat{r})^2} - \frac{a^4(n)}{2\Delta\hat{r}}\right\}\hat{b}_k^E(n-1) + \left\{a^6(n) - \frac{2a^1(n)}{(\Delta\hat{r})^2} - \Delta\tau^{-1}\right\}\hat{b}_k^E(n) + \left\{\frac{a^1(n)}{(\Delta\hat{r})^2} + \frac{a^4(n)}{2\Delta\hat{r}}\right\}\hat{b}_k^E(n+1)$$

$$= -\Delta\tau^{-1}\hat{b}_{k-1}^E(n) - a^7(n) \qquad (4.19)$$

Für n=1,...,N-2 werden die bekannten Terme in Gleichung (4.19) durch $U^1(n)$, $U^2(n)$, $U^3(n)$ und $Y_k(n)$ ersetzt, so daß sich folgende Gleichung ergibt:

$$U^1(n)\hat{b}_k^E(n-1) + U^2(n)\hat{b}_k^E(n) + U^3(n)\hat{b}_k^E(n+1) = Y_k(n) \qquad (4.20)$$

Das durch (4.18) beschriebene Gleichungssystem besteht aus (N-1) Gleichungen für N Unbekannte $\hat{b}_k^E(1),\dots,\hat{b}_k^E(N)$[1]. Die zu approximierende Differentialgleichung wird jedoch für n=N durch Rückwärtsdifferenzen dargestellt, so daß sich $\hat{b}_k^E(N)$ als Funktion von $\hat{b}_k^E(N-1)$, $\hat{b}_k^E(N-2)$ und bereits bekannten Werten darstellen läßt.

---

1) Der Funktionswert für n=o ist bekannt, $\hat{b}_k^E(o)=o$.

$$\frac{\hat{b}_k^E(N)-\hat{b}_{k-1}^E(N)}{\Delta\tau} = a^1(N)\frac{\hat{b}_k^E(N) - 2\hat{b}_k^E(N-1) + \hat{b}_k^E(N-2)}{(\Delta\hat{r})^2} + a^4(n)\frac{\hat{b}_k^E(N) - \hat{b}_k^E(N-1)}{\Delta\hat{r}}$$

$$+ a^6(N)\hat{b}_k^E(N) + a^7(N) \qquad (4.21)$$

Aufgelöst nach $\hat{b}_k^E(N)$ ergibt sich:

$$\hat{b}_k^E(N) = \frac{1}{\Delta\tau^{-1} - \frac{a^1(N)}{(\Delta\hat{r})^2} - \frac{a^4(N)}{\Delta\hat{r}} - a^6(N)} \cdot \left\{\frac{a^1(N)}{(\Delta\hat{r})^2}\hat{b}_k^E(N-2) - 2\left\{\frac{a^1(N)}{(\Delta\hat{r})^2} + \frac{a^4(N)}{2\Delta\hat{r}}\right\}\right.$$

$$\left.\hat{b}_k^E(N-1) + \Delta\tau^{-1}\hat{b}_{k-1}^E(N) + a^7(N)\right\} \qquad (4.22)$$

Wird Gleichung (4.22) in Gleichung (4.19) für n=N-1 eingesetzt, so ergibt sich die folgende Gleichung:

$$\left\{\frac{a^1(N-1)}{(\Delta\hat{r})^2} - \frac{a^4(N-1)}{2\Delta\hat{r}} + \frac{\left\{\frac{a^1(N)}{(\Delta\hat{r})^2}\frac{a^1(N-1)}{(\Delta\hat{r})^2} + \frac{a^4(N-1)}{2\Delta\hat{r}}\right\}}{\Delta\tau^{-1} - \frac{a^1(N)}{(\Delta\hat{r})^2} - \frac{a^4(N)}{\Delta\hat{r}} - a^6(N)}\right\}\hat{b}_k^E(N-2)$$

$$+ \left\{a^6(N-1) - \frac{2a^1(N-1)}{(\Delta\hat{r})^2} - \Delta\tau^{-1} - \frac{2\left\{\frac{a^1(N)}{(\Delta\hat{r})^2} + \frac{a^4(N)}{2\Delta\hat{r}}\right\}\left\{\frac{a^1(N-1)}{(\Delta\hat{r})^2} + \frac{a^4(N-1)}{2\Delta\hat{r}}\right\}}{\Delta\tau^{-1} - \frac{a^1(N)}{(\Delta\hat{r})^2} - \frac{a^4(N)}{\Delta\hat{r}} - a^6(N)}\right\}\hat{b}_k^E(N-1)$$

$$= - \Delta\tau^{-1}\hat{b}_{k-1}^E(N-1) - a^7(N-1) - \frac{\left\{\frac{a^1(N-1)}{(\Delta\hat{r})^2} + \frac{a^4(N-1)}{2\Delta\hat{r}}\right\}\left\{\Delta\tau^{-1}\hat{b}_{k-1}^E(N) + a^7(N)\right\}}{\Delta\tau^{-1} - \frac{a^1(N)}{(\Delta\hat{r})^2} - \frac{a^4(N)}{\Delta\hat{r}} - a^6(N)}$$

(4.23)

Werden die bekannten Terme in Gleichung (4.23) durch $U^1(N-1)$, $U^2(N-1)$ und $Y_k(N-1)$ ersetzt, so ergibt sich:

$$U^1(N-1)\hat{b}_k^E(N-2) + U^2(N-1)\hat{b}_k^E(N-1) = Y_k(N-1) \qquad (4$$

Unter Berücksichtigung von $U^3(N-1)=o$ ergibt sich aus (4.20) und (4.24) ein aus (N-1) Gleichungen bestehendes tridiagonales Gleichungssystem für (N-1) Unbekannte:

$$U^1(n)\hat{b}_k^E(n-1) + U^2(n)\hat{b}_k^E(n) + U^3(n)\hat{b}_k^E(n+1) = Y_k(n) \qquad (4.25)$$

ANHANG IV

1. Referenzportefeuille

Wertpapier-Kenn Nr.	Emittent	Nominalverzinsung [%]	Zinstermine	Rückzahlungskurs [%]	Laufzeit	Teilzeiträume, während denen Wertpapier im Referenzportefeuille enthalten ist 1. u.2. Drittel	2. Drittel	3. Drittel
110 005	Bund[1]	6	01.11. 01.05.	100	1962-72	1- 17	-	-
110 027	Bund	6	01.10.	100	1964-74	1-117	-	-
110 024	Bund	6	01.10.	100	1963-75	1-169	-	-
110 028	Bund	6	01.02.	100	1965-77	1-234	174-234	-
116 018	Post[2]	6,5	08.01. 01.07.	100	1967-78	1-286	174-286	-
115 028	Bahn[3]	6	01.03.	100	1969-79	1-347	174-347	-
115 029	Bahn	8	01.03. 01.09.	100	1970-80	1-347	174-347	348-395
116 026	Post	7,5	01.02.	100	1971-81	1-343	174-343	348-447
116 028	Post	7,5	01.02.	100	1972-82	31-347	174-347	348-500
115 041	Bahn	9,5	01.02.	100	1974-83	118-347	174-347	348-521
115 035	Bahn	7,5	01.02.	100	1972-84	135-347	174-347	348-521
115 038	Bahn	8,5	01.02.	100	1973-85	192-347	192-347	348-521
115 034	Bahn	7,75	01.11.	100	1971-82	83-117	-	-
110 045	Bund	8,5	01.03.	100	1973-85	244-247	244-247	-
110 069	Bund	8	01.10.	100	1976-85	248-347	248-347	-
110 070	Bund	7,25	01.12	100	1976-86	296-347	296-347	-
116 030	Post	8	01.09.	100	1972-87	344-347	344-347	-
116 011	Post	6	01.11. 01.05.	100	1963-73	1- 13 18- 65	-	-
110 032	Bund	7	01.02. 01.08.	100	1966-76	14- 30 66- 82 118-134 170-186	- - - 174-186	- - - -
110 035	Bund	6,5	01.04. 01.10.	100	1968-78	27- 34 79- 87 131-139 183-191 235-243 287-295	- - - 183-191 235-243 287-295	- - - - - -
110 079	Bund	5,5	01.03.	100	1978-86	-	-	348-521
110 072	Bund	7,25	02.01.	100	1976-87	-	-	348-521
110 078	Bund	6	02.01.	100	1978-88	-	-	348-521
110 090	Bund	6,75	02.01.	100	1979-89	-	-	396-521
115 052	Bahn	6	01.02.	100	1978-90	-	-	448-521
113 402	Bund	8,25	01.11.	100	1980-90	-	-	501-521

Tabelle A2: Gesamtfällige Wertpapiere des Referenzportefeuilles

---

1) Bundesrepublik Deutschland.

2) Deutsche Bundespost.

3) Deutsche Bundesbahn.

2. Monotonieverhalten des Wertpapierkurses bei kurz- und langfristigem Zinssatz als Einflußfaktoren

ZWEITES DRITTEL - $s\sqrt{T}$

l \ r	Restlaufzeit T = 0,9615 Jahre					Restlaufzeit T = 3,4615 Jahre				
	1,68 %	5,61 %	8,86 %	12,02 %	16,83 %	1,68 %	5,61 %	8,86 %	12,02 %	16,83 %
λ_1=-2,0	103,41	99,27	96,04	93,08	89,01	102,79	85,07	73,50	64,34	53,57
λ_1=-1,2	103,67	100,02	97,17	94,54	90,92	108,40	96,27	87,65	80,32	71,05
5,61 % λ_1=-0,8	103,79	100,36	97,67	95,19	91,77	110,32	100,20	92,84	86,44	78,16
λ_1=-0,4	103,90	100,66	98,13	95,78	92,56	111,82	103,32	97,01	91,44	84,11
λ_1= 0	104,00	100,94	98,55	96,34	93,28	113,01	105,79	100,35	95,50	89,03
λ_1=-2,0	103,18	99,05	95,83	92,87	88,82	99,22	82,35	71,31	62,54	52,21
λ_1=-1,2	103,46	99,82	96,98	94,35	90,75	105,61	93,95	85,63	78,55	69,59
6,89 % λ_1=-0,8	103,59	100,16	97,48	95,01	91,60	107,83	98,08	90,95	84,75	76,72
λ_1=-0,4	103,70	100,47	97,95	95,61	92,39	109,60	101,37	95,26	89,84	82,72
λ_1= 0	103,81	100,77	98,38	96,17	93,12	111,01	104,01	98,72	94,00	87,70
λ_1=-2,0	102,95	98,84	95,63	92,67	88,63	95,81	79,75	69,21	60,82	50,91
λ_1=-1,2	103,25	99,62	96,78	94,17	90,57	102,90	91,69	83,67	76,84	68,17
8,14 % λ_1=-0,8	103,39	99,97	97,30	94,83	91,43	105,40	96,00	89,11	83,10	75,31
λ_1=-0,4	103,51	100,29	97,77	95,44	92,22	107,41	99,46	93,53	88,28	81,35
λ_1= 0	103,63	100,59	98,21	96,00	92,96	109,04	102,25	97,12	92,52	86,38
λ_1=-2,0	102,72	98,61	95,41	92,47	88,43	92,36	77,12	67,08	59,07	49,59
λ_1=-1,2	103,04	99,42	96,58	93,97	90,39	100,13	89,37	81,67	75,08	66,72
9,44 % λ_1=-0,8	103,18	99,77	97,10	94,64	91,25	102,91	93,86	87,21	81,40	73,86
λ_1=-0,4	103,31	100,10	97,58	95,26	92,05	105,16	97,49	91,75	86,65	79,94
λ_1= 0	103,43	100,40	98,03	95,83	92,79	106,98	100,42	95,45	90,98	85,02
λ_1=-2,0	102,44	98,36	95,16	92,23	88,20	88,49	74,17	64,69	57,11	48,10
λ_1=-1,2	102,79	99,18	96,36	93,75	90,17	96,97	86,73	79,38	73,08	65,06
10,99 % λ_1=-0,8	102,94	99,54	96,88	94,43	91,05	100,05	91,40	85,03	79,46	72,21
λ_1=-0,4	103,08	99,88	97,37	95,05	91,86	102,56	95,21	89,69	84,79	78,31
λ_1= 0	103,21	100,19	97,82	95,63	92,60	104,61	98,31	93,51	89,20	83,44
	Restlaufzeit T = 6,1538 Jahre					Restlaufzeit T = 8,6538 Jahre				
λ_1=-2,0	84,67	59,49	46,89	38,51	30,02	62,95	42,59	33,65	28,03	22,52
λ_1=-1,2	106,26	89,04	77,73	68,71	57,98	100,09	82,25	70,86	61,95	51,59
5,61 % λ_1=-0,8	112,74	99,30	89,85	81,89	71,92	112,09	98,36	88,64	80,45	70,20
λ_1=-0,4	117,33	106,75	99,01	92,26	83,51	120,26	109,72	101,88	94,97	85,94
λ_1= 0	120,63	112,12	105,73	100,04	92,51	125,87	117,53	111,15	105,40	97,72
λ_1=-2,0	75,37	54,40	43,56	36,20	28,62	52,96	38,10	30,99	26,31	21,55
λ_1=-1,2	98,52	83,32	73,19	65,03	55,24	88,14	73,91	64,50	56,98	48,06
6,89 % λ_1=-0,8	105,97	93,91	85,33	78,04	68,86	101,14	89,84	81,64	74,61	65,68
λ_1=-0,4	111,41	101,80	94,70	88,47	80,35	110,47	101,64	94,92	88,92	80,97
λ_1= 0	115,42	107,61	101,71	96,43	89,40	117,14	110,03	104,51	99,48	92,66
λ_1=-2,0	67,71	50,07	40,67	34,16	27,35	46,09	34,71	28,87	24,89	20,71
λ_1=-1,2	91,52	78,09	69,02	61,63	52,69	78,37	66,90	59,07	52,67	44,94
8,14 % λ_1=-0,8	99,68	88,86	81,08	74,42	65,96	91,62	82,33	75,41	69,36	61,57
λ_1=-0,4	105,77	97,08	90,58	84,85	77,32	101,58	94,23	88,51	83,31	76,34
λ_1= 0	110,36	103,24	97,81	92,93	86,38	108,89	102,95	98,23	93,85	87,85
λ_1=-2,0	60,92	46,13	37,99	32,26	26,15	40,76	31,89	27,06	23,64	19,95
λ_1=-1,2	84,82	73,05	64,97	58,32	50,19	69,79	60,61	54,12	48,70	42,03
9,44 % λ_1=-0,8	93,47	83,86	76,86	70,82	63,07	82,82	75,29	69,52	64,37	57,63
λ_1=-0,4	100,11	92,31	86,43	81,18	74,26	92,99	87,03	82,25	77,82	71,78
λ_1= 0	105,18	98,77	93,82	89,33	83,29	100,65	95,84	91,91	88,19	83,01
λ_1=-2,0	54,11	42,07	35,20	30,25	24,86	35,92	29,19	25,26	22,38	19,17
λ_1=-1,2	77,63	64,69	60,56	54,69	47,44	61,25	54,21	49,02	44,57	38,96
10,99 % λ_1=-0,8	86,64	78,34	72,19	66,81	59,85	73,66	67,88	63,26	59,04	53,38
λ_1=-0,4	93,74	86,95	81,74	77,05	70,80	83,71	79,20	75,41	71,81	66,77
λ_1= 0	99,25	93,65	89,26	85,23	79,75	91,43	87,88	84,82	81,84	77,56

Tabelle A3: Kurse einer gesamtfälligen Anleihe für verschiedene Marktpreise des kurzfristigen Risikos (Prozeßparameter: zweites Drittel; Momentanstandardabweichung: $s\sqrt{T}$)

DRITTES DRITTEL - $s\sqrt{1}$		Restlaufzeit T = 0,9615 Jahre					Restlaufzeit T = 3,4615 Jahre				
l \ r		1,68 %	5,61 %	8,86 %	12,02 %	16,83 %	1,68 %	5,61 %	8,86 %	12,02 %	16,83 %
5,61 %	$\lambda_1=-2{,}0$	103,65	99,78	96,76	93,97	90,14	107,60	92,44	81,91	73,14	62,33
	$\lambda_1=-1{,}2$	103,76	100,09	97,23	94,58	90,95	109,63	96,87	87,74	79,95	70,08
	$\lambda_1=-0{,}8$	103,81	100,24	97,45	94,88	91,33	110,48	98,75	90,26	82,94	73,57
	$\lambda_1=-0{,}4$	103,86	100,38	97,67	95,16	91,70	111,24	100,42	92,54	85,67	76,79
	$\lambda_1=0$	103,91	100,52	97,88	95,43	92,06	111,93	101,94	94,60	88,16	79,76
6,89 %	$\lambda_1=-2{,}0$	103,57	99,70	96,68	93,89	90,07	106,34	91,44	81,06	72,42	61,76
	$\lambda_1=-1{,}2$	103,68	100,01	97,15	94,51	90,88	108,51	95,94	86,94	79,25	69,51
	$\lambda_1=-0{,}8$	103,73	100,17	97,38	94,81	91,26	109,42	97,86	89,48	82,25	72,99
	$\lambda_1=-0{,}4$	103,78	100,31	97,60	95,09	91,63	110,24	99,57	91,78	85,00	76,22
	$\lambda_1=0$	103,83	100,45	97,81	95,36	91,99	110,97	101,12	93,87	87,50	79,20
8,14 %	$\lambda_1=-2{,}0$	103,48	99,62	96,60	93,82	90,00	105,10	90,44	80,22	71,71	61,20
	$\lambda_1=-1{,}2$	103,60	99,94	97,08	94,44	90,81	107,39	95,01	86,14	78,55	68,94
	$\lambda_1=-0{,}8$	103,65	100,09	97,31	94,74	91,20	108,36	96,97	88,70	81,57	72,43
	$\lambda_1=-0{,}4$	103,70	100,24	97,53	95,02	91,57	109,23	98,72	91,03	84,33	75,66
	$\lambda_1=0$	103,76	100,38	97,74	95,29	91,93	110,01	100,30	93,14	86,85	78,64
9,44 %	$\lambda_1=-2{,}0$	103,40	99,54	96,52	93,74	89,93	103,79	89,39	79,34	70,96	60,61
	$\lambda_1=-1{,}2$	103,51	99,86	97,00	94,37	90,74	106,21	94,04	85,30	77,82	68,34
	$\lambda_1=-0{,}8$	103,57	100,01	97,23	94,66	91,13	107,24	96,03	87,88	80,85	71,83
	$\lambda_1=-0{,}4$	103,62	100,16	97,45	94,95	91,50	108,16	97,82	91,83	83,62	75,06
	$\lambda_1=0$	103,68	100,30	97,67	95,22	91,86	109,00	99,43	92,37	86,15	78,05
10,99 %	$\lambda_1=-2{,}0$	103,30	99,44	96,43	93,66	89,84	102,27	88,17	78,32	70,10	59,93
	$\lambda_1=-1{,}2$	103,42	99,77	96,92	94,28	90,66	104,83	92,90	84,32	76,97	67,64
	$\lambda_1=-0{,}8$	103,48	99,92	97,15	94,58	91,05	105,92	94,93	86,93	80,01	71,13
	$\lambda_1=-0{,}4$	103,52	100,07	97,37	94,86	91,42	106,90	96,76	89,30	82,80	74,37
	$\lambda_1=0$	103,58	100,21	97,58	95,14	91,78	107,79	98,42	91,46	85,35	77,36
		Restlaufzeit T = 6,1538 Jahre					Restlaufzeit T = 8,6538				
5,61 %	$\lambda_1=-2{,}0$	101,81	76,48	61,60	50,81	39,24	88,92	60,39	46,21	37,10	28,26
	$\lambda_1=-1{,}2$	109,77	89,60	76,43	66,02	53,86	105,36	81,58	67,08	56,26	44,32
	$\lambda_1=-0{,}8$	112,84	94,95	82,83	72,97	61,07	111,56	90,64	77,02	66,31	53,87
	$\lambda_1=-0{,}4$	115,44	99,54	88,49	79,27	67,86	116,65	98,36	85,90	75,70	63,37
	$\lambda_1=0$	117,64	103,47	93,42	84,87	74,09	120,82	104,81	93,56	84,08	72,26
6,89 %	$\lambda_1=-2{,}0$	97,88	73,98	59,85	49,55	38,44	82,50	57,21	44,33	35,92	27,64
	$\lambda_1=-1{,}2$	106,32	87,13	74,53	64,53	52,81	99,26	77,74	64,39	54,32	43,09
	$\lambda_1=-0{,}8$	109,62	92,54	80,92	71,42	59,93	105,77	86,70	74,10	64,09	52,36
	$\lambda_1=-0{,}4$	112,43	97,23	86,59	77,69	66,66	111,19	94,44	82,85	73,30	61,65
	$\lambda_1=0$	114,82	101,24	91,56	83,30	72,85	115,68	100,96	90,47	81,56	70,38
8,14 %	$\lambda_1=-2{,}0$	94,05	71,56	58,15	48,32	37,67	76,63	54,27	42,57	34,80	27,05
	$\lambda_1=-1{,}2$	102,90	84,69	72,65	63,07	51,78	93,39	74,04	61,80	52,44	41,91
	$\lambda_1=-0{,}8$	106,40	90,15	79,02	69,89	58,81	100,08	82,85	71,24	61,93	50,90
	$\lambda_1=-0{,}4$	109,39	94,90	84,69	76,13	65,46	105,70	90,54	79,84	70,92	59,96
	$\lambda_1=0$	111,96	99,00	89,69	81,72	71,61	110,40	97,09	87,38	79,05	68,51
9,44 %	$\lambda_1=-2{,}0$	90,10	69,08	56,40	47,06	36,88	70,96	51,39	40,84	33,69	26,45
	$\lambda_1=-1{,}2$	99,30	82,15	70,71	61,54	50,70	87,38	70,29	59,16	50,53	40,70
	$\lambda_1=-0{,}8$	102,97	87,63	77,03	68,29	57,63	94,09	78,86	68,30	59,69	49,39
	$\lambda_1=-0{,}4$	106,13	92,43	82,69	74,48	64,21	99,78	86,41	76,69	68,44	58,19
	$\lambda_1=0$	108,85	96,60	87,70	80,05	70,30	104,54	92,89	84,09	76,40	66,55
10,99 %	$\lambda_1=-2{,}0$	85,56	66,23	54,41	45,63	35,98	64,81	48,24	38,92	32,46	25,79
	$\lambda_1=-1{,}2$	95,03	79,18	68,45	59,78	49,46	80,53	66,02	56,17	48,37	39,33
	$\lambda_1=-0{,}8$	98,86	84,67	74,71	66,43	56,26	87,05	74,23	64,91	57,13	47,66
	$\lambda_1=-0{,}4$	102,16	89,49	80,34	72,55	62,75	92,61	81,51	72,99	65,56	56,15
	$\lambda_1=0$	105,02	93,70	85,34	78,08	68,77	97,25	87,77	80,14	73,26	64,25

Tabelle A4: Kurse einer gesamtfälligen Anleihe für verschiedene Marktpreise des kurzfristigen Risikos (Prozeßparameter: drittes Drittel; Momentanstandardabweichung: $s\sqrt{1}$)

ERSTES DRITTEL - s $\sqrt{1}$											
l \ r		Restlaufzeit T = 0,9615 Jahre					Restlaufzeit T = 3,4615 Jahre				
		1,68 %	5,61 %	8,86 %	12,02 %	16,83 %	1,68 %	5,61 %	8,86 %	12,02 %	16,83 %
5,61 %	λ_1=-2,0	100,18	93,34	88,76	84,96	80,17	72,91	63,81	58,96	55,34	51,16
	λ_1=-1,2	102,93	99,45	96,91	94,68	91,74	103,71	98,68	95,35	92,55	89,01
	λ_1=-0,8	103,63	101,05	99,13	97,42	95,13	110,17	106,85	104,48	102,42	99,71
	λ_1=-0,4	104,10	102,13	100,63	99,28	97,46	113,53	111,23	109,51	107,98	105,93
	λ_1= 0	104,42	102,87	101,67	100,58	99,09	115,38	113,68	112,36	111,17	109,55
6,89 %	λ_1=-2,0	98,23	91,66	87,24	83,56	78,91	60,78	54,40	50,75	47,94	44,62
	λ_1=-1,2	101,75	98,37	95,89	93,70	90,82	94,79	90,69	87,89	85,51	82,46
	λ_1=-0,8	102,67	100,16	98,28	96,59	94,35	103,52	100,65	98,57	96,75	94,34
	λ_1=-0,4	103,30	101,37	99,90	98,58	96,79	108,52	106,45	104,90	103,50	101,63
	λ_1= 0	103,75	102,22	101,04	99,97	98,50	111,47	109,89	108,68	107,57	106,07
8,14 %	λ_1=-2,0	96,38	90,06	85,79	82,21	77,71	52,90	48,00	45,08	42,79	40,04
	λ_1=-1,2	100,62	97,32	94,90	92,76	89,93	87,71	84,24	81,83	79,76	77,08
	λ_1=-0,8	101,75	99,29	97,45	95,80	93,59	97,85	95,33	93,48	91,84	89,68
	λ_1=-0,4	102,54	100,64	99,20	97,89	96,14	104,01	102,14	100,73	99,45	97,74
	λ_1= 0	103,10	101,59	100,43	99,37	97,93	107,81	106,35	105,23	104,20	102,80
9,44 %	λ_1=-2,0	94,52	88,44	84,32	80,86	76,48	46,71	42,85	40,47	38,57	36,26
	λ_1=-1,2	99,47	96,25	93,89	91,80	89,03	81,42	78,47	76,38	74,57	72,22
	λ_1=-0,8	100,81	98,41	96,60	94,99	92,82	92,58	90,35	88,70	87,24	85,30
	λ_1=-0,4	101,75	99,89	98,48	97,20	95,47	99,68	97,98	96,70	95,54	93,97
	λ_1= 0	102,43	100,95	99,81	98,76	97,34	104,19	102,85	101,81	100,85	99,56
10,99 %	λ_1=-2,0	92,44	86,62	82,66	79,32	75,10	40,99	38,00	36,09	34,55	32,64
	λ_1=-1,2	98,17	95,05	92,74	90,70	88,00	75,04	72,57	70,79	69,24	67,21
	λ_1=-0,8	99,75	97,41	95,64	94,06	91,95	87,02	85,08	83,64	82,35	80,63
	λ_1=-0,4	100,86	99,04	97,66	96,40	94,71	94,98	93,47	92,32	91,27	89,86
	λ_1= 0	101,67	100,21	99,09	98,07	96,67	100,19	98,96	98,01	97,15	95,96
		Restlaufzeit T = 6,1538 Jahre					Restlaufzeit T = 8,6538 Jahre				
5,61 %	λ_1=-2,0	*>154,00*	*>154,00*	*>154,00*	*>154,00*	*>154,00*	*>154,00*	*>154,00*	*>154,00*	*>154,00*	*>154,00*
	λ_1=-1,2	103,38	105,47	109,54	*114,89*	*124,32*	*>154,00*	*>154,00*	*>154,00*	*>154,00*	*>154,00*
	λ_1=-0,8	114,34	112,19	110,85	109,83	108,72	120,29	*131,89*	*147,94*	*>154,00*	*>154,00*
	λ_1=-0,4	121,04	119,10	117,66	116,37	114,67	125,67	124,27	123,32	122,58	121,73
	λ_1= 0	124,91	123,35	122,14	121,03	119,54	131,44	130,08	129,02	128,05	126,74
6,89 %	λ_1=-2,0	*>154,00*	*>154,00*	*>154,00*	*>154,00*	*>154,00*	*>154,00*	*>154,00*	*>154,00*	*>154,00*	*>154,00*
	λ_1=-1,2	88,54	88,63	89,78	91,55	94,93	*>154,00*	*>154,00*	*>154,00*	*>154,00*	*>154,00*
	λ_1=-0,8	102,28	100,49	99,26	98,25	97,01	104,90	*111,01*	*129,04*	*128,92*	*146,02*
	λ_1=-0,4	111,34	109,74	108,53	107,45	105,99	112,04	110,97	110,20	109,56	108,77
	λ_1= 0	116,99	115,66	114,62	113,67	112,38	119,60	118,55	117,72	116,96	115,92
8,14 %	λ_1=-2,0	*128,80*	*>154,00*	*>154,00*	*>154,00*	*>154,00*	*>154,00*	*>154,00*	*>154,00*	*>154,00*	*>154,00*
	λ_1=-1,2	77,91	77,49	77,76	78,41	79,83	*>154,00*	*>154,00*	*>154,00*	*>154,00*	*>154,00*
	λ_1=-0,8	92,80	91,32	90,27	89,37	88,22	92,91	96,69	*101,49*	*107,35*	*117,41*
	λ_1=-0,4	103,13	101,79	100,78	99,85	98,61	101,04	100,22	99,62	99,10	98,45
	λ_1= 0	109,88	108,74	107,85	107,03	105,92	109,37	108,56	107,91	107,32	106,50
9,44 %	λ_1=-2,0	*88,96*	*>154,00*	*>154,00*	*>154,00*	*>154,00*	*>154,00*	*>154,00*	*>154,00*	*>154,00*	*>154,00*
	λ_1=-1,2	69,22	68,62	68,49	68,60	69,05	*>154,00*	*>154,00*	*>154,00*	*>154,00*	*>154,00*
	λ_1=-0,8	84,52	83,31	82,42	81,65	80,64	82,69	85,11	88,09	*91,68*	*97,81*
	λ_1=-0,4	95,58	94,47	93,63	92,85	91,81	91,30	90,69	90,24	89,84	89,33
	λ_1= 0	103,07	102,11	101,35	100,66	99,71	99,87	99,26	98,78	98,33	97,72
10,99 %	λ_1=-2,0	60,47	*100,97*	*142,13*	*>154,00*	*>154,00*	*>154,00*	*>154,00*	*>154,00*	*>154,00*	*>154,00*
	λ_1=-1,2	60,96	60,32	60,01	59,84	59,76	*>154,00*	*>154,00*	*>154,00*	*>154,00*	*>154,00*
	λ_1=-0,8	76,23	75,27	74,56	73,93	73,08	72,74	74,23	75,98	78,07	*81,60*
	λ_1=-0,4	87,71	86,84	86,16	85,54	84,69	81,49	81,08	80,77	80,50	80,13
	λ_1= 0	95,73	94,95	94,34	93,77	92,99	89,91	89,51	89,19	88,89	88,47

Tabelle A5: Kurse einer gesamtfälligen Anleihe für verschiedene Marktpreise des kurzfristigen Risikos (Prozeßparameter: erstes Drittel; Momentanstandardabweichung: s$\sqrt{1}$)

ERSTES UND ZWEITES DRITTEL - $s\sqrt{l}$

l	r	Restlaufzeit T = 0,9615 Jahre					Restlaufzeit T = 3,4615 Jahre				
		1,68 %	5,61 %	8,86 %	12,02 %	16,83 %	1,68 %	5,61 %	8,86 %	12,02 %	16,83 %
5,61 %	$\lambda_1=-2{,}0$	99,18	91,63	86,62	82,48	77,31	61,93	52,70	47,91	44,40	40,39
	$\lambda_1=-1{,}2$	102,37	98,48	95,64	93,16	89,89	97,98	91,96	88,06	84,85	80,83
	$\lambda_1=-0{,}8$	103,19	100,31	98,17	96,25	93,70	106,73	102,71	99,89	97,45	94,29
	$\lambda_1=-0{,}4$	103,75	101,55	99,89	98,38	96,36	111,42	108,69	106,67	104,87	102,48
	$\lambda_1=0$	104,14	102,42	101,08	99,87	98,22	113,99	112,01	110,49	109,12	107,27
6,89 %	$\lambda_1=-2{,}0$	97,43	90,13	85,27	81,24	76,21	52,39	45,69	42,00	39,21	35,97
	$\lambda_1=-1{,}2$	101,30	97,50	94,72	92,28	89,07	89,72	84,76	81,47	78,71	75,23
	$\lambda_1=-0{,}8$	102,33	99,50	97,40	95,51	93,00	100,43	96,93	94,44	92,28	89,44
	$\lambda_1=-0{,}4$	103,04	100,87	99,23	97,75	95,76	106,66	104,20	102,36	100,72	98,52
	$\lambda_1=0$	103,54	101,83	100,52	99,32	97,70	110,29	108,46	107,05	105,77	104,04
8,14 %	$\lambda_1=-2{,}0$	95,75	88,69	83,97	80,05	75,15	45,97	40,72	37,72	35,41	32,68
	$\lambda_1=-1{,}2$	100,28	96,55	93,83	91,43	88,28	83,09	78,88	76,02	73,61	70,54
	$\lambda_1=-0{,}8$	101,49	98,72	96,65	94,80	92,33	95,01	91,92	89,69	87,75	85,19
	$\lambda_1=-0{,}4$	102,34	100,21	98,60	97,14	95,17	102,37	100,12	98,44	96,93	94,91
	$\lambda_1=0$	102,95	101,27	99,97	98,79	97,18	106,84	105,13	103,82	102,63	101,01
9,44 %	$\lambda_1=-2{,}0$	94,06	87,24	82,66	78,85	74,07	40,85	36,65	34,17	32,23	29,91
	$\lambda_1=-1{,}2$	99,23	95,59	92,92	90,56	87,46	77,18	73,57	71,09	68,97	66,25
	$\lambda_1=-0{,}8$	100,64	97,92	95,89	94,07	91,63	89,95	87,21	85,22	83,47	81,16
	$\lambda_1=-0{,}4$	101,63	99,54	97,94	96,51	94,57	98,22	96,18	94,64	93,26	91,40
	$\lambda_1=0$	102,34	100,68	99,40	98,24	96,66	103,41	101,83	100,61	99,50	98,00
10,99 %	$\lambda_1=-2{,}0$	92,15	85,59	81,17	77,49	72,86	36,07	32,77	30,75	29,15	27,21
	$\lambda_1=-1{,}2$	98,04	94,49	91,88	89,57	86,54	71,17	68,13	66,00	64,17	61,80
	$\lambda_1=-0{,}8$	99,67	97,01	95,02	93,23	90,84	84,60	82,21	80,45	78,90	76,84
	$\lambda_1=-0{,}4$	100,82	98,76	97,20	95,79	93,89	93,70	91,87	90,48	89,23	87,55
	$\lambda_1=0$	101,65	100,02	98,76	97,61	96,05	99,60	98,15	97,04	96,02	94,63

l	r	Restlaufzeit T = 6,1538 Jahre					Restlaufzeit T = 8,6538 Jahre				
5,61 %	$\lambda_1=-2{,}0$	66,00	*129,43*	*>154,00*	*>154,00*	*>154,00*	*>154,00*	*>154,00*	*>154,00*	*>154,00*	*>154,00*
	$\lambda_1=-1{,}2$	92,09	89,07	87,58	86,68	85,99	*150,40*	*>154,00*	*>154,00*	*>154,00*	*>154,00*
	$\lambda_1=-0{,}8$	108,10	105,07	102,97	101,19	98,90	109,77	110,42	112,20	114,71	*119,33*
	$\lambda_1=-0{,}4$	117,32	114,98	113,24	111,68	109,60	120,92	119,06	117,69	116,48	114,90
	$\lambda_1=0$	122,50	120,68	119,28	118,00	116,26	128,37	126,76	125,52	124,38	122,83
6,89 %	$\lambda_1=-2{,}0$	45,04	67,80	*92,25*	*118,72*	*>154,00*	*>154,00*	*>154,00*	*>154,00*	*>154,00*	*>154,00*
	$\lambda_1=-1{,}2$	78,94	76,40	74,88	73,73	72,45	*118,85*	*>154,00*	*>154,00*	*>154,00*	*>154,00*
	$\lambda_1=-0{,}8$	96,79	94,36	92,62	91,11	89,14	95,12	95,09	95,69	96,69	98,64
	$\lambda_1=-0{,}4$	108,15	106,20	104,73	103,41	101,64	108,11	106,68	105,60	104,64	103,35
	$\lambda_1=0$	115,05	113,48	112,26	111,16	109,64	117,28	116,01	115,02	114,11	112,86
8,14 %	$\lambda_1=-2{,}0$	35,30	46,08	57,85	*70,69*	*90,72*	*>154,00*	*>154,00*	*>154,00*	*>154,00*	*>154,00*
	$\lambda_1=-1{,}2$	69,60	67,50	66,15	65,07	63,77	*97,85*	*140,38*	*>154,00*	*>154,00*	*>154,00*
	$\lambda_1=-0{,}8$	87,85	85,87	84,42	83,15	81,46	84,11	83,91	84,12	84,56	85,53
	$\lambda_1=-0{,}4$	100,33	98,70	97,45	96,33	94,81	97,68	96,58	95,73	94,97	93,94
	$\lambda_1=0$	108,32	106,96	105,91	104,94	103,63	107,59	106,59	105,81	105,09	104,09
9,44 %	$\lambda_1=-2{,}0$	28,98	33,97	39,61	45,85	55,69	*>154,00*	*>154,00*	*>154,00*	*>154,00*	*>154,00*
	$\lambda_1=-1{,}2$	61,95	60,22	59,06	58,09	56,88	*81,80*	*107,79*	*134,86*	*>154,00*	*>154,00*
	$\lambda_1=-0{,}8$	80,02	78,41	77,21	76,14	74,72	74,87	74,62	74,65	74,82	75,28
	$\lambda_1=-0{,}4$	93,10	91,74	90,70	89,75	88,45	88,39	87,56	86,91	86,32	85,52
	$\lambda_1=0$	101,83	100,67	99,77	98,95	97,81	98,50	97,75	97,15	96,60	95,83
10,99 %	$\lambda_1=-2{,}0$	24,03	25,83	28,09	30,68	34,85	*>154,00*	*>154,00*	*>154,00*	*>154,00*	*>154,00*
	$\lambda_1=-1{,}2$	54,67	53,30	52,33	51,50	50,44	*67,50*	*82,43*	*97,68*	*114,25*	*140,37*
	$\lambda_1=-0{,}8$	72,18	70,91	69,95	69,08	67,92	65,94	65,71	65,64	65,67	65,83
	$\lambda_1=-0{,}4$	85,53	84,44	83,60	82,82	81,77	78,98	78,41	77,95	77,53	76,95
	$\lambda_1=0$	94,78	93,84	93,10	92,42	91,48	88,90	88,39	87,98	87,60	87,06

Tabelle A6: Kurse einer gesamtfälligen Anleihe für verschiedene Marktpreise des kurzfristigen Risikos (Prozeßparameter: erstes und zweites Drittel; Momentanstandardabweichung: $s\sqrt{l}$)

ZWEITES DRITTEL - s

l	r	Restlaufzeit T = 0,9615 Jahre					Restlaufzeit T = 3,4615 Jahre				
		1,68 %	5,61 %	8,86 %	12,02 %	16,83 %	1,68 %	5,61 %	8,86 %	12,02 %	16,83 %
5,61 %	λ_1=-2,0	103,41	99,27	96,04	93,08	89,01	102,79	85,07	73,50	64,34	53,57
	λ_1=-1,2	103,67	100,02	97,17	94,54	90,92	108,40	96,27	87,65	80,31	71,05
	λ_1=-0,8	103,79	100,35	97,67	95,19	91,77	110,31	100,20	92,84	86,43	78,16
	λ_1=-0,4	103,90	100,66	98,13	95,78	92,56	111,82	103,32	97,01	91,44	84,11
	λ_1= 0	104,00	100,94	98,55	96,34	93,28	113,01	105,79	100,35	95,49	89,03
6,89 %	λ_1=-2,0	103,18	99,05	95,83	92,87	88,82	99,22	82,35	71,31	62,54	52,21
	λ_1=-1,2	103,46	99,82	96,97	94,35	90,75	105,61	93,95	85,63	78,55	69,59
	λ_1=-0,8	103,59	100,16	97,48	95,00	91,60	107,83	98,08	90,95	84,75	76,72
	λ_1=-0,4	103,70	100,47	97,95	95,61	92,39	109,59	101,37	95,26	89,84	82,72
	λ_1= 0	103,81	100,77	98,38	96,17	93,12	111,01	104,00	98,72	93,99	87,70
8,14 %	λ_1=-2,0	102,95	98,83	95,63	92,67	88,63	95,81	79,75	69,21	60,82	50,91
	λ_1=-1,2	103,25	99,62	96,78	94,17	90,57	102,90	91,69	83,67	76,84	68,17
	λ_1=-0,8	103,39	99,97	97,30	94,83	91,43	105,40	96,00	89,11	83,10	75,31
	λ_1=-0,4	103,51	100,29	97,77	95,44	92,22	107,41	99,46	93,53	88,27	81,35
	λ_1= 0	103,63	100,59	98,21	96,00	92,96	109,03	102,25	97,12	92,52	86,38
9,44 %	λ_1=-2,0	102,72	98,61	95,41	92,47	88,43	92,36	77,12	67,08	59,07	49,59
	λ_1=-1,2	103,04	99,42	96,58	93,97	90,39	100,13	89,37	81,67	75,08	66,72
	λ_1=-0,8	103,18	99,77	97,10	94,64	91,25	102,91	93,86	87,21	81,40	73,86
	λ_1=-0,4	103,31	100,10	97,58	95,26	92,05	105,16	97,49	91,75	86,65	79,94
	λ_1= 0	103,43	100,40	98,03	95,83	92,79	106,98	100,42	95,45	90,98	85,02
10,99 %	λ_1=-2,0	102,44	98,36	95,16	92,23	88,20	88,49	74,17	64,69	57,11	48,10
	λ_1=-1,2	102,79	99,18	96,36	93,75	90,17	96,97	86,74	79,38	73,08	65,06
	λ_1=-0,8	102,94	99,55	96,88	94,43	91,05	100,05	91,40	85,03	79,46	72,21
	λ_1=-0,4	103,08	99,88	97,37	95,05	91,86	102,56	95,21	89,69	84,79	78,31
	λ_1= 0	103,21	100,19	97,82	95,63	92,60	104,61	98,31	93,52	89,21	83,44

l	r	Restlaufzeit T = 6,1538 Jahre					Restlaufzeit T = 8,6538 Jahre				
5,61 %	λ_1=-2,0	84,67	59,49	46,89	38,51	30,02	62,95	42,59	33,64	28,03	22,52
	λ_1=-1,2	106,25	89,04	77,73	68,71	57,98	100,09	82,25	70,85	61,95	51,59
	λ_1=-0,8	112,74	99,30	89,85	81,89	71,92	112,09	98,35	88,64	80,44	70,20
	λ_1=-0,4	117,33	106,75	99,00	92,25	83,50	120,25	109,71	101,87	94,96	85,93
	λ_1= 0	120,63	112,12	105,73	100,04	92,51	125,86	117,52	111,14	105,40	97,71
6,89 %	λ_1=-2,0	75,37	54,40	43,56	36,20	28,61	52,95	38,10	30,98	26,31	21,55
	λ_1=-1,2	98,52	83,31	73,19	65,03	55,24	88,13	73,91	64,50	56,98	48,06
	λ_1=-0,8	105,97	93,90	85,33	78,04	68,86	101,14	89,84	81,64	74,60	65,67
	λ_1=-0,4	111,40	101,79	94,70	88,47	80,35	110,47	101,63	94,92	88,91	80,97
	λ_1= 0	115,42	107,61	101,71	96,43	89,40	117,13	110,03	104,51	99,47	92,66
8,14 %	λ_1=-2,0	67,70	50,07	40,67	34,16	27,35	46,09	34,70	28,87	24,89	20,71
	λ_1=-1,2	91,52	78,09	69,02	61,63	52,69	78,37	66,90	59,07	52,67	44,94
	λ_1=-0,8	99,67	88,85	81,08	74,42	65,96	91,62	82,33	75,41	69,36	61,57
	λ_1=-0,4	105,77	97,08	90,58	84,84	77,32	101,58	94,23	88,51	83,31	76,34
	λ_1= 0	110,36	103,24	97,81	92,93	86,38	108,89	102,95	98,22	93,85	87,85
9,44 %	λ_1=-2,0	60,92	46,12	37,99	32,26	26,15	40,76	31,89	27,06	23,64	19,95
	λ_1=-1,2	84,82	73,05	64,97	58,31	50,19	69,79	60,61	54,11	48,70	42,03
	λ_1=-0,8	93,47	83,86	76,86	70,82	63,07	82,82	75,29	69,52	64,37	57,62
	λ_1=-0,4	100,11	92,32	86,43	81,18	74,26	93,00	87,03	82,25	77,82	71,78
	λ_1= 0	105,19	98,77	93,82	89,34	83,29	100,65	95,85	91,91	88,20	83,01
10,99 %	λ_1=-2,0	54,11	42,07	35,20	30,25	24,86	35,92	29,19	25,26	22,38	19,17
	λ_1=-1,2	77,63	67,59	60,56	54,69	47,44	61,25	54,21	49,02	44,57	38,96
	λ_1=-0,8	86,65	78,35	72,19	66,81	59,85	73,66	67,89	63,27	59,04	53,38
	λ_1=-0,4	93,74	86,95	81,74	77,06	70,80	83,72	79,20	75,42	71,81	66,77
	λ_1= 0	99,26	93,65	89,26	85,23	79,76	91,44	87,89	84,83	81,84	77,57

Tabelle A7: Kurse einer gesamtfälligen Anleihe für verschiedene Marktpreise des kurzfristigen Risikos (Prozeßparameter: zweites Drittel; Momentanstandardabweichung: s)

DRITTES DRITTEL - s											
l \ r		Restlaufzeit T = 0,9615 Jahre					Restlaufzeit T = 3,4615 Jahre				
		1,68 %	5,61 %	8,86 %	12,02 %	16,83 %	1,68 %	5,61 %	8,86 %	12,02 %	16,83 %
5,61 %	$\lambda_1=-2,0$	103,65	99,78	96,75	93,96	90,13	107,62	92,43	81,87	73,09	62,26
	$\lambda_1=-1,2$	103,76	100,09	97,23	94,58	90,94	109,65	96,86	87,71	79,91	70,02
	$\lambda_1=-0,8$	103,81	100,24	97,45	94,87	91,33	110,50	98,74	90,24	82,90	73,52
	$\lambda_1=-0,4$	103,86	100,38	97,67	95,16	91,70	111,27	100,42	92,52	85,64	76,75
	$\lambda_1=0$	103,91	100,52	97,88	95,43	92,05	111,95	101,94	94,59	88,13	79,72
6,89 %	$\lambda_1=-2,0$	103,57	99,70	96,68	93,89	90,06	106,38	91,43	81,03	72,37	61,70
	$\lambda_1=-1,2$	103,68	100,01	97,15	94,51	90,87	108,54	95,94	86,92	79,21	69,45
	$\lambda_1=-0,8$	103,73	100,16	97,38	94,80	91,26	109,45	97,86	89,46	82,22	72,95
	$\lambda_1=-0,4$	103,78	100,31	97,60	95,09	91,63	110,27	99,58	91,77	84,97	76,18
	$\lambda_1=0$	103,83	100,45	97,81	95,36	91,99	111,00	101,12	93,86	87,48	79,16
8,14 %	$\lambda_1=-2,0$	103,49	99,62	96,60	93,82	89,99	105,14	90,44	80,20	71,67	61,14
	$\lambda_1=-1,2$	103,60	99,94	97,08	94,44	90,81	107,43	95,02	86,12	78,52	68,89
	$\lambda_1=-0,8$	103,65	100,09	97,31	94,79	91,19	108,39	96,98	88,69	81,54	72,38
	$\lambda_1=-0,4$	103,71	100,24	97,53	95,02	91,56	109,26	98,73	91,02	84,30	75,62
	$\lambda_1=0$	103,76	100,38	97,74	95,29	91,92	110,05	100,31	93,13	86,83	78,61
9,44 %	$\lambda_1=-2,0$	103,40	99,54	96,52	93,74	89,92	103,85	89,40	79,33	70,93	60,55
	$\lambda_1=-1,2$	103,52	99,86	97,00	94,37	90,74	106,26	94,05	85,29	77,80	68,29
	$\lambda_1=-0,8$	103,57	100,01	97,23	94,66	91,12	107,28	96,04	87,88	80,83	71,79
	$\lambda_1=-0,4$	103,63	100,16	97,45	94,95	91,50	108,21	97,84	90,23	83,61	75,03
	$\lambda_1=0$	103,68	100,30	97,66	95,22	91,86	109,04	99,45	92,37	86,14	78,02
10,99 %	$\lambda_1=-2,0$	103,32	99,45	96,43	93,65	89,84	102,33	88,19	78,32	70,07	59,88
	$\lambda_1=-1,2$	103,42	99,77	96,92	94,28	90,66	104,89	92,92	84,32	76,96	67,61
	$\lambda_1=-0,8$	103,48	99,92	97,15	94,58	91,04	105,98	94,95	86,93	80,00	71,10
	$\lambda_1=-0,4$	103,54	100,07	97,37	94,87	91,42	106,96	96,79	89,31	82,79	74,35
	$\lambda_1=0$	103,59	100,22	97,58	95,14	91,78	107,85	98,44	91,47	85,34	77,34

		Restlaufzeit T = 6,1538 Jahre					Restlaufzeit T = 8,6538 Jahre				
5,61 %	$\lambda_1=-2,0$	101,85	76,41	61,48	50,69	39,11	88,93	60,25	46,06	36,96	28,15
	$\lambda_1=-1,2$	109,82	89,56	76,35	65,92	53,74	105,41	81,50	66,94	56,10	44,15
	$\lambda_1=-0,8$	112,89	94,92	82,77	72,88	60,96	111,63	90,59	76,91	66,17	53,70
	$\lambda_1=-0,4$	115,49	99,53	88,44	79,19	67,76	116,72	98,34	85,81	75,58	63,22
	$\lambda_1=0$	117,69	103,47	93,39	84,81	74,00	120,90	104,81	93,50	83,98	72,14
6,89 %	$\lambda_1=-2,0$	97,94	73,93	59,75	49,44	38,33	82,54	57,11	44,20	35,79	27,53
	$\lambda_1=-1,2$	106,39	87,11	74,46	64,44	52,70	99,35	77,69	64,28	54,18	42,94
	$\lambda_1=-0,8$	109,69	92,54	80,87	71,35	59,83	105,87	86,68	74,01	63,97	52,22
	$\lambda_1=-0,4$	112,50	97,23	86,56	77,63	66,57	111,29	94,44	82,80	73,20	61,52
	$\lambda_1=0$	114,89	101,25	91,54	83,25	72,77	115,78	100,98	90,44	81,50	70,28
8,14 %	$\lambda_1=-2,0$	94,13	71,53	58,06	48,22	37,56	76,70	54,20	42,47	34,69	26,95
	$\lambda_1=-1,2$	102,99	84,69	72,60	62,99	51,67	93,49	74,02	61,71	52,32	41,77
	$\lambda_1=-0,8$	106,49	90,16	78,99	69,83	58,71	100,20	82,85	71,18	61,82	50,77
	$\lambda_1=-0,4$	109,48	94,92	84,67	76,08	65,39	105,83	90,56	79,80	70,85	59,84
	$\lambda_1=0$	112,05	99,03	89,68	81,68	71,54	110,54	97,13	87,37	79,00	68,42
9,44 %	$\lambda_1=-2,0$	90,20	69,06	56,34	46,98	36,78	71,04	51,34	40,75	33,60	26,37
	$\lambda_1=-1,2$	99,41	82,16	70,67	61,48	50,61	87,51	70,28	59,09	50,43	40,58
	$\lambda_1=-0,8$	103,08	87,66	77,01	68,24	57,55	94,23	78,88	68,26	59,61	49,28
	$\lambda_1=-0,4$	106,24	92,47	82,69	74,44	64,14	99,93	86,46	76,67	68,39	58,10
	$\lambda_1=0$	108,96	96,65	87,71	80,03	70,25	104,70	92,96	84,10	76,37	66,47
10,99 %	$\lambda_1=-2,0$	85,69	66,24	54,37	45,55	35,89	64,91	48,21	38,85	32,38	25,71
	$\lambda_1=-1,2$	95,17	79,22	68,43	59,73	49,38	80,67	66,04	56,13	48,29	39,22
	$\lambda_1=-0,8$	98,99	84,71	74,71	66,39	56,20	87,21	74,28	64,90	57,07	47,56
	$\lambda_1=-0,4$	102,29	89,55	80,36	72,53	62,70	92,77	81,58	73,00	65,53	56,07
	$\lambda_1=0$	105,14	93,77	85,36	78,07	68,73	97,41	87,86	80,18	73,26	64,20

Tabelle A8: Kurse einer gesamtfälligen Anleihe für verschiedene Marktpreise des kurzfristigen Risikos (Prozeßparameter: drittes Drittel; Momentanstandardabweichung: s)

ERSTES DRITTEL - s

l \ r		Restlaufzeit T = 0,9615 Jahre					Restlaufzeit T = 3,4615				
		1,68 %	5,61 %	8,86 %	12,02 %	16,83 %	1,68 %	5,61 %	8,86 %	12,02 %	16,83 %
5,61 %	λ_1=-2,0	100,18	93,34	88,77	84,96	80,18	72,97	63,87	59,02	55,41	51,22
	λ_1=-1,2	102,93	99,45	96,92	94,68	91,74	103,72	98,70	95,36	92,57	89,03
	λ_1=-0,8	103,63	101,05	99,13	97,42	95,13	110,17	106,85	104,48	102,42	99,72
	λ_1=-0,4	104,10	102,13	100,63	99,28	97,46	113,52	111,23	109,51	107,98	105,93
	λ_1= 0	104,42	102,87	101,67	100,58	99,09	115,38	113,68	112,36	111,17	109,55
6,89 %	λ_1=-2,0	98,23	91,66	87,25	83,56	78,92	60,82	54,44	50,79	47,99	44,66
	λ_1=-1,2	101,75	98,37	95,89	93,70	90,82	94,80	90,71	87,91	85,53	82,48
	λ_1=-0,8	102,67	100,16	98,28	96,59	94,35	103,52	100,66	98,58	96,76	94,35
	λ_1=-0,4	103,31	101,37	99,90	98,58	96,79	108,52	106,45	104,90	103,51	101,64
	λ_1= 0	103,75	102,22	101,04	99,97	98,50	111,47	109,89	108,68	107,57	106,07
8,14 %	λ_1=-2,0	96,39	90,06	85,79	82,22	77,71	52,93	48,03	45,12	42,83	40,07
	λ_1=-1,2	100,62	97,32	94,90	92,76	89,93	87,72	84,26	81,85	79,78	77,10
	λ_1=-0,8	101,75	99,29	97,45	95,80	93,59	97,86	95,34	93,49	91,86	89,69
	λ_1=-0,4	102,54	100,64	99,20	97,89	96,14	104,02	102,15	100,73	99,46	97,74
	λ_1= 0	103,10	101,60	100,43	99,37	97,93	107,81	106,35	105,23	104,20	102,80
9,44 %	λ_1=-2,0	94,53	88,45	84,32	80,86	76,49	46,74	42,88	40,50	38,60	36,29
	λ_1=-1,2	99,48	96,26	93,89	91,80	89,03	81,44	78,49	76,40	74,59	72,24
	λ_1=-0,8	100,82	98,41	96,60	94,99	92,82	92,59	90,36	88,71	87,25	85,31
	λ_1=-0,4	101,75	99,89	98,48	97,20	95,47	99,69	97,99	96,70	95,54	93,98
	λ_1= 0	102,43	100,95	99,81	98,76	97,34	104,20	102,85	101,81	100,86	99,56
10,99 %	λ_1=-2,0	92,44	86,63	82,66	79,33	75,10	41,02	38,02	36,12	34,57	32,66
	λ_1=-1,2	98,18	95,05	92,74	90,70	88,00	75,06	72,58	70,81	69,26	67,23
	λ_1=-0,8	99,75	97,41	95,64	94,06	91,95	87,03	85,09	83,65	82,37	80,65
	λ_1=-0,4	100,86	99,04	97,66	96,40	94,71	94,99	93,48	92,32	91,28	89,87
	λ_1= 0	101,67	100,21	99,09	98,07	96,67	100,19	98,97	98,02	97,15	95,97
		Restlaufzeit T = 6,1538 Jahre					Restlaufzeit T = 8,6538 Jahre				
5,61 %	λ_1=-2,0	*>154,00*	*>154,00*	*>154,00*	*>154,00*	*>154,00*	*>154,00*	*>154,00*	*>154,00*	*>154,00*	*>154,00*
	λ_1=-1,2	103,40	105,31	109,17	*114,28*	*123,32*	*>154,00*	*>154,00*	*>154,00*	*>154,00*	*>154,00*
	λ_1=-0,8	114,35	112,18	110,82	109,77	108,62	119,98	*130,30*	*144,66*	*>154,00*	*>154,00*
	λ_1=-0,4	121,04	119,10	117,65	116,37	114,66	125,68	124,26	123,29	122,51	121,61
	λ_1= 0	124,91	123,34	122,13	121,03	119,53	131,43	130,07	129,01	128,04	126,73
6,89 %	λ_1=-2,0	*>154,00*	*>154,00*	*>154,00*	*>154,00*	*>154,00*	*>154,00*	*>154,00*	*>154,00*	*>154,00*	*>154,00*
	λ_1=-1,2	88,55	88,56	89,63	91,31	94,53	*>154,00*	*>154,00*	*>154,00*	*>154,00*	*>154,00*
	λ_1=-0,8	102,29	100,49	99,26	98,23	96,97	104,58	110,03	*117,23*	*126,12*	*141,53*
	λ_1=-0,4	111,35	109,75	108,54	107,45	105,99	112,05	110,97	110,19	109,53	108,71
	λ_1= 0	116,99	115,66	114,62	113,67	112,38	119,61	118,55	117,72	116,96	115,92
8,14 %	λ_1=-2,0	*127,19*	*>154,00*	*>154,00*	*>154,00*	*>154,00*	*>154,00*	*>154,00*	*>154,00*	*>154,00*	*>154,00*
	λ_1=-1,2	77,93	77,47	77,70	78,30	79,63	*>154,00*	*>154,00*	*>154,00*	*>154,00*	*>154,00*
	λ_1=-0,8	92,82	91,34	90,28	89,37	88,21	92,65	96,01	*100,33*	*105,61*	*114,69*
	λ_1=-0,4	103,14	101,81	100,79	99,87	98,62	101,06	100,23	99,62	99,10	98,42
	λ_1= 0	109,89	108,75	107,86	107,04	105,93	109,39	108,57	107,93	107,33	106,52
9,44 %	λ_1=-2,0	*88,13*	*>154,00*	*>154,00*	*>154,00*	*>154,00*	*>154,00*	*>154,00*	*>154,00*	*>154,00*	*>154,00*
	λ_1=-1,2	69,24	68,62	68,47	68,55	68,96	*>154,00*	*>154,00*	*>154,00*	*>154,00*	*>154,00*
	λ_1=-0,8	84,54	83,32	82,43	81,66	80,64	82,48	84,64	87.32	*90,56*	*96,10*
	λ_1=-0,4	95,59	94,49	93,64	92,87	91,82	91,32	90,71	90,25	89,85	89,32
	λ_1= 0	103,08	102,12	101,37	100,67	99,72	99,89	99,28	98,80	98,35	97,74
10,99 %	λ_1=-2,0	60,10	*99,89*	*140,28*	*>154,00*	*>154,00*	*>154,00*	*>154,00*	*>154,00*	*>154,00*	*>154,00*
	λ_1=-1,2	60,98	60,34	60,01	59,83	59,73	*>154,00*	*>154,00*	*>154,00*	*>154,00*	*>154,00*
	λ_1=-0,8	76,25	75,29	74,58	73,94	73,09	72,57	73,90	75,48	77,37	*80,57*
	λ_1=-0,4	87,73	86,85	86,17	85,55	84,71	81,51	81,10	80,79	80,51	80,14
	λ_1= 0	95,75	94,97	94,35	93,79	93,01	89,93	89,53	89,21	88,91	88,49

Tabelle A9: Kurse einer gesamtfälligen Anleihe für verschiedene Marktpreise des kurzfristigen Risikos (Prozeßparameter: erstes Drittel; Momentanstandardabweichung: s)

ERSTES UND ZWEITES DRITTEL - s

l	r:	Restlaufzeit T = 0,9615 Jahre					Restlaufzeit T = 3,4615 Jahre				
		1,68 %	5,61 %	8,86 %	12,02 %	16,83 %	1,68 %	5,61 %	8,86 %	12,02 %	16,83 %
5,61 %	λ_1=-2,0	99,19	91,65	86,64	82,51	77,34	62,04	52,81	48,02	44,50	40,48
	λ_1=-1,2	102,38	98,49	95,66	93,17	89,91	98,04	92,02	88,14	84,93	80,91
	λ_1=-0,8	103,20	100,32	98,17	96,26	93,71	106,77	102,75	99,93	97,50	94,34
	λ_1=-0,4	103,76	101,56	99,89	98,39	96,37	111,44	108,71	106,69	104,90	102,51
	λ_1= 0	104,15	102,42	101,09	99,88	98,23	114,00	112,02	110,51	109,14	107,28
6,89 %	λ_1=-2,0	97,44	90,15	85,30	81,27	76,24	52,48	45,78	42,08	39,29	36,05
	λ_1=-1,2	101,31	97,51	94,73	92,30	89,09	89,77	84,83	81,54	78,78	75,30
	λ_1=-0,8	102,33	99,51	97,40	95,52	93,02	100,46	96,97	94,49	92,32	89,49
	λ_1=-0,4	103,04	100,88	99,24	97,76	95,77	106,68	104,22	102,38	100,74	98,55
	λ_1= 0	103,54	101,84	100,52	99,33	97,70	101,31	108,47	107,07	105,79	104,06
8,14 %	λ_1=-2,0	95,77	88,71	84,00	80,08	75,18	46,04	40,80	37,79	35,48	32,75
	λ_1=-1,2	100,28	96,56	93,84	91,45	88,29	83,14	78,93	76,08	73,67	70,60
	λ_1=-0,8	101,50	98,73	96,66	94,81	92,34	95,04	91,96	89,73	87,79	85,23
	λ_1=-0,4	102,34	100,22	98,60	97,14	95,18	102,39	100,15	98,46	96,96	94,94
	λ_1= 0	102,95	101,27	99,97	98,79	97,19	106,85	105,15	103,84	102,65	101,03
9,44 %	λ_1=-2,0	94,07	87,26	82,68	78,88	74,10	40,91	36,71	34,23	32,29	29,97
	λ_1=-1,2	99,24	95,59	92,93	90,58	87,48	77,23	73,63	71,14	69,03	66,31
	λ_1=-0,8	100,64	97,93	95,89	94,08	91,65	89,98	87,24	85,26	83,51	81,20
	λ_1=-0,4	101,63	99,54	97,95	96,51	94,58	98,23	96,19	94,66	93,28	91,42
	λ_1= 0	102,34	100,69	99,41	98,24	96,66	103,42	101,84	100,62	99,51	98,01
10,99 %	λ_1=-2,0	92,16	85,61	81,20	77,51	72,88	36,12	32,82	30,80	29,20	27,26
	λ_1=-1,2	98,05	94,49	91,89	89,59	86,55	71,21	68,17	66,05	64,22	61,85
	λ_1=-0,8	99,67	97,02	95,02	93,24	90,85	84,62	82,24	80,47	78,94	76,88
	λ_1=-0,4	100,82	98,77	97,21	95,80	93,89	93,71	91,89	90,50	89,25	87,57
	λ_1= 0	101,65	100,02	98,76	97,62	96,06	99,60	98,16	97,05	96,03	94,64
		Restlaufzeit T = 6,1538 Jahre					Restlaufzeit T = 8,6538 Jahre				
5,61 %	λ_1=-2,0	66,69	131,68	>154,00	>154,00	>154,00	>154,00	>154,00	>154,00	>154,00	>154,00
	λ_1=-1,2	92,19	89,19	87,71	86,83	86,15	149,82	>154,00	>154,00	>154,00	>154,00
	λ_1=-0,8	108,16	105,14	103,05	101,26	98,98	109,84	110,46	112,20	114,66	119,20
	λ_1=-0,4	117,36	115,02	113,27	111,72	109,64	120,96	119,10	117,73	116,53	114,94
	λ_1= 0	122,52	120,70	119,30	118,02	116,29	128,39	126,79	125,54	124,40	122,85
6,89 %	λ_1=-2,0	45,42	68,75	93,76	120,82	>154,00	>154,00	>154,00	>154,00	>154,00	>154,00
	λ_1=-1,2	79,04	76,51	75,00	73,85	72,58	118,57	>154,00	>154,00	>154,00	>154,00
	λ_1=-0,8	96,85	94,43	92,69	91,18	89,21	95,19	95,14	95,73	96,70	98,62
	λ_1=-0,4	108,18	106,24	104,77	103,45	101,68	108,15	106,72	105,65	104,68	103,40
	λ_1= 0	115,07	113,50	112,29	111,18	109,67	117,31	116,04	115,05	114,14	112,89
8,14 %	λ_1=-2,0	35,55	46,62	58,68	71,82	92,29	>154,00	>154,00	>154,00	>154,00	>154,00
	λ_1=-1,2	69,68	67,59	66,24	65,16	63,87	97,71	139,74	>154,00	>154,00	>154,00
	λ_1=-0,8	87,90	85,92	84,48	83,21	81,53	84,17	83,96	84,15	84,59	85,54
	λ_1=-0,4	100,36	98,73	97,49	96,36	94,84	97,71	96,61	95,77	95,01	93,98
	λ_1= 0	108,33	106,98	105,93	104,97	103,65	107,60	106,61	105,83	105,11	104,11
9,44 %	λ_1=-2,0	29,15	34,29	40,08	46,48	56,55	>154,00	>154,00	>154,00	>154,00	>154,00
	λ_1=-1,2	62,02	60,30	59,13	58,17	56,96	81,73	107,45	134,21	>154,00	>154,00
	λ_1=-0,8	80,07	78,45	77,05	76,19	74,77	74,92	74,67	74,69	74,86	75,30
	λ_1=-0,4	93,13	91,77	90,72	89,77	88,49	88,41	87,58	86,94	86,35	85,55
	λ_1= 0	101,84	100,69	99,79	98,96	97,83	98,51	97,76	97,17	96,61	95,84
10,99 %	λ_1=-2,0	24,14	26,02	28,35	31,01	35,30	>154,00	>154,00	>154,00	>154,00	>154,00
	λ_1=-1,2	54,73	53,36	52,39	51,57	50,51	67,48	82,27	97,37	113,76	139,58
	λ_1=-0,8	72,22	70,95	69,99	69,13	67,97	65,98	65,75	65,68	65,70	65,85
	λ_1=-0,4	85,55	84,46	83,62	82,85	81,79	79,00	78,43	77,97	77,55	76,97
	λ_1= 0	94,79	93,85	93,11	92,43	91,49	88,91	88,40	87,99	87,60	87,07

Tabelle A10: Kurse einer gesamtfälligen Anleihe für verschiedene Marktpreise des kurzfristigen Risikos (Prozeßparameter: erstes und zweites Drittel; Momentanstandardabweichung: s)

LITERATURVERZEICHNIS

ALTROGGE, G. (1982): Zur Abschätzung von Risiken und Chancen bei Anlagen in festverzinslichen Wertpapieren, in: Zeitschrift für Betriebswirtschaft, 52. Jg., 1982, S. 442-469.

ANANTHANARAYANAN, A.L. und SCHWARTZ, E.S. (1980): Retractable and Extendible Bonds: The Canadian Experience, in: The Journal of Finance, Vol. 35, 1980, S. 31-47.

ARNOLD, D.L. (1973): Stochastische Differentialgleichungen, München 1973.

ASAY, R. (1977): A Theory of the Rational Pricing of Mortgage Contracts: An Application of Contingent Claim Analysis, Dissertation, University of Southern California 1977.

BACHELIER, M.L. (1900): Théorie de la Spéculation, in: Annales de l'École Normale Supérieure, 3e Série, Tôme 17, 1900, S. 21-86.

BANZ, R.W. und MILLER, M.H. (1978): Prices for State-contingent Claims: Some Estimates and Applications, in: The Journal of Business, Vol. 51, 1978, S. 653-672.

BECKERS, St. (1980): The Constant Elasticity of Variance Model and Its Implications For Option Pricing, in: The Journal of Finance, Vol. 35, 1980, S. 661-673.

BENDER, D. (1977): Arbitrage, in: Albers, W. et al. (Hrsg.): Handwörterbuch der Wirtschaftswissenschaft, Stuttgart 1977, Bd. 1, S. 325-333.

BERGSTROM, A.R. (1966): Nonrecursive Models as Discrete Approximations to Systems of Stochastic Differential Equations, in: Econometrica, Vol. 34, 1966, S. 173-182.

BHATTACHARYA, S. (1981): Notes on Multiperiod Valuation and the Pricing of Options, in: The Journal of Finance, Vol. 36, 1981, S. 163-181.

BLACK, F. (1976): The Pricing of Commodity Contracts, in: Journal of Financial Economics, Vol. 3, 1976, S. 167-179.

BLACK, F. und COX, J.C. (1976): Valuing Corporate Securities: Some Effects of Bond Indenture Provisions, in: The Journal of Finance, Vol. 31, 1976, S. 351-367.

BLACK, F. und SCHOLES, M. (1973): The Pricing of Options and Corporate Liabilities, in: Journal of Political Economy, Vol. 81, 1973, S. 637-654.

BLEY, S. (1977): Börsen der Welt, Frankfurt a.M. 1977.

BONESS, A.J. (1964): Elements of a Theory of Stock-Option Value, in: Journal of Political Economy, Vol. 72, 1964, S. 163-175.

BOYLE, Ph.P. (1977): Options: A Monte Carlo Approach, in: Journal of Financial Economics, Vol. 4, 1977, S. 323-338.

BREEDEN, D.T. (1979): An Intertemporal Asset Pricing Model with Stochastic Consumption and Investment Opportunities, in: Journal of Financial Economics, Vol. 7, 1979, S. 265-296.

BREEDEN, D.T. und LITZENBERGER, R.H. (1978): Prices of State-contingent Claims Implicit in Option Prices, in: The Journal of Business, Vol. 51, 1978, S. 621-651.

BRENNAN, M.J. und SCHWARTZ, E.S. (1976): The Pricing of Equity-linked Life Insurance Policies with Asset Value Guarantee, in: Journal of Financial Economics, Vol. 3, 1976, S. 195-213.

BRENNAN, M.J. und SCHWARTZ, E.S. (1977a): The Valuation of American Put Options, in: The Journal of Finance, Vol. 32, 1977, S. 449-462.

BRENNAN, M.J. und SCHWARTZ, E.S. (1977b): Savings Bonds, Retractable Bonds and Callable Bonds, in: Journal of Financial Economics, Vol. 5, 1977, S. 67-88.

BRENNAN, M.J. und SCHWARTZ, E.S. (1977c): Convertible Bonds: Valuation and Optimal Strategies for Call and Conversion, in: The Journal of Finance, Vol. 32, 1977, S. 1699-1715.

BRENNAN, M.J. und SCHWARTZ, E.S. (1978a): Finite Difference Methods and Jump Processes Arising in the Pricing of Contingent Claims: A Synthesis, in: Journal of Financial and Quantitative Analysis, Vol. 13, 1978, S. 461-474.

BRENNAN, M.J. und SCHWARTZ, E.S. (1978b): Corporate Income Taxes, Valuation, and the Problem of Optimal Capital Structure, in: The Journal of Business, Vol. 51, 1978, S. 103-114.

BRENNAN, M.J. und SCHWARTZ, E.S. (1979a): Savings Bonds: Theory and Empirical Evidence, in: Elton, E.J. und Gruber, M.J. (Eds.): The Monograph Series in Finance and Economics, Monograph 1979-4, New York University 1979.

BRENNAN, M.J. und SCHWARTZ, E.S. (1979b): A Continuous Time Approach to the Pricing of Bonds, in: Journal of Banking and Finance, Vol. 3, 1979, S. 133-155.

BRENNAN, M.J. und SCHWARTZ, E.S. (1979c): Canada Savings Bonds: Valuation and Redemptions, Learned Societies ASAC Conference, University of Saskatchewan, Saskatoon, Saskatchewan 1979.

BRENNAN, M.J. und SCHWARTZ, E.S. (1979d): Alternative Investment Strategies for the Issuers of Equity Linked Life Insurance Policies with an Asset Value Guarantee, in: The Journal of Business, Vol. 52, 1979, S. 63-93.

BRENNAN, M.J. und SCHWARTZ, E.S. (1980): Conditional Predictions of Bond Prices and Returns, in: The Journal of Finance, Vol. 35, 1980, S. 405-420.

BRENNAN, M.J. und SCHWARTZ, E.S. (1981): Duration, Bond Pricing and Portfolio Management, Working Paper 793, University of British Columbia, Vancouver 1981.

BRENNAN, M.J. und SCHWARTZ, E.S. (1982a): An Equilibrium Model of Bond Pricing and a Test of Market Efficiency, in: Journal of Financial and Quantitative Analysis, Vol. 17, 1982, S. 301-329.

BRENNAN, M.J. und SCHWARTZ, E.S. (1982b): Bond Pricing and Market Efficiency, in: Financial Analysts' Journal, Vol. 38, 1982, S. 3-10.

BÜHLER, W. (1983a): Anlagestrategien zur Begrenzung des Zinsänderungsrisikos von Portefeuilles aus festverzinslichen Titeln, in: Schmalenbachs Zeitschrift für betriebswirtschaftliche Forschung, 35. Jg., 1983, S. 82-137.

BÜHLER, W. (1983b): Continuous Arbitrage Models: A Survey, Arbeitsbericht des Lehrstuhls für Investition und Finanzierung, Universität Dortmund 1983.

BÜHLER, W. und Rothacker, H. (1984): Die Bewertung von Tilgungsanleihen, Arbeitsbericht des Lehrstuhls für Investition und Finanzierung, Universität Dortmund 1984.

BÜSCHGEN, H.E. (1966): Wertpapieranalyse, Stuttgart 1966.

CARNAHAN, B., LUTHER, H.A. und WILKES, J.O. (1969): Applied Numerical Methods, John Wiley & Sons Inc., New York 1969.

CONSTANTINIDES, G.M. (1980): Admissible Uncertainty in the Intertemporal Asset Pricing Model, in: Journal of Financial Economics, Vol. 8, 1980, S. 71-86.

COOTNER, P.H. (Ed.) (1964): The Random Character of Stock Market Prices, The M.I.T. Press, Cambridge, Massachusetts 1964.

COURANT, R. und HILBERT, D. (1968): Methoden der mathematischen Physik II, 2. Aufl., Berlin 1968.

COURTADON, G. (1982): The Pricing of Options on Default-Free Bonds, in: Journal of Financial and Quantitative Analysis, Vol. 17, 1982, S. 75-101.

COX, D.R. und MILLER, H.D. (1968): The Theory of Stochastic Processes, Methuen & Co Ltd., London 1968.

COX, J.C. (1975): Notes on Option Pricing I: Constant Elasticity of Variance Diffusions, Working Paper, Stanford University 1975.

COX, J.C., INGERSOLL, J.E. und ROSS, St.A. (1979): Duration and the Measurement of Basis Risk, in: The Journal of Business, Vol. 52, 1979, S. 51-61.

COX, J.C., INGERSOLL, J.E. und ROSS, St.A. (1981): A Reexamination of Traditional Hypotheses about the Term Structure of Interest Rates, in: The Journal of Finance, Vol. 36, 1981, S. 769-799.

COX, J.C. und ROSS, St.A. (1975): The Pricing of Options for Jump Processes, Working Paper 2-75, Rodney L. White Center for Financial Research, University of Pennsylvania 1975.

COX, J.C. und ROSS, St.A. (1976): The Valuation of Options for Alternative Stochastic Processes, in: Journal of Financial Economics, Vol. 3, 1976, S. 145-166.

COX, J.C., ROSS, St.A. und RUBINSTEIN, M. (1979): Option Pricing: A Simplified Approach, in: Journal of Financial Economics, Vol. 7, 1979, S. 229-263.

DENZEL, E. (1980): Internationale Finanzmärkte, in: Christians, F.W. (Hrsg.): Finanzierungshandbuch, Wiesbaden 1980, S. 303-331.

DEUTSCHE BUNDESBANK (1978): Zinsentwicklung und Veränderung der Zinsstruktur in der Bundesrepublik seit 1967, in: Monatsberichte der Deutschen Bundesbank, April 1978, S. 11-21.

DEUTSCHE BUNDESBANK (1983): Die Zinsentwicklung seit 1978, in: Monatsberichte der Deutschen Bundesbank, Januar 1983, S. 14-26.

DOOB, J. (1960): Stochastic Processes, John Wiley & Sons Inc., New York 1960.

DOTHAN, U. (1978): On the Term Structure of Interest Rates, in: Journal of Financial Economics, Vol. 6, 1978, S. 59-69.

DOTHAN, U. und WILLIAMS, J. (1981): Education as an Option, in: The Journal of Business, Vol. 54, 1981, S. 117-139.

DUNN, K.B. und McCONNELL, J.J. (1981): Valuation of GNMA Mortage-Backed Securities, in: The Journal of Finance, Vol. 36, 1981, S. 599-616.

FAIRWEATHER, G. und MITCHELL, A.R. (1967): A New Computational Procedure for A.D.I. Methods, in: SIAM Journal on Numerical Analysis, Vol. 4, 1967, S. 163-170.

FAMA, E.F. (1970): Efficient Capital Markets: A Review of Theory and Empirical Work, in: The Journal of Finance, Vol. 25, 1970, S. 383-417.

FAMA, E.F. (1976): Foundations of Finance, Basic Books Inc., New York 1976.

FEIGER, G. und JACQUILLAT, B. (1979): Currency Option Bonds, Puts and Calls on Spot Exchange and the Hedging of Contingent Foreign Earnings, in: The Journal of Finance, Vol. 34, 1979, S. 1129-1138.

FISCHER, D.E. und JORDAN, R.J. (1979): Security Analysis and Portfolio Management, Prentice-Hall Inc., Englewood Cliffs, New Jersey 1979.

FISCHER, St. (1978): Call Option Pricing when the Exercise Price is Uncertain and the Valuation of Index Bonds, in: The Journal of Finance, Vol. 33, 1978, S. 169-176.

FISHER, L. (1959): Determinants of Risk Premiums on Corporate Bonds, in: Journal of Political Economy, Vol. 57, 1959, S. 217-237.

FRANCIS, J.C. (1976): Investments, Analysis and Management, 2nd Ed., McGraw-Hill Inc., New York 1976.

GALAI, D. und MASULIS, R.W. (1976): The Option Pricing Model and the Risk Factor of Stock, in: Journal of Financial Economics, Vol. 3, 1976, S. 53-81.

GESKE, R.L. (1979a): The Valuation of Compound Options, in: Journal of Financial Economics, Vol. 7, 1979, S. 63-81.

GESKE, R.L. (1979b): A Note on an Analytical Valuation Formula for Unprotected American Call Options with Known Dividends, in: Journal of Financial Economics, Vol. 7, 1979, S. 375-380.

GICHMAN, I.I. und SKOROCHOD, A.W. (1971): Stochastische Differentialgleichungen, Berlin 1971.

GOLDMAN, B.M., SOSIN, H.B. und SHEPP, L.A. (1979): On Contingent Claims that Insure Ex-post Optimal Stock Market Timing, in: The Journal of Finance, Vol. 34, 1979, S. 401-414.

HALEY, Ch.W. und SCHALL, L. (1979): The Theory of Financial Decisions, McGraw-Hill Inc., New York 1979.

HARRISON, M.J. und KREPS, D.M. (1979): Martingales and Arbitrage in Multiperiod Securities Markets, in: Journal of Economic Theory, Vol. 20, 1979, S. 381-408.

HARRISON, M.J. und PLISKA, St.R. (1981): Martingales and Stochastic Integrals in the Theory of Continuous Trading, in: Stochastic Processes and their Applications, Vol. 11, 1981, S. 215-260.

HAUGEN, R.H. und SENBET, L.W. (1981): Resolving the Agency Problems of External Capital through Options, in: The Journal of Finance, Vol. 36, 1981, S. 629-647.

HO, Th.S. und SINGER, R.F. (1982): Bond Indenture Provisions and the Risk of Corporate Debt, in: Journal of Financial Economics, Vol. 10, 1982, S. 375-406.

HORNE VAN, J.C. (1977): Fundamentals of Financial Management, Prentice-Hall Inc., Englewood Cliffs, New Jersey 1977.

INGERSOLL, J.E. Jr. (1976): A Theoretical and Empirical Investigation of the Dual Purpose Funds, in: Journal of Financial Economics, Vol. 3, 1976, S. 83-123.

INGERSOLL, J.E. Jr. (1977): A Contingent Claim Valuation of Convertible Securities, in: Journal of Financial Economics, Vol. 4, 1977, S. 289-322.

JARROW, R. und RUDD, A. (1982): Approximate Option Valuation for Arbitrary Stochastic Processes, in: Journal of Financial Economics, Vol. 10, 1982, S. 347-369.

JENSEN, M.C. (1972): Capital Markets: Theory and Evidence, in: Bell Journal of Economics and Management Science, Vol. 3, 1972, S. 357-398.

KARLIN, S. und TAYLOR, H.M. (1975): A First Course in Stochastic Processes, Academic Press Inc., New York 1975.

KARLIN, S. und TAYLOR, H.M. (1981): A Second Course in Stochastic Processes, Academic Press Inc., New York 1981.

KÖNIG, H. und WOLTERS, J. (1969): Über den Zusammenhang zwischen kurz- und langfristigem Zinssatz, eine Spektralanalyse der westdeutschen Zinsstruktur, Zürich 1969.

KÜHNEN, H. (1980): Der Geldmarkt, in: Christians, F.W. (Hrsg.): Finanzierungshandbuch, Wiesbaden 1980, S. 289-302.

KUSHNER, H.J. (1967): Stochastic Stability and Control, Academic Press Inc., New York 1967.

KWON, Y.K. (1979): A Generalization of Farkas' Lemma with Applications to Valuation of Primary and Derivative Securities, Discussion Paper, School of Business Administration, University of California at Berkeley 1979.

LANGETIEG, T.C. (1980): A Multivariate Model of the Term Structure, in: The Journal of Finance, Vol. 35, 1980, S. 71-97.

LINTNER, J. (1965a): Security Prices, Risk and Maximal Gains from Diversification, in: The Journal of Finance, Vol. 20, 1965, S. 587-615.

LINTNER, J. (1965b): The Valuation of Risk Assets and the Selection of Risky Investments in Stock Portfolios and Capital Budgets, in: The Review of Economics and Statistics, Vol. 47, 1965, S. 13-37.

MALINVAUD, E. (1970): Statistical Methods of Econometrics, North-Holland Publishing Company, Amsterdam 1970.

MALLIARIS, A.G. und BROCK, W.A. (1982): Stochastic Methods in Economics and Finance, North-Holland Publishing Company, Amsterdam 1982.

MARGRABE, W. (1978): The Value of an Option to Exchange one Asset for Another, in: The Journal of Finance, Vol. 33, 1978, S. 177-187.

MARKOWITZ, H. (1959): Portfolio Selection: Efficient Diversification of Investment, John Wiley & Sons Inc., New York 1959.

MARSH, T.A. und ROSENFELD, E.R. (1983a): Discrete Time Approximations to Continuous Time Models in Finance, Unpublished Paper, Sloan School of Management, M.I.T., Cambridge, Massachusetts 1983.

MARSH, T.A. und ROSENFELD, E.R. (1983b): Stochastic Processes for Interest Rates and Equilibrium Bond Prices, in: The Journal of Finance, Vol. 38, 1983, S. 635-650.

MASON, S.P. und BHATTACHARYA, S. (1981): Risky Debt, Jump Processes and Safety Convenants, in: Journal of Financial Economics, Vol. 9, 1981, S. 281-307.

McKEAN, H.P. (1969): Stochastic Integrals, Academic Press Inc., New York 1969.

McKEE, S. und MITCHELL, A.R. (1970): Alternating Direction Methods for Parabolic Equations in two Space Dimensions with a Mixed Derivative, in: The Computer Journal, Vol. 13, 1970, S. 81-86.

McKEE, S. und MITCHELL, A.R. (1971): Alternating Direction Methods for Parabolic Equations in three Space Dimensions with Mixed Derivatives, in: The Computer Journal, Vol. 14, 1971, S. 295-300.

MERTON, R.C. (1969): Lifetime Portfolio Selection under Uncertainty: The Continuous Time Case, in: The Review of Economics and Statistics, Vol. 51, 1969, S. 247-257.

MERTON, R.C. (1971): Optimum Consumption and Portfolio Rules in a Continuous-Time Model, in: Journal of Economic Theory, Vol. 3, 1971, S. 373-413.

MERTON, R.C. (1973a): An Intertemporal Capital Asset Pricing Model, in: Econometrica, Vol. 41, 1973, S. 867-887.

MERTON, R.C. (1973b): Theory of Rational Option Pricing, in: Bell Journal of Economics and Management Science, Vol. 4, 1973, S. 141-183.

MERTON, R.C. (1974): On the Pricing of Corporate Debt: The Risk Structure of Interest Rates, in: The Journal of Finance, Vol. 29, 1974, S. 449-470.

MERTON, R.C. (1975): Theory of Finance from the Perspective of Continuous Time, in: Journal of Financial and Quantitative Analysis, Vol. 10, 1975, S. 659-674.

MERTON, R.C. (1976): Option Pricing when Underlying Stock Returns are Discontinuous, in: Journal of Financial Economics, Vol. 3, 1976, S. 125-144.

MERTON, R.C. (1977a): An Analytic Derivation of the Cost of Deposit Insurance and Loan Guarantees, in: Journal of Banking and Finance, Vol. 1, 1977, S. 3-11.

MERTON, R.C. (1977b): On the Pricing of Contingent Claims and the Modigliani-Miller Theorem, in: Journal of Financial Economics, Vol. 5, 1977, S. 241-249.

MERTON, R.C. (1978): On the Cost of Deposit Insurance when there are Surveillance Costs, in: The Journal of Business, Vol. 51, 1978, S. 439-452.

MERTON, R.C. (1982): On the Mathematics and Economics Assumptions of Continuous-Time Models, in: Sharpe, W.F. und Cootner, C.M. (Eds.): Financial Economics: Essays in Honor of Paul Cootner, Prentice-Hall Inc., Englewood Cliffs, New Jersey 1982, S. 19-51.

MODIGLIANI, F. und MILLER, M.H. (1958): The Cost of Capital, Corporation Finance and the Theory of Investment, in: The American Economic Review, Vol. 48, 1958, S. 261-297.

MOSSIN, J. (1966): Equilibrium in a Capital Asset Market, in: Econometrica, Vol. 34, 1966, S. 768-783.

MÜHLHAUPT, L. (1975): Obligationen, in: Grochla, E. und Wittmann, W. (Hrsg.): Handwörterbuch der Betriebswirtschaft, Stuttgart 1975, Sp. 2783-2792.

NOREEN, E. und WOLFSON, M.E. (1981): Equilibrium Warrant Pricing Models and Accounting for Executive Stock Options, in: Journal of Accounting Research, Vol. 19, 1981, S. 384-398.

OPPERMANN, G. und DEGNER, H.: Wertpapiere, Frankfurt a.M. 1983.

PARKINSON, M. (1977): Option Pricing: The American Put, in: The Journal of Business, Vol. 50, 1977, S. 21-36.

PARZEN, E. (1967): Stochastic Processes, Holden-Day Inc., San Francisco 1967.

PEACEMAN, D.W. und RACHFORD, H.H. (1955): The Numerical Solution of Parabolic and Elliptic Differential Equations, in: Journal of the Society for Industrial and Applied Mathematics, Vol. 3, 1955, S. 28-41.

PFEIFFER, J. (1976): Langfristige Fremdfinanzierung durch Ausgabe von Obligationen, Wandelanleihen usw., in: Janberg, H. (Hrsg.): Finanzierungs-Handbuch, Wiesbaden 1976, S. 299-316.

PHILLIPS, P.C. (1972): The Structural Estimation of a Stochastic Differential Equation System, in: Econometrica, Vol. 40, 1972, S. 1021-1041.

RENDLEMAN, R.J. und BARTTER, B.J. (1980): The Pricing of Options on Debt Securities, in: Journal of Financial and Quantitative Analysis, Vol. 15, 1980, S. 11-24.

RICHARD, S.F. (1978): An Arbitrage Model of the Term Structure of Interest Rates, in: Journal of Financial Economics, Vol. 6, 1978, S. 33-57.

ROLL, R. (1970): The Behavior of Interest Rates, Basic Books Inc., New York 1970.

ROLL, R. (1977): An Analytic Valuation Formula for Unprotected American Call Options on Stocks with Known Dividends, in: Journal of Financial Economcis, Vol. 5, 1977, S. 251-258.

ROSS, St.A. (1976): Risk, Return and Arbitrage, in: Friend, I. und Bicksler, J.L. (Eds.): Risk and Return in Finance, Vol. I, Ballinger Publishing Company, Cambridge, Massachusetts 1976, S. 189-218.

SAMUELSON, P.A. (1965a): Rational Theory of Warrant Pricing and Appendix: McKean, H.P. Jr.: A Free Boundary Problem for the Heat Equation Arising from a Problem in Mathematical Economics, in: Industrial Management Review, Vol. 6, 1965, S. 13-31.

SAMUELSON, P.A. (1965b): Proof that Properly Anticipated Prices Fluctuate Randomly, in: Industrial Management Review, Vol. 6, 1965, S. 41-49.

SAMUELSON, P.A. und MERTON, R.C. (1969): A Complete Model of Warrant Pricing that Maximizes Utility, in: Industrial Management Review, Vol. 10, 1969, S. 17-46.

SCHILDBRED, C.M. (1972): An Experiment with Bonds and Risk, in: The Swedish Journal of Economics, Vol. 72, 1972, S. 344-355.

SCHILDBRED, C.M. (1974): Studies in Risk and Bond Values, Norwegian School of Economics and Business Administration, Bergen 1974.

SCHMIDT, R.H. (1976): Aktienkursprognose, Wiesbaden 1976.

SCHOLZE, H. (1973): Das Konsortialgeschäft der deutschen Banken, Erster und Zweiter Halbband, Berlin 1973.

SCHÖNFELD, P. (1971): Methoden der Ökonometrie, Band II, Stochastische Regressoren und simultane Gleichungen, München 1971.

SCHWARTZ, E.S. (1975): Generalized Option Pricing Models: Numerical Solutions and the Pricing of a New Life Insurance Contract, Dissertation, University of British Columbia, Vancouver 1975.

SCHWARTZ, E.S. (1977): The Valuation of Warrants: Implementing a New Approach, in: Journal of Financial Economics, Vol. 4, 1977, S. 79-93.

SCHWARTZ, E.S. (1982): The Pricing of Commodity-Linked Bonds, in: The Journal of Finance, Vol. 37, 1982, S. 525-539.

SETHI, S.P. und LEHOCZKY, J.P. (1981): A Comparison of the Itô and Stratonovich Formulations of Problems in Finance, in: Journal of Economic Dynamics and Control, Vol. 3, 1981, S. 343-356.

SHARPE, W.F. (1964): Capital Asset Prices: A Theory of Market Equilibrium under Conditions of Risk, in: The Journal of Finance, Vol. 19, 1964, S. 425-442.

SHARPE, W.F. (1970): Portfolio Theory and Capital Markets, McGraw-Hill Inc., New York 1970.

SHARPE, W.F. (1978): Investments, Prentice-Hall Inc., Englewood Cliffs, New Jersey 1978.

SMITH, C.W. Jr. (1976): Option Pricing: A Review, in: Journal of Financial Economics, Vol. 3, 1976, S. 3-51.

SMITH, C.W. Jr. (1979): Applications of Option Pricing Analysis, in: Bicksler, J.L. (Ed.): Handbook of Financial Economics, North-Holland Publishing Company, Amsterdam 1979, S. 79-121.

SMITH, G.D. (1978): Numerical Solution of Partial Differential Equations, Oxford University Press, London 1978.

SOSIN, H. (1980): On the Valuation of Federal Loan Guarantees to Corporations, in: The Journal of Finance, Vol. 35, 1980, S. 1209-1221.

SPRENKLE, C.M. (1961): Warrant Prices as Indicators of Expectations and References, in: Yale Economic Essays, Vol. 1, 1961, S. 179-231.

STANGE, K. (1971): Angewandte Statistik, Zweiter Teil, Mehrdimensionale Probleme, Berlin 1971.

STAPLETON, R. (1980): Mergers, Debt Capacity and the Valuation of Corporate Loans, European Institute for Advanced Studies in Management, Brüssel 1980.

STULZ, R.M. (1982): Options on the Minimum or the Maximum of two Risky Assets, in: Journal of Financial Economics, Vol. 10, 1982, S. 161-185.

SÜCHTING, J. (1977): Finanzmanagement, Wiesbaden 1977.

SUNDARESAN, M. (1983): Constant Absolute Risk Aversion Preferences and Constant Equilibrium Interest Rates, in: The Journal of Finance, Vol. 38, 1983, S. 205-217.

SWOBODA, P. und KAMSCHAL, M. (1979): Die Bewertung deutscher Wandelanleihen und die Optimierung des Umwandlungstermins bei steigenden Zuzahlungen (unter Anwendung der Black-Scholes-Methode), in: Schmalenbachs Zeitschrift für betriebswirtschaftliche Forschung, 31. Jg., 1979, S. 295-321.

TURNBULL, St.M. (1979): Debt Capacity, in: The Journal of Finance, Vol. 34, 1979, S. 931-940.

VASICEK, O. (1977): An Equilibrium Characterization of the Term Structure, in: Journal of Financial Economics, Vol. 5, 1977, S. 177-188.

VÖLLING, J. (1980): Kapitalmarkt und Effektenbörse, in: Christians, F.W. (Hrsg.): Finanzierungshandbuch, Wiesbaden 1980, S. 259-288.

VONTOBEL, H. (1982): Kapitalmärkte und Börsen des Auslands, in: Obst, G. und Hintner, O.: Geld-, Bank- und Börsenwesen, 37. Aufl., Stuttgart 1982, S. 863-884.

WESTLAKE, J.R. (1968): A Handbook of Numerical Matrix Inversion and Solution of Linear Equations, John Wiley & Sons Inc., New York 1968.

WHALEY, R.E. (1981): On the Valuation of American Call Options on Stocks with Known Dividends, in: Journal of Financial Economics, Vol. 9, 1981, S. 207-211.

WHEELWRIGHT, St.C. und MAKRIDAKIS, S. (1980): Forecasting Methods for Management, 3rd Ed., John Wiley & Sons Inc., New York 1980.

WITTGEN, R. (1982): Geldmarkt, in: Obst, G. und Hintner, O.: Geld-, Bank- und Börsenwesen, Stuttgart 1982, S. 758-768.

WOHLFARTH, K. und BLEY, S. (1977): Grundlagen und Praxis des Wertpapiergeschäfts, 3. Aufl., Stuttgart 1977.

WYMER, C.R. (1972): Econometric Estimation of Stochastic Differential Equation Systems, in: Econometrica, Vol. 40, 1972, S. 565-577.

ZELLNER, A. und THEIL, H. (1962): Three-Stage Least Squares: Simultaneous Estimation of Simultaneous Equations, in: Econometrica, Vol. 30, 1962, S. 54-78.

STATISTISCHE QUELLEN

DEUTSCHE BUNDESBANK (Hrsg.): Monatsberichte und Statistische Beihefte zu den Monatsberichten, Reihe 2, Wertpapierstatistik, Frankfurt a.M., lfde. Hefte.

FRANKFURTER WERTPAPIERBÖRSE (Hrsg.): Jahresberichte, Frankfurt a.M., lfde. Hefte.

HOPPENSTEDT-VERLAG (Hrsg.): Der Rentenführer - Handbuch für festverzinsliche Wertpapiere, Darmstadt, Loseblattsammlung, Stand Dezember 1982.

HOPPENSTEDT-VERLAG (Hrsg.): Kurstabellen - Kursanalysen, Darmstadt, lfde. Hefte.

SOCIETÄTS-VERLAG (Hrsg.): Börsen- und Wirtschaftshandbuch des Börsen- und Wirtschaftskalenders der Frankfurter Zeitung, Frankfurt a.M., lfde. Hefte.

GPSR Compliance

The European Union's (EU) General Product Safety Regulation (GPSR) is a set of rules that requires consumer products to be safe and our obligations to ensure this.

If you have any concerns about our products, you can contact us on ProductSafety@springernature.com

In case Publisher is established outside the EU, the EU authorized representative is:

Springer Nature Customer Service Center GmbH
Europaplatz 3
69115 Heidelberg, Germany

Batch number: 10816188

Printed by Printforce, the Netherlands